Vorwort

Microsoft® hat bei Windows die Versionsnummer 9 übersprungen, Magix hat bei Magix Video Pro X die Versionsnummer 9 übersprungen und ich musste aus Zeitgründen die Version Magix Video Pro X10 überspringen. Nachdem ich ja sonst bei jeder Programmversion auch ein neues Buch zu Magix Video Pro geschrieben hatte, musste ich bei der letzten Version mal eine Pause einlegen.

Ein Umzug, die Umsetzung der DSGVO, des Verpackungsgesetzes und das Zahlungsdienste-Gesetz waren für mich große Projekte, die sehr viel Zeit in Anspruch genommen haben. Außerdem hat mich das politische Gerede über die Digitalisierung motiviert das umzusetzen, worüber die Politik jahrelang nur redet. Fast alle Prozesse in meiner Firma laufen jetzt digital und automatisch ab. Nur Bücher schreiben muss ich noch selbst.

Es gibt eine ganze Reihe neuer Funktionen in Magix Video Pro X11. Daher ist dieses Buch deutlich umfangreicher als seine Vorgänger und deshalb auch leider etwas teurer. Die Magix Videobearbeitungsprogramme sind ja bekanntlich mit zahlreichen Tricks und Effekten versehen. Hier wollte ich mal zeigen, dass man die nicht nur für „klassische" Videotricks anwenden kann, sondern auch für „Alltagslösungen".

Auf meiner Homepage (www.net4web.de) gibt es eine Tipps & Tricks Datenbank, die jedem Kunden kostenlos zur Verfügung steht. Da finden Sie auch viele Tipps zur Videobearbeitung mit Magix Video Pro X, die es nicht in dieses Buch geschafft haben. Und auch zu Windows finden Sie zahlreiche Tipps. Denn manches „Video-Problem" ist eigentlich ein „Betriebssystem-Problem".

Ich hoffe, dass Sie bei der Arbeit mit dem Buch ebenso viel Spaß haben werden, wie ich es beim Schreiben hatte.

Auf gutes Gelingen
Ihr *Franz Hansmann*

Von der Kamera zum fertigen Film mit Magix Video Pro X11

Für Einsteiger, die ihre Videofilme
gekonnt präsentieren wollen.

INHALTSVERZEICHNIS

Über dieses Buch

Diese Buch ist keine Enzyklopädie zu Magix Video Pro X. Es richtet sich an den Einsteiger und soll Ihnen in einer verständlichen Sprache zeigen, wie Sie Ihr Filmrohmaterial von der Kamera, über den PC, als fertigen Film mit Klasse und Niveau auf eine DVD bekommen. Dabei ist dieses Buch keinesfalls oberflächlich. Die Screenshots sind aus der Version Magix Video Pro X 10 (64bit). Sie werden aber feststellen, dass sich die Bedienung des Programms in den letzten Jahren kaum verändert hat. Schaltflächen und andere Elemente haben ein moderneres Aussehen bekommen. Aber sonst ist eigentlich alles beim Alten. So werden Sie mit diesem Buch auch mit älteren Versionen des Programms mühelos klar kommen. Sogar mit der Version Magix Video deluxe kommen Sie in Verbindung mit diesem Buch zu Ihrer fertigen DVD. Magix Video Pro X ist ein durchaus professionell zu nennendes Schnittprogramm. Nur braucht man viele Funktionen vielleicht gar nicht, wenn man die Urlaubs-, Hochzeits- oder Tauffilme auf eine DVD bringen möchte. Als Einsteiger ist man, mit den schier unfassbaren Möglichkeiten dieses Programms, einfach überfordert. Dabei will man doch schnell ein Erfolgserlebnis haben. Tiefer einsteigen und immer besser und professioneller werden kann man, wenn man die Basics beherrscht. Sie werden sehen, dieses Buch wird Sie zu einem schnellen und beachtlichen Erfolg führen. Vielleicht sollte ich auch mal sagen, was dieses Buch nicht macht. Es hilft Ihnen nicht ein besserer Kameramann zu werden. Da kann ich Ihnen ein anderes Buch empfehlen, dass verständlich und anschaulich zeigt, wie man bessere Filme dreht: Die Videoschnitt-Schule von Axel Rogge, ISBN: 3-8984-2833-8. Oder treffen Sie sich mit anderen Videobegeisterten. In vielen Städten gibt es Videoclubs. Dort tummeln sich teilweise Leute, die wirklich viel Erfahrung auf dem Gebiet haben.

Ich gehe hier davon aus, dass Sie Magix Video Pro X schon besitzen und installiert haben. Zu beschreiben, wie man das Programm installiert, können wir uns also schenken. Auch wie man die zahlreichen Erweiterungen, die zum Lieferumfang gehören, nachträglich installiert lassen wir weg. Ich gehe weiter davon aus, dass Sie die Software auch starten und beenden können. Das schenken wir uns hier also auch. Aber was man so in der Zeit zwischen Starten und Beenden mit dem Programm machen kann, das finden Sie hier. Die Beispiel-Videos aus diesem Buch und auch zahlreiche Tipps- und Tricks, die es nicht in dieses Buch geschafft haben, finden Sie auf meiner Homepage **www.net4web.de**. Alle diese Downloads sind kostenlos.

Im Titel dieses Buches heißt es nicht umsonst **Von der Kamera zum fertigen Film**. Dieses Buch soll Ihnen eine schnelle und effektive Hilfe sein, um genau diese Problemstellung zu lösen. Die Beispielvideos sind nicht perfekt gefilmt, der

Originalton gefällt mir oft auch nicht und die Gesamtkomposition ist mir zu langweilig. Vielleicht geht Ihnen das bei Ihrem eigenen Filmmaterial genauso? Dann sind Sie hier genau beim richtigen Buch gelandet. Sie werden während der Arbeit mit dem Buch und den Beispielvideos merken, dass ich es Ihnen nicht allzu leicht mache. Das hat einen guten Grund. Sie werden niemals einen perfekten Arbeitsablauf haben, bis Ihr Film fertig ist. Sie werden immer wieder etwas verändern und verbessern wollen. Solange bis Sie zufrieden sind. Und genau dabei warten ein paar Stolpersteine auf Sie, die man meiner Meinung nach einfach nur mal gezeigt bekommen muss, um damit fertig zu werden. Ihnen nur perfekte, glatte Videos zu präsentieren, die Sie nur noch aneinanderreihen müssen, entspräche nicht der Realität. Wir sind nicht die perfekten Oscar-verdächtigen Kameraleute, die so gut wie nichts schneiden müssen. Wir haben auch nicht das perfekte Set, in dem nur die Leute durchs Bild laufen, die da auch hin gehören. Vom Licht mal ganz abgesehen. Wir drücken auch mal einen falschen Knopf an der Kamera. Das ist schließlich unser Hobby und nicht unser Beruf. Bei unserer Art zu Filmen ist fast nichts planbar, es passieren Dinge, die wir nicht vorhersehen konnten oder die wir auch nicht verhindern konnten, weil alles zu schnell passierte. Da ist ein Videoschnittprogramm hinterher doch eine tolle Lösung. Sie haben Ihre Filme auf der Festplatte und können ab da alles damit machen, was Sie sich in Ihrer Phantasie vorstellen können. Und das Beste daran ... Sie haben dazu alle Zeit der Welt.

Die Methodik dieses Buches

Ganz ohne Theorie geht es nicht. In den Kapiteln Aufnehmen, Bearbeiten und Brennen finden Sie immer zunächst eine ausführliche Beschreibung der wichtigsten Funktionen. Lesen Sie sich zunächst immer einen dieser Abschnitte durch. Wenn Sie einen solchen Abschnitt gelesen haben, folgt immer ein Kapitel, dass mit dem Wort **Wir** anfängt. Z.B. **Wir schneiden einen Film**. Mir ist bei meinem ersten Buch über Magix Video nichts Besseres eingefallen ☺. Da es sich aber scheinbar bewährt hat, bin ich dabei geblieben. Dieses Kapitel beschreibt den praktischen Teil der Arbeit mit einer Film-Sequenz. Im Kapitel *Downloads* dieses Buches finden Sie die dazu passenden Download-Adressen, bei der Sie die Szenen, Musik, Geräusche und Kommentare herunterladen und dann nachbearbeiten können. Natürlich können Sie auch eigene Filmsequenzen verwenden. Das macht vielleicht auch mehr Spaß als meine Urlaubsfilme zu bearbeiten ☺. Das Urheberrecht all dieser Filmsequenzen, Fotos und Musikstücke die auf meiner Homepage *www.net4web.de* zum Download bereit stehen, liegt beim Autor dieses Buches. Die Nutzung dieser Beispieldateien ist für Übungs- und Lehrzwecke in Verbindung mit diesem Buch ausdrücklich gestattet. Die Nutzung für andere Zwecke, ist nur mit der ausdrücklichen schriftlichen Erlaubnis des Autors gestattet. So. hätten wir die lästigen Rechtsfragen auch geklärt. **Jetzt fangen wir mit der Arbeit an!**

Wie bekomme ich meine Filme auf den PC?

Grundsätzlich ist das Abhängig von der verwendeten Videoquelle. Alter vor Schönheit würde ich sagen. Fangen wir mit den älteren Systemen an.

Sie haben noch Super8-Material? Es gibt Geräte, mit denen Sie diese selber digitalisieren können. Davon würde ich aber eher abraten. Machen wir uns nichts vor. Diese Filme wurden meist seit Jahrzehnten nicht mehr angesehen. Das Filmmaterial ist oft schon ziemlich spröde und brüchig. Beauftragen Sie lieber Fachleute damit. Wenn Sie ein wenig googlen, werden Sie Anbieter finden, die das für Sie erledigen. Sie bekommen dann eine DVD zugeschickt, die oft sogar schon mit einer Hintergrundmusik versehen ist. Kopieren Sie die Dateien von der DVD einfach auf Ihre Festplatte. Wenn Sie eine DVD mit Menü bekommen haben und nicht wissen, welche die eigentlichen Filmdateien sind, schauen Sie sich einfach die Dateigrößen an. Die Filmdateien sind meist viele Megabyte, bis maximal 1 Gigabyte groß.

Wenn Sie noch über Bandmaterial aus VHS, S-VHS oder HI8 verfügen, empfehle ich Ihnen den Kauf eines Video-Grabber (Videodigitalisierer). Diese Geräte sind kleine USB-Stecker, bei denen in der Regel auch schon alle benötigten Kabel im Lieferumfang sind. Sie benötigen einen freien USB-Steckplatz und etwas Geduld. Das Digitalisieren dauert nämlich solange, wie der Film lang ist. Am Ende haben Sie dann eine Filmdatei auf Ihrem PC, die Sie mit Magix Video Pro X sofort weiterverarbeiten können.

Haben Sie schon eine Videokamera, die in irgendeiner Form das Filmmaterial digital speichert? Umso besser. Es gibt vier verschiedene Speichertypen: Band, Festplatte, DVD und Speicherchip. Bei all diesen Kameras ist eine Software im Lieferumfang, mit deren Hilfe Sie das Filmrohmaterial auf Ihre Festplatte kopieren können. Bei den Kameras mit Speicherchip gibt es noch eine andere Variante. Wenn Sie über einen Kartenleser (Card-Reader) verfügen, können Sie die Filmdateien auch über den Windows-Explorer auf die Festplatte kopieren. Ich habe nur Kameras mit Speicherchip und bevorzuge diese Methode, weil ich dann nicht so viel Kabelsalat und auch noch die Kamera auf dem Schreibtisch liegen habe. Außerdem geht das Kopieren auf die Festplatte rasend schnell. Bei Kameras, die das Filmmaterial direkt auf DVD brennen, können Sie natürlich auch diese DVD in Ihren PC einlegen und die Filme von dort auf Ihre Festplatte kopieren.

Wo soll das Filmmaterial jetzt hin?

Diese Frage bekomme ich ziemlich oft gestellt und sie verblüfft mich immer wieder. Videos gehören natürlich in den Ordner **Bibliotheken/Videos** (Windows 7, 8 und 10) Diese Ordner sind bei Windows schon vorinstalliert. Links sehen Sie ein Beispiel aus Windows 10 (Pfeil 1). In diesem Ordner **Videos** legt man sich zweckmäßigerweise Unterordner an. Ich habe dort Ordner, die als Namen einfach die Jahreszahl haben und darin wiederum Ordner, die den Event beschreiben, bei dem ich gefilmt habe. Ein typischer Speicherort wäre dann z.B. **Videos/2019/Sommerurlaub/**. So finde ich mein Rohmaterial immer schnell wieder. Es sind aber auch andere Speicherstrukturen denkbar. Das überlasse ich Ihnen.

Wo soll das Filmmaterial später mal hin?

Um es ganz unmissverständlich zu sagen!!! Wenn Sie einmal angefangen haben ein Videoprojekt mit Magix Video Pro X zu bearbeiten, sollten Sie das Ursprungsmaterial weder aus seinem Ordner entfernen, noch den Ordner verschieben oder Dateien und/oder Ordner umbenennen. Das führt unweigerlich dazu, dass Ihre Filmprojekte nicht mehr funktionieren, weil die darin enthaltenen Szenen nicht mehr gefunden werden. Ich erlebe das bei Kunden andauernd, dass sie sich aus heiterem Himmel und/oder Langeweile überlegt haben, ihre Filme neu zu ordnen oder aus Platzgründen, ohne darüber nach zu denken auf eine externe Festplatte verschieben. Vermeiden Sie so etwas, solange Sie können. Nun kann es aber Gründe geben, warum das Verschieben von Videomaterial unvermeidlich ist. Z.B. Wenn die Festplatte zu klein wird und Sie eine größere oder eine weitere Festplatte einbauen müssen. Bevor Sie etwas Unüberlegtes, Voreiliges und am Ende Ärgerliches tun, sollten Sie sich das Kapitel „Wir machen ein komplettes Projekt-Backup" durchlesen. Damit ersparen Sie sich eine Menge Kummer und Kopfweh ☺. Wenn Sie schon Ihren Videodateien passende Namen geben wollen, sollten Sie das immer sofort, nachdem Sie die Dateien auf Ihren PC kopiert haben, machen. Eine Verschlagwortung hingegen können Sie auch später machen.

Platzbedarf

Die Frage des Platzbedarfs ist ganz schwer zu beantworten. Es ist abhängig vom Format und der Menge Ihrer Filmdaten. Mir fällt da nur ein abgedroschenes Zitat ein: Nicht kleckern, sondern klotzen. Festplatten mit mehreren Terabyte, 1 Terabyte, das sind 1000 Giga-Byte!, bekommt man für kleines Geld. Moderne PCs haben Festplatten in dieser Größe meistens schon eingebaut. Bei meinen Digitalkameras, es sind HD1080- und 4K-Modelle, fallen pro 10 Minuten Film etwa 4-8 Giga-Byte Daten an. Pro Stunde also etwa 24-48 Giga-Byte. Und Sie haben dann noch nichts geschnitten oder auf eine DVD gebrannt. Bei den neuen 4K-Kamera-Modellen ist der Platzbedarf natürlich exorbitant höher. Mit einer 40 Gigabyte Festplatte sollten Sie also gar nicht erst versuchen was zu reißen. Bei "normaler" PAL-Auflösung ist der Platzbedarf natürlich bedeutend geringer. Aber auch da kann man als Faustregel sagen, um eine DVD mit einer Stunde Film zu brennen sollte man schon zwischen 20 und 30 Gigabyte freien Festplattenplatz haben. Mehr Platz über eine externe Festplatte zur Verfügung zu stellen, ist grundsätzlich möglich. Ich würde Ihnen aber aus Geschwindigkeitsgründen eher davon abraten. Interne Festplatten sind erheblich schneller.

Travel_Maps_INT_190510_11-38_1_0_1_...	19.07.2019 09:25	Anwendung	87.179 KB
Video_Pro_X11_Video_deluxe_MovieTe...	19.07.2019 09:24	Anwendung	2.168.945 KB
Video_Pro_X11_Video_deluxe_MSMSty...	19.07.2019 09:12	Anwendung	413.148 KB
Video_Pro_X11_Video_deluxe_DesignEl...	19.07.2019 09:10	Anwendung	331.732 KB
Video_Pro_X11_Video_deluxe_DvdMen...	19.07.2019 09:08	Anwendung	587.349 KB
Video_Pro_X11_MovieTemplates_INT_...	19.07.2019 09:04	Anwendung	564.832 KB
Video_Pro_X11_SoundtrackMakerStyle...	19.07.2019 09:01	Anwendung	97.788 KB
Video_Pro_X11_MSMStyles_INT_19051...	19.07.2019 09:00	Anwendung	549.309 KB
Video_Pro_X11_Titles_INT_190510_08-...	19.07.2019 08:57	Anwendung	37.876 KB
Video_Pro_X11_DesignElements_INT_1...	19.07.2019 08:57	Anwendung	669.290 KB
Video_Pro_X11_DvdMenus_INT_19051...	19.07.2019 08:53	Anwendung	495.323 KB
Video_Pro_X11_FadeEffects_INT_19051...	19.07.2019 08:50	Anwendung	212.112 KB

Das ist eine Auflistung der zusätzlichen Download-Komponenten von Magix Video Pro X11. Wenn Sie z.B. die Filmvorlagen nicht benötigen, können Sie diese jederzeit deinstallieren. Das macht das Programm etwas schlanker und damit natürlich auch schneller. Das Programm belegt bei Vollinstallation bereits 5,9 GByte Platz auf der Festplatte. Wenn Sie dann auch noch die Downloaddateien nach der Installation behalten wollen verdoppelt sich natürlich der Platzbedarf. Und da sind die Erweiterungen wie Mercalli, CMOSFixr und NewBlue noch nicht dabei! Und wem das noch nicht reicht, dem empfehle ich das Kapitel *„Noch mehr Stoff"*.

Vielleicht haben Sie sich gefragt, warum ich so auf dem Platzbedarf rumreite? Das ist ganz einfach. Viele Filmer haben wirklich leistungsfähige PCs mit, in der Regel, mehreren Festplatten. Meistens ist die Boot-Festplatte mit Windows und den Programmen eine sogenannte SSD-Festplatte. SSDs starten und arbeiten unglaublich schnell, brauchen wenig Strom und sind völlig lautlos, weil es keine mechanischen Teile gibt. Allerdings sind sie im Vergleich zu klassischen (magnetischen) Festplatten recht teuer. Viele haben daher nur eine SSD mit 100 oder 200 GByte verbaut. Da wird der Platz schnell knapp. Es gibt da einiges voraus zu planen. Zum einen ist die Magix Video Pro X Installation schon ohne die Zusatzkomponenten ein Schwergewicht. In der Standardinstallation werden alle Speichervorgänge auf der Festplatte C: vorgenommen. Gut, Sie werden jetzt vielleicht sagen, dass die Projektdateien sind jetzt nicht so groß sind. Damit haben Sie ja auch Recht. Aber wenn Sie Ihre Filme auf eine DVD oder Blu-ray brennen wollen, wird bei jedem Versuch ein Disc Image erzeugt. Also eine Datei, in der der gesamte Inhalt des Datenträgers enthalten ist. Eine einseitige DVD hat eine maximale Kapazität von 4,7 GByte, eine Blu-ray sogar 25 GByte. Man muss nicht Mathematik studiert haben, um zu erkennen, dass das mit einer kleinen Festplatte nicht lange gut gehen wird. Ein weiterer Knackpunkt, der gerne übersehen wird, sind die jährlichen, großen Updates für Windows 10. Während der Installation benötigen Sie ca. 20 GByte freien Speicherplatz auf der Festplatte C: Wird der Platz auf C: knapp, haben Sie drei Möglichkeiten:

1. Löschen Sie über die Datenträgerbereinigung die Update und Installationsdateien von Windows. Das verschafft Ihnen zumindest für eine gewisse Zeit Luft.
2. Verschieben Sie die Ordner für die Magix Downloads und die Disc Images auf eine andere Festplatte und ändern Sie die Pfade in Magix Video Pro X entsprechend ab. Wie man das macht, lesen Sie bitte im Kapitel: **Wir ändern ein paar Grundeinstellungen**
3. Legen Sie sich eine größere SSD zu. Die Preise sind in letzter Zeit drastisch gefallen. Sofern die neue, größere SSD von Samsung ist, können Sie das kostenlose Samsung Migrations-Programm verwenden um eine Komplettkopie der kleinen auf die große Festplatte vorzunehmen, ohne dass Sie Windows und alle Programme neu installieren müssen.

Das mag jetzt wie Samsung-Werbung für Sie klingen, was es aber nicht sein soll. Ich habe damit einfach gute Erfahrungen gemacht und die gebe ich hier gerne weiter.

Wie kann ich mir die Filme vor dem Schneiden ansehen?

Sind Sie auch immer neugierig, wie eine Szene geworden ist? Ich kann das meist kaum abwarten. Auf dem kleinen Display der Kamera sieht man ja nur alles in Miniatur. Gelobt seien große Monitore ☺. Die meisten Kameras speichern das Filmmaterial in einem Format, dass der Windows-Media-Player abspielen kann. Grundsätzlich erkennen Sie das daran, dass Sie im Windows-Explorer in der Miniaturansicht das erste Bild aus Ihrem Filmmaterial sehen. Die Filmstreifen drum herum signalisieren Ihnen, dass es sich um eine Filmdatei handelt.

00595.MTS	00532.MTS	00531.MTS	00581.MTS
00599.MTS	00598.MTS	00570.MTS	00586.MTS
00511.MTS	00565.MTS	00592.MTS	00575.MTS

Ein Doppelklick auf eine solche Datei startet den Film im Windows Media-Player. Manche Kameras haben auch eigene Abspielprogramme im Lieferumfang. Unter Windows ist immer ein Programm mit solchen Mediendateien verknüpft. Das bedeutet, dass ein Doppelklick auf eine Mediendatei, diese direkt in dem damit verknüpften Programm öffnet. Wenn Sie keine Vorschaubilder wie im obigen Beispielbild sehen, können Sie davon ausgehen, dass Ihr verknüpftes Abspielprogramm diese Datei auch nicht korrekt wiedergeben kann. Dann müssen Sie die Mediendatei mit einem anderen Programm starten.

Sollten Sie also keine Vorschaubilder sehen, machen Sie auf einer solchen Filmdatei einen kurzen Rechtsklick auf Ihrer Maus und wählen Sie den aus dem sich öffnenden Kontextmenü den Befehl **Öffnen mit...** (Pfeil 1).

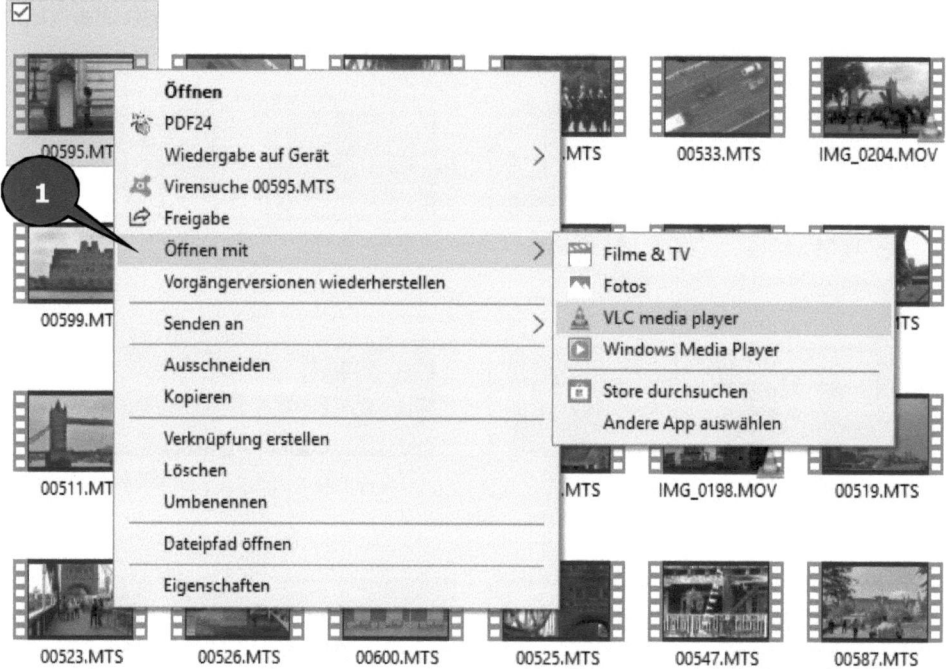

Dort können Sie ein anderes installiertes Abspiel-Programm auswählen. Wenn keines der Programme Ihre Filme aus dem Windows-Explorer heraus abspielt, empfehle ich Ihnen den Download des kostenlosen Media-Players **VLC (www.videolan.org)**. Der spielt wirklich nahezu jede Video-Datei ab.

Wir ändern ein paar Grundeinstellungen

Ohje. Wieso denn das? Muss das denn sein? Vertrauen Sie mir! Viele Anwender tun sich mit dem Dateimanagement auf einem Windows-PC schwer. Beinahe täglich werde ich gefragt, wie man seine gespeicherten Daten wieder findet. Wo dieses oder jenes Programm denn überhaupt etwas abspeichert. Um später das große Jammern und Suchen zu verhindern, sollten Sie mir ruhig durch dieses Kapitel folgen. Alle Magix-Programme die ich kenne, haben eine Besonderheit in Bezug auf den Speicherort den sie vorschlagen, wenn man etwas speichern möchte.

Wir werden zunächst einmal die Speicherpfade des Programms ändern. Sie werden gleich auch verstehen warum. Klicken Sie auf den Menübefehl **Datei/Einstellungen/Programm** (Pfeile 1-3).

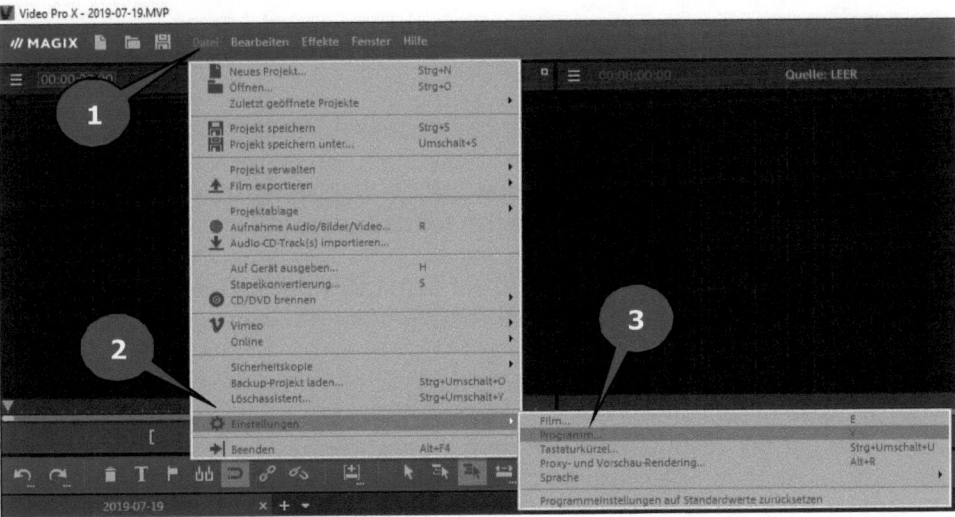

Oder drücken Sie auf der Tastatur kurz auf die Taste **Y**.

Wechseln Sie im sich öffnenden Fenster auf die Registerkarte **Ordner** (Pfeil 1). Dort können Sie sehen, welche Ordner ich für das Speichern meiner Projekte und Exporte ausgewählt habe (Pfeil 2). Bei mir soll alles was nach Video aussieht und von Magix Video Pro X gespeichert wird auf dem Laufwerk J:\Daten\Video landen. Den Ordner habe ich über das Durchsuchen-Symbol (Pfeil 3) ausgewählt.

Jetzt fragen Sie sich vielleicht warum? Dafür gibt es zwei Gründe.

Wenn man bei der Installation nicht darauf geachtet hat, hat Magix Video Pro X einen vorgegebenen Speicherpfad eingestellt. Und der liegt dummerweise nicht im Ordner *Video*, sondern im Ordner **Dokumente/MAGIX Projektdateien/Magix Video Pro X/**. Das ist zunächst mal völlig OK. Wenn Sie ein bestehendes Projekt öffnen wollen, wird Magix Video Pro X auch diesen Ordner anbieten. Und dann kommt der Tag des ersten Updates. Sie arbeiten mit der neuen Version, machen ein erstes Projekt, speichern das und wenn Sie auf **Öffnen** klicken, finden Sie es auch sofort wieder. Soweit so gut. Und jetzt wollen Sie ein altes Projekt öffnen, das Sie noch mit der alten Version des Programms erstellt haben. Für viele Einsteiger ist das scheinbar ein unüberwindliches Hindernis. Da

man das „alte" Programm vor vielen Sonntagen, möglichweise vor vielen Oster-
sonntagen ☺ installiert hatte, erinnert man sich einfach nicht mehr an diese kleinen Details. Die neue Version, nennen wir sie mal Magix Video Pro XYZ wird
nämlich einen eigenen Projektordner anlegen. Sie finden Ihre alten Projekte dem-
entsprechend auch in dem alten Projektordner. Ändert man die Pfade aber direkt
um, speichern immer alle Programmversionen im gleichen Ordner. Das macht
das Auffinden von Projektdateien wesentlich einfacher.

Analogue Modelling Suite Plus	10.08.2014 14:17	Dateiordner
AudioTemp	18.02.2014 15:42	Dateiordner
essentialFX Suite	10.08.2014 14:17	Dateiordner
Fastcut	24.11.2017 13:09	Dateiordner
Music Maker	28.05.2018 16:39	Dateiordner
Music Maker Movie Score Edition	17.04.2015 13:57	Dateiordner
Music Maker Soundtrack Edition	18.02.2014 15:42	Dateiordner
Music_Maker_MX_Premium	27.04.2013 07:05	Dateiordner
My Record	18.02.2014 15:42	Dateiordner
Samplitude_Music_Studio_17	05.03.2014 17:03	Dateiordner
Vandal	10.08.2014 14:17	Dateiordner
VariVerb II	10.08.2014 14:17	Dateiordner
Video deluxe 2014 Premium	07.02.2014 12:06	Dateiordner
Video deluxe 2016 Plus	15.09.2015 11:53	Dateiordner
Video deluxe 2016 Premium	02.09.2015 17:17	Dateiordner
Video deluxe Plus	12.09.2016 15:24	Dateiordner
Video Pro X	28.05.2018 18:48	Dateiordner
Video Pro X3	19.02.2014 19:40	Dateiordner
Video Pro X6	19.02.2014 19:41	Dateiordner
Video Pro X7	30.07.2015 11:59	Dateiordner
Video_deluxe_MX_Premium	03.07.2013 12:37	Dateiordner
Vintage Effects Suite	10.08.2014 14:17	Dateiordner
Vita Libraries	28.05.2018 16:39	Dateiordner

Im oberen Bild können Sie sehen, was sich so im Laufe der Jahre alles ansammeln
kann. Grundsätzlich könnte man den voreingestellten Speicherpfad ja lassen wie
er ist. Aber ständig überlegen und ausprobieren, wo denn nun welches Projekt
gespeichert ist, würde mir persönlich ziemlich schnell auf den Zeiger gehen ☺.

Tastaturkürzel

Es lohnt sich bei Magix Video Pro X (und natürlich vielen anderen Programmen ebenso) einige Tastaturkürzel auswendig zu lernen. Verdrehen Sie jetzt nicht die Augen ☺. Glauben Sie mir. Das wird Ihre Arbeit mit dem Programm erheblich beschleunigen. Außerdem funktionieren viele der Kürzel auch in anderen Programmen. Im Buch werde ich Sie immer wieder dazu ermuntern die Tastaturkürzel für die eine oder andere Funktion zu benutzen. Eine Übersicht über alle Tasturkürzel liefert Ihnen Magix übrigens schon mit. Leider hat der Hersteller im Eifer der neuen Version des Programms übersehen eine komfortable Möglichkeit vorzusehen, wie man an diese Tastaturkürzel heran kommt. Wenn Sie die Übersicht der Tasturkürzel noch nicht ausgedruckt haben, gehen Sie im Windows-Explorer in den Ordner C:/Programme/Magix/Video Pro X/11 (Pfeil 1).

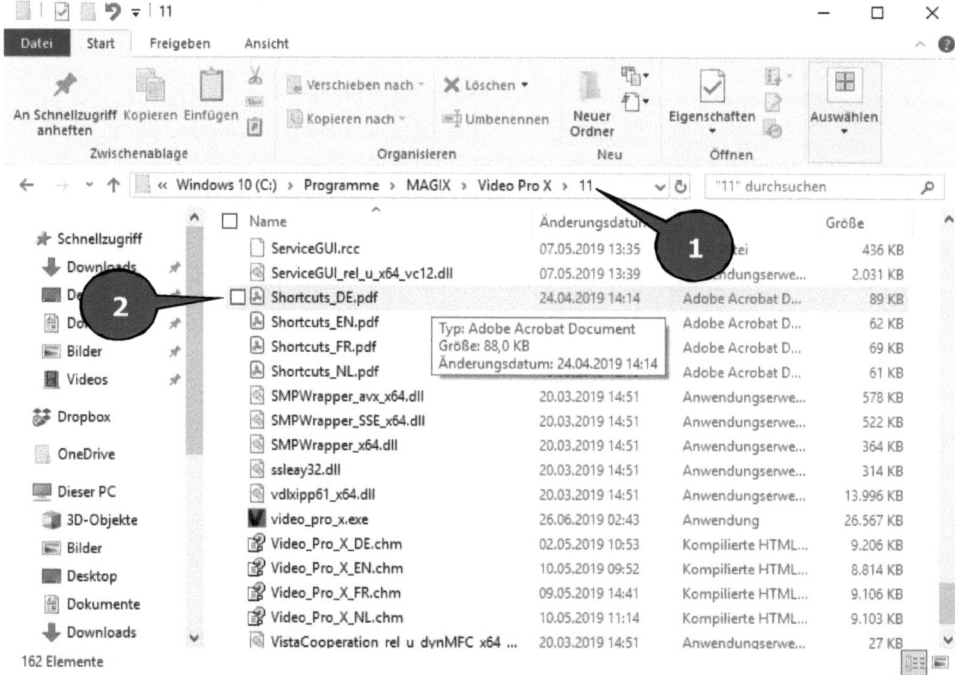

Dort finden Sie eine PDF-Datei mit Namen **Shortcuts_DE.pdf** (Pfeil 2, vorherige Seite). Doppelklicken Sie das PDF-Dokument, wird es im Adobe-Reader (Falls installiert)geöffnet, so dass Sie es ausdrucken können. In dem Dokument sehen

Sie alle Tastaturkürzel aufgelistet, die das Programm für Sie bereithält. Sind ziemlich viele, was? Die muss man sich bestimmt nicht alle merken. Aber die, die Ihnen zusagen, mit denen Sie gut klar kommen und mit denen Sie merklich Zeit sparen, die können Sie sich ja mit einem Edding markieren. Wenn man sich eine Weile damit beschäftigt hat, kann man die irgendwann sowieso auswendig.

// **MAGIX** Video Pro X – Tastaturkürzel

Abspielfunktionen

Start / Stopp	Leertaste
Wiedergabegeschwindigkeit stufenweise erhöhen	L Umschalt + L
Wiedergabe stoppen (Abspielmarker bleibt an aktueller Position stehen)	K
Wiedergabegeschwindigkeit stufenweise verringern bzw. stufenweise zurückspulen	J Umschalt + J
Vorwärtsspulen beschleunigen	Umschalt + Pfeiltaste rechts (Tasten gedrückt halten)
Rückwärtsspulen beschleunigen	Umschalt + Pfeiltaste links (Tasten gedrückt halten)
Neustart ab Abspielmarker	Rückwärts
Abspielmarker an den Anfang	Pos1
Abspielmarker ans Ende	Ende
1 Frame zurück	Pfeiltaste links
1 Frame vor	Pfeiltaste rechts
5 Frames zurück	Strg + Pfeiltaste links
5 Frames vor	Strg + Pfeiltaste rechts
Projektmarker setzen	Strg + Eingabetaste
Spiele von Bereichsanfang	#

zu Bereichsende	
Wiedergabe um aktuelles Frame	+
Flüssige Wiedergabe für die Vorschau aktivieren	P

Monitore

Programmmonitor

Videomonitor Vollbild	Alt + Eingabetaste
Andere Auflösung	Alt + G
Videomonitor an Filmeinstellungen anpassen	Strg + G
Videomonitor an markiertes Video anpassen	Strg + Umschalt + G
Anaglyphendarstellung	Strg + .
Zeilenweise verschachtelt (linkes Bild zuerst)	Alt + .
Standard (2D)	.
Side-by-Side-Darstellung	Umschalt + .

Quellmonitor

Videomonitor Vollbild	Alt + Eingabetaste
Andere Auflösung	Alt + G
Nur Quellbild anzeigen	Umschalt + ,
Vergleichsbild: Markiertes Objekt ohne Effekte	Alt + Umschalt + ,
Vergleichsbild: Markiertes	Alt + ,

Objekt	
Vergleichsbild: Vorgänger des markierten Objekts	,
Vergleichsbild: Nachfolger des markierten Objekts	Strg + Umschalt + ,
Vergleichsbild: Objekt auswählen	Strg + ,

Projektfensteransicht

Ausschnitt vergrößern	Strg + Pfeiltaste nach oben / Strg + Mausrad nach oben
Ausschnitt verkleinern	Strg + Pfeiltaste nach unten / Strg + Mausrad nach unten
Film im Vollbild abspielen	Alt + Eingabetaste
Filmüberblick ein-/ausblenden im Videomonitor	Umschalt + A
Filmansicht optimieren	Strg + F
Zoom 1 Frame / 5 Frames	Alt + 1/2
Zoom 1s / 10s / 1min	Alt + 3/4/5
Zoom 10min	Strg + Alt + 6
Auf den markierten Bereich zoomen	Alt + F
Auf gesamte Filmlänge zoomen	F
Vorschau-Rendering	Strg + R

Wenn Sie das Handbuch zu Magix Video Pro X 11 suchen, das müssen Sie erst einmal downloaden. Dazu klicken Sie auf Hilfe (Pfeil 1) und dann auf Handbuch (PDF) herunterladen (Pfeil 2). Sie werden dann auf eine Internetseite geleitet, auf der Sie den Download des kompletten Handbuchs starten können. Öffnen können Sie das Handbuch, wie auch die Shortcut-Liste mit dem kostenlosen Adobe Reader, den Sie unter *www.adobe.de* herunterladen können.

Die Shortcuts habe ich mir ja noch ausgedruckt. Aber das Handbuch? Das ist mir dann doch zu teuer. Aber man kann sich das ja auch mal auf den Desktop kopieren um bei Bedarf mal schnell rein zu sehen.

Machen Sie einen Plan

Meistens ist es so, dass ich zumindest eine ungefähre Vorstellung davon habe, was, wann und wie in meinen Film machen möchte. Wann immer ich eine Idee habe, mache ich mir eine Notiz dazu. Irgendwann habe ich so etwas wie ein Stichwortverzeichnis, dessen einzelne Punkte ich dann nur noch in die richtige Reihenfolge bringen muss, bevor ich tatsächlich anfange meinen Film zu bearbeiten. Während der Arbeit kommen mir natürlich neue Ideen. Wenn es zeitlich vertretbar ist, flechte ich die noch ein, sonst nicht. Das Problem ist ja, wenn man immer neue Ideen einbauen will und dann noch eine und noch eine, wird so ein Film niemals fertig. Also hebe ich mir ein paar Ideen für den nächsten Film auf.

Wie geht man systematisch vor?

Im Profifilmgeschäft läuft alles etwas anders ab, als es wahrscheinlich bei Ihnen und mir der Fall ist. Die Profis haben ein Drehbuch und drehen Szene für Szene ab. Nicht immer in der Reihenfolge des Drehbuchs, sondern eher in der Reihenfolge der Sets bzw. Bühnenbilder. Das senkt die Kosten. Sie und ich filmen da wahrscheinlich ganz anders. Wir halten im Urlaub oder bei Familienfesten die Kamera drauf und sehen dann hinterher mal was wir daraus machen. Oder wir sehen irgendeinen Trick im Fernsehen, Kino oder auf DVD, fragen uns, wie die das gemacht haben und versuchen das nach zu machen. Diese Tricktechnik ist so etwas wie mein Steckenpferd. Ich scheue nicht davor zurück auch mal 50 Misserfolge zu haben, bis ich mit dem Ergebnis zufrieden bin. Wenn Sie auch Spaß an Tricks aus dem eigenen Video-Labor haben, sollten Sie sich mal mein Buch zu dem Thema ansehen (Videotricks – Wissen wie's geht! ISBN: 978-3-8423-0695-0). Verzeihen Sie mir bitte diesen kleinen Ausflug in die Eigenwerbung.

Gehen wir einmal davon aus, dass Sie Ihr Filmmaterial in einer Kamera haben. Egal auf welchem Medium. Festplatte, Band, DVD, Handy oder Speicher-Chip. Das spielt zunächst einmal keine Rolle. Innerhalb von Magix Video Pro X unterteilt sich die Arbeit in drei bis vier Schritte. **Aufnahme (Importieren), Bearbeitung, Film exportieren** und **Brennen**. Ich habe extra „drei bis vier Schritte" geschrieben, weil es Gründe geben kann, entweder den Punkt drei oder den Punkt vier weg zu lassen. Es ist eine Frage, für welchen Zweck man ein Video anfertigt. Dazu kommen wir später noch. Aber grundsätzlich fangen wir in genau dieser Reihenfolge an.

Die Schaltflächen, um von einem Modus in den Anderen zu gelangen, befinden sich zumindest teilweise ganz rechts oben im Fenster. Pfeil 1 zeigt auf die Schaltfläche **Bearbeiten**, Pfeil 2 auf die Schaltfläche **Brennen**. Ein einfacher Mausklick auf die entsprechende Schaltfläche genügt um in den jeweils anderen Modus zu wechseln.

Die Schaltfläche **Aufnehmen** ist an mehreren anderen Stellen zu finden. Unter dem Quellmonitor befindet sich ein roter Knopf (Pfeil 3). Klickt man darauf, öffnet sich das Aufnahmefenster.

Das Gleiche passiert, wenn Sie auf den Menübefehl **Datei/Aufnahme Audio/Bilder/Video** klicken (Pfeile 1&2) oder Sie auf der Tastatur einmal auf die Taste **R** drücken.

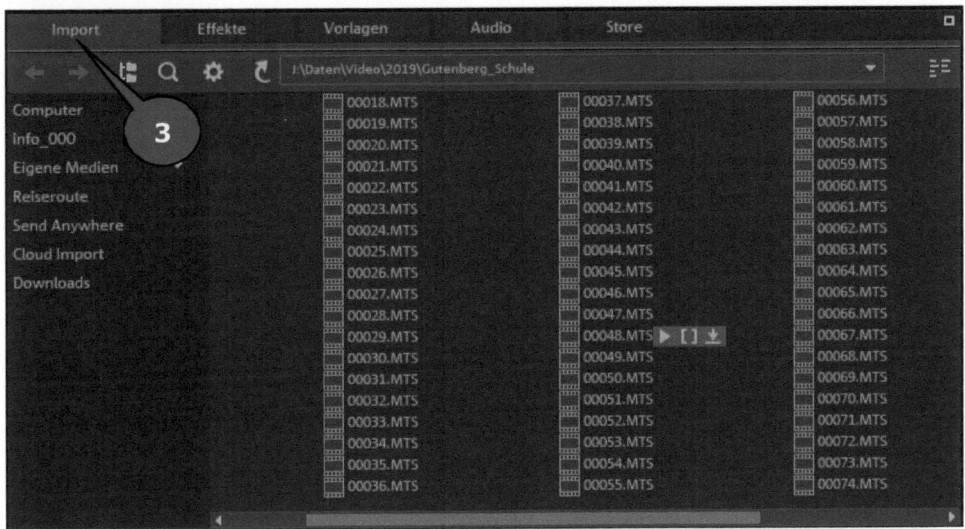

Wenn Sie Ihr Filmmaterial schon auf der Festplatte haben, können Sie sich auch ein paar Klicks sparen, in dem Sie einfach auf die Registerkarte **Import** klicken

(Pfeil 3). Der Vorteil liegt klar auf der Hand. Sie sehen sofort den Verzeichnisbaum Ihrer Festplatte vor sich. Wenn Sie auf Ihrer Festplatte Ordnung halten, sparen Sie so eine Menge Zeit.

Über den Menübefehl **Datei/Film exportieren** (Pfeile 1&2) können Sie das Exportformat (Pfeil 3) für Ihr fertiges Video auswählen. Auch dazu kommen wir später.

Aufnahme
Aufnehmen hätte auch importieren heißen können. Schließlich haben Sie Ihre Filme ja schon aufgenommen. Allerdings kann man unter Aufnahme weit mehr machen als nur Filme, Musik oder Bilder zu importieren. Man kann z.B. auch den Bildschirminhalt abfilmen, ohne das mit der Video-Kamera zu machen. Auch wenn Sie bereits mit dem Bearbeiten Ihres Films begonnen haben, können Sie jederzeit zurück in den Aufnahme-Modus, um weitere Dateien zu importieren bzw. aufzunehmen.

Bearbeitung

Die meiste Zeit werden Sie mit dem Menüpunkt **Bearbeiten** verbringen. Dort können Sie alle importierten Filme, Musik oder Bilder in Ihrem Film im zeitlichen Ablauf frei positionieren, schneiden, Titel, Blenden und Effekte einfügen. Die Möglichkeiten, die Ihnen Magix Video Pro X hier zur Verfügung stellt, sind schier unglaublich. Wahrscheinlich verbringt man deshalb im Bearbeiten-Modus die meiste Zeit. Ich kann mich oft nicht so schnell für eine Musik oder eine Blende entscheiden und muss immer rumprobieren, ob etwas anderes nicht noch besser wirken würde. Am Ende bin ich aber trotzdem immer wieder erstaunt, wie schnell ich die Filme fertig bearbeitet auf einer DVD habe.

Brennen

Das **Brennen** des fertig bearbeiteten Films auf eine CD, DVD oder Blu-ray ist das große Finale. Hier können Sie auswählen, wie z.B. ein DVD-Menü aussehen soll. Sie können ein vorgefertigtes Menü auswählen oder ein Eigenes kreieren. Das Selbstkreieren ist nicht so schwierig, wie Sie jetzt vielleicht vermuten würden. Sie werden das noch sehen.

Unser Filmprojekt

Ziel dieses Buches ist es, Sie in die Lage zu versetzen, Ihre Filme von der Kamera bis auf eine DVD oder Blu-ray zu bekommen. Und zwar so, dass Sie sich nicht schämen müssen, wenn Sie die Ergebnisse jemandem zeigen. Ganz im Gegenteil. Ihre Zuschauer soll es von den Socken hauen, wenn sie Ihren Film ansehen. Ihre DVD soll dabei alles haben, was eine gekaufte DVD auch hat. Rollen Sie nicht mit den Augen ☺. Sie kriegen das hin. Da bin ich ganz sicher. Wenn Sie mit meinem Filmmaterial einen ersten Versuchsballon starten wollen, können Sie sich das Rohmaterial von meiner Homepage herunter laden. Jeder Filmschnipsel ist zwar viele Mega-Byte lang. Trotzdem werden wir damit nicht auf Spielfilmlänge kommen. Um die Techniken mit Magix Video Pro X zu erlernen ist das ja auch gar nicht nötig. Die Filmschnipsel liegen im MPEG4-Format vor. Diese Dateien sind bei hervorragender Qualität recht klein.

Wir legen die Eckdaten für unsere DVD fest

Was soll unsere DVD denn so alles haben? Natürlich einen **Hauptfilm**. Einige Fotos sollen im Film vorkommen und wir wollen eine Rubrik **Dia-Show** haben, die nichts anderes ist als eine tolle Dia-Show mit unseren besten Urlaubsbildern. Ich hoffe doch, dass Sie nicht nur filmen, sondern auch fotografieren ☺. Jede Rubrik bekommt einen animierten Vor- und Abspann. Die Dia-Show wird mit Musik unterlegt, mit Effekten und Texteinblendungen versehen. Die eigentlichen Filmrubriken, Hauptfilm und Dia-Show werden unterschiedlich vertont. Teilweise wird der Originalton beibehalten, teilweise wird er durch Hintergrundmusik oder gesprochene Kommentare ersetzt und teilweise werden Originalton und Hintergrundmusik/Kommentare gemischt. Fotos kommen ja ohne Ton daher ☺. Die DVD selbst wird ein animiertes und mit Musik unterlegtes Auswahlmenü erhalten, aus dem heraus die zwei Rubriken Hauptfilm und Dia-Show direkt angewählt werden können. Wir werden dabei ein eigenes animiertes DVD-Menü erstellen. Zusätzlich wird der Hauptfilm Kapitelmarker erhalten, mit deren Hilfe jede Szene im Film direkt angewählt werden kann. Klingt kompliziert? Ist es aber nicht!

Wir machen unsere Vorarbeiten

Egal ob Sie mit Windows 7, 8 oder Windows 10 arbeiten, legen Sie einen neuen Ordner **Buch-Beispiel-Videos** als Unterordner in **Bibliotheken/Videos** an. Links sehen Sie ein Beispiel für Windows 7. Ab hier gebe ich im Buch nicht mehr für jede Windowsversion den kompletten Pfad an, sondern nenne nur noch den Ordner beim Namen: **Buch-Beispiel-Videos**. Als Nächstes laden Sie sich die Videos, Musik, Geräusche, Kommentare und Fotos von meiner Homepage herunter und speichern Sie im Ordner **Buch-Beispiel-Videos**. Im Kapitel *Downloads* finden Sie die Internetadresse zu allen hier verwendeten Dateien.

Sie können natürlich auch eine Auswahl Ihrer Filmdateien und Fotos in diesen neuen Ordner kopieren. Mit eigenem Material macht das wahrscheinlich auch mehr Spaß.

Der Programmstart

Bei jedem Programmstart öffnet sich dieses kleine Fenster, sofern Sie es nicht durch Setzen des Häkchens beim Eintrag **Diesen Fenster nicht mehr anzeigen** (Pfeil 1) abgeschaltet haben. Voreingestellt ist, dass Magix Video Pro X Ihnen vorschlägt, ein neues Projekt zu erstellen. Für dieses Projekt schlägt das Programm als Namen das aktuelle Datum vor (Pfeil 2). Hier würde ich Ihnen empfehlen, sich einen treffenderen Namen für Ihr neues Projekt auszudenken. Etwa "Sommerurlaub" oder "Unsere Hochzeit" oder etwas anderes passendes zu Ihrem Filmthema. Wenn Sie die Schaltfläche **Projekt laden:** durch Mausklick aktivieren (Pfeil 3), wird eine Liste der zuletzt bearbeiteten Projekte angezeigt aus der Sie eines durch Anklicken öffnen können, um es wieder zu laden. Interessanter weise werden hier auch ungespeicherte Projekte angezeigt. Da Magix Video Pro X alle paar Minuten eine Sicherheitskopie anlegt, sind die Chancen groß, auch dann noch zumindest Projektteile wieder zu finden, wenn man das Programm versehentlich ohne zu speichern beendet hat oder PC mal einfach abgestürzt ist.

Möchten Sie ein anderes Projekt laden, von dem Sie wissen, wie es heißt und wo es gespeichert ist, klicken Sie auf das Ordnersymbol (Pfeil 1 oder Pfeil 4, vorherige Seite). Folgendes Fenster öffnet sich daraufhin:

Das ist das Standard-Fenster um eine Datei zu öffnen. In anderen Programmen sieht das meist genauso aus. Wählen Sie den entsprechenden Ordner aus und doppelklicken Sie die gewünschte Projektdatei.

Sie fragen sich, welche die Projektdatei ist? Diese ist ganz leicht zu erkennen. Die Piktogramme der Magix Video Pro X-Projekte sehen immer so aus, wie im Bild rechts zu sehen. Darunter, oder je nach Ansichtsform auch daneben, steht der Projektname. Sofern Sie Ihren PC entsprechend eingestellt haben, steht zusätzlich die Endung **.MVP** hinter dem Projektnamen. **MVP** steht dabei für **M**agix **V**ideo **P**rojekt.

New_York_1_3105
19.MVP

Wir legen ein neues Projekt an

Wir gehen mal davon aus, dass Sie schon irgendwo Filme haben und einen PC besitzen, auf dem Magix Video Pro X installiert ist. Also müssen Sie zunächst einmal ein neues Projekt anlegen. Achten Sie beim Programmstart darauf, dass der Bereich **Neues Projekt** (Pfeil 1) in dem kleinen Fenster aktiviert ist. Als Projektnamen nehmen wir natürlich nicht das aktuelle Datum, sondern einen Namen unserer Wahl. Ich habe mich für **Buch-Beispiel-Projekt** entschieden (Pfeil 2). Sie können aber für sich auch gerne etwas anderes auswählen. Eine Interessante Funktion ist **Projektordner** (Pfeil 3). Wenn Sie vorher über den Windows-Explorer noch keinen Ordner angelegt hatten, können Sie das jetzt direkt in Magix Video Pro X erledigen. Dazu klicken Sie auf das kleine Ordnersymbol (Pfeil 4).

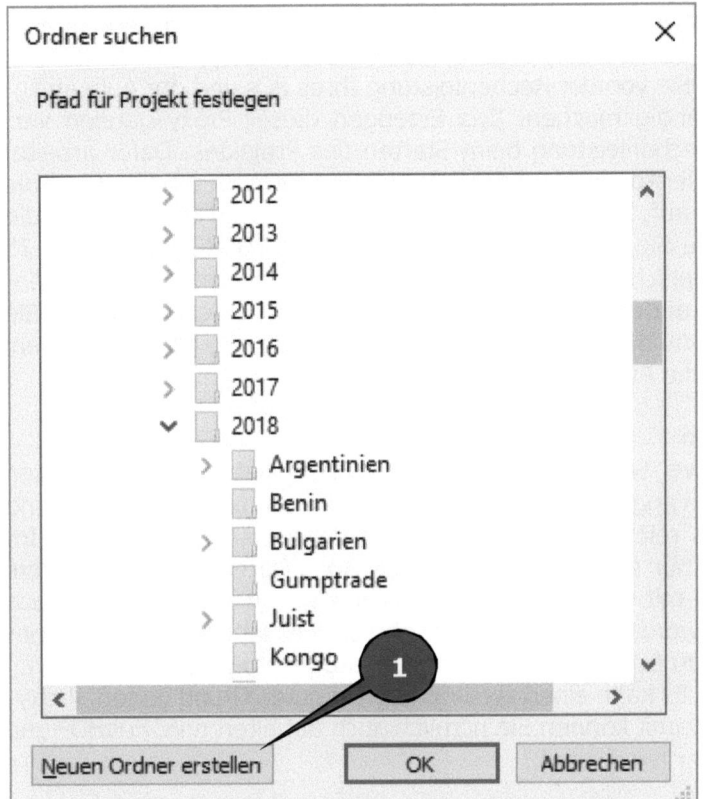

Hier haben Sie die Möglichkeit durch einen Klick auf die Schaltfläche **Neuen Ordner Erstellen** (Pfeil 1) eben dieses zu erledigen.

Bei Projektdateien: (Pfeil 5, vorherige Seite) können Sie anklicken, dass alle Medien in den Projektordner kopiert werden. Alle in Ihren Film importierte Medien, d.h. alle Filmszenen, Musik, Geräusche, Kommentare und Fotos werden dann in diesen Ordner kopiert. Das hat einen Vorteil und einen Nachteil. Der Vorteil ist sicherlich, dass Sie alle Materialien, die in Ihrem Projekt Verwendung finden, an einem zentralen Sammelplatz haben. Damit können Sie dann diesen kompletten Ordner später irgendwo hin kopieren, z.B. auf eine andere Festplatte, und haben da sofort das ganze Projekt lauffähig. Der Nachteil dieser Methode ist, dass Sie dann auch alle Medien, die Sie doch wieder aus dem Projekt entfernen auch in diesem Ordner haben. Um ein fertiges Projekt mit sämtlichen Mediendateien zusammenhängend in einen anderen Ordner zu kopieren, gibt es eine andere Methode, die ich persönlich besser finde. Wie das genau geht, können Sie im Kapitel

Backup des Projekts anlegen nachlesen. Ich überlasse es Ihnen, welche Methode Sie bevorzugen. Ob Sie Proxy-Dateien automatisch anlegen lassen (Pfeil 5, 2 Seiten zuvor) sollten Sie von der Rechenleistung Ihres PCs und der Aufwändigkeit evtl. Effekte abhängig machen. Das Erzeugen dieser Proxy-Dateien verschlingt eine Menge Rechenleistung beim Starten des Projektes. Dafur arbeitet die Vorschau auch auf leistungsschwachen Computern ziemlich schnell. Über die Schaltfläche bei Pfeil 6 auf, zwei Seiten zuvor, können Sie das Filmformat für die Ausgabe festlegen. Wie Sie sehen, habe ich mich für ein FullHD-Format mit 25 Frames pro Sekunde entschieden. Das Ausgabeformat können Sie jederzeit ändern, wenn Sie es sich anders überlegen sollten. Weicht eine der Szenen die Sie importieren möchten, von dem hier eingestellten Format ab, werden Sie in einem Dialog gefragt, ob Sie die Auflösung der Szene anpassen wollen.

Proxy-Dateien erzeugen
Wie Sie bei Pfeil 5, zwei Seiten vorher, sehen können, habe ich die Funktion Proxy-Dateien erzeugen angehakt. Wenn man häufig Programmabstürze hat, und die hatte ich mehr als reichlich, dann sollten Sie Proxy-Dateien erzeugen. Im Grunde sind das auch nur spezielle Kopien Ihrer Video-Dateien. Aber nachdem der Support von Magix mir empfohlen hatte das zu tun, sind die Abstürze auch bedeutend weniger geworden. Aber mal ganz ehrlich: Mir scheint das ein gravierender Softwarefehler zu sein, den die Videobearbeitungsprogramme seit Jahren mit sich rumschleppen. Es kann einen zweiten ebenso guten Grund geben, Proxy-Dateien zu erzeugen. Damit können Sie nämlich auch auf älteren PC FullHD- und 4K-Material viel flüssiger bearbeiten.

Klicken Sie jetzt auf die Schaltfläche **Projekt erstellen** (Pfeil 7, zwei Seiten zuvor).

Und schon sind Sie in Ihrem ersten, jetzt noch völlig leeren Videoprojekt. In der Kopfzeile des Fensters können Sie übrigens immer den Namen des aktuell bearbeiteten Projektes sehen (Pfeil 1). Sehen wir uns einmal an, was uns dieses Fenster zu bieten hat, bevor wir das Ganze mit Leben füllen.

Pfeil 2: Der Vorschaumonitor hat Bedienelemente wie ein Videorecorder
Pfeil 3: Der Quellmonitor
Pfeil 4: Das sind Ihre Medien
Pfeil 5: Das sind die Schalter für den Arbeitsablauf (Workflow)
Pfeil 6: Die Menüleiste ist aufgebaut wie in jedem guten Windowsprogramm
Pfeil 7: Das sind die einzelnen Objektspuren.
Pfeil 8: Projekt-Dateiliste

In der Oberfläche gibt es noch mehr. Da gehen wir aber später im Detail drauf ein. Nämlich dann, wenn wir es brauchen und es sich anbietet, einen Ausschnitt dieses Screenshots groß darzustellen.

Die Benutzeroberfläche

Obwohl Magix Video Pro X mit einer ungeheuren Anzahl von Funktionen daher kommt, zeigt sich die Benutzeroberfläche doch ziemlich aufgeräumt. Sie werden feststellen, dass Sie die Funktionen, die Sie am häufigsten benötigen, auch sehr schnell finden. Ein paar Kleinigkeiten könnten aber noch verbessert werden. Es gibt da schon einige Funktionen, an denen ich mir einen Wolf gesucht habe. Zur Verteidigung des Programms muss ich aber sagen, dass in dem gespeicherten Handbuch immer ganz genau drin stand, wo ich diese Funktionen finden kann.

Aufnehmen

Ob es nun importieren oder aufnehmen heißt, ist ja im Grunde egal. Mit der Funktion **Aufnehmen** teilen Sie Magix Video Pro X einfach mit, welche Medien Sie im Programm verarbeiten wollen. Dabei spielt es überhaupt keine Rolle, ob es sich um Filme, Bilder oder Audio-Dateien handelt.

Was kann ich alles aufnehmen?

Im vorhergehenden Abschnitt hatte ich ja bereits erwähnt, dass Sie in Magix Video Pro X sowohl Videos, wie auch Bilder und Musik aufnehmen (importieren) können. Das geht aber noch weiter. Sie können Videos in nahezu jedem Format importieren. Es ist völlig egal, ob das Video im MPG- oder MP4-Format oder etwa als WMV, MOV oder AVI-Datei vorliegt. Gleiches gilt auch bei Bildern. Sie können Bilder benutzen, die im JPG-, GIF-, BMP- oder PNG-Format vorliegen. Bei Musik und Geräuschen darf es das MP3-, WAV- oder auch OGG-Format sein. Habe ich welche vergessen? Ganz bestimmt ☺.

Video-Quellen

Die Quellen für Videos sind vielfältig. Bei modernen Digital-Camcordern wird es wohl am Häufigsten so sein, dass Sie die Videos schon von
der Kamera auf die Festplatte kopiert haben. Dafür gibt es meist schon ein Programm, das mit
dem Camcorder zusammen ausgeliefert wurde.
Mancher Camcorder wird auch von Windows au-

tomatisch erkannt und dessen Speicher als Laufwerk eingebunden. Dann kann
man die Videos einfach über den Windows-Explorer auf die Festplatte kopieren.
Wenn Ihr Camcorder auf einer Speicherchipkarte oder direkt auf DVDs schreibt,
bietet sich das sowieso an. Man kann den Speicherchip einfach in einen Kartenleser (Cardreader) stecken und alle Videos von dort herunterkopieren. Bei einer
DVD geht das natürlich auch. Möglicherweise legt der Camcorder verschiedene
Unterverzeichnisse auf dem Datenträger an. Da dort scheinbar jeder Hersteller
macht was er will, müssen Sie sich mal durchklicken um das Verzeichnis mit den
Video-Dateien zu finden. Die Video-Dateien erkennt man leicht. Entweder erscheint ein Vorschaubild mit einem Filmstreifen am Rand und einem Bild aus dem
entsprechenden Video (Siehe Bild rechts oben). Oder man erkennt die Videos
schlicht an ihrer Dateigröße. Digitale Videos sind meist einige Megabytes groß.
Wenn Sie über einen Videodigitalisierer (Framegrabber) verfügen, können Sie
auch von einem HI-8, VHS- oder S-VHS-Gerät Videos digitalisieren. Dabei ist es
egal, ob die Quelle ein älterer Camcorder oder ein „normaler" Videorecorder aus
dem Wohnzimmer ist. Entscheidend ist nur, dass Sie hinterher Ihren Film in digitaler Form auf Ihrer Festplatte haben. Viele PCs, die heute zwischen Butter, Eier,
Käse angeboten werden, haben bereits eine TV-Karte eingebaut. Meist kann
diese TV-Karte Fernsehsendungen, die über DVBT-2 ausgestrahlt werden emp-
fangen und interessanter Weise auch auf der Festplatte speichern. Da kann man
dann mit Magix Video Pro X wirklich schnell die Werbeblöcke rausschneiden und
dann den gewünschten Film, werbearm oder manchmal sogar werbefrei, auf DVD
brennen und sich dann ansehen. Ich weiß ... die Fernsehanstalten würden mich
jetzt gerne steinigen ☺. Auch aus dem Internet gespeicherte Videos können natürlich in Magix Video Pro X weiterverarbeitet werden. Genauso wie jeder andere
digitalisierte Film auch. Magix Video Pro X kann aber noch mehr. Es kann direkt
von Ihrem laufenden Bildschirm abfilmen, was da so passiert. Und das geht nur
per Software, ganz ohne Kamera.

Film- und Ton-Formate mischen?

Sie können nicht nur beliebige Dateiformate aufnehmen, Sie können diese auch nach Belieben in einem Filmprojekt mischen. Das gilt nicht nur für Filmszenen, sondern auch Geräusche, Musik, Sprache und auch Bilder in allen Auflösungen sind gleichzeitig möglich. Mit Gleichzeitig meine ich nicht nur in einem Film hintereinander, sondern wirklich gleichzeitig. Bei einigen Funktionen ist das besonders wichtig. Wenn Sie irgendein Video mit einem Greenbox-Video (Bluebox) mischen wollen, den Originalton mit Musik von einer CD unterlegen wollen oder etwa Fotos überblenden wollen. Bei Gleichzeitigkeit legen Sie ein neues Objekt, egal ob Video, Musik oder Foto einfach in einer neuen Spur an die gewünschte Stelle. Spuren sind ausreichend vorhanden. Dazu später mehr. Bei Videos spielt es auch keine Rolle, ob sie z.B. im Seitenverhältnis 4:3 oder 16:9 aufgenommen sind.

PAL 4:3 (720x576; 25fps)

PAL 16:9 (720x576; 25fps)

PAL HDV1 720p 16:9 (1280x720; 25fps)

PAL HDV2 1080i 16:9 (1440x1080; 25fps)

PAL FullHD 24p 16:9 (1920x1080; 24fps)

PAL HDTV 1080i 16:9 (1920x1080; 25fps)

PAL FullHD 50p 16:9 (1920x1080; 50fps)

Ultra HDTV 24p 16:9 (3840x2160; 24fps)

Ultra HDTV 25p 16:9 (3840x2160; 25fps)

Ultra HDTV 50p 16:9 (3840x2160; 50fps)

PAL 4K 24p 16:9 (4096x2160; 24fps)

PAL 4K 25p 16:9 (4096x2160; 25fps)

PAL 5K 16:9 (4992x2808, 24fps)

PAL 5K 16:9 (4992x2808, 25fps)

PAL 6K 2,35:1 (4992x3744, 24fps)

PAL 6K 2,35:1 (4992x3744, 25fps)

360° PAL 960p 2:1 (1920x960; 25fps)

360° PAL 1280p 2:1 (2560x1280; 25fps)

360° PAL 1920p 2:1 (3840x1920; 25fps)

NTSC 4:3 (720x480; 29,97fps)

NTSC 16:9 (720x480; 29,97fps)

NTSC HDV1 720p 16:9 (1280x720; 29,97fps)

NTSC HDV2 1080i 16:9 (1440x1080; 29,97fps)

NTSC FullHD 24p 16:9 (1920x1080; 23,97fps)

NTSC HDTV 1080i 16:9 (1920x1080; 29,97fps)

NTSC FullHD 60p 16:9 (1920x1080; 59,94fps)

Ultra HDTV 24p 16:9 (3840x2160; 23,97fps)

Ultra HDTV 30p 16:9 (3840x2160; 29,97fps)

Ultra HDTV 60p 16:9 (3840x2160; 59,94fps)

NTSC 4K 24p 16:9 (4096x2160; 23,97fps)

NTSC 4K 30p 16:9 (4096x2160; 29,97fps)

NTSC 5K 16:9 (4992x2808, 23,97fps)

NTSC 5K 16:9 (4992x2808, 29,97fps)

NTSC 6K 2,35:1 (4992x3744, 23,97fps)

NTSC 6K 2,35:1 (4992x3744, 29,97fps)

360° NTSC 960p 2:1 (1920x960; 29,97fps)

360° NTSC 1280p 2:1 (2560x1280; 29,97fps)

360° NTSC 1920p 2:1 (3840x1920; 29,97fps)

Ausgabe-Formate

Wie Sie sehen, gibt es eine Menge Ausgabeformate für Ihr fertiges Video. Wenn Sie beim Anlegen eines neuen Projektes eine Auflösung eingestellt haben und zu einem späteren Zeitpunkt noch ändern wollen oder müssen, so geht das jederzeit. Über den Befehl **Datei / Einstellungen / Film**. Einen Film, selbst wenn die Kamera ein UltraHD-Modell (4K) mit 2160 Zeilen ist, in einem 4K-Format auszugeben macht natürlich nur Sinn, wenn man auch die Abspielmöglichkeiten hat. Wenn Sie lediglich einen Blu-ray-Player und einen „normalen" 16:9 Flachfernseher mit FullHD (1080 Zeilen) haben, wäre das FullHD - PAL16:9-Format die bessere Wahl.

Spielt die Reihenfolge beim Import eine Rolle?

Grundsätzlich spielt die Reihenfolge, in der Sie Medien importieren keine Rolle. Die Reihenfolge lässt sich im Projekt jederzeit verändern. Als Faustregel können Sie aber sagen, dass Sie umso weniger Arbeit haben, je mehr Gedanken Sie sich vorher um die Reihenfolge gemacht haben. Wie man jederzeit und nach Belieben die Reihenfolge ändert, werden Sie in diesem Buch noch lernen. Erinnern Sie sich noch an das Kapitel, ziemlich am Anfang des Buches? *Machen Sie einen Plan!*

Aufnehmen oder importieren?

Tatsächlich kann man beide Begriffe in Zusammenhang mit Magix Video Pro X ganz leicht unterscheiden. Von Aufnahme spricht man dann, wenn das Material, egal ob Film oder Ton, noch nicht in digitaler Form auf der Festplatte vorliegt. Der PC ist als sozusagen das Aufnahmegerät. Importieren bedeutet folglich, dass das Material, egal ob Film oder Ton, schon als Datei auf der Festplatte vorliegt. Es ist also quasi schon aufgenommen und wird nur noch in das Programm importiert.

Filmmaterial

Tun Sie sich selber einen Gefallen und sichten Sie vorher Ihr Filmmaterial. Kopieren Sie sich die Filmdateien, die Sie voraussichtlich später auf der DVD oder Bluray haben wollen, in einem Ordner zusammen. Das macht das Arbeiten mit Magix Video Pro X schneller und effektiver.

Musik, Kommentare und Geräusche

Meine Musikdateien habe ich sowie schon alle an einem zentralen Ort gesammelt. Nämlich im Ordner **Musik**. Darin gibt es auch einen Ordner **Geräusche**. Wir reden hier nicht über die Musik und Geräusche, die bereits bei Magix Video Pro X mitgeliefert werden, sondern über eigene Sammlungen. Musik und Geräusche sind fein säuberlich geordnet, damit ich alles schnell finde. Beides kopiere ich persönlich nicht erst in den Ordner, in dem ich meine Filmszenen bereits gesammelt habe. Das mache ich deshalb nicht, weil ich doch noch oft etwas ändere. Vor allem bei der Musik probiere ich noch viel herum, ob ich nicht noch etwas finde, was noch besser klingt und passt. Kommentare spricht man eher erst auf, wenn man den Film fast fertig geschnitten hat. Das empfiehlt sich, weil ja durch den Schnitt und evtl. Effekte die Laufzeit einer Szene verändert wird.

Fotos

Fotos, die ich in meine Filme einbauen möchte, kopiere ich in den gleichen Ordner wie die Filmszenen. Dann spare ich mir die Sucherei, wenn ich doch eigentlich schneiden möchte.

In den Projektordner kopieren?

Wenn Sie eine Film- Musik- oder Fotodatei importieren, fragt Magix Video Pro X Sie, ob Sie die Datei(en) in den Projektordner kopieren möchten. Bei meinem ersten Magix-Projekt habe ich noch gedacht: "Wozu? Dann habe ich die ja doppelt auf der Festplatte." Erst als ich mit der DVD fertig war, wurde mir auch klar, warum es besser gewesen wäre alles in den Projektordner zu kopieren.

1. Sie können jederzeit die Ordnung Ihrer Mediendaten ändern, ohne das Magix Video Pro X den Bezug zu den Dateien verliert.
2. Sie können nach Fertigstellung Ihres Projektes den kompletten Projektordner z.B. auf eine DVD-Brennen oder eine externe Festplatte kopieren und haben damit zum einen eine Datensicherung des Projektes, die Sie jederzeit auf jedem beliebigen Rechner wieder einspielen können. Zum anderen können Sie die, ja doch sehr großen, Dateien nach der Sicherung von Ihrer Festplatte löschen, wenn der Platz knapp werden sollte.

Im Laufe der Zeit habe ich doch einige Videoprojekte gemacht, die nicht für mich waren und die ich mir wahrscheinlich auch nie mehr ansehen werde. Warum sollten die also auf meiner Festplatte bleiben? Damit ich aber bei Anfragen wieder Zugriff darauf habe, kann ich die Projekt-DVD bzw. Bluray wieder einspielen.

Ein Film oder mehrere?

Mehrere Filme auf der DVD zu haben, heißt, dass Sie wirklich mehrere unabhängige Filme auf der DVD haben und diese auch einzeln starten können. Das hat nichts mit einzelnen Szenen zu tun, die man dann einzeln starten kann. Dazu kommen wir später (Kapitelmarker). Heute hat fast jede Film-DVD, die Sie im Laden kaufen können, mehrere Filme, die gesondert gestartet werden können. Da gibt es z.B. einen Hauptfilm, Bonusmaterial, Outtakes oder Kommentare der Filmcrew. So machen wir das in unserem Projekt jetzt auch.

Wir nehmen unseren ersten Film auf oder importieren ihn

Unser erstes eigenes Projekt haben wir ja vorhin schon unter dem Namen **Buch-Beispiel-Projekt** angelegt. Der nächste Schritt ist abhängig davon, ob Sie Ihr Filmmaterial schon auf dem PC gespeichert haben oder nicht.

Wenn Sie Ihr Filmmaterial noch nicht auf Ihrem PC gespeichert haben, wäre jetzt der richtige Zeitpunkt, die Kamera, gemäß der dazugehörigen Anleitung, mit dem PC oder mit dem Video-Digitalisierer zu verbinden. Moderne Videokameras tragen den Zusatz DV = **D**igital **V**ideo nicht umsonst. Sie verfügen über eine USB- oder Firewire-Schnittstelle und können direkt an die passende Schnittstelle des PCs angeschlossen werden. Ab da kann Magix Video Pro X die Steuerung übernehmen. Das klappt mit den meisten DV-Kameras. Meine Kameras gehören unglücklicherweise zu den Modellen, die nicht von Magix Video Pro X angesteuert werden können. Klicken Sie auf die Schaltfläche **Aufnahme** (Pfeil 1).

Oder noch leichter: Drücken Sie auf Ihrer Tastatur einmal kurz auf den Buchstaben **R**.

Dieses Fenster öffnet sich und Sie können die entsprechende Video-Quelle anklicken. Gehen wir in diesem Beispiel mal davon aus, dass Sie eine DV-Kamera besitzen (Pfeil 1). Um kleinstmögliche Dateien bei größtmöglicher Qualität zu erreichen, sollten Sie das Häkchen bei **DV als MPEG aufnehmen** durch einfachen Mausklick setzen (Pfeil 2). Da der MPEG-Codec aus lizenz- und/oder kostentechnischen Gründen dem Programm nicht beiliegt, werden Sie beim ersten Benutzen darauf aufmerksam gemacht, dass der Codec über das Internet aktiviert werden muss. Keine Sorge. Das ist kinderleicht. Stellen Sie sicher, dass Ihr PC mit dem Internet verbunden ist und folgen Sie den Hinweisen. In wenigen Sekunden ist das erledigt. Ab da können Sie aufnehmen, hin- und her spulen. Ganz so wie auf einem gewöhnlichen Videorecorder. Aktuelle Kameras arbeiten in der Regel mit Speicherchips, wie etwa SD-Karten. Klicken Sie einmal auf **AV-CHD/DVCPRO/AVC-Intra** (Pfeil 3), können Sie Ihre Videoszenen direkt von der Speicherkarte importieren.

Das wiederrum öffnet das obige Importfenster. Wenn Sie sich mit Windows wenig auskennen, würde ich Ihnen schon raten, diesen Weg für den Import Ihrer Videodaten und auch Fotos zu wählen. Der Speicherpfad für die Videoszenen kann schon mal was länger sein. So sieht das bei einer meiner Kameras aus:

Dieser PC ▸ CAM_SD (F:) ▸ PRIVATE ▸ AVCHD ▸ BDMV ▸ STREAM

Und die Fotos sind in einem anderen Ordner!

Mit dem Importprogramm von Magix Video Pro X kann man im Grunde wenig falsch machen. Der Nachteil dieser Methode ist, dass sie mit viel Klicken verbunden ist und man aufmerksam sein muss um nicht mal etwas zu vergessen. Ich persönlich arbeite lieber mit dem Windows-Explorer. Damit habe ich zwei Jahrzehnte Erfahrung und weiß wie man neue Ordner anlegt und Dateien dahin kopiert, auch wenn man mich nachts aus dem Tiefschlaf weckt und sagt: Mach mal ... ☺.

Aber bleiben wir mal hier in diesem Fenster. Sie können eine Videoquelle auswählen. In diesem Beispiel habe ich die SD-Karte der Kamera in den PC gesteckt und diese dann angewählt (Pfeil 1, vorherige Seite). Bei Pfeil 2 vorherige Seite, können Sie den Zielordner auswählen. Wenn Sie eine der Szenen anklicken, erscheint in der Ecke ein Häkchen (Pfeil 3, vorherige Seite). Diese Szene können Sie sich dann auch bei Bedarf im Vorschaumonitor ansehen. Damit Sie keine Dateien vergessen zu importieren, empfehle ich Ihnen einmal auf die Schaltfläche **Alle** zu klicken (Pfeil 4, vorherige Seite).

Da ich mit der Videokamera auch Fotos machen kann, habe ich angeklickt, dass auch die **Fotos** angezeigt werden sollen (Pfeil 1) Nach dem Klick auf die Schaltfläche **Alle** (Pfeil 2) haben jetzt alle Datei ein Häkchen. Zusätzlich habe ich angeklickt, dass die Dateien nach dem erfolgreichen Import von der Speicherkarte gelöscht werden sollen (Pfeil 3). Damit wäre die Karte dann sofort wieder leer und einsatzbereit. Klicken Sie nun auf die Schaltfläche **Importieren** (Pfeil 4) und Magix Video Pro X beginnt damit alle ausgewählten Dateien in den gewünschten Zielordner zu kopieren. Je nach Datenmenge kann das etwas dauern. Videodateien haben halt ihre Größe.

Dieses Importfenster kann natürlich noch mehr. Wenn Sie mehrere Events auf einer Speicherkarte haben, können Sie z.B. den Datumsbereich eingrenzen (Pfeil 5, vorherige Seite) oder etwa nur Dateien auswählen, die noch nicht importiert wurden (Pfeil 6, vorherige Seite).

Wie schon gesagt, ich persönlich kopiere lieber alles über den Windows-Explorer. Und ich lösche erst etwas von einer Speicherkarte, wenn ich alles auf der Festplatte habe und ein zusätzliches Backup auf ein externes Medium gemacht ist. Man mag mich da ruhig paranoid nennen ... aber ich habe schon viele Variationen erlebt, wie man sich seine Daten unwiderruflich löschen kann, obwohl man das nie vorhatte.

Wir gehen jetzt einfach mal davon aus, dass Sie alle Ihre Videodateien usw. auf Ihrer Festplatte haben. Sehen wir uns daher mal den Bereich rechts oben im Magix Video Pro X Fenster an. Dort können Sie über die Registerkarte **Import** (Pfeil 1) alle Ihre Video- Foto- und Audio-Dateien direkt in Ihr Filmprojekt importieren. Sie sehen links einen Verzeichnisbaum (Pfeil 2). Dort finden Sie unter **Eigene Medien** eine Reihe von Ordnern wie z.B. **Eigene Videos**. Klicken Sie einen der Ordner an, sehen Sie im rechten Bereich dessen Inhalt. Sie können dort durch Doppelklick in Unterordner wechseln oder Video-, Foto- oder Musikdateien, ebenfalls durch Doppelklick, direkt importieren. Möchten Sie eine Verzeichnisebene höher, klicken Sie auf den **Aufwärts**-Pfeil (Pfeil 3).

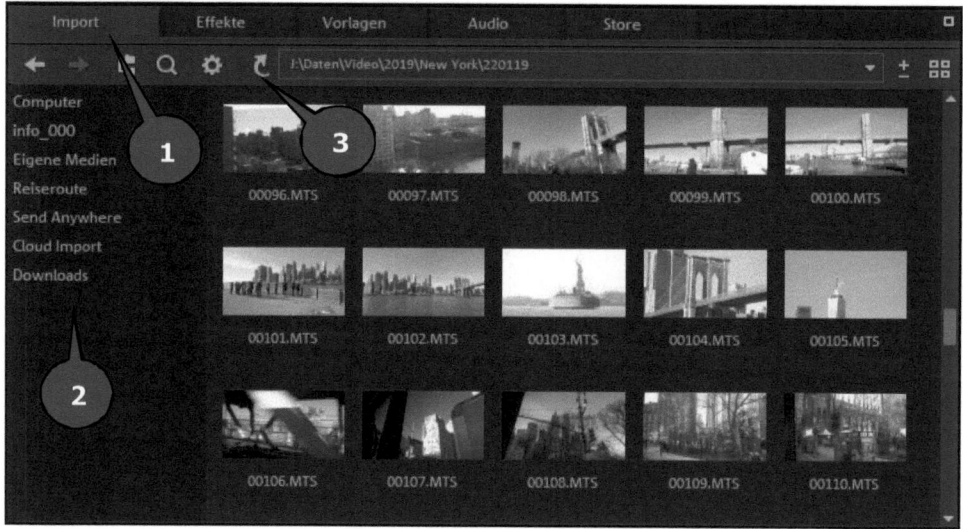

Fast zu einfach um wahr zu sein ☺. Etwas aufwändiger wird es nämlich, wenn Sie das Programm auf einer Partition haben und Ihre Daten auf einer anderen Partition sind und diese Ordner dann zu allem Überfluss auch noch als zusätzliche Ordner in den Bibliotheken eingebunden sind.

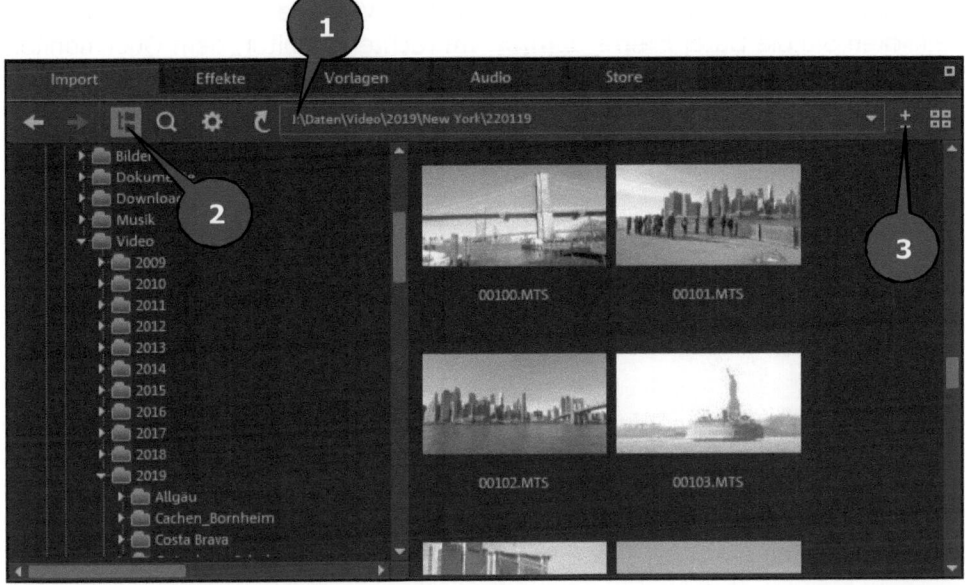

Wie Sie in der Kopfzeile sehen können, liegen bei mir die Videos auf einer anderen Partition mit dem Laufwerksbuchstaben **J:** (Pfeil 1) der komplette Pfad, in dem ich die Szenen für dieses Buch abgelegt habe, steht direkt dahinter. Um dorthin zu kommen, dürfen Sie nicht auf den Ordner **Eigene Medien** klicken, sondern auf den Ordner **Computer**. Dort werden dann alle angeschlossenen Laufwerke angezeigt. Wenn Sie noch nicht so vertraut sein sollten mit Windows 7 oder Windows 8: **Computer** hieß unter Windows XP **Arbeitsplatz** und heißt seit Windows 10 **Dieser PC**. Oder Sie lassen sich gleich den kompletten Verzeichnisbaum anzeigen, in dem Sie auf die Schaltfläche bei Pfeil 2 klicken. Wenn Sie auf die +-Taste klicken (Pfeil 3) erscheint ein kleiner Schieberegler. Damit können Sie die Größe der Miniaturansichten im Importfenster verändern.

Wenn Sie in Ihrem Ordner mit den Buch-Beispiel-Videos angekommen sind, doppelklicken Sie die Datei **biene_1.mpg**. Im rechten Monitor, dem Quellmonitor, von Magix Video Pro X läuft nun diese Szene ab. Sie ist aber noch nicht in das

Projekt importiert. Für diesen Vorschaumonitor bin ich oft dankbar. Ich kann mir Medien ansehen oder anhören ohne diese erst im Projekt abzulegen und dann dort die Vorschau zu starten. Das kostet viel zu viele Klicks und damit Zeit, wenn ich das Material dann doch nicht verwenden möchte. Wenn man mit einer modernen DV-kamera filmt, die jede einzelne Szene in einer eigenen Datei speichert, wird man diese Funktion schnell schätzen lernen. Aus dem letzten Urlaub habe ich mehr als 2500 Szenen mitgebracht. Und da weiß ich wirklich nicht von jeder was da läuft ☺. Drücken Sie auf die **Stopp**-Taste um die Vorschau anzuhalten (Pfeil 1).

Um die Szene nun in Ihr Projekt zu importieren, ziehen Sie die Datei **biene_1.mpg**, mit gedrückter linker Maustaste in Ihre Timeline (Zeitleiste). Da das die erste Szene ist, schieben Sie sie in Spur 1 bis ganz nach links, also auf die Zeitmarke 00:00:00:00. Lassen Sie nun die linke Maustaste los. Die Szene wird jetzt genau dort abgelegt. Sollten Sie mal mit einem nervösen Zeigefinger an einem Video arbeiten und die linke Maustaste an der falschen Stelle loslassen, dürfen Sie sich ruhig mal für eine 10tel Sekunde über sich selbst ärgern ☺. Das ist aber alles kein Beinbruch. Ziehen Sie die Szene mit gedrückter linker Maustaste einfach an die richtige Stelle. Und da sind wir bei einem wichtigen Punkt, wo gerne Fehler passieren. Vor allem dann, wenn der Bildschirm klein und die Szene kurz sind. Um eine Szene zu verschieben, dürfen Sie nicht irgendwo in der Szene hin klicken. Es gibt ein paar Stellen, wo dann etwas ganz anderes passiert. Halten Sie sich dafür von den Ecken und der Mitte der Szenen fern. Achten Sie peinlich darauf, dass der Mauszeiger wie eine geöffnete, greifende Hand aussieht.

Uups. Es erscheint möglicherweise eine Meldung mit einer Frage.

Beim Anlegen des Projektes haben wir nicht angegeben, welche Auflösung unser fertiger Film bekommen soll. Voreingestellt war möglicherweise das Seitenverhältnis 4:3. Das entspricht der „alten" Darstellungsform auf Fernsehern. Mittlerweile hat aber das Seitenverhältnis 16:9 den Weg auf die Fernseher in unseren Wohnzimmern gefunden. Dem wollen wir hier auch Rechnung tragen. Wir wollen das Video nicht von 16:9 auf 4:3 anpassen und deshalb klicken wir auf die Schaltfläche **Nicht anpassen** (Pfeil 1). Die Beispieldatei ist nämlich schon im Seitenverhältnis 16:9.

Und schon wird Ihre erste Filmszene in **Spur 1** (Pfeil 2) von Magix Video Pro X importiert.

Im Importfenster ist die Szene jetzt mit einem roten Symbol markiert (Pfeil 3). Das bedeutet, dass die Szene im Projekt ist. In den meisten Fällen wollen Sie eine Szene wahrscheinlich nur einmal verwenden. Das rote Symbol verschafft uns die dazu notwendige Schnellübersicht.

Bevor wir weitermachen stellen wir nun erst einmal die Projekteigenschaften um. Das machen wir, weil wir als Endprodukt eine DVD brennen wollen.

Stellen wir die Projekteigenschaften zunächst einmal auf das richtige Format. Dazu klicken Sie auf den Menübefehl **Datei/Einstellungen/Film**. Oder drücken Sie einmal auf die Taste **E**.

Wählen Sie dort, im sich öffnenden Fenster, auf der Registerkarte **Filmeinstellungen** (Pfeil 1) bei Videoeinstellungen **PAL 16:9 (720x576; 25fps)** (Pfeil 2).

Bestätigen Sie die Änderung des Filmformates durch Klick auf **OK** (Pfeil 3).

Im linken Fenster sehen Sie noch eine wichtige Einstellung. Das Programm ist auf die Arbeit mit **32 Spuren** voreingestellt. Für den „normalen" Urlaubsfilm sollte das dicke reichen. Wenn Sie aber in Richtung Videotricks etwas machen wollen, sind 32 Spuren schnell mal zu wenig. Hier können Sie das Programm bei Bedarf auf 200 Spuren umstellen (Pfeil 4).

In älteren Versionen des Programms waren „nur" 99 Spuren möglich. Ganz ehrlich, dass reicht auch normalerweise dicke aus. Wenn ich allerdings aufwändige Videotricks mache, bin ich schon des Öfteren nah an diese Grenze heran gekommen. In dieser Softwareversion kann man auch einzelne Spuren nach Bedarf dazu schalten. Das spart Speicherplatz. Ich habe das im Taskmanager überprüft. Alleine das Ändern der Spuranzahl von 32 auf 999 bewirkt schon einen Mehrbedarf von 25 Mbyte Arbeitsspeicher. Vor allem dann, wenn der Speicher nicht so üppig ist, sollte man also nur so viele Spuren verwenden, wie unbedingt nötig ist.

Und so schaltet man eine Spur dazu: Klicken Sie in einem beliebigen Spurkopf auf den kleinen Pfeil (Pfeil 1) und dann auf den Befehl **Spur hinzufügen** (Pfeil 2). Wenn Sie vorher auf 32 Spuren eingestellt waren, sollten es jetzt 33 sein.

Das sind immerhin 2 Mausklicks. Es geht aber auch mit nur einem Klick, in dem Sie einfach einmal auf das kleine +-Zeichen (Pfeil 1) am Spurkopf klicken. Dadurch wird eine neue Spur oberhalb des Klicks angelegt.

Dass die neue Spur oberhalb angelegt wird hat seine Vorteile, wenn Sie z.B. einen Chromakey-Effekt anwenden wollen und vergessen haben sich eine Spur Platz zu lassen. Alles von Hand nach unten zu verschieben, würde dabei nur unnötig viel Arbeit machen.

Sie mögen jetzt vielleicht glauben, bei 200 Spuren sei die Obergrenze erreicht. Dem ist nicht so. Sie können über die 200 Spuren hinausgehen. Wem das zu mühsam ist, jedes Mal auf den kleinen Pfeil und dann auf Spur hinzufügen zu klicken, der kann auch die Anzahl der Spuren von Hand ändern. Dazu ändern Sie in den **Projekt-/Filmeinstellungen** die Anzahl der Spuren einfach von Hand. Maximal sind 999 Spuren möglich (Pfeil 1, folgende Seite). Das sollte auch für das ambitionierteste Videoprojekt reichen.

Projekt-/Filmeinstellungen   ✕

| Filmeinstellungen | Synchronisation | Filminformationen | Projekteinstellungen |

Allgemeine Filmeinstellungen

☐ Film im Loop-Modus abspielen

☑ Einstellungen als Voreinstellungen für neue Filme verwenden

☐ Neue Bilder automatisch bildfüllend beschneiden (Ränder werden ausgeblendet)

☐ Automatisch Proxy-Dateien erzeugen

Anzahl der Spuren: Audio-Samplerate:

999   48000

- 4 Spuren   **1**   ○ 48 000 Hz
- 16 Spuren   ● 44 100 Hz
- 32 Spuren   ● 32 000 Hz
- 64 Spuren   ● 22 050 Hz
- 99 Spuren   ● 11 025 Hz
- 200 Spuren

Videoeinstellung: PAL HDTV 1080i 16:9 (1920x1080; 25fps) ▼

| Breite: | Höhe: | Seitenverhältnis: | Framerate: |
| 1920 | 1080 | 16:9 | 25 |

OK   Abbrechen   Hilfe

Genauso wie Sie die Zahl der Videospuren erhöhen können, genauso können Sie sie auch reduzieren. Klicken Sie auf den kleinen Pfeil im Spurkopf (Pfeil 1) und dann auf **Löschen** (Pfeil 2). Wenn Sie z.B. etwas in Spur 17 liegen haben und reduzieren die Spuranzahl auf 16, dann wird die Spur 17 sofort gelöscht, sofern nichts darin liegt.

Ist die Spur nicht leer, erscheint eine Sicherheitsabfrage. Klicken Sie jetzt auf **OK** (Pfeil 3), wird die Spur, samt Inhalt gnadenlos aus Ihrem Projekt gelöscht. Vor allem bei großen, komplexen Projekten, ist das sehr hilfreich. Machmal hat man vergessen oder einfach übersehen, dass da noch was irgendwo in der Spur liegt.

Wir speichern unser Projekt

Ich bin ja nicht abergläubig … aber man weiß ja nie ☺. Wenn man eine Weile mit Computern arbeitet, wird man auch schon mal erleben, dass diese Maschinen in irgendeiner Art und Weise abstürzen. Außerdem werden Sie auch mal Schluss machen wollen mit der Videoschneiderei und an einem anderen Tag die Arbeit fortsetzen. Deshalb kann man natürlich auch die Arbeit so speichern, wie sie gerade ist, um sie zu einem späteren Zeitpunkt fortsetzen zu können. Dazu klicken Sie auf den Menübefehl **Datei/Projekt speichern unter...**

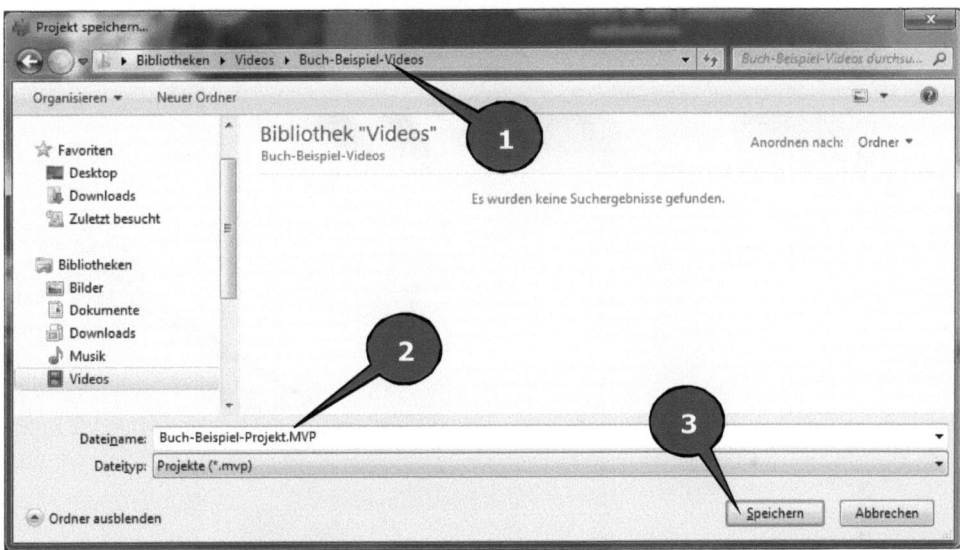

Dort können Sie wie in jedem anderen Programm auch, einen beliebigen Speicherort auswählen. In diesem Fall habe ich den Ordner **Bibliotheken/Videos/Buch-Beispiel-Videos** ausgewählt (Pfeil 1). Als Dateinamen habe ich **Buch-Beispiel-Projekt** (Pfeil 2) angegeben. Die Endung **.MVP** wird vom Programm automatisch angehängt und muss nicht selber geschrieben werden. Haben Sie den gewünschten Zielordner angewählt und einen Projektnamen vergeben, klicken Sie auf die Schaltfläche **Speichern** (Pfeil 3).

Wir rufen ein bestehendes Projekt auf

So. Wir sind ausgeschlafen und gehen frisch, frei und fröhlich wieder ans Werk. Grundsätzlich haben Sie zwei Möglichkeiten eine bestehende Magix Video Pro X Projekt-Datei zu öffnen. Sie könnten über den Windows-Explorer in den Ordner gehen, in dem Sie die Projekt-Datei gespeichert haben und diese mit der linken Maustaste doppelklicken (Pfeil 1). Ich habe den folgenden Bildausschnitt etwas größer gemacht, damit man das Piktogramm gut erkennt.

Der klassische Weg ein bestehendes Projekt aufzurufen ist der, das Programm zu starten. Wenn Sie das tun, erscheint dieses kleine Fenster.

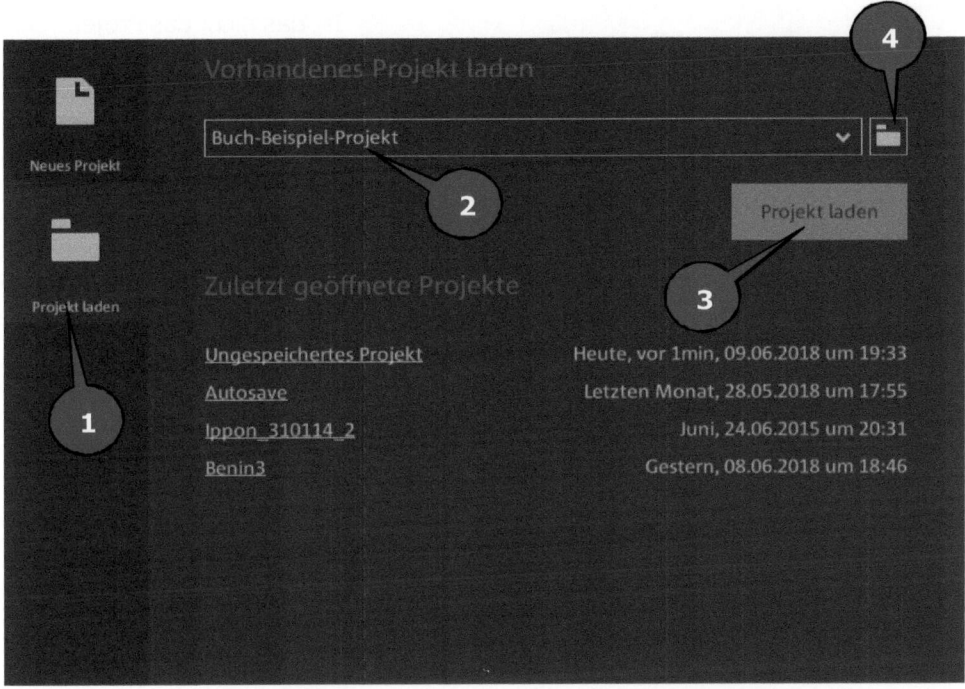

Aktivieren Sie durch einfachen Mausklick das Register **Projekt laden:** (Pfeil 1). Dort steht das Projekt schon vorausgewählt, welches Sie als letztes bearbeitet haben (Pfeil 2). Klicken Sie auf die Schaltfläche **Projekt laden** um das Projekt zu laden (Pfeil 3).

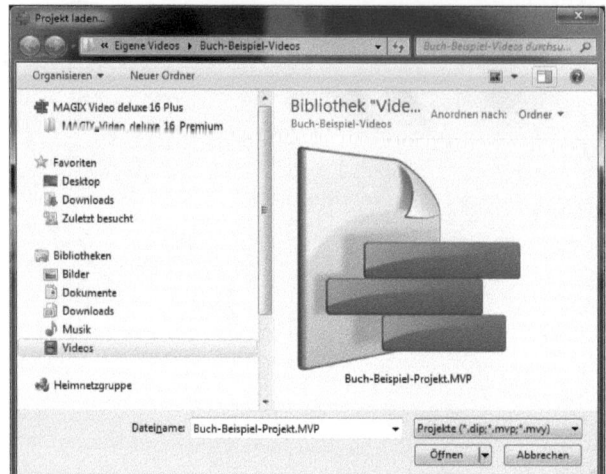

Ist das nicht das Projekt, das Sie jetzt bearbeiten möchten, klicken Sie einmal auf das Ordnersymbol (Pfeil 4, vorherige Seite). Sie können dann das gewünschte Projekt aus dem entsprechenden Ordner per Doppelklick mit der linken Maustaste laden.

Wir importieren eine weitere Szene oder nehmen sie auf

Bisher haben wir ja erst eine Filmszene namens biene_1.mpg in unser Projekt aufgenommen. Jetzt nehmen wir uns den zweiten Film vor. Der befindet sich im gleichen Ordner und heißt **biene_2.mpg**. Um diesen zu importieren, ziehen Sie diese Datei aus dem Importfenster mit gedrückter linker Maustaste so hinter die erste Szene, so dass der linke Rand, also der Anfang der zweiten Szene genau mit dem rechten Rand, als dem Ende der ersten Szene abschließt. Was, kein Platz da? Uups ☺. Die erste Szene ist genauso breit, wie die Timeline lang ist. Magix Video Pro X hat die Szene optimal auf der Timeline positioniert.

Das können wir jetzt gerade überhaupt nicht gebrauchen. Aber die gute Nachricht ist, wir können uns sehr leicht den nötigen Platz beschaffen. Rechts unten in der Ecke des Timelinefensters befinden sich einige Symbole.

Mit der –Taste können Sie die Timeline zusammen schieben. Ein Klick darauf schafft erst einmal genug Platz, damit Sie jetzt tatsächlich die zweite Szene an ihren Platz ziehen können.

Da Sie diese Tasten noch oft benötigen, erkläre ich gleich mal, was es damit auf sich hat.

 Mit jedem Klick auf die +-Taste spreizen Sie die Timeline auf. D.h. die Szene wird in der Darstellung auf der Timeline länger (Nicht in der Dauer!!!). So kann man besser an kleinen Details arbeiten.

 Mit jedem Klick auf die –Taste schrumpfen Sie die Darstellung der Timeline. So kann man schneller durch große Projekte navigieren und sich einen schnelleren Gesamtüberblick verschaffen.

Ein Klick auf die Zoom-Schaltfläche zoomt ein in der Timeline **markiertes** Objekt auf. Das sieht dann etwa so aus.

Bevor Sie einen Schreck bekommen ... ☺: Ein erneuter Klick auf die Zoom-Schaltfläche stellt die ursprüngliche Darstellung wieder her.

 Die Optimieren-Schaltfläche dient dazu das gesamte Projekt in den sichtbaren Bereich der Timeline einzupassen.

Hier können Sie sehen, welcher Zoom-Faktor auf Ihrer Timeline aktuell eingestellt ist. Wenn Sie auf den kleinen Pfeil klicken, öffnet sich ein Menü, in dem Sie quasi von Hand einen Zoomfaktor auswählen können. Sie können dabei einen Zoomfaktor bis zu einem einzigen Frame wählen. D.h. Sie können dann auch framegenau schneiden. Wenn Sie oft zwischen den Zoom-Faktoren umschalten müssen, lohnt es sich die Tastenkombinationen auswendig zu lernen. Z.B. **Alt+1** bis **Alt+5**. Das kann man sich gut einprägen. Kleine Nummer = kleiner Bereich, große Nummer = großer Bereich.

Geschafft. In der Timeline sind jetzt die Szenen biene_1.mpg und biene_2.mpg nebeneinander in Spur 1 zu sehen.

In der rechten oberen Ecke des Vorschaumonitors ist die Länge der insgesamt importierten Videofilme zu erkennen (Pfeil 1). Nach dem Import der ersten Szene stand der Zähler auf 14 Sekunden und jetzt nach dem Import der zweiten Szene auf 49 Sekunden. In der linken oberen Ecke sehen Sie die aktuelle Position des Abspielmarkers (Pfeil 2).

Bearbeiten

Belassen wir es zunächst bei diesen beiden Filmszenen. Später werden wir noch mehr importieren. Mit nur zwei kurzen Szenen kann ich Ihnen die verschiedenen Bearbeitungsschritte besser demonstrieren.

Die Szenenübersicht

Ein Klick auf das Symbol (Pfeil 3) bringt uns sofort in die Szenenübersicht. Das Symbol befindet sich rechts über der Timeline. In Szenenübersicht sehen wir unsere bereits importierten bzw. aufgenommenen Szenen als Blockgrafiken in der Reihenfolge, wie wir sie importiert bzw. aufgenommen haben.

Die Darstellung der Szenen ist Ihnen zu klein? Kein Problem. Unten rechts in diesem Fenster finden Sie einen Schieberegler, den Sie mit der linken Maustaste verschieben können (Pfeil 1). Groß genug?

In der Szenenübersicht können Sie einzelne Filmszenen verschieben. Dazu ziehen Sie diese einfach mit gedrückter linker Maustaste an die gewünschte Position. Ein senkrechter roter Balken (Pfeil 2) zeigt Ihnen dabei die momentane Ablageposition an, wenn Sie in diesem Augenblick die linke Maustaste loslassen würden.

Und schon sind die beiden Szenen nahtlos vertauscht. Mit der Szenenübersicht sollten Sie arbeiten, BEVOR Sie irgendwelche Blenden verwenden. Blenden sind ja immer Übergänge von einer Szene zu der Nächsten. Wenn Sie die Szenen vertauschen, würden die Blendenzuordnungen ja nicht mehr stimmen. Deshalb würden sie kurzerhand gelöscht.

Um aus der Szenenübersicht wieder zurück in die Timeline zu kommen, klicken Sie auf dieses Symbol (Pfeil 1).

Timeline

Die Timeline oder Zeitleiste ist sicherlich der wichtigste Bearbeitungsmodus. Sehen wir uns mal an, was die Timeline so zu bieten hat.

So viele Spuren - Wozu?

Nachdem wir mit unseren beiden Filmszenen in der Timeline gelandet sind, sehen wir, dass die erste Spur (Spur 1) bereits belegt ist (Pfeil 2). Insgesamt stehen 999 Spuren zur Verfügung. Magix Video Pro X ist so voreingestellt, dass beim Import einer Szene Video- und Originaltonspur zusammengefasst sind. Das erhöht bei komplexen Projekten die Übersicht. Wenn man bei Szenen den Originalton behalten möchte und später vielleicht nur die Lautstärke des Originaltons anpassen möchte, kann man die Ansicht so belassen.

Ob man wirklich mal an die Grenzen stößt, sprich die 999 Spuren erreicht, kann ich mir bei „normalen" Videoprojekten kaum vorstellen. Aber auf 10 oder 20 Spuren kommt man schnell, wenn man sich mit Videotricks beschäftigt. Man kann zwar auch durch verschieben versuchen alles in so wenig Spuren wie möglich zu bekommen, das erhöht aber keinesfalls die Übersicht im Projekt. Wenn Bild und Ton schon da sind, wofür sind dann die anderen Spuren? Jede weitere Spur kann wahlweise Bild-, Ton-, Titel-, Blenden- oder Effektspur sein. Titel, blenden und Effekte belegen teilweise mehrere Spuren. Wenn man eine Szene schneidet, wird der Originalton vielleicht unbrauchbar, weil er irgendwo abgehackt wird. Um dann ein realistisches Tonszenarium hinzubekommen muss man manchmal mehrere Tonspuren überlagern. Ich habe mal ein Gewitter gefilmt und in der Szene Teile verlängert und Teile herausgeschnitten. Damit der Ton wieder „gut" klingt, habe ich fünf Tonspuren überlagert. Zwei verschiedene Regengeräusche, Wind, Blitz-knistern und Donner. Dazu noch Titel und Abspann und schon war ich mit den beiden Originalspuren, für Bild und Ton, bei insgesamt 10 Spuren.

Wie erkenne ich, welche Spuren schon belegt sind?

Im folgenden Beispiel habe ich die Szene biene_2.mpg einfach mal eine Spur tiefer, als auf Spur 2 gezogen. Wie Sie sehen können, sind die Werkzeuge im Spurkopf nur für die Spuren 1 und 2 aktiviert (Pfeil 1). Die Spuren 3 und 4 haben hingegen keine sichtbaren oder aktivierten Werkzeuge. Daran können Sie auch bei längeren Projekten immer erkennen, in welchen Spuren Sie schon etwas haben und welche Spuren noch leer sind.

Auf der Zeitachse bewegen (Film scrollen)

Wenn man sich horizontal durch die Spuren bewegt, bewegt man sich durch die Zeitachse des Films. Welchen Bereich des Films Sie gerade in der Spur sehen, erkennen Sie an der Zeitachse direkt über Spur 1 (Pfeil 1). Wie so oft gibt es mehrere Möglichkeiten sich durch die Timeline zu bewegen. Sie können die Pfeiltasten nach links und nach rechts auf Ihrer Tastatur benutzen. Diese Tasten, insgesamt sind es vier Stück in einer Gruppe angeordnet, werden auch gerne als Cursor-Tasten bezeichnet. Die Methode, die uns Windows-Anwendern aber sicherlich mehr schmeckt ist die, mit gedrückter linker Maustaste den Scrollbalken nach rechts oder links zu bewegen. Dieser befindet sich am unteren Fensterende (Pfeil 2). Am linken und rechten Ende dieses Scrollbalkens befinden sich kleine Pfeile (Pfeile 3 & 4). Mit diesen können Sie sich durch einfachen Mausklick schrittweise in der Timeline bewegen. Wenn Sie eine Maus mit Scrollrad verwenden, können Sie den Mauszeiger irgendwo in die Spuren bewegen und dann an dem Scrollrad drehen. Damit kann man sich auch relativ schnell durch die Timeline bewegen.

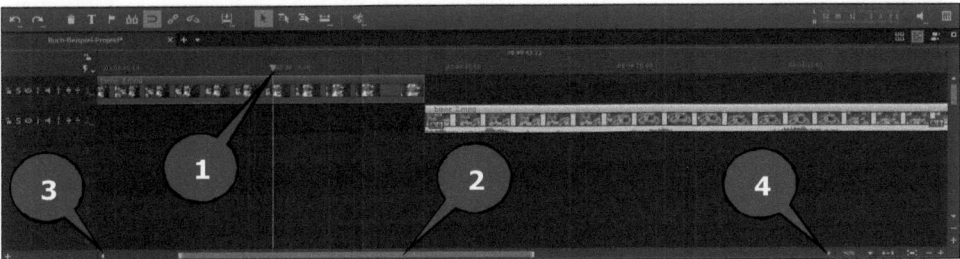

Wahrscheinlich arbeiten Sie mit einer Maus, die über ein Scrollrad verfügt. Mit Hilfe dieses Scrollrades kann man sich auch ziemlich schnell durch die Timeline bewegen. Denn warum sollte man mit dem Mauszeiger womöglich über den halben Bildschirm wandern um auf winzige Symbole zu klicken, wenn man den Befehl quasi schon am Zeigefinger hat.

Zeitachse zoomen

Ein paar Seiten vorher hatte ich mal beiläufig erwähnt, dass unsere beiden Film-szenen zusammen ca. 49 Sekunden lang sind und wo Sie das ablesen können. Wenn wir uns die Zeitskala in unserer Timeline ansehen, dann ist der rechte Rand bei ca. 14 Sekunden. Um durch den ganzen Film zu kommen, müssen wir uns also öfter des Scrollbalkens bedienen. Und je länger der Film wird, desto ... ☺. Damit das aber nicht zu einer unendlichen Geschichte wird, können Sie die Zeit-achse zoomen. Das heißt Sie können die Zeitachse (Timeline) strecken oder stau-chen. Das Zoomen der Timeline ist ganz besonders wichtig, wenn Sie an einer Filmszene einzelbildgenau schneiden wollen. Dann wäre es günstig, wenn man dort auch jedes Einzelbild sehen könnte. Um den Zoomfaktor zu verändern gehen Sie mit dem Mauszeiger genau auf die Zeitskala. Genau dort, wo der Pfeil 1 hin-zeigt. Nicht höher und nicht tiefer! Drücken Sie einmal kurz die rechte Maustaste. Wie Sie sehen, gibt es eine ganze Menge Einstellmöglichkeiten für die Timeline. Sie müssen also um den Zoom-Faktor einzustellen nicht unbedingt mit dem Maus-zeiger rechts unten auf die kleinen Schaltflächen, wie ich das weiter vorne im Buch beschrieben habe. Eine Möglichkeit oben, eine Möglichkeit unten und dann noch die Tastenkombinationen ... das spart lange Mauswege!

Wenn man den Zoom-Faktor verkleinert, kann man auch die einzelnen Szenen besser und schneller finden.

Im obigen Beispiel habe ich den Zoom-Faktor auf 1 Frame gestellt. Jede Trennlinie zwischen den Zahlen wäre jetzt also die Markierung genau zwischen zwei einzelnen Frames.

Im nachfolgenden Beispiel habe ich den Zoom-Faktor auf 10 Sekunden eingestellt. Jede Trennlinie zwischen den Zahlen wäre jetzt also 10 Sekunden.

Der (Die) Vorschau-Marker

Wenn Sie statt mit der rechten, mit der linken Maustaste in die Zeitskala klicken, wird genau dort wo Sie klicken ein orangefarbener, senkrechter Balken erscheinen (Pfeil 1). Das ist der Startmarker für die Vorschau. Den Startmarker werden

Sie sehr oft irgendwo hin setzen, um den Film nur von dort in der Vorschau zu betrachten. Wenn Sie in Ihrem Film, sagen wir ziemlich am Ende, einen Effekt einbauen und sich das in der Vorschau ansehen wollen, wollen Sie bestimmt nicht erst den ganzen Film sehen, bis Sie an diese Stelle kommen. Dann setzen Sie den Startmarker einfach kurz vor die entsprechende Stelle und sehen sich den Film genau ab dort an. Wenn Sie immer wieder nur eine kurze Sequenz sehen wollen, können Sie auch einen Stoppmarker setzen. Wenn Sie nun die Leertaste auf Ihrer Tastatur drücken, startet die Vorschau ab diesem Abspielmarker. Ein fortlaufender orangefarbener Balken (Pfeil 2, vorherige Seite) zeigt Ihnen an, welche Position in Ihrem Projekt sie gerade im Vorschaumonitor sehen. Ein erneutes drücken der Leertaste stoppt die Vorschau wieder.

Auch unter dem Vorschaumonitor sehen Sie einen orangefarbenen Abspielmarker (Pfeil 3). Er zeigt Ihnen immer die aktuelle Position im Projekt an, von dem was Sie gerade sehen. Statt die Vorschau mit der Leertaste zu starten oder wieder anzuhalten, können Sie natürlich auch die Start- bzw. Stopptaste unter dem Vorschaumonitor anklicken (Pfeil 4). Im Beispielbild ist es die Stopp-Taste.

Verhalten des Abspielmarkers verändern

Wenn Sie die Vorschau anhalten, können zwei verschiedene Dinge passieren. Entweder springt der Abspielmarker zurück an seine Startposition oder er bleibt an der Stelle, wo Sie die Vorschau angehalten haben. Diese Verhalten können Sie beeinflussen. Wenn Sie sich eine Stelle im Projekt immer und immer ansehen müssen, weil Sie da etwas ganz genau machen möchten, dann wollen Sie bestimmt nicht immer den Abspielmarker von Hand zurücksetzen um die Vorschau wieder von der richtigen Stelle zu starten. Andersherum wollen Sie bestimmt auch nicht ständig den Abspielmarker von irgendwo zurückholen, wenn Sie sich z.B. kurz vor der Fertigstellung das gesamte Projekt von vorne bis hinten nochmal ansehen wollen. Klicken Sie auf den Menübefehl **Datei/Einstellungen/Programm** oder drücken Sie einmal kurz auf die Taste **Y** Ihrer Tastatur.

Im sich öffnenden Fenster können Sie auf der Registerkarte Wiedergabe (Pfeil 1) das **Verhalten Leertaste:** durch Setzen oder entfernen des Häkchens einstellen (Pfeil 2). Jetzt ist noch die Frage wie denn das Verhalten des Abspielmarkers beeinflusst wird? Es gibt ja nur zwei Möglichkeiten, entweder Häkchen gesetzt oder Häkchen entfernt.

Häkchen gesetzt:
Ist das Häkchen gesetzt und Sie stoppen die Vorschau, springt der Abspielmarker an die Stelle in der Timeline, an der Sie die Vorschau gestoppt haben. Starten Sie die Vorschau erneut, wird die Vorschau ab dieser Stelle fortgesetzt.

Häkchen entfernt:
Ist das Häkchen entfernt und Sie stoppen die Vorschau, bleibt der Abspielmarker an seiner ursprünglichen Startposition. Sie können die gleiche Szene also immer und immer wieder ansehen, ohne den Abspielmarker in der Position ändern zu müssen.

Die Vorschaumonitore

Es liegt in der Natur der Sache, dass diese Vorschaumonitore sehr, sehr häufig gebraucht werden. Magix Video Pro X hat zwei verschiedene Vorschaumonitore. Der linke Vorschaumonitor spielt Ihnen den gewünschten Bereich Ihres Film-Projekts so oft ab, wie Sie wollen. Dabei sehen Sie dann auch die Wirkung Ihrer Video-Effekte und Sie können das Zusammenspiel zwischen Bild und Ton bewerten. Der Vorschaumonitor hat Bedienelemente, die einem Videorecorder oder DVD-Player nicht unähnlich sind. Der wichtigste Schalter ist wohl der Wiedergabeknopf (Pfeil 1). Er startet die Vorschau ab der Position des Startmarkers. Wem der Vorschaumonitor zu klein ist, der kann ihn durch Doppelklick in das Vorschaubild auf den Vollbildmodus umschalten. Um aus dem Vollbildmodus wieder raus zu kommen, genügt ein erneuter Doppelklick auf das Vorschaubild. Das Umschalten der Größe funktioniert übrigens auch, während die Vorschau läuft. Allerdings wird in dem Moment die Vorschau angehalten.

Den orangefarbenen Pfeil (Pfeil 2, vorherige Seite) können Sie mit gedrückter linker Maustaste nach links und rechts schieben, um sich in der Vorschau des Projektes sehr schnell vor oder zurück zu bewegen. Rechts oben wird Ihnen die Gesamtlaufzeit des Films angezeigt (Pfeil 3, vorherige Seite) und links oben die momentane Abspielposition (Pfeil 4, vorherige Seite). Wenn Ihnen irgendetwas auffällt, was Sie noch ändern möchten, wissen Sie so immer sofort, an welche Stelle Sie in der Timeline müssen. Mit den eckigen Klammern bei Pfeil 5 (vorherige Seite) können Sie die linke und rechte Grenze eines Bereichs, abhängig von der Position des Abspielmarkers, festlegen. Dieser Bereich erscheint als hellblaue Linie in der Zeitleiste. Ist der Bereich festgelegt, können Sie durch erneutes Klicken auf die linke oder rechte eckige Klammer den Bereich vom Filmanfang bis zum Abspielmarker oder vom Abspielmarker zum Filmende umschalten. Die Wiedergabetaste in der eckigen Klammer (Pfeil 6, vorherige Seite) startet die Wiedergabe genau im markierten Bereich. Die Wiedergabetaste mit der Uhr (Pfeil 7, vorherige Seite), startet die Wiedergabe um den Abspielmarker herum. Egal wie Sie die Timeline gezoomt haben, die Taste startet die Wiedergabe ca. 1 Sekunde vor dem Abspielmarker und beendet sie 1 Sekunde danach. Die Tasten bei den beiden Pfeilen 8 (vorherige Seite) dienen dazu an das Bereichsende bzw. den Bereichsanfang zu springen. Interessant für Besitzer von leistungsschwächeren PCs könnte die Schaltfläche bei Pfeil 9 (vorherige Seite) sein. Wenn die Vorschau ruckelt, sollten Sie auf der Schaltfläche mal einen kurzen Rechtsklick machen und alles abschalten, was Sie nicht unbedingt benötigen. Abschalten heißt in diesem Fall: Die Häkchen müssen gesetzt sein! Der Schieberegler (Pfeil 10, vorherige Seite) dient dazu die Vorschau schneller oder langsamer laufen zu lassen. Also quasi ein schneller Vor- bzw. Rücklauf mit Bild. Dabei funktioniert das nur, so lange Sie den Schieber mit gedrückter linker Maustaste festhalten. Bewegen Sie den Schieber nach links, läuft der Film rückwärts. Bewegen Sie den Schieber nach rechts, läuft der Film vorwärts. Damit aber nicht genug. Wenn Sie den Schieber ganz, ganz langsam bewegen, ändert sich die Geschwindigkeit auch nur ganz langsam. Bewegen sie den Schieber sehr schnell, ändert sich auch die Abspielgeschwindigkeit sehr schnell. Lassen Sie den Schieber los, läuft der Film wieder mit Normalgeschwindigkeit. Mit dem Jog-Shuttle, ja, so wird das Rad bei Pfeil 12 genannt, kann man den Abspielmarker einzelbildweise (frameweise) vorwärts oder rückwärts bewegen. So kann man den Abspielmarker wirklich sehr schnell auf den Frame genau positionieren. Dummerweise ist das Jog-Shuttle bei der Installation von Magix Video Pro X ausgeschaltet. Lesen Sie dazu das Kapitel „*Wo ist das Jog-Shuttle-Rad?*"

Der rechte Vorschaumonitor dient der Vorschau oder dem Vorhören von Objekten, die Sie im Importfenster auswählen.

Im obigen Bild sehen Sie die Vorschau einer Szene, die ich im Importfenster auf der rechten Seite ausgewählt habe. Dabei gibt es zwei Möglichkeiten, wie man die Szene in den Vorschaumonitor bekommt. Entweder man macht einen Doppelklick auf die Datei oder man bewegt den Mauszeiger auf die Datei und wartet, bis drei kleine Symbole erscheinen (Pfeil 1). Mit dem Wiedergabeknopf kann ich die Vorschau dieser Datei starten. Das funktioniert übrigens nicht nur mit Filmszenen, sondern auch mit Musik, Geräuschen oder Fotos. Ebenso bekommen Sie eine kleine Vorschau angezeigt, wenn Sie z.B. eine Blende oder einen Titel anklicken. Dazu aber später noch mehr. Die meisten Bedienelemente sind mit denen des linken Vorschaumonitors identisch. Zwei fehlen, dafür gibt es zwei zusätzliche mit anderen Funktionen. Die Aufnahmetaste (Pfeil 2) kennen Sie schon vom Anfang des Buches. Die Taste bei Pfeil 3 dient dazu an den Szenenanfang zu springen. Und zwar unabhängig davon, wie der Bereich eingestellt ist.

Wenn Sie mit dem Mauszeiger auf ein Objekt im Importfenster zeigen, sehen Sie drei hellblaue Bedienelemente. Die linke Taste startet die Wiedergabe des Quellobjekts (Auch Audio ist möglich) im rechten Vorschaumonitor. Der rechte Monitor wird übrigens Quellmonitor genannt. Die rechte Taste fügt das Objekt hinter dem letzten Objekt in die Timeline ein. Eine tolle Sache ist die Taste in der Mitte. Damit kann man im Quellmonitor einen Bereich festlegen. Wenn Sie z.B. aus einer Szene nur etwas aus der Mitte haben wollen, können Sie damit sofort den Bereich festlegen, ohne nachher lange in der Timeline schneiden und schieben zu müssen. Haben Sie den Bereich einmal festgelegt, können Sie die vorgeschnittene Szene aus dem Quellmonitor mit gedrückter linker Maustaste an eine Beliebige Stelle in der Timeline ziehen (siehe langer Pfeil).

Wir wollen mehrere Filme bearbeiten

Ziemlich zu Anfang dieses Buches hatte ich es Ihnen ja angedroht: Wir machen mehrere Filme auf unsere DVD. Nahezu jede Kauf-DVD die ich besitze, hat heute Zusatzmaterial in irgendeiner Form. Manche heißen dann z.B. Trailer, Bonusmaterial, Outtakes, Kommentare oder sonst wie. Das können Sie auch. Das ist denkbar einfach. Dafür gibt es in Magix Video Pro X die Registerkarten über der Timeline. Dort kann man, ähnlich wie man in Firefox oder dem Internet-Explorer neue Tabs bzw. neue Registerkarten öffnet, neue Filme anlegen. Um einen weiteren Film in Ihrem Projekt anzulegen, klicken Sie einmal kurz auf das kleine **+**-Symbol (Pfeil 1).

Sofort wird eine neue Registerkarte angelegt, in der ich meinen weiteren Film bearbeiten kann. Die neue Registerkarte trägt den gleichen Namen, wie das Projekt und hat zur Unterscheidung von der ersten Registerkarte, eine laufende Nummer, in diesem Fall **-01** hinter dem Namen angehängt. Würde ich weitere neue Registerkarten erzeugen, würden diese dann auch den gleichen Namen nur mit den folgenden Nummern, also **-02, -03** usw. erhalten. Unsere gerade neu angelegte Registerkarte heißt also jetzt: **Buch-Beispiel-Projekt-01** (Pfeil 2, vorherige Seite).

Filme umbenennen

Aber wer kann sich schon merken, welcher dieser Filme wofür gut ist? Deshalb werden Sie die Filme jetzt gemäß unseren Projektvorgaben umbenennen. Der Film ohne laufende Nummer, also der, in dem unsere Bienen-Filmszenen sind, soll **Hauptfilm** heißen. Der Film mit der Nummer **-01** wird in **Dia-Show** umbenannt. Zeigen Sie nun mit dem Mauszeiger genau auf die erste Registerkarte mit Namen Buch-Beispiel-Projekt (Pfeil 1). Machen Sie einen kurzen Rechtsklick mit der Maus und klicken Sie einmal auf den Befehl **Film umbenennen** (Pfeil 2).

Dieses Fenster erscheint. Ändern Sie den Namen entsprechend ab (Pfeil 3) und klicken Sie dann auf **OK** (Pfeil 4). Machen Sie das auch für die zweite Registerkarte.

So sollte das dann aussehen. Die erste Registerkarte heißt Hauptfilm (Pfeil 1). Die zweite Registerkarte heißt Dia-Show (Pfeile 2).

Zwischen Filmen wechseln

Durch einen Klick auf die jeweilige Registerkarte können Sie zwischen den verschiedenen Filmen hin und her wechseln. Um versehentliches Löschen von Filmen zu vermeiden, sollten Sie immer mitten auf den Namen der Registerkarte klicken. Dann kann nichts schief gehen.

Filme löschen

Nehmen wir mal an, sie haben sich verklickt oder haben sich die Sache anders überlegt und wollen einen der Filme nicht mehr in der Liste haben. Jede Registerkarte hat rechts in der Ecke immer ein kleines **X** (Pfeil 3). Klicken Sie auf dieses kleine **X** einmal drauf, erscheint diese Meldung:

Sie werden darauf hingewiesen, dass Sie den Film aus dem Projekt löschen, wenn Sie auf die Schaltfläche **Film entfernen** (Pfeil 4) klicken. Zusätzlich erhalten Sie einen Tipp, wie Sie den Film vorher noch speichern können. Klicken Sie auf die Schaltfläche **Abbrechen** (Pfeil 5), kehren Sie in die Timeline zurück, ohne dass der Film gelöscht wird.

Und was, wenn man sich doch mal versehentlich den falschen Film gelöscht hat? Jaja. Das kann schon ein Beinbruch sein ☺. Aber bevor Sie verzagen, die Wände hochgehen oder den PC aus dem Fenster werfen, lesen Sie sich vorher das Kapitel *Was tun, wenn der PC abstürzt?* durch. Was da steht könnte Ihnen in so einem Fall auch helfen.

Filme bearbeiten (Schneiden)

Na endlich kommen wir zum wesentlichen Teil, warum Sie dieses Programm erworben haben. Sie wollen Ihre Filme schneiden. Normalerweise ist keine der Filmszenen die ich aufnehme von so bestechender Qualität, dass ich daran nicht herumschneiden muss. Ich schwenke und zoome zu viel und zu lang, finde das Objekt nicht im Sucher, weil es zu klein ist und sich zu schnell bewegt, Leute laufen mir durchs Bild, der Autofokus stellt sich plötzlich auf das falsche Objekt scharf, ich wackle, wenn ich auf Start/Stopp drücke usw. usw. Sie kennen das sicherlich auch. Ein „richtiger" Kameramann wird jetzt wohl grinsen und einem „echten" Cutter wird sich wahrscheinlich der Magen herum drehen, wenn ich so etwas schreibe: „Aber da muss man dann halt schneiden." Es gibt grundsätzlich drei Stellen, an denen geschnitten werden kann. Am Anfang, am Ende und mitten in der Szene. Was dann übrig bleibt, muss wieder so zusammengesetzt werden, dass es einen zusammenhängenden Film ergibt.

Welche Schnittarten gibt es?

Als ob Schneiden an drei verschiedenen Stellen nicht schon genug wäre, gibt es auch noch verschiedene Schnittarten. Die verschiedenen Schnittarten beschreiben eigentlich nicht das Schneiden an und für sich, sondern die Art und Weise, wie einzelne Filmszenen aneinander gesetzt werden.

Harter Schnitt

Magix Video Pro X bringt eine unglaubliche Anzahl von fantastischen Blenden mit. Leider muss ich Ihnen aber sagen, dass die Wirklichkeit des Filmschnitts eher der sogenannte *Harte Schnitt* ist. Das heißt, eine Szene wird ohne Übergangseffekt nahtlos an die vorhergehende Szene gesetzt. Klingt jetzt vielleicht ziemlich unkreativ, ist aber die Realität. Achten Sie mal in Filmen darauf.

Weicher Schnitt

Beim weichen Schnitt können Sie sich mit den Effekten so richtig austoben ☺.
Von einem weichen Schnitt spricht man immer dann, wenn ein Überblendeffekt eingesetzt wird, um von einer Szene in eine andere zu wechseln. Dies kann durch einfaches, weiches Ausblenden der ersten Szene und gleichzeitigem weichem Einblenden der zweiten Szene erfolgen, oder mit einem der vielen Blendeneffekte von Magix Video Pro X erfolgen.

Anschlussschnitt

Der Anschlussschnitt kann sowohl hart wie auch weich sein. Meistens ist er aber ein harter Schnitt. Von einem Anschlussschnitt spricht man, wenn eine Szene aus verschiedenen Perspektiven aufgenommen wurde und man zwischen den Perspektiven wechselt. Die klassische Situation für einen Anschlussschnitt wäre ein Interview. Sie können jedes Mal, wenn einer der Interviewpartner etwas sagt, zu diesem umblenden. Dabei kann es sinnvoll sein, mit mehreren Kameras gleichzeitig aufzunehmen. Wenn Sie „nur" über eine Kamera verfügen, müssten Sie die gleiche Szene aus wechselnden Positionen mehrmals filmen, um einen vernünftigen Anschlussschnitt hin zu bekommen.

Was passiert beim Schneiden mit den Originalen?

Mein Vater hat seine Super-8-Filme auf dem Leuchttisch geschnitten. Das war noch ein echter physischer Schnitt. Das Filmmaterial wurde zerschnitten, das unerwünschte Material weggeworfen und die übrig gebliebenen Enden wurden wieder zusammen geklebt. Auf dem PC spricht man da eher von einem nicht destruktiven Schnitt. Das Originalfilmmaterial wird im Schnittprogramm zwar bearbeitet, der Schnitt erfolgt aber nur virtuell. Sie teilen dem Programm durch Ihren Schnitt quasi nur mit, welche Stücke des Films Sie nicht sehen möchten. Wenn Sie ein Magix Video Pro X-Projekt speichern, speichern Sie nicht den ganzen Film. Das würde ja auch unter Umständen recht lange dauern. Die Projektdatei ist im Grunde nur eine Steuerdatei, in der mal stark vereinfacht erklärt, lediglich steht, welcher Film von wo geladen werden soll, wo etwas ausgeblendet werden soll, wo für wie lange eine Blende benutzt werden soll usw. Sehen Sie sich doch mal die Größe der Projektdatei im Windows-Explorer an. Ziemlich klein, oder?

Wir bearbeiten (schneiden) unseren Film

Jetzt wird es ernst. Die beiden Filme mit den Bienen habe ich mit Bedacht ausgewählt. Bei einem ist der Anfang unscharf, bei dem anderen ist mittendrin und am Ende ein Stück unscharf und der Originalton ist unter aller Kanone, weil ständig laut tönende Touristen um mich herum waren. Insgesamt könnte man die Szene auch etwas kürzen. Oder glauben Sie, es ist wirklich spannend 49 Sekunden lang einer Biene auf einer Blüte zuzusehen ☺? Fangen wir mal damit an, die unscharfen Stücke aus unserem Film heraus zu schneiden.

Von vorne Schneiden

Jede Szene ist wie ein rechteckiger langer Kasten auf der Timeline. Um am Anfang einer Szene etwas wegzuschneiden, klicken Sie die Szene einmal an, bleiben Sie genau auf der Szene damit sie markiert ist. Sofort erscheinen mehrere Anfassermarken. Gehen Sie mit dem Mauszeiger genau auf das kleine Dreieck am Anfang der Szene (Pfeil 1).

Halten Sie die linke Maustaste gedrückt und schieben Sie die Anfassermarke nach rechts.

Ich will es Ihnen aber jetzt nicht zu einfach machen. Der Anfang der ersten Szene ist nämlich eigentlich ganz OK. Der Anfang der zweiten Szene braucht unsere Aufmerksamkeit. Da ist die Szene nämlich unscharf und die Hummel verschwindet hinter der Blüte.

Setzen Sie zunächst den Abspielmarker dahin, wo die zweite Hummel ganz im Bild ist. Das ist etwa bei 00:00:24:00. Also etwa bei 24 Sekunden (Pfeil 2). Damit wissen Sie genau, wie weit Sie schneiden müssen. Markieren Sie nun also durch einfachen Klick die zweite Szene. Bewegen Sie den Mauszeiger genau auf das kleine Dreieck links unten an der zweiten Szene (Pfeil 3). Sie sind an der richtigen Stelle, wenn Sie einen horizontalen Doppelpfeil sehen ⟷. Jetzt schieben Sie das Dreieck und damit den Szenenanfang nach rechts, bis der Szenenanfang genau auf dem Abspielmarker liegt. Das sollte dann ungefähr so aussehen wie im folgenden Bild.

Gut und schön. Jetzt haben wir da aber eine klaffende Lücke zwischen der ersten und zweiten Szene. Diese Lücke können Sie schnell schließen, in dem Sie die rechte Szene mit gedrückter linker Maustaste wieder an die Linke Szene heranschieben. Unser Film ist jetzt nur noch 44 Sekunden lang. Wir haben also ca. 5 Sekunden herausgeschnitten.

Von hinten Schneiden

Ähnlich wie der Schnitt von vorne klapp auch der Schnitt von hinten. Etwa bei 38 Sekunden beginnt die Hummel sich hinter die Blüte zu bewegen. Außerdem wird das Bild wieder unscharf. Setzen Sie den Abspielmarker etwa dorthin. Das ist etwa bei der Zeitmarke 00:00:36:00. Gehen Sie an das Ende der Szene und schieben Sie das kleine Dreieck (Pfeil 1) (Achten Sie auf den Doppelpfeil ⬌) mit gedrückter linker Maustaste nach links, bis Sie am Abspielmarker sind. Wenn Sie zu weit geschoben haben, können Sie das Dreieck auch wieder ein Stück nach rechts schieben.

In der Mitte schneiden

Natürlich kann man auch Stücke oder nur einzelne Bilder aus der Mitte einer Szene schneiden. Dazu gibt es in der Werkzeugleiste dieses Symbol (Pfeil 2). Es ist einer Schere nachempfunden.

Klicken Sie zunächst an die Stelle in der Zeitskala, an der Sie schneiden wollen.

Dort erscheint der orangefarbene Startmarker (Pfeil 3, vorherige Seite). Der Startmarker hat oben ein kleines Dreieck. Mit diesem Dreieck können Sie den Startmarker auf der Zeitskala hin und her schieben, bis Sie genau an der richtigen Stelle sind. Ich möchte den ersten Schnitt bei ca. 00:00:05:00 machen. Wenn Sie jetzt das Scheren-Werkzeug durch einfachen Mausklick auswählen, wird der Schnitt genau an der Position des Startmarkers ausgeführt. Mit dem ersten Schnitt machen Sie also aus einer Szene zwei Szenen. Etwa bei 11 Sekunden wird die Szene unscharf. Machen Sie dort also Ihren zweiten Schnitt. Damit ist unsere Szene in drei kleinere Szenen zerschnitten (Pfeile 2-4).

Szenen löschen

Um nun das Stück zwischen den beiden Schnitten zu löschen, müssen Sie es zunächst durch einfachen Mausklick markieren. So wie im vorherigen Beispiel. Um die markierte Szene aus dem Film zu löschen, haben Sie jetzt mehrere Möglichkeiten. Sie können entweder mit dem Mauszeiger genau auf der markierten Szene bleiben, drücken einmal kurz die rechte Maustaste und wählen aus dem sich öffnenden Kontextmenü den Befehl **Objekte löschen** oder Sie machen sich das Leben etwas leichter und drücken einfach auf Ihrer Tastatur einmal kurz auf die **Entf**-Taste. Auf manchen Tastaturen steht auch **Del** statt **Entf**. Die Abkürzungen auf den Tastaturen stehen für die Begriffe Entfernen bzw. Delete. Als Alternative gäbe es da noch den Papierkorb (Pfeil 1). Damit können Sie ebenfalls alles aus der Timeline löschen, was markiert ist.

Wie Sie sehen, ist die Szene jetzt weg.

Lücken im Film schließen (Tasten 6 & 7)

Dummerweise hat das Herausschneiden eines Bereichs aus der ersten Szene eine Lücke in der Timeline hinterlassen, die wir jetzt schließen müssen (Pfeil 1). Hinter der Lücke ist jetzt der Rest der Szene biene_1.mpg (Pfeil 2) und dann folgt noch die Szene biene_2.mpg (Pfeil 3). Natürlich könnten Sie jetzt einfach die beiden Szenen einzeln, mit gedrückter Maustaste nach links schieben, um die Lücke zu schließen. Aber stellen Sie sich folgendes Szenario vor: Sie haben einen fast fertigen Film, hunderte von Einzelszenen, mehrere zusätzliche Tonspuren für Hintergrundmusik, Kommentare, Blenden und Titel und und und. Da wäre es ganz schön mühsam, wenn Sie am Anfang des Films etwas ändern und müssten dann jedes nachfolgende Objekt einzeln verschieben. Also noch mühsamer kann sich das Eichhörnchen nicht ernähren. Da kommen zwei Tasten ins Spiel. Im „Normalmodus" bewegt man mit der Maus und gedrückter linker Maustaste immer nur das Objekt, auf das der Mauszeiger gezeigt hat. Drücken Sie aber einmal kurz auf die die Taste **7** Ihrer Tastatur. Das führt dazu, dass beim Klick mit der linken

Maustaste alle Objekte, auf allen Spuren, die sich rechts von dem angeklickten Objekt befinden auf einen Schlag markiert und bewegt werden können.

Das obige Bild zeigt, dass zwei Szenen auf einmal bewegt wurden um die Lücke zu schließen. Das Schöne an dieser Funktion ist, dass alle Objekte, die sich rechts von meinem Klick befinden, gleichzeitig und genau im gleichen Maß bewegt werden. Wenn Sie wieder in den „normalen" Mausmodus zurück wollen, drücken Sie einfach einmal auf die Taste **6** Ihrer Tastatur. Die Tasten 6 & 7 sollten Sie sich gut merken. Sie werden Sie noch oft brauchen.

Viel, viel komfortabler schneiden

Wir haben ja alle keine Zeit und wollen mit unserem Film schnell fertig werden. Damit man nach dem Schnitt nicht noch von Hand die gewünschte Szene entfernen muss, hat die Schere ein paar Zusatzfunktionen. Setzen Sie doch mal den Abspielmarker auf die Marke 00:00:30:00. An der Stelle wollen Sie einen Schnitt machen und gleichzeitig das Ende löschen. Dazu klicken Sie diesmal nicht kurz auf die Schere, sondern halten die linke Maustaste gedrückt. Dadurch klappt ein Befehlsmenü auf. Einer der Befehle lautet: **Ende entfernen** (Pfeil 1).

Damit wird der Schnitt an der gewünschten Stelle durchgeführt und gleichzeitig das Ende entfernt. Sie können stattdessen auch auf der Tastatur die Taste **U** kurz drücken. Wie Sie sehen gibt es in dem Menü auch den Befehl **Anfang entfernen**. Die Funktion **Anfang entfernen** macht noch mehr. Der Befehl schneidet nicht nur den Anfang ab, sondern schließt auch automatisch die entstehende Lücke, indem er alle nachfolgenden Objekte um die Länge dieser Lücke nach links verschiebt. Statt auf **Anfang entfernen** zu klicken, können Sie auch auf der Tastatur die Taste **Z** kurz drücken.

Zuviel abgeschnitten?

Manchmal passiert es, dass man vielleicht ein paar Frames zu viel vorne oder hinten abschneidet. Sie müssen jetzt nicht die betroffene Szene löschen und die Szene in der Ursprungslänge wieder einfügen. Sie können die zu viel abgeschnittenen Frames sowohl vorne wie auch hinten wieder aus der Szene herausziehen. Im folgenden Bild habe ich die Szene **biene_2.mpg** mal etwas alleine auf die Timeline gesetzt. Sie geht von 00:00:15:00 bis 00:00:25:00. Wenn Sie den Mauszeiger genau auf die Szene bewegen, erscheinen die Anfassermarken für diese Szene.

Wenn Sie vorne wieder ein paar Frames herausziehen wollen, ziehen Sie das kleine Dreieck links unten weiter nach links (Pfeil 1). Erinnern Sie sich an den Doppelpfeil? Am Ende der Szene können Sie Frames herausziehen, in dem Sie das kleine Dreieck einfach wieder nach rechts ziehen (Pfeil 2). Denken Sie daran, dass Sie unter Umständen mehr Platz schaffen müssen. Den können Sie sich schaffen, in dem Sie alles, was rechts von der betroffenen Szene ist weiter nach rechts verschieben. Denken Sie dabei an die Tasten **6** & **7**!

Szenen nahtlos zusammenführen (Magnet)

Wenn Sie sich Ihre verschiedenen Schnitte ansehen, finden sich u. U. ein paar Lücken im Film. Dummerweise würden diese Lücken auch beim Abspielen als schwarzes Bild zu sehen sein. Also müssen Sie die einzelnen Bruchstücke wieder nahtlos aneinander fügen. Schieben Sie die Szene rechts von der ersten Lücke so weit nach links, dass sie nahtlos an die Linke Szene anschließt. Das geht leichter, wenn Sie vorher das **Magnet**-Symbol (Pfeil 3) aktivieren. Dann rasten die Szenen nämlich regelrecht ein.

Das ist ausgesprochen hilfreich. Sonst kann es nämlich schnell passieren, dass Sie kleine Lücken oder kleine Überblendungen im Film haben, die Sie nie haben wollten. Ob das Magnetwerkzeug (Objektraster) eingeschaltet ist oder nicht, erkennen Sie ganz leicht. Ist es ausgeschaltet, erscheint es in grau. Ist es eingeschaltet, ist es hellblau. Wenn Sie framegenaue Blendenlängen haben wollen, kann die Magnetfunktion schon mal hinderlich sein. Daher ist es schon recht nützlich, dass man den Magneten auch abschalten kann.

Wozu ist eine Gruppierung gut?

Sie können beliebige Objekte, egal, ob das Filme, Musik oder Bilder sind, in Gruppen zusammenfassen. Wenn Sie mit einem Bereich fertig sind, sollten Sie diesen Bereich gruppieren, damit nicht versehentlich z.B. Effekte verschoben werden. Das passiert schneller als Sie jetzt vielleicht denken. Möglichweise bemerken Sie es nicht einmal sofort, weil der Bereich für Sie ja fertig ist und Sie ihn sich vielleicht nicht mehr in der Vorschau ansehen. Die Gruppierung hat außerdem den Vorteil, dass Sie die ganze Gruppe auf einen Schlag auf der Timeline verschieben oder auch löschen können. Zugegebenermaßen macht das Gruppieren zweier Objekte scheinbar erst einmal keinen Sinn, aber wir wollen ja irgendwann auch Titel und Effekte hinzufügen. Die Gruppierung hilft uns dabei, manche Arbeiten nicht zweimal machen zu müssen.

Gruppierung

Sinnvoll ist eine Gruppierung nur für Objekte, die zeitlich unmittelbar aufeinander folgen oder gleichzeitig ablaufen. Um diese Objekte zu gruppieren, markieren Sie zunächst das erste Objekt durch einfachen Mausklick. Halten Sie nun auf der Tastatur die Shift- bzw. Großschreibtaste gedrückt und klicken Sie das letzte Objekt durch einfachen Mausklick an. Jetzt sind alle Objekte zwischen dem ersten und zweiten Mausklick gleichzeitig markiert. Klicken Sie nun einmal auf das Symbol der geschlossenen Kette (Pfeil 1).

Sie können zwar erkennen, dass dieser Bereich aus mehreren Szenen besteht, Sie können aber nur alle zusammen auf der Zeitleiste verschieben.

Gruppierung aufheben

Manchmal will man ja vielleicht doch nochmal etwas ändern. Dann kann man die Gruppierung mehrerer Objekte auch wieder aufheben. Dazu klicken Sie das gruppierte Objekt einmal an, um es zu markieren. Klicken Sie nun einmal auf das Symbol der gebrochenen Kette (Pfeil 2, vorherige Seite) und schon sind die Objekte wieder getrennt. Sieht man nur noch nicht ☺. Erst wenn Sie eines der Objekte anklicken, sehen Sie, dass es wieder alleine markiert wird. **Das Aufheben der Gruppierung wird auch nochmal bei der Audiobearbeitung und bei Zeitlupen wichtig!**

Titel

Mit dem Begriff Titel ist hier nicht oder zumindest nicht nur der Name des Films gemeint. Titel ist eher so etwas wie der Oberbegriff für das Einblenden von Text vor, hinter oder mitten im Film. Solche Titel können verschiedene Zwecke erfüllen. Sie zeigen dem Zuschauer Informationen, die der eigentliche Film evtl. nicht hergibt. Am Anfang des Films sollte der Name oder der Anlass des Films sein. Vielleicht auch noch ein paar Zusatzinformationen über den Film. Am Ende des Films könnte ein Abspann sein, der den interessierten Zuschauer über Akteure, Macher, Equipment, Musik, Quellen usw. informiert. Während des Films können Titel eingeblendet werden, mit Ortsnamen, Personendaten oder anderen Zusatzinformationen. Und dann wären da noch die Untertitel, die auch Gehörlose mit Informationen und Dialogen versorgen können. Das Anwendungsfeld für Titel ist also ziemlich breit. All diese Titel können in den verschiedensten Zeichensätzen (Fonts), Größen und Farben dargestellt werden. Außerdem bietet Magix Video Pro X eine enorme Anzahl an Titel-Animationen und -Vorlagen. Titel müssen also keineswegs starre Texteinblendungen sein. Ein Titel kann als Standalone-Text eingeblendet werden oder er kann in ein laufendes Video überblendet werden. Sie können den Titel aber auch auf ein Foto legen. Die Laufzeit des Titels kann variiert werden.

Die Titelauswahl hat sich gegenüber älteren Versionen von Magix Video Pro X deutlich verändert. Sie ist vielschichtiger, abwechslungsreicher und auch irgendwie moderner geworden.

Wir machen einen Titel an den Anfang des Films

Wir haben zwar erst die erste Szene für unseren Film geschnitten, machen aber trotzdem schon mal einen Titel an den Anfang. Später werden Sie noch weitere Szenen zwischen den Titel und diese erste Szene setzen. Sie sollen ja auch lernen, wie man ein Filmprojekt komplett umbauen kann, ohne von vorne anzufangen. Um einen Titel anzulegen, klicken Sie auf die Registerkarte **Vorlagen** (Pfeil 1). Klicken Sie auf die Titel-Kategorie **Titelvorlagen/Vorspann/Abspann Basic** (Pfeil 2). Sie sehen eine Auswahl von Standard-Titeln. Einige davon sind statisch, andere animiert oder mit Blenden versehen. Um zu sehen was sich hinter einem der Titel verbirgt, bewegen Sie den Mauszeiger auf einen Titel drauf und klicken Sie einmal auf die **Wiedergabetaste** (Pfeil 3). Sofort sehen Sie den Titel im rechten Vorschaumonitor (Pfeil 4).

Einer der Titel gefällt Ihnen? Ich habe mich für den **Aqueous (Intro)**-Titel (Pfeil 3) entschieden. Dann ziehen Sie ihn mit gedrückter linker Maustaste an Position 00:00:00:00 und legen ihn in Spur **2** ab (Pfeil 1, folgende Seite). Oder klicken Sie einmal auf den nach links gebogenen Pfeil (Pfeil 5). Dann wird der neue Titel ab der Position des Abspielmarkers eingefügt.

Welche Titel Sie in Ihrem Projekt bereits verwenden, können Sie immer an der roten Markierung im Titelbereich sehen (Pfeil 5, vorherige Seite). Hier sollten Sie keinen nervösen Zeigefinger haben. Wenn Sie sich hier zügeln können, können Sie nämlich sofort anfangen den Text zu verändern. Im linken Vorschaumonitor sehen Sie den Basistext und der ist bereits blau hinterlegt (Pfeil 2). Und das ist jetzt wie in einer Textverarbeitung. Blau hinterlegter Text wird sofort ersetzt, wenn ich anfange zu schreiben.

Als Titel dachte ich mir wäre **„Ein Sommerurlaub in Cornwall"** nicht schlecht. Wenn Sie auf das kleine Häkchen bei Ihrem Text klicken (Pfeil 3), wird Ihr erster Titel gespeichert.

Den Text können Sie direkt im Vorschau-Monitor ändern oder Sie schauen mal weiter nach rechts. Dort hat sich nämlich das Bearbeitungsfenster des Titels geöffnet. In diesem Fenster können Sie alle Effekte des Textes und den Text selbst anpassen.

Und da kommen wir auch gleich mal zu einem, meiner Meinung nach, Fehler des Programms. Wie Sie in meinem Beispieltext auf der Vorseite sehen, haben die beiden Textzeilen unterschiedliche Größen. Wenn Sie in dem rechten Effektfenster, sagen wir mal die zweite Zeile markieren, und dann die Größe ändern, wird sich leider auch die Größe der ersten Zeile ändern. Wenn Sie unterschiedliche Größen in einem Titel haben wollen, dann geht das nur, wenn Sie den gewünschten Text im Vorschaumonitor markieren und dann die Größe ändern. Vielleicht behebt Magix dieses Manko ja mal in einem zukünftigen Update.

Schauen wir uns mal an, was wir jetzt in der Timeline haben und wie der Titel sich im Film macht. Der Titel liegt in Spur 2 und ist genau 5 Sekunden lang (Pfeil 1). Im Vorschaumonitor sehe ich, wo der Titel liegt. Er ist weiter oben im Bild und wenn ich die Vorschau mit der Leertaste starte, sehe ich, dass er zeitgleich mit der ersten Szene beginnt, langsam eingeblendet wird und bei 5 Sekunden abgeblendet wird und aufhört. Danach läuft der Film ohne Titel weiter. Die einzelnen Spuren muss man sich wie einen Stapel vorstellen. Spur 1 ist z.B. ein Bild. Das legt man auf den Tisch. Darauf legt man eine durchsichtige Folie, auf die man mit einem Filzschreiber einen Text geschrieben hat. Man kann jetzt von oben durch die Folie auf das Bild sehen. Nur da, wo der Test geschrieben ist, wird das Bild verdeckt. Und so geht das mit mehr Spuren immer weiter. Jedenfalls solange Sie immer transparente Folien auf den Stapel legen. Wenn Sie aber jetzt oben auf ein neues Bild legen, durch das Sie nicht durch sehen können, dann sehen Sie nur noch das oberste Bild. Alles was darunter ist, ist verdeckt. Das Bedeutet, dass die Spur 1 immer das erste Blatt auf dem Tisch ist und Sie durch jede weitere Spur quasi auf den Stapel darüber kommt.

Laufzeit des Titels ändern

Der Titel verhält sich im Grunde genauso wie eine geschnittene Filmszene. Zeige ich mit dem Mauszeiger darauf, erscheinen links und rechts unten in den Ecken kleine Dreiecke (Pfeile 1 & 2), mit denen ich vorne oder hinten die Länge ändern kann.

Wir ändern den Titel nachträglich

Die Schrift ist zu groß oder zu klein. Zeichensatz oder Farbe gefallen Ihnen nicht? Das ändern wir jetzt. Um den Titel zu ändern, machen Sie einen Doppelklick auf die Titelspur in der Timeline (Pfeil 3).

Das zeigt den Titel wieder in Ihrem linken Vorschaumonitor im Editormodus an (Pfeil 1).Der Text ist wieder blau hinterlegt, was bedeutet, ich könnte ihn auch sofort wieder vollständig löschen und einen neuen Text schreiben.

Aber das wirklich interessante an der neuen Titelsteuerung spielt sich im rechten Fensterbereich ab. Dort können Sie nämlich den gesamten Titel sozusagen im Detail bearbeiten. Auch das ist eine enorme Verbesserung gegenüber älteren Magix Video Pro X-Versionen.

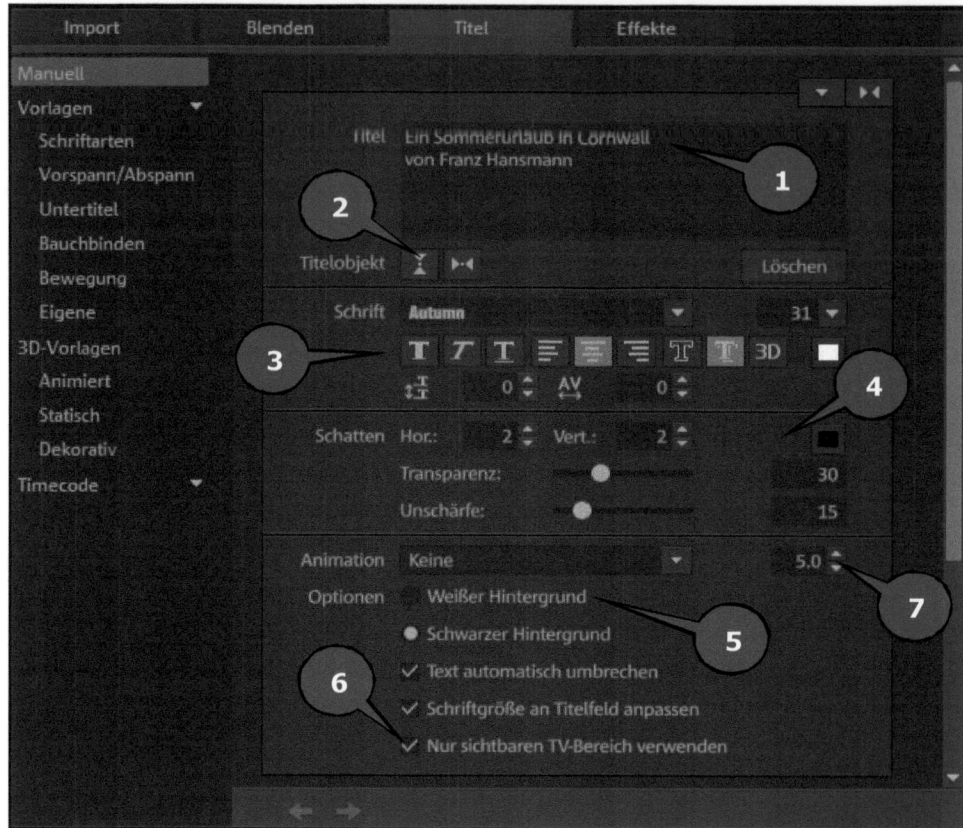

Hier können Sie all die vielen Textattribute auf einen Schlag und auf engstem Raum verändern. Sie können einen mehrzeiligen Text ändern (Pfeil 1). Er kann mit einem Klick vertikal oder horizontal zentriert werden (Pfeil 2), Schriftart, Größe, Ausrichtung, und Farbe lassen sich anpassen (Pfeil 3). Verwendet man einen Schatten für die Schrift, können hier Transparenz und Unschärfe eingestellt werden (Pfeil 4). Wenn man will oder aufgrund von gegebenen Farbigkeiten im Film muss, kann man auch Hintergrundfarbe des Titels anpassen (Pfeil 5). Dazu lesen Sie sich bitte das Kapitel *Kleine Windows Farbenlehre* durch. Und ganz wichtig: Der Titel soll nur im sichtbaren TV-Bereich verwendet werden. (Pfeil 6). Was glauben Sie, wie viele Filme ich schon zu sehen bekommen habe, bei denen Buchstaben nicht mehr zu sehen waren oder die untere Hälfte der Zeichen abgeschnitten war, weil der Titel zu weit unten positioniert war. Auch die Länge des

Titels kann hier verändert werden (Pfeil 7, vorherige Seite). Allerdings „nur" in Zehntelsekundenschritten. Das ändere ich persönlich lieber in der Timeline. Da kann ich die Länge nämlich framegenau festlegen. Es kann ja mal sein, dass ein Titel auf den Takt einer Musik erscheinen oder verschwinden soll.

Auf der vorherigen Seite hatte ich ja geschrieben, dass man in dem Titeleffekt-fenster auch die Größe des Zeichensatzes ändern kann. Dazu muss man eine Besonderheit erwähnen. Tue ich das dort (Pfeil 1), wird der gesamte Text auf diese Größe geändert (Pfeil 2). Unabhängig davon, was ich im Effektfenster markiert habe. Wie Sie im folgenden Bild sehen, habe ich nur die erste Zeile des Textes markiert und die Größe verändert. Trotzdem ist der gesamte Text geändert worden. Das hatte ich auf einer der vorherigen Seiten schon mal erwähnt. Das kann man aber nicht oft genug sagen.

Wenn ich einzelne Textstellen in einer anderen Größe und/oder einem anderen Zeichensatz haben möchte, muss ich das im Vorschaumonitor markieren. Also den Titel in der Timeline doppelklicken, den Text, der verändert werden soll im Vorschaumonitor markieren und dann die Größe im Effektfenster verändern.

Im folgenden Beispiel habe ich Größe und Zeichensatz in jedes Wort verändert. Ist das hässlich ☺. Wenn Sie den Titel im Vorschaumonitor einmal anklicken, erscheinen drumherum einige Anfassermarken. Mit den Eckanfassern (Pfeil 1) kann man den Titel in der Größe proportional verändern. Mit den Mittenanfassern (Pfeil 2) stauchen und strecken und mit dem Drehanfasser (Pfeil 3) stufenlos drehen.

Wenn Sie den Titel an eine andere Stelle im Bild bewegen möchten, können Sie ihn innerhalb der punktierten Umrahmung (Pfeil 4, vorherige Seite) mit gedrückter linker Maustaste hin- und herschieben.

Wir löschen den Titel wieder

Um den Titel wieder zu löschen, klicken Sie ihn in der Timeline einmal an und drücken anschließend die **Entf**- bzw. **Del**-Taste.

Wir machen einen animierten Titel

Sehen wir uns doch mal die Titelanimationen an. Die meisten Titelvariationen sind in irgendeiner Form animiert. Wenn Sie auf den Wiedergabeknopf eines Titeleffekts einmal klicken, können Sie in der Vorschau zumindest ungefähr erkennen, wie er im Film ablaufen wird. Diesmal möchte ich eine Bauchbinde als Titel übernehmen. Die Bauchbinden hießen in älteren Programmversionen auf Neudeutsch „**Lowerthird**" , also unteres Drittel. Damit sollte auch klar sein, wo die Bauchbinden im Bild positioniert werden. Ich habe mich für die **Bauchbinde Basic** (Pfeil 1) **Blau-grün mit sehr feiner Schrift** (Pfeil 2) entschieden und ziehe Sie mit gedrückter linker Maustaste in Spur 2 an Position 00:00:00:00. Den Text ändere ich wie zu sehen ab. Sie sehen, es gibt zwei verschiedene Textgrößen. Text lässt sich in Magix Video Pro X verändern wie in einer Textverarbeitung. Ich kann den Text verändern, den ich markiert habe.

Mit dem kleinen Häkchen speichern Sie den geänderten Text (Pfeil 1). Wie Sie auf der folgenden Seite sehen, belegt dieser Titel bereits drei Spuren. In den Spuren 2 und 3 liegen die Animationen und in Spur 4 ist das eigentliche Textfeld. Da das Textfeld kürzer ist als die Animationspuren, können wir davon ausgehen, dass zunächst die Animation erscheint und dann erst der Text. Am Ende des Titels ist es dann umgekehrt. Erst verschwindet der Text, dann die Animation.

Die Bauchbinde ist ein gutes Beispiel dafür was alles geht und was nicht. Sie können die Bauchbinde (Pfeil 1) zwar kürzer machen aber nicht länger.

Die Wahl der Titelanimation ist nicht immer einfach. Man ist schnell versucht allzu verspielte Dinge auszuprobieren. Ein Titel sollte zum Film-Thema passen und gut lesbar sein. Bei der Wahl der Schrift sollten Sie auch nie vergessen, dass ein Fernseher nicht die Bildqualität eines Computermonitors liefert. Vielleicht sollten Sie sich mal eine Demo-CD brennen auf der verschiedene Titel in unterschiedlichen Größen und Farben sind. Dann werden Sie schnell merken, was geht und was nicht.

Titel nachträglich ändern

Bei den animierten Titeln haben Sie gesehen, dass das eigentliche Titelobjekt über mehrere Spuren geht. Eine dieser Spuren, meist die Unterste, ist der eigentliche Textblock. Ein Doppelklick öffnet den Texteditor im Vorschaufenster. Wenn Sie sich nicht sicher sind, welche Spur die Richtige ist, probieren Sie es einfach aus. Wenn Sie die falsche Spur erwischen, öffnet sich der Texteditor nicht. Sonst passiert nichts. Wenn Sie eine ganz anders aussehende Titelanimation wählen sollten, ist es manchmal besser den alten Titel zu löschen und einen neuen Titel einzufügen.

Wir machen einen Abspann an das Ende des Films

Der Abspann ist der Zeitpunkt, bei dem im Kino die meisten Leute aufstehen und gehen. Eigentlich schade. Naja. Wenn der Abspann gut ist. Bei meinen DVDs versuche ich immer noch ein paar Gags im Abspann einzubauen. Das erzeugt noch mal ein paar Lacher. Dabei fällt mir auf, dass die Filme, die ich für mich mache, meist eher ins Komische tendieren. Macht nichts. Lachen ist gesund. Zurück zum Thema. Wir machen einen seriösen Abspann ans Ende unseres Films. Dieser Abspann soll den Namen des Urhebers und auch ruhig einen Copyright-Hinweis haben. Wenn andere Personen, und sei es nur an Kleinigkeiten, mitgearbeitet haben, nennen Sie sie ruhig beim Namen und bedanken Sie sich für die geleistete Arbeit. Bei Ihnen, wie auch bei mir, kommen meist alle Arbeiten von der gleichen Person. Ich fände es ziemlich albern, wenn im Abspann stände: Regie: Franz Hansmann, Kamera: Franz Hansmann, Schnitt: Franz Hansmann usw. Gäääääähhhhhn. Mehr als ein Einzeiler kann es aber ruhig werden ☺. Z.B. so:

Idee und Realisation:	Franz Hansmann
Kameras:	Panasonic HDC-SD300 Sony AX 53, GoPro 7 BE
Schnittsoftware:	Magix Video Pro X
Bildbearbeitung:	Irfanview, Gimp
Musik-Software:	Magix Music Maker
Musik:	Foxtrott Hotel (Anm. des Autors: FH sind meine Initialen)

Drehorte: Cornwall – England; Marazion, St. Ives, Land's End,
                             Minack Theatre, Lost Gardens of Heligan

Setzen Sie den Startmarker an die Stelle des Films, wo der Abspann hin soll. In Unserem Fall also unmittelbar an das Ende des Films. Der neue Titel wird dann genau ab dort eingeblendet. Klicken Sie nun bei **Vorlagen** auf **Intro_Outro** und dort auf **Atomar (Outro)**. Der Standard-Abspann ist die gute alte Laufschrift von unten nach oben. Geben Sie den Text ein, wie auf der vorhergehenden Seite beschrieben. Was an dem Titeleditor wirklich gemein ist, ist das er viele Funktionen einer Textverarbeitung vermissen lässt. So gibt es keinen Tabulator und auch das Einfügen von Sonderzeichen werden Sie vergeblich suchen. Das © bekommen Sie mit folgender Tastenkombination: ALT-0169. D.h. Halten Sie die ALT-Taste (NICHT ALT GR) fest und drücken nacheinander die Zahlen 0169. Dann erscheint das ©. Wie Sie an andere Sonderzeichen wie das ®, ê, ç oder an dieses ☎ kommen, lesen Sie im Kapitel *Sonderzeichen im Titel* durch. Ist der Titel fertig, klicken Sie auf das Häkchen. Wenn Sie sich den Titel in der Vorschau ansehen, werden Sie feststellen, dass er sehr schnell durchläuft. Für meinen Geschmack zu schnell. Also geben wir dem Titel etwas mehr Zeit. Bewegen Sie den Mauszeiger auf das Dreieck rechts unten in der Ecke des Titels und ziehen es mit gedrückter linker Maustaste nach rechts (Pfeil 1).

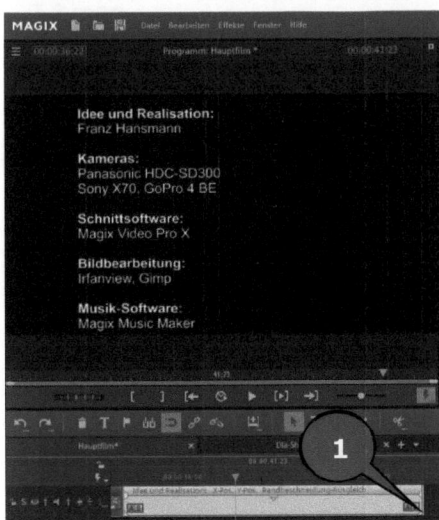

Wenn der Titel ca. 10 Sekunden lang ist, läuft er in einer Geschwindigkeit, die zumindest mir gefällt. Stellen Sie die Länge aber ruhig so ein, wie sie Ihnen gefällt.

Untertitel

Vielleicht machen Sie ja mal einen Film, der auch bei gehörlosen Personen gut ankommen soll. Oder Sie machen aus einem Film einen Stummfilm, der auch noch auf alt getrimmt ist. Machen wir also Untertitel für Gehörlose. Untertitel für Gehörlose sollen immer dann eingeblendet werden, wenn im Film gesprochen wird. Dabei sollte der Text solange stehen bleiben, dass er gelesen werden kann und gleichzeitig der Handlung des Films gefolgt werden kann. Zugegebenermaßen hat das seine Grenzen. Bei einer texanischen Rinderversteigerung brauchen wir wohl gar nicht erst zu versuchen sprechsynchrone Untertitel zu erzeugen. Da wird so schnell gesprochen, dass das sowieso nur von Insidern verstanden wird. Aber im Normalfall sollten Untertitel zum Film gut mithalten können. Wenn Sie Ihren Film mit und ohne Untertitel machen wollen, können Sie ja zwei verschiedene Filme anlegen. Zuschaltbare Untertitel, wie Sie das von einer DVD kennen, können Sie mit Magix Video Pro X leider nicht erstellen (Das ist recht kompliziert). Wie man mehrere Filme in ein Projekt macht, haben Sie ja schon im Kapitel *Wir wollen mehrere Filme bearbeiten* gelernt.

Zurück zu den Untertiteln. In unserem Film erscheint irgendwann eine Hummel. Setzen Sie den Startmarker genau an die Stelle, wo die Hummel erstmals ins Bild kommt. Wählen Sie als Titel den Typ **Vorlagen/Untertitel Basic** und dann **Atomar zentriert**. Doppelklicken Sie den Titel im Vorschaumonitor und schreiben Sie als Text: *Hier sehen Sie eine Hummel auf einer Blüte.* Ich weiß, dass man das auch ohne den Text sieht ☺. Wählen Sie als Schriftfarbe **Weiß**. Klicken Sie auf das Häkchen um den Text zu speichern. Ziehen Sie das rechte untere Dreieck (Pfeil 1, vorherige Seite) der Titelspur bis zu der Stelle, an der die Hummel aus dem Bild verschwindet. Sehen Sie sich die Vorschau an. Für meinen Geschmack könnte der Titel weiter unten sein. Also verschieben wir den Titel auch nach unten.

Wenn Sie den Titel im Vorschaumonitor einmal anklicken, erscheint eine punktierte Linie um den Titel, sowie einige Anfassermarken (Pfeile 1 & 2). Mit den Anfassermarken können Sie die Größe des Textfeldes verändern. Wenn Sie aber mitten in das Textfeld klicken und die linke Maustaste gedrückt halten, können Sie das Textfeld an eine andere Position schieben. Und genau das machen Sie jetzt einmal. Schieben Sie es weiter nach unten. Schon besser. Haben Sie was gemerkt? Es geht nicht ganz nach unten. Dort könnte es ja, je nach Darstellungsform, abgeschnitten werden. Wenn Sie einen Film mit Untertiteln machen wollen, müssen Sie diesen Vorgang natürlich immer dann machen, wenn es etwas mitzuteilen gibt. Genau wie Filme schneiden ist es eine echte Fleißarbeit.

Einblendtitel

Wenn man es genau nimmt, ist der Einblendtitel nichts anderes als der Untertitel. Er dient nur einem anderen Zweck und muss nicht unbedingt am unteren Bildrand sein, wie man das etwa von einem Untertitel erwartet. Technisch funktioniert die Titeleinblendung immer gleich. Mögliche Anwendungen eines Einblendtitels wären z.B. ein Namenszug, um eine Person oder einen Ort vorzustellen. Dann brauchen Sie den Text nicht auf zu sprechen.

Blenden

Eine Blende ist ein Übergang von einer Szene in eine andere. Das kann als harter Schnitt erfolgen, oder in irgendeiner Form animiert sein. Die Blenden sind so etwas wie das Salz in der Suppe. Es geht auch ohne aber mit schmeckt es besser ☺. Wie ich bei den verschiedenen Schnittarten schon erklärt habe, ist der harte Schnitt in der Filmwelt häufiger zu finden als ein weicher Schnitt. Bei einem Interview irgendwelche Blenden zu verwenden, wenn Sie von einem Sprecher auf den anderen wechseln macht ja wenig Sinn. Das wäre nur störend. Anders sieht das aber schon aus, wenn Sie bei längeren Landschaftsaufnahmen von einer Region in eine andere überblenden wollen. Da kann ein schöner Übergang sehr reizvoll sein. Wenn Sie mit Magix Video Pro X eine Dia-Show erstellen, und das werden Sie im Verlaufe dieses Buches noch, dann machen die Blenden die Diashow lebendig. Wenn die Blenden dann auch noch mit der Hintergrundmusik synchronisiert sind, werden Ihre Zuschauer begeistert sein. Beachten Sie beim Einsatz von Blenden, dass Sie diese **nur** auf Szenen oder Fotos anwenden können, die sich in der gleichen Spur befinden!

Eine einfache Blende

Die einfachste aller Blenden ist sicherlich die Kreuzblende. Man überlagert den Anfang einer Szene mit dem Ende der davor liegenden Szene. Dabei wird die erste Szene sanft ausgeblendet und die neue Szene gleichzeitig sanft eingeblendet.

Das können Sie in Magix Video Pro X ganz einfach realisieren.

In diesem Beispiel habe ich die Szene biene_2 ein Stückchen auf die Szene biene_1 geschoben. Dabei entsteht ein diagonales, dünnes, schwarzes Kreuz (Pfeil 1). In der Zeitskala können Sie jetzt genau sehen, wann die Überblendung anfängt, und wann sie aufhört (Pfeile 2). Dabei wird auch der Ton überblendet. Das sehen wir im Moment noch nicht. Darum kümmern wir uns später

Ein- und Ausblenden

Eine weitere ganz einfache Blende ist das simple Ein- bzw. Ausblenden einer Szene. Dabei wird kein Überblenden in eine andere Szene vorgenommen. Auch das ist schnell erledigt.

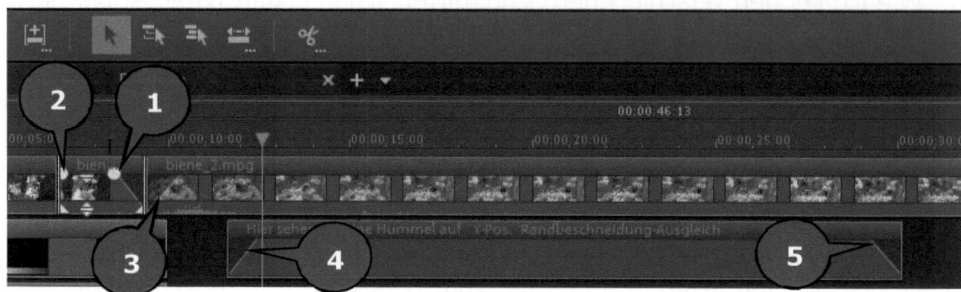

Am Anfang und am Ende einer jeden Szene sehen Sie kleine Anfassermarken (Pfeile 1 & 2). Diese lassen sich mit gedrückter linker Maustaste in die Szene verschieben. Im obigen Beispiel sehen Sie, dass ich den Endanfasser (Pfeil 1) der ersten Szene etwas nach links und den Anfangsanfasser (Pfeil 3) der zweiten Szene etwas nach rechts verschoben habe. Außerdem habe ich noch den Endanfasser der zweiten Szene (Pfeil 3) verschoben. Dadurch wird die erste Szene ausgeblendet, bis nur noch ein schwarzes Bild zu sehen ist und erst dann wird die zweite Szene langsam eingeblendet. Je weiter Sie die Anfasserpfeile verschieben, desto länger dauert das Aus- bzw. Einblenden. Wie Sie in diesem Beispiel sehen, kann auch eine Textein- und -ausblendung sanft erfolgen (Pfeile 4 & 5).

Animierte Blende auswählen

Tja. Und dann gibt es noch die Rosinen im Kuchen. Magix Video Pro X bringt nämlich bereits eine große Zahl erstklassiger Blenden mit, die aus Ihren Szenen die tollsten Effekte herauskitzeln.

Um die Liste der Blenden aufzurufen, klicken Sie auf die Registerkarte **Vorlagen/Blenden/3D Basic** (Pfeil 1). Sie sehen eine Liste mit Oberbegriffen, in denen sich verschiedene Blenden befinden (Pfeil 2). Klicken Sie einen der Oberbegriffe an, werden Ihnen rechts alle Blenden angezeigt, die sich in diesem Ordner verbergen (Pfeil 3). Wenn Sie den Mauszeiger auf eine dieser Blenden bewegen, erscheinen ein Startsymbol und ein Herz auf der Blende. Klicken Sie auf das Wiedergabesymbol (Pfeil 3), sehen Sie eine kleine Vorschau im rechten Vorschaumonitor und bekommen so eine Ahnung davon, was diese Blende mit Ihrem Film macht. Ich kann die hier unmöglich alle erklären. Klicken Sie sich einfach mal in einer stillen Stunde da durch. Mit dem Herzchen können Sie durch einen Mausklick ein kleines Herzchen im Blendensymbol speichern. So können Sie einfach und schnell Ihre Favoritenblenden markieren und müssen später nicht lange danach suchen. Egal wie kompliziert Ihnen die Blenden jetzt erscheinen mögen. Sie werden alle auf die gleiche einfache Methode in den Film gebracht. Man zieht die gewünschte Blende mit gedrückter linker Maustaste an die Stelle des Films, wo sie hin soll. Also an eine Schnittstelle zwischen zwei Szenen Ihrer Wahl. Wenn Sie das mal mit verschiedenen Blenden machen, werden Sie feststellen, dass die gekreuzten Linien und die Balken, die die Blende symbolisieren, die in der Time-line erscheinen, unterschiedlich lang sind. D.h. dass die Blenden unterschiedliche Zeit benötigen um abzulaufen. Die Blendenzeit lässt sich aber hinterher noch verändern, wenn Ihnen die vorgegebene Zeit nicht gefällt.

Schauen wir uns das Blendenfenster mal genauer an. Das lohnt sich, weil dort ein paar unauffällige Kleinigkeiten versteckt sind. Auf den ersten Blick werden Sie vielleicht sagen: „So viele Blenden sind das doch überhaupt nicht." Die Zahl der möglichen Blenden vervielfacht sich dadurch, dass Sie bei vielen Blenden eine Art Effektfenster angezeigt bekommen, bei dem Sie z.B. die Richtung oder Stärke des Effekts verändern können. Nehmen wir als Beispiel die Blende **Blenden/Blenden Basic/Fliegen** (Pfeile 1 & 2). Wenn Sie die Blende auf einen Szenenübergang gezogen haben, erscheint unten rechts ein kleines Zahnrad.

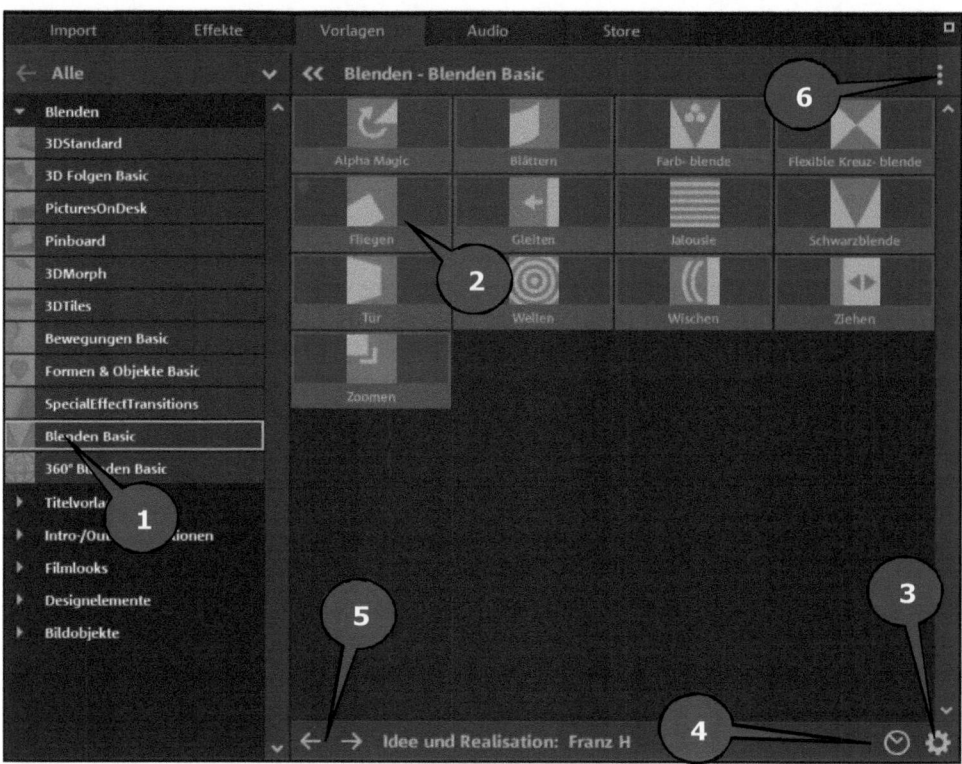

Klicken Sie doch mal auf das kleine Zahnrad rechts unten im Blendenfenster (Pfeil 3). Dadurch öffnet sich das folgende kleine Effekteinstellfenster.

Wenn Sie diese Blende auf einen Szenenübergang gezogen haben, können Sie die Variante (Stärke) (Pfeil 1) des Effekts, die Richtung (Pfeil 2) und die Blendengeschwindigkeit einstellen (Pfeil 3). Mit dem Wiedergabeknopf (Pfeil 4) können Sie eine Vorschau starten. So müssen Sie das Effektfenster nicht ständig neu öffnen, wenn Sie noch etwas verändern wollen.

Was man bei den einzelnen Blenden so alles einstellen kann ist von der Blende abhängig und nicht bei allen gleich. Probieren Sie es einfach aus.

Blendenzeit ändern

Genau wie bei der einfachen Kreuzblende sehen Sie nun ein dünnes X über dem Anfang der zweiten Szene (Pfeil 1). Das ist immer der Hinweis auf eine verwendete Blende. Außerdem zeigt das Diagonalkreuz framegenau die Position und Länge der Blende an. Um nun die Blendenzeit nachträglich zu ändern, stehen Ihnen verschiedene Möglichkeiten offen.

Nehmen wir zuerst die einfachste Möglichkeit. Eine Blende bestimmt immer den Übergang zwischen zwei Szenen. Ich nenne sie für dieses Beispiel jetzt mal die linke und die rechte Szene. Wenn Sie die rechte Szene mit gedrückter linker Maustaste nach links, also weiter über die linke Szene schieben, sehen Sie, wie das kleine Diagonalkreuz, welches die Blendenlänge anzeigt, immer länger wird (Pfeil 2).

Dummerweise ist beim Verschieben hinter der rechten Szene durch das Verschieben eine Lücke entstanden (Pfeil 3). Was hätte ich also vor dem Verschieben machen müssen? Genau! Die Taste **7** auf der Tastatur einmal kurz drücken. Dann wären nämlich alle nachfolgenden Objekte mit verschoben worden. Beim nächsten Mal denke ich daran ☺.

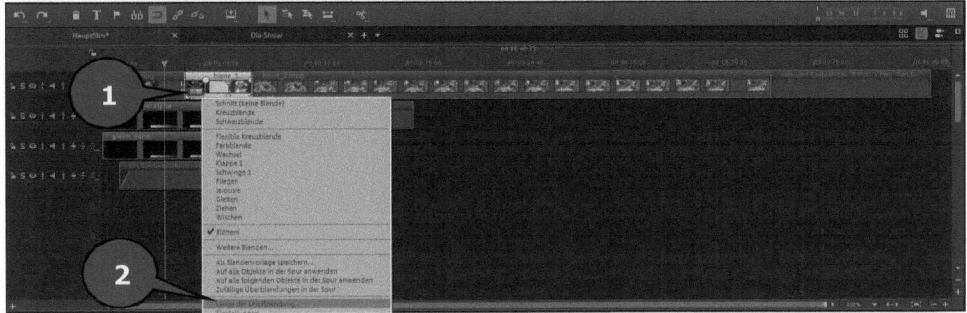

Die zweite Methode die Blendenzeit zu verändern ist da wesentlich effizienter. Sicherlich ist Ihnen aufgefallen, dass alle Blenden im Blendenfenster orange-tür-kis sind. Und genau in diesen Farben befindet sich am Anfang einer jeden mar-kierten Szene ein kleines Symbol (Pfeil 1). Klicken Sie darauf, öffnet sich ein Menü mit Blendenbefehlen. Dort können Sie nicht nur andere Blenden auswählen, son-dern dort gibt es auch den Befehl **Länge der Überblendung** (Pfeil 2).

Klicken Sie darauf, öffnet sich dieses kleine Fenster. Hier können Sie Blenden-länge entweder per Schieberegler (Pfeil 3) oder per Handeingabe als Zahl (Pfeil 4) auf den Frame genau eingeben. Ein Klick auf **OK** (Pfeil 5) übernimmt die Än-derung für die markierte Szene. **Achtung!!!** Die Zeitangabe ist hier zwar mit s für Sekunden gekennzeichnet, das ist aber nicht ganz korrekt. Die 16 hinter der 3 sind nämlich nicht hundertstel Sekunden sondern Frames. Eine Sekunde geht also von 0 bis 24 Frames. Dieses Fenster können Sie übrigens auch öffnen, wenn Sie im Blendenfenster auf die kleine Uhr rechts unten in der Ecke klicken (Pfeil 4, 3 Seiten zuvor). Und dann wären da noch die beiden Richtungspfeile (Pfeil 5, 3 Seiten zuvor). Damit können Sie mit jedem Klick zum nächsten Schnitt springen um eine weitere Blende zu setzen. Mit der gepunkteten Schaltfläche (Pfeil 6, 3 Seiten zuvor) können Sie die Größe der Blendenpiktogramme ändern.

Blende ändern

Es gibt verschiedene Möglichkeiten eine andere Blende auszuwählen. Die einfachste Methode ist, dass Sie einfach eine andere Blende auf die zu ändernde Blende ziehen. Dadurch wird die alte Blende gelöscht und die neue eingefügt. Die zweite Methode benutze ich immer, wenn die entsprechende Szene sowie schon durch einen Mausklick markiert ist. Bei einer markierten Szene ist ab Anfang immer ein -Symbol. Wenn Sie dieses Symbol einmal anklicken öffnet sich ein Menü. Dort sehen Sie ein Häkchen bei der verwendeten Blende. Wenn Sie eine der anderen Blenden aus dieser Gruppe verwenden wollen, müssen Sie diese nur einmal anklicken. Vergessen Sie danach nicht die Blendenzeit evtl. wieder anzupassen.

Blende löschen

Eine Blende löschen Sie, in dem Sie die entsprechende Szene markieren, einmal auf die ▮▮▮-Schaltfläche klicken und den Befehl **Schnitt (keine Blende)** aus dem Menü auswählen (Pfeil 1).

Wir machen eine Blende in unseren Film

Für unseren Beispielfilm müssen Sie sich jetzt für eine Blende entscheiden. Ziehen Sie diese auf den Szenenübergang zwischen biene_1.mpg und biene_2.mpg. Haben Sie keine Hemmungen. Spielen Sie ruhig mal was damit rum.

Effekte

Ein Effekt dient dazu eine ganze Szene oder evtl. sogar den ganzen Film zu verändern oder zu verfremden. Effekte können dabei gewollt sichtbar sein, oder so eingesetzt, dass man sie nicht wahrnimmt. Oder aber man kann die Qualität einer Szene mit einem Effekt erheblich verbessern. Die Manipulationsmöglichkeiten die Ihnen Magix Video Pro X dabei zur Verfügung stellt sind enorm. Um an die Effekte zu kommen, müssen Sie zunächst eine zu verändernde Szene durch Mausklick markieren. Klicken Sie nun auf die Registerkarte **Effekte** (Pfeil 1). Daraufhin bekommen Sie in einer Spalte eine mit den verschiedenen Effekten angezeigt (Pfeil 2). Wenn Sie wie im folgenden Bild auf den Effekt **Videoeffekte/Helligkeit/Kontrast** klicken, bekommen Sie sofort ein Koordinatensystem angezeigt, in dem Sie eine Gerade finden, mit deren Hilfe Sie die Helligkeit und den Kontrast manipulieren können (Pfeil 3).

Wenn Sie den Scrollbalken (Pfeil 4, vorherige Seite) herunterschieben, finden Sie ganz klassisch ein paar Schieberegler, mit denen Sie Helligkeit und Kontrast einstellen können.

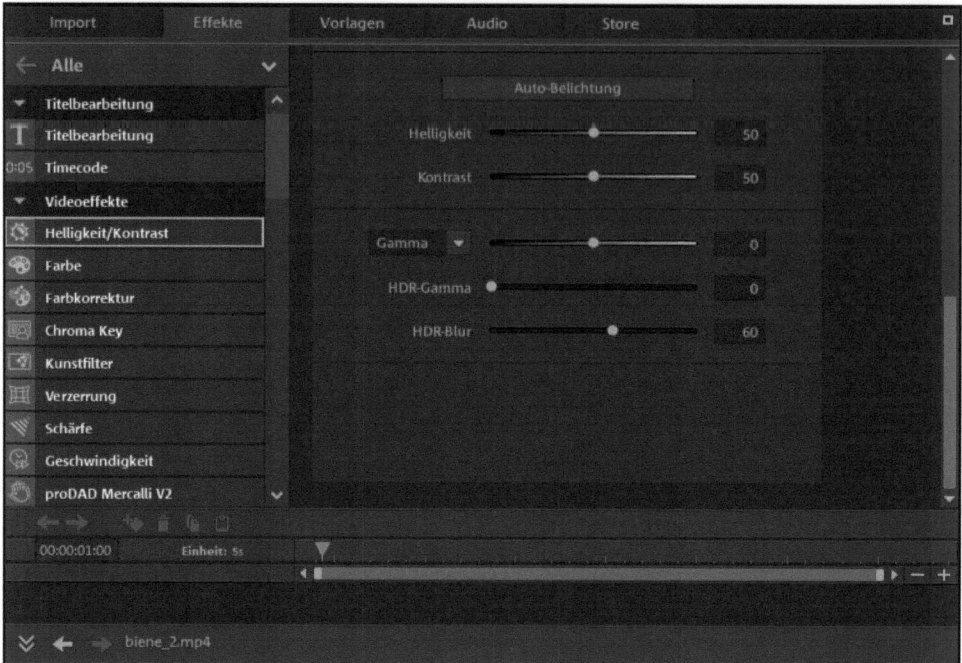

Kommen wir aber zurück zu der langen Geraden in dem Bild auf der vorherigen Seite. An den Enden der Gerade sehen Sie zwei grüne Punkte (Pfeile 5 & 6, vorherige Seite. Sie können entweder diese Punkte mit gedrückter linker Maustaste bewegen oder Sie klicken direkt auf die Linie. Dadurch entstehen bei jedem Klick neue grüne Punkte auf dieser Linie. Diese Punkte lassen sich ebenfalls mit gedrückter linker Maustaste bewegen.

Dadurch können Sie dem Effektverlauf interessante Richtungen verleihen, wie Sie im oberen Bild sehen. Bei einem solchen Kurvenverlauf spricht man übrigens von Bezierkurven. Das Interessante und auch Neue an dieser Methode ist, dass ich quasi jedem Helligkeitsbereich im Bild eine andere Verstärkung bzw. Absenkung zuweisen kann.

Spielen Sie mal an den Bienen-Szenen damit herum. Geschmack ist natürlich sehr subjektiv. Aber bei dem folgenden Kurvenverlauf kamen mir die Szenen noch brillanter vor.

Die Änderung von der ursprünglichen Geraden ist nicht einmal sehr groß. Wenn Sie sich mal völlig verkurbelt haben, brauchen Sie nur auf das Symbol bei Pfeil 1 zu klicken und die ursprüngliche Gerade wird wieder hergestellt.

Bei anderen Effekten, wie z.B. Bei der Registerkarte **Vorlagen** (ja auch das sind irgendwie Effekte) **Designelemente/Collagen Basic** (Pfeil 2), werden Ihnen die darin befindlichen Effekte in einer Miniaturansicht angezeigt (Pfeil 3).

In älteren Versionen von Magix Video ProX waren die Miniaturansichten stilisiert, so dass man vielleicht erahnen konnte, wie die Collage aussehen wird. Aber ganz ehrlich, ich wusste das eigentlich nie. Das liegt sicherlich nicht an meiner mangelnden Vorstellungskraft. Naja, hoffentlich nicht. Es ist vielmehr so, dass diese Collagen so ungeheuer vielseitig sind, dass für die Stilisierung ein kleines Bildchen kaum ausreichen würde. Dafür gibt es aber ein prima Hilfsmittel. Wenn Sie auf eine der Collagen zeigen, erscheinen drei Schaltflächen (Pfeil 4). Die mittlere Schaltfläche ist ein Abspielbutton. Klicken Sie ihn einmal an, läuft im Vorschaumonitor eine kleine Demo der Collage ab. Die linke der drei Schaltflächen befördert die Collage direkt in Ihren Film. Und zwar da, wo sich gerade der Abspielmarker befindet. Sollten Sie da nicht sofort etwas sehen, heißt es nicht, dass die Collage nicht da ist. Die meisten Collagen belegen mehrere Spuren in der Timeline. Sollte in dem Abschnitt, gerade kein Platz sein, kann es passieren, dass die Collage weiter unten in Spuren mit höherer Nummer gelandet ist. Scrollen Sie in der Timeline also einfach mal runter. Wenn Sie sich die Namen der Collagen mal ansehen, dann wird Ihnen auffallen, dass dort immer Bezeichnungen wie etwa 1

Obj. oder 3 Obj. Im Namen vorkommen. Das ist schon mal ein guter Hinweis darauf, für wie viele Foto- bzw. Videoobjekte die Collage geeignet ist. Das probieren wir gleich mal aus. Legen Sie sich zwei Fotos hintereinander in die Timeline. Achten Sie darauf, dass sie die gleiche Länge haben. Das ist normalerweise bei Fotos automatisch der Fall. Wenn Sie Videos verwendet, ist es besser, wenn die Szenen gleich lang sind. Markieren Sie die beiden Objekte in der Timeline.

Nun klicken Sie auf die linke Schaltfläche von einer Collage, die für zwei Objekte optimiert ist.

Schon ist die Collage fertig. Alle Elemente, die zu der Collage gehören sind jetzt gruppiert. Wenn Sie die Collage an eine andere Stelle der Timeline schieben möchten, werden also alle dazugehörigen Elemente automatisch mitverschoben. Bei dem linken Bild habe ich aber zugegebenermaßen etwas gemogelt. Die Spuren lagen nicht alle lückenlos untereinander. Wenn Sie einzelne Elemente der Collage verändern wollen, müssen Sie diese nur markieren und dann einmal auf das Symbol mit der gebrochenen Kette klicken. Das hebt die Gruppierung der Elemente auf. Manchem werden die Collagen vielleicht etwas verspielt vorkommen. Sie können aber enorm zur Filmgestaltung beisteuern. Ich habe in diesem Beispiel eine weiße Holzbrücke und einen Strauch blauer Hortensien zu einer Collage zusammengeführt. Zusammengeführt, was zusammen gehört!

Collagen sind auch ein Prima Mittel um zeitgleich ablaufende Vorgänge spannend zusammen zu führen. Sehen Sie sich mal den Film Thomas „Crown ist nicht zu fassen", mit Steve McQueen aus dem Jahre 1968 an. Dann wissen Sie schon nach den ersten Minuten was ich meine.

Ach ja. Bleibt noch zu erklären, wofür denn die dritte Schaltfläche da ist, die ich zwei Seiten zuvor erwähnt hatte. Damit markieren Sie Ihre Favoriten. Wenn man sich die wirklich zahlreichen und exzellenten Collagen anschaut, verliert man schnell die Übersicht darüber, was einem gefallen hat. Klicken Sie einmal auf das kleine Herzchen, erscheint bei der Collage ebenfalls ein kleines Herz. So finden Sie eine Collage schnell wieder, ohne nochmal alles durchklicken zu müssen.

Was für Effekte gibt es?

Die Effekte sind außerordentlich vielfältig. Manche von ihnen würden aber eher in den Bereich Blenden gehören, da sie sich nur auf den Szenenanfang oder das Szenenende auswirken. Die Effekte fangen schon damit an, dass Sie damit Helligkeit, Kontrast und Farben verändern können. Außerdem sind da auch verschiedene Effekte für die Tonbearbeitung. Diese Effekte kann man nicht nur zur Verfremdung des Filmmaterials benutzen, sondern auch zur Optimierung. Aus so mancher Szene, die zu dunkel war, habe ich durch Veränderung von Helligkeit und Kontrast, vielleicht nichts Gutes, aber noch etwas Brauchbares gemacht. Oder haben Sie mal vergessen einen Weißabgleich zu machen, wenn Sie in einer nur mit Neonlicht beleuchteten Sporthalle gefilmt haben? Hässlich so ein Blaustich. Finden Sie nicht auch? Solche Szenen muss man heute nicht mehr löschen. Oft reicht es aus, den Blauregler nur etwas zurück zu nehmen und schon sind weiße Gegenstände wieder weiß. Und wenn das nicht reicht, gibt es noch einen Effekt Namens **Weißabgleich** (Siehe Kapitel: Tipps & Tricks, *Weißabgleich nachträglich durchführen*). Andere Effekte verändern die Szene nicht um sie qualitativ zu verbessern, sondern um durch den Einsatz eines Effektes eine bestimmte Wirkung zu erzielen. Die Zahl der Effekte ist so vielfältig, dass es den Rahmen sprengen würde, diese hier alle zu beschreiben. Ich schlage vor, einfach mal ein paar Effekte auszuprobieren. Mir geht es oft so, dass ich dabei vielleicht nicht gleich den passenden Effekt für die Szene finde. Aber oft kommen mir beim Rumspielen mit den Effekten Ideen, was ich in einem anderen Film damit machen könnte.

Effekte auf den ganzen Film oder Teile des Films anwenden

Sichtbare Effekte setze ich persönlich recht selten ein. Häufiger ist es da schon, dass ich die Helligkeit einer Szene verändere. Wenn ich z.B. in einem Kameraschwenk Helligkeitsschwankungen habe, dann schneide ich die entsprechenden Stellen. Dadurch habe ich mehrere Szenen, die ich dann ganz gezielt in der Helligkeit verändern kann. Oder ich blende die Helligkeitskurve ein und verändere den Kurvenverlauf. Das gewünschte Endresultat ist aber immer eine gleichmäßige Helligkeit in der Szene. Um nun einen Effekt auf eine Szene oder evtl. sogar den ganzen Film anzuwenden, muss die entsprechende Szene oder der ganze Film markiert sein. Um eine Szene zu markieren, reicht es, diese in der Timeline durch einfachen Klick zu markieren. Anschließend setzen Sie den Abspielmarker irgendwo in die Szene. Klicken Sie nun den gewünschten Effekt an und ändern

Sie die Einstellungen nach Ihren eigenen Vorstellungen. Häh? Keine Sorge, darauf gehe ich noch ein. Wenn Sie mehrere oder alle Szenen mit dem gleichen Effekt versehen wollen, können Sie vorher auch alle gewünschten Szenen gleichzeitig markieren. Mit der Shift- bzw. der Strg-Taste oder Strg-A geht das ja sehr komfortabel. Siehe Tipps und Tricks *Markieren mehrerer Objekte*.

Im obigen Beispiel habe ich den Effekt **Helligkeit/Kontrast** auf die Szene biene1.mpg angewendet und die Helligkeitskurve etwas verschoben.

Effekte ändern

Wenn Sie einen Effekt ändern wollen und damit meine ich: den gleichen Effekt auf der gleichen Szene ändern, müssen Sie lediglich die Szene wieder markieren, den Abspielmarker in die Szene setzen und den entsprechenden Effekt erneut auswählen. Jetzt lassen sich die Effekteigenschaften ändern.

Mehrere Effekte auf eine Szene anwenden

Das geht natürlich auch. Nehmen wir mal an, Sie wollen die Helligkeit Ihrer Szene erhöhen und gleichzeitig die Farbsättigung verstärken. Sie würden also zunächst mal die Szene markieren, den Abspielmarker in die Szene setzen, dann mit dem Effekt **Helligeit/Kontrast** die Helligkeit erhöhen und anschließend mit dem Effekt Farbe die Farbsättigung heraufsetzen. Prima. Sieht gut aus. Nur ich würde mich nach drei Tagen nicht mehr daran erinnern bei welcher Szene ich was gemacht habe. Da kann man das Programm als Gedächtnisstütze nutzen.

Auf die Szene biene_2.mpg habe ich die Effekte **Helligkeit/Kontrast** und **Farbe/Sättigung** angewendet. Wie Sie im oberen Bild sehen, stehen die beiden Effekte in der Szene hinter dem Dateinamen (Sättigung und Gradationskurve). Was aber sofort klar wird: Diese Darstellung hat ihre Grenzen. Viele Effekte bei kurzer Szene und Sie haben da nur noch Textstummel am Ende der Szene. Und die Szene jedes Mal aufspreizen nur um zu lesen was da steht ... Wäre mir zu mühsam. An anderer Stelle stehen die Effekte alle schön aufgereiht beieinander. Achten Sie darauf, dass Ihre Szene markiert ist und der Abspielmarker darin steht (Das kann man nicht oft genug wiederholen!).

Unter dem Effektfenster gibt es einen schmalen Bereich, in dem alle auf die Szene angewendeten Effekte aufgelistet sind (Pfeil 1). Wenn Sie das Häkchen vor dem Effekt (Pfeil 2) durch Mausklick entfernen, können Sie den Effekt temporär deaktivieren. So können Sie sich eine Szene nochmal ohne den jeweiligen Effekt ansehen, ohne gleich den Effekt löschen zu müssen. Der Bereich hinter den

Effektnamen scheint lang, schwarz und leer zu sein. Das muss aber nicht so bleiben. In diesem Bereich können Sie so genannte Keyframes positionieren. Damit lassen sich nahezu alle Effekte im zeitlichen Ablauf manipulieren. Wie man das genau macht lesen Sie sich bitte in den Kapiteln **Eine „echte" dynamische Zeitlupe** und **Der zeitgesteuerte Mosaikeffekt** durch. Das was da mit den Keyframes beschrieben wird, gilt so auch für andere Effekte.

Einen Effekt löschen

Das geht am besten unter dem Effektfenster. Achten Sie wie immer darauf, dass die richtige Szene markiert ist und der Abspielmarker darin steht. Klicken Sie nun auf das kleine Dreieck bei dem Effekt (Pfeil 1), den Sie löschen möchten und wählen Sie dann den Befehl Effekt löschen (Pfeil 2).

Der entsprechende Effekt wird blau hinterlegt. Wenn Sie doch den falschen Effekt löschen, liegt das nur an Ihnen ☺.

Vielleicht fragen Sie sich warum ich so auf der Sache mit der markierten Szene und dem Abspielmarker herum reite? Ganz einfach. Wenn Sie das nämlich nicht beachten, werden Sie Effekte und deren Änderungen nämlich auf irgendeine Szene anwenden, die gerade markiert ist oder auf der gerade der Abspielmarker steht. Und weil man vielleicht gerade nicht sieht was passiert, klickt man nochmal und nochmal und wenn man seinen Fehler bemerkt, weiß man überhaupt nicht genau, welche Szene denn jetzt versehentlich verändert wurde und wie oft man auf den Rückgängigpfeil klicken sollte um den Fehler ungeschehen zu machen.

Alle Effekte löschen

Um alle Effekte einer Szene auf einmal zu löschen, gibt es drei schnelle Möglichkeiten. Entweder wählen Sie aus der Effektgruppe **Ansicht/Animation/Bewegungsvorlagen** den Effekt _Kein Effekt (Pfeil 1) oder Sie machen auf der Szene einen kurzen Rechtsklick mit der Maus und klicken im sich öffnenden Menü auf den Befehl **Videoeffekte/Videoeffekte zurücksetzen** (Pfeile 2 & 3).

Oder Sie drücken die Tastenkombination **Strg+Alt+-**. Also Steuerung und Alt und Minus.

Wir wenden Effekte in unserem Film an

In diesem Buch kann ich unmöglich auf alle Effekte, die Magix Video Pro X zu bieten hat eingehen. Daher werde ich mich darauf konzentrieren, Ihnen Effekte zu demonstrieren, die eher einen häufigen, praktischen Nutzen haben.

Effekte zur Optimierung bzw. Verbesserung

Dabei werden wir uns zunächst der Verbesserung bzw. Optimierung unseres Materials zuwenden. Ziehen Sie sich die Szene faehre.mpg hinter die letzte Szene in Ihrer Timeline. Wenn Sie sich die Szene in der Vorschau ansehen, werden Sie sicherlich bemerken, dass sie sehr flau und fast schon unscharf ist. Außerdem ist der Horizont schief. Das Meer läuft aus ☺. Fangen wir damit an, dass wir den Horizont begradigen. Wenn der Horizont schief ist, muss ich die Szene drehen. Wenn ich eine Szene drehe, entstehen in den Ecken schwarze Bereiche, die umso größer sind, je mehr ich die Szene drehen muss. Also muss ich die Szene vergrößern, also aufzoomen, um die schwarzen Ecken wieder weg zu bekommen. Zoome ich eine Szene auf, geht das zweifellos zu Lasten der Qualität. Wo man

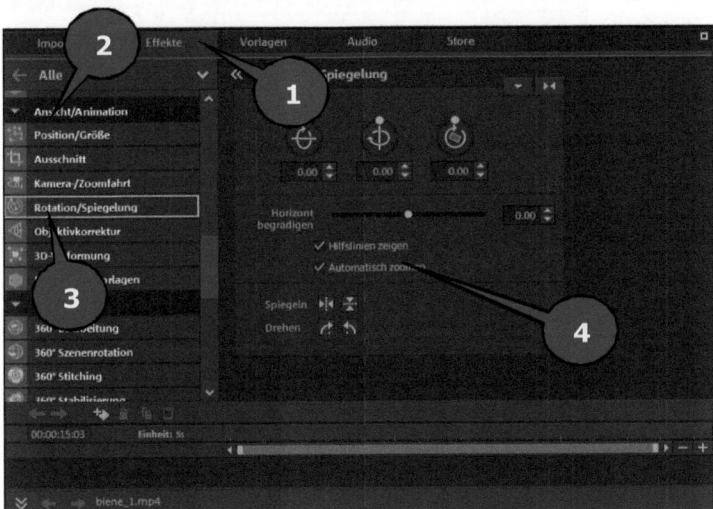

bei der Qualität seine Grenze zieht, muss wohl jeder für sich alleine entscheiden. Ich zeige Ihnen hier nur wie's geht. Um auf einen Effekt auf eine Szene anzuwenden, muss die Szene markiert sein. Klicken also die Szene *faehre.mpg* in Ihrer Timeline einmal an. In dieser Szene ist der Horizont nur ein wenig schief. Darüber hinaus hat der Himmel fast die gleiche Farbe wie das Wasser. Um da die Horizontlinie genau erkennen zu können, sind ein paar Hilfslinien ganz nützlich. Klicken Sie auf **Effekte/Ansicht/Animation/Rota-tion/Spiegelung** (Pfeile 1-3). Dort setzen Sie durch einfachen Linksklick ein Häkchen bei **Hilfslinien anzeigen** (Pfeil 4, vorherige Seite). Im Vorschaumonitor können Sie jetzt viel besser erkennen, was zu tun ist.

Um die Szene zu drehen, haben Sie drei Möglichkeiten. Zum einen können Sie den Drehanfasser im Vorschaumonitor bewegen (Pfeil 1). Hm. Also ich scheine da wohl eher zu grobmotorig zu sein ☺. Ich benutze da lieber die mir im Effekt-fenster angebotenen Drehwerkzeuge. Mit denen kann man eine Szene in allen drei Raumachsen drehen. Um den Horizont zu begradigen brauchen wir aber nur

eine Drehrichtung. Unser Werkzeug für diesen Vorgang ist das ganz rechts außen (Pfeil 2) Den orangefarbenen Drehknopf dort zu verschie-ben, ist genau so schwierig, wie im Vorschaumonitor. Deshalb benutze ich immer die rauf-runter-Pfeile darun-ter (Pfeil 3). Damit kann ich den Winkel der Szene in zehntel-Grad-Schritten ver-ändern. Für diese Szene wäre eine Korrektur von -1,6° nö-tig, um den Horizont wieder gerade zu haben.

Wie Sie im Vorschaumonitor aber sofort sehen können haben wir jetzt schwarze Ecken (Pfeile 1-4). Und das obwohl im Effektfenster eingestellt war, dass beim Drehen automatisch gezoomt werden soll. Warum das

nicht geht kann ich jetzt nur mal vermuten. Die Seitenverhältnisse müssen dafür wahrscheinlich erhalten bleiben. Die Ecken wollen wir trotzdem weghaben und dabei so wenig zoomen wie möglich. Klicken Sie nun auf **Effekte/Ansicht/Animation/Position/Größe** (Pfeile 5-7). Achten Sie darauf, dass das Häkchen bei

Proportionen beibehalten (Pfeil 10, vorherige Seite) gesetzt ist! Dort können Sie den Zoom-Faktor entweder mit dem Schieberegler (Pfeil 8, vorherige Seite) oder mit den Pfeiltasten (Pfeil 9, vorherige Seite) ändern. Natürlich kann man auch die Zahl dazwischen markieren und dann von Hand eine andere Zahl eintragen oder die Anfassermarken im Vorschaumonitor bewegen. Aber diese Methoden sind an dieser Stelle sicherlich nicht gerade praktisch. Bei 104% Zoomfaktor sind die schwarzen Ecken verschwunden.

Es geht aber noch einfacher. Aber wenn ich Ihnen das zuerst zeige, sind Sie vielleicht nicht mehr so offen für die anderen Methoden. Achten Sie darauf, dass die Häkchen bei **Hilfslinien anzeigen** und **Automatisch zoomen** (Pfeil 1) gesetzt sind. Mit dem Schieberegler (Pfeil 2) können Sie nun den Winkel verändern. Schieben Sie ihn nach links, wird die Szene gegen den Uhrzeigersinn gedreht. Schieben Sie nach rechts, dreht sich die Szene rechts herum. Oder Sie benutzen die Pfeiltasten hinter dem Schieberegler um den Winkel schrittweise zu ändern. Und was soll jetzt daran einfacher sein? Sehen Sie mal genau hin. Das Programm hat die Szene automatisch so weit aufgezoomt, dass keine schwarzen Ecken zu sehen sind.

Verbessern wir nun die Schärfe der Szene. Die Unschärfe kommt in diesem Fall nicht von der Kamera, sondern eher von den Wetterverhältnissen, gepaart mit den leichten Vibrationen des Schiffs auf dem ich gestanden habe. Klicken Sie auf **Effekte/Videoeffekte/Helligkeit/Kontrast** (Pfeile 3-5). Scrollen Sie das Effektfenster bis zu den Schiebereglern herunter. Dort gibt es eine Schaltfläche **Auto-Belichtung** (Pfeil 6). Wenn Sie diese Schaltfläche anklicken, sehen Sie sofort eine deutliche Veränderung von Helligkeit und Kontrast im Vorschaumonitor. Leider ist in diesem Fall das Ergebnis nicht so toll. Haha. Sie haben doch wohl nicht gedacht, dass ich es Ihnen so einfach machen würde ☺.

Zur Verteidigung der Schaltfläche **Auto-Belichtung** muss ich aber feststellen, dass sie sehr häufig Ergebnisse liefert, an denen es nichts zu mäkeln gibt.

Aber in dieser Szene müssen wir wohl selbst Hand anlegen. Klicken Sie erneut auf die Schaltfläche **Auto-Belichtung** um den Effekt wieder auszuschalten. In unserem Fall muss man die Schieberegler **Helligkeit**, **Kontrast** und **Gamma** etwas verändern, um ein besseres Ergebnis zu erzielen. Oder verändern Sie den Kurvenverlauf wie vorher beschrieben. Hm. Ein besseres Ergebnis ist hier natürlich sehr subjektiv. Ändern Sie die Einstellungen so, dass Sie das Bild gut finden. Ich habe in dieser Szene die Helligkeit und Gamma geringfügig reduziert und den Kontrast erhöht, damit man die Schrift auf dem Rumpf des Schiffes besser erkennen kann.

Video schärfen

Auch wenn man all diese Einstellungen von Hand gemacht hat, wird man vielleicht sagen: Schön, die Szene ist jetzt schärfer aber die Farben stimmen irgendwie nicht mehr so richtig. Welche Effekte man auf eine Szene anwendet um sie zu verbessern ist manchmal eine Gratwanderung. Die Szene faehre.mp4 ist ideal geeignet mal einen Effekt zu demonstrieren, den Magix stark verbessert hat. Nämlich den Effekt **Schärfe**. In älteren Versionen habe ich diesen Effekt selten bis nie eingesetzt, weil ich die Ergebnisse alles andere als berauschend fand. Das ist jetzt aber ganz anders geworden.

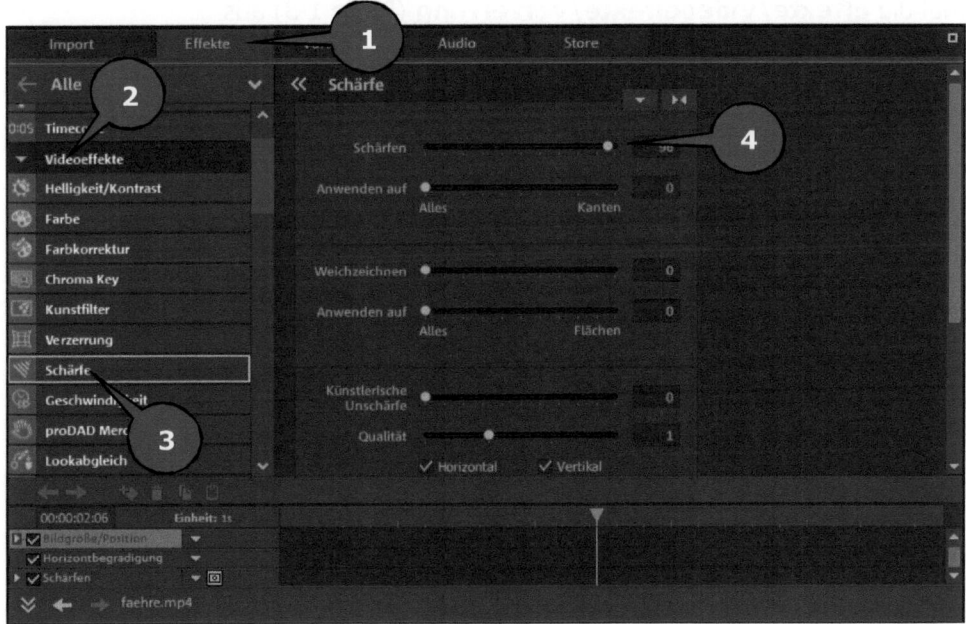

Szene markieren, Abspielmarker nicht vergessen und dann Klicken Sie mal auf Effekte/Videoeffekte/Schärfe (Pfeile 1-3). Im Effektfenster schieben Sie den Regler Schärfen (Pfeil 4) mal ganz nach rechts. Ich finde das Ergebnis beeindruckend gut. Die Schrift auf dem Rumpf der Fähre und andere Details sind jetzt klar zu erkennen und die Farben bleiben insgesamt wie sie waren.

Künstlerische Effekte

Effekte, die nicht unbedingt nur der Verbesserung der Bildqualität dienen, bezeichne ich gerne als künstlerische Effekte. Diese Effekte dienen dazu das Videobild in irgendeiner Form zu verfremden. Natürlich kann man auch mit Farbe, Helligkeit und Kontrast gewisse Verfremdungen hinbekommen. Aber Magix Video Pro X hat da noch ein paar ganz andere Kaliber parat. In den Rubriken **Kunstfilter** und **Verzerrung** finden Sie wirklich spannende Effekte. Man kann das wirklich schlecht beschreiben, daher gebe ich Ihnen den Tipp einfach mal eine Szene zu markieren und dann Effekte darauf anzuwenden. Probieren Sie doch mal die **Effekte/Videoeffekte/Verzerrung** (Pfeile 1-3) aus.

Wenn Sie die Schieberegler der Effekte z.B. bei **Mosaik** (Pfeil 4) bewegen, werden Sie im Vorschaumonitor schon sehen was passiert. Ich bin mir sicher, dass Sie einige der Effekte sogar schon mal in dem einen oder anderen Kinofilm gesehen haben. Diese Effekte lassen sich mit Keyframes in Stärke und zeitlichem Ablauf framegenau steuern. Stellen Sie sich einfach vor, Sie möchten eine Szene aus dem Mosaik-Effekt und die „Normal"-Version ablaufen lassen.

Der zeitgesteuerte Mosaik-Effekt

Machen wir einfach mal ein Beispiel. Es gibt natürlich mehrere Methoden, wie man dabei vorgehen kann. Ich glaube aber, dass die Methode, die ich Ihnen jetzt zeige ziemlich effizient ist. 1. Brauche ich nicht ständig zwischen Szene und Effektfenster hin und her zu klicken und 2. kann ich die Keyframes verschieben, während ich die unveränderte Szene sehen kann. Wenn ich stark verfremdende Effekte anwende, würde mir das genaue Positionieren sonst schwer fallen. Für

dieses Beispiel habe ich mir die bereits gekürzte Szene biene_1.mp4 irgendwo in die Timeline kopiert, die Szene markiert und den Abspielmarker darin positioniert.

Jetzt rufe ich **Effekte/Videoeffekte/Verzerrung** auf (Siehe Pfeile 1-3, vorherige Seite).

Ich kann sofort sehen, dass ich die richtige Szene ausgewählt habe, da ihr Name dort steht (Pfeil 1). Klicken Sie nun einmal auf das Symbol **Neuer Keyframe** (Pfeil 2).

Sofort erscheint im Effektfenster an der Position des Abspielmarkers der erste Keyframe in Form einer kleinen Raute (Pfeil 1). Schieben Sie nun den Abspielmarker im Effektfenster ein Stück weiter und klicken Sie erneut einmal auf die Schaltfläche **Neuer Keyeframe** (Pfeil 2). Sofort erscheint der zweite Keyframe. Schieben Sie den Abspielmarker noch ein Stück weiter und klicken Sie noch einmal auf Neuer Keyframe.

Jetzt haben Sie in der Timeline des Effektfensters drei Keyframes. Die sind jetzt irgendwo oder besser gesagt irgendwann in der Szene und die können noch nichts. Wann und was, bringen wir ihnen jetzt bei.

Rekapitulieren wir noch mal unser Ziel: Wir wollen, dass die Szene als stark ausgeprägtes Mosaik anfängt, das sich immer weiter auflöst, bis die Szene klar zu erkennen ist und dann als normale Szene bis zum Ende weiterläuft. Dazu müssen wir die einzelnen Keyframes in die richtige Position bringen und Ihnen eine Effektstärke zuweisen. Das geht ruckzuck. Schieben Sie den linken Keframe mit gedrückter linker Maustaste ganz nach links an den Anfang der Szene. Den rechten Keyframe schieben Sie ganz nach rechts, an das Ende der Szene. Den mittleren Keyframe positioniren Sie da, wo Sie denken, dass ab dort die Szene klar zu erkennen sein sollte.

Ich wollte den Effekt enden lassen, kurz bevor ich auf die Biene zoome. Das tolle daran ist, wenn man einen Keyframe verschiebt, kann man im Vorschaumonitor deutlich sehen, wo man sich gerade in der Szene befindet. Jetzt müssen wir nur noch den einzelnen Keyframes mitteilen, was passieren soll. Da wir ab dem mittleren Keyframe bis zum letzten Keyframe am Ende der Szene keinen Effekt haben wollen, müssen wir an den beiden Keyframes auch nichts einstellen. Die bleiben einfach wie sie sind. Alle Effekte auf 0. Klicken Sie nun den ersten Keyframe ganz am Anfang der Szene einmal an (Pfeil 1). Er wird dann blau markiert. Schieben Sie nun im Effektfenster den Schieberegler für Mosaik ganz nach rechts (Pfeil 2). Also maximale Effektstärke.

Ob Sie`s glauben oder nicht. Das war`s schon. Starten Sie mal die Vorschau für die Szene.

Jetzt nehmen wir mal an, der Effekt dauert Ihnen zu lange. Er dauert zu lange ☺. Wenn Sie das Timing verändern wollen, können Sie nun den mittleren Keyframe (Pfeil 3) mit gedrückter Maustaste weiter nach links schieben. Dadurch dauert der Effekt nicht so lange und er läuft auch schneller ab. Ich kann Ihnen leider nicht sagen, ob die Anzahl der Keyframes pro Szene begrenzt ist. Ich habe mal für eine Szene, in der die Reflexion eines Krankenwagenblaulichts simuliert werden sollte ca. 50 Keyframes in diese Szene. Das war kein Problem für die Software.

Da Sie jetzt also wissen, dass man mehr als drei Keyframes einsetzen kann, legen wir auch gleich noch einen Brikett nach. Keine Angst ... keine 50 Stück. Wir machen nur noch einen Keyframe mehr in unsere Szene. Ziel ist es, aus dem Mosaikeffekt heraus in die Normalansicht zu gleiten. Dann soll die Szene eine Weile normal laufen und am Ende wieder in das Mosaik gleiten. Im Prinzip ist es egal, ob Sie den zusätzlich Keyframe links oder rechts vom mittleren Keyframe einsetzen. Sie müssen nur auf eine Kleinigkeit achten. Deshalb sollten Sie den Mosaikeffekt vorhin auch auf Maximum stellen. Dann kann man das anschaulicher erklären. Sie erinnern sich: Wir kommen vom 100% Mosaik bei Keyframe 1 und bei Keyframe 2 sind wir bei 0% Mosaik. Wenn Sie nun den zusätzlichen Keyframe links vom mittleren Keyframe setzen, wird er exakt den prozentualen Wert des Mosaikeffektes, der an dieser Stelle gilt, bekommen. Das gleiche gilt natürlich auch rechts des mittleren Keyframes bis zum Ende. Nur ist der Effekt dort von 0% bis 0%. Also wird auch der neue Keyframe 0% haben.

Setzen Sie nun den Abspielmarker in der Timeline des Effektfensters an eine beliebige Stelle. Klicken Sie einmal auf die Schaltfläche **Neuer Keyframe**. Schon haben Sie 4 Keyframes in der Szene.

Der erste Keyframe steht ganz am Anfang, den zweiten habe ich exakt 1 Sekunde nach dem ersten positioniert. Der dritte Keyframe steht exakt 1 Sekunde vor dem Ende der Szene und der Vierte halt genau am Ende. Jetzt muss ich den einzelnen Keyframes also noch Effektwerte zuordnen. Klicken Sie den ersten Keyframe einmal an. Sein Wert sollte eigentlich noch bei 100% Mosaik stehen. Bis zum zweiten Keyframe soll das Bild normal sein. Also klicken Sie den zweiten Keyframe einmal an und stellen seinen Wert auf Mosaik 0%. Bis zum dritten Keyframe soll das Bild normal sein. Daher stellen Sie auch den Wert für den dritten Keyframe auf Mosaik 0%. Am Ende soll die Szene wieder in den Mosaik 100% Effekt gleiten. D.h. der Wert des vierten Keyframes muss wieder auf Mosaik 100% gestellt werden. Das war`s schon wieder. Sehen Sie sich die Show in der Vorschau mal an.

Je nach Länge der Szene und Anzahl der Keyframes kann es sein, das die Abstände zwischen den Keyframes so klein sind, dass man diese nicht mehr sicher anklicken kann. Dann können Sie mit den Plus-/Minus-Schaltflächen (Pfeil 1) die Timeline des Effektfensters ein- bzw. auszoomen.

Ich hatte weiter oben auf der Seite behauptet, dass ich die Keyframes zwei und drei exakt 1 Sekunde nach dem Anfang bzw. vor dem Ende positioniert hätte. Das ist ganz einfach. Wenn Sie einen Keyframe anklicken und verschieben, wird Ihnen dessen Position framegenau angezeigt. Ich habe also erst nachgesehen, welche Position mir Keyframe 1 anzeigt und habe dann Keyframe 2 exakt eine Sekunde weiter geschoben. Usw.

Überflüssige Keyframes können Sie natürlich wieder löschen. Daszu markieren Sie den entsprechenden Keyframe und klicken einmal auf den Papierkorb (Pfeil 2).

Audio-Effekte

Die Anwendung von **Audio-Effekten** finden Sie im Kapitel *Nachvertonung*.

Fotos in den Film integrieren

Schleppen Sie im Urlaub auch immer neben der Videokamera einen digitalen Fotoapparat mit sich herum? Also ich mache das. Es gibt einfach Dinge, die kann man besser fotografieren als filmen. Eine der vielen tollen Funktionen an Magix Video Pro X ist, dass man Fotos und Videos nach Belieben mischen kann. Oder man kann auch ganze Dia-Shows erstellen, mit fantastischen Überblendeffekten versehen und das alles noch mit Hintergrundmusik unterlegen. Ich liebe das, weil man die Übergänge wirklich spielerisch einfach mit der Musik in Einklang bringen kann. Diese Fotos sollten dabei mindestens die Auflösung Ihres Films haben. Da wir ziemlich am Anfang dieses Buches die Einstellung PAL 16:9 720x576 für unser Filmprojekt ausgewählt haben, sollten die Fotos nach Möglichkeit auch nicht kleiner sein als 720x576 Pixel. Sie würden nur Bildqualität verschenken, wenn die Fotos kleiner wären. Digitalkameras machen heutzutage Bilder in enormen Auflösungen, das sollte also kein Problem sein. Sie können diese Bilder ruhig in voller Größe importieren. Magix Video Pro X rechnet die schon auf die passende Größe runter. Um ein Foto zu importieren, klicken Sie auf die Registerkarte **Import**. Wählen Sie aus dem richtigen Ordner ein beliebiges Bild aus. Sie können auch mehrere Fotos gleichzeitig importieren. Diese werden dann in der Timeline hintereinander aufgereiht.

Eine kleine Dia-Show

Wenn ich vorhabe eine Dia-Show zu erstellen, kopiere ich mir zunächst mal mit dem Windows-Explorer alle Bilder, die in die Dia-Show sollen, in einen Ordner. Da kann ich mich dann ganz auf die Show selber konzentrieren und muss nicht ständig nach dem nächsten Bild suchen. Ich habe da eine kleine Auswahl an Fotos zum Download für Sie bereitgestellt. Im Kapitel *Download* finden Sie die Internetadresse dazu. Die Fotos sind in Größe und Qualität etwas reduziert um das Downloadvolumen klein zu halten. Sie haben alle etwa eine Größe von 1024x768 Pixel. Für eine Dia-Show, die als DVD-Videofilm gespeichert wird, ist diese Auflösung völlig ausreichend. Anders sieht aus, wenn Sie das hochauflösende Format HD-1080 für eine Blu-ray-Disk gewählt hätten. Dann sollten die Fotos schon eine Auflösung von ca. 1440x1280 Pixel oder mehr haben. Auch dafür finden Sie im Kapitel *Download* die Internetadresse. Speichern Sie sich diese Fotos in einem noch anzulegenden Ordner Namens **Dia-Show** in Ihrem Ordner **Buch-Beispiel-Projekt**.

Wir machen Fotos in unseren Film

Zunächst mal wollen wir ein einzelnes Foto importieren und irgendwo in unserem Film positionieren. Dazu klicken Sie auf die Registerkarte **Import** (Pfeil 1). Wählen Sie den entsprechenden Ordner aus (Pfeil 2). In der Übersicht sehen Sie die Miniaturansichten der Fotos. Wenn Sie die Miniaturansichten nicht sehen, klicken Sie auf

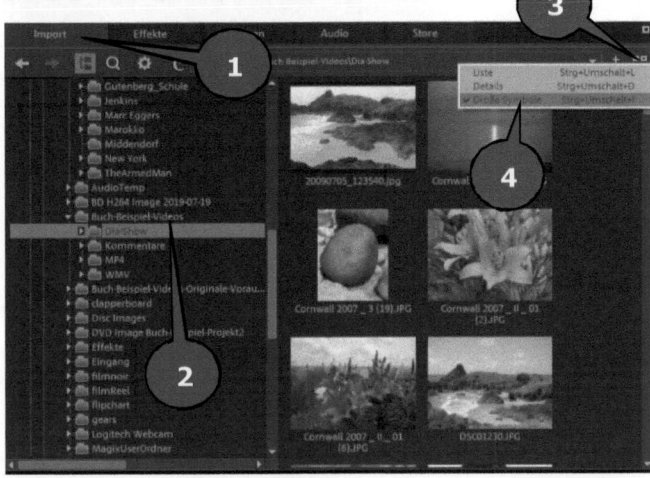

die Ansichts-Schaltfläche (Pfeil 3) und wählen Sie die Ansichtsform **Große Symbole** (Pfeil 4).

Schon sehen Sie die Miniaturansichten der Fotos. Sollten evtl. auch Videodateien in diesem Ordner sein, würden Sie deren Miniaturansicht natürlich auch sehen.

Die Miniaturansichten sind Ihnen zu klein? Kein Problem. Klicken Sie doch mal auf die kleine **+**-Schaltfläche (Pfeil 5). Dadurch erscheint ein kleiner Schieberegler, den Sie mit gedrückter linker Maustaste bewegen können. Damit lassen sich die Miniaturansichten in weiten Grenzen vergrößern oder verkleinern.

Setzen Sie den Abspielmarker ans Ende des Films (Pfeil 1). Bewegen Sie den Mauszeiger auf ein Foto Ihrer Wahl. Dabei erscheinen zwei kleine Werkzeuge (Pfeil 2). Das linke Werkzeug

startet die Vorschau im rechten Vorschaumonitor. Was bei Fotos eher unspektakulär ist ☺. Das rechte Werkzeug kommt uns da aber eher

gelegen. Ein Klick darauf fügt das Foto nämlich ab dem Abspielmarker ein (Pfeil 3). Wie Sie in der Timeline sehen können, hat das Foto eine Standzeit von 7 Sekunden. Das ist so voreingestellt. Wenn Sie das Foto in der Timeline anklicken wird es markiert. Dabei erscheinen die Anfassermarken. Mit der Anfassermarke, dem kleinen Dreieck rechts unten in der Ecke (Pfeil 4), können Sie die Standzeit nach Belieben verlängern oder verkürzen. Für den Moment lassen wir die Standzeit aber wie sie ist.

Da wir gerade so schön im Fluss sind, werden wir weitere Fotos in unseren Film einfügen. Uns zwar hinter dem ersten Foto. Bewegen Sie den Mauszeiger auf das nächste Foto und klicken Sie auf das rechte Werkzeug (Pfeil 1). Sofort wird dieses Foto nahtlos an das erste Foto in der Timeline angehängt (Pfeil 2).

Auch dieses Foto hat zunächst einmal in der Timeline eine Standzeit von 7 Sekunden. Wir machen so weiter, bis ca. 10-12 Fotos hintereinander in unserer Timeline sind. Wir wollen ja was zum Spielen haben ☺.

Wir überblenden unsere Fotos

Wie Sie sehen, war ich nicht untätig und habe insgesamt 12 Bilder hintereinander in den Film importiert (Pfeil 1). Um alle sehen zu können, habe ich den Zoom-Faktor der Timeline angepasst. Diesmal habe ich das aber nicht mit der rechten Maustaste auf der Zeitleiste gemacht, sondern ich habe rechts unten in der Ecke auf das Minus-Zeichen geklickt, bis der Ausschnitt auf der Timeline meinen Vorstellungen entsprach (Pfeil 2).

Die Standzeit der Fotos ist auf 7,00 Sekunden voreingestellt. Wenn man Überblendeffekte benutzt, ist diese Zeit vielleicht etwas kurz. Die Überblendungen brauchen ja unterschiedlich lange, bis sie abgeschlossen sind. Dann bleibt von den 7,00 Sekunden nicht mehr viel übrig. Im ersten Schritt werden wir nun die Standzeit aller Bilder nachträglich auf 10 Sekunden ändern. Dazu markieren Sie eines der Fotos durch Mausklick. Bleiben Sie mit dem Mauszeiger genau auf diesem Foto. Drücken Sie einmal kurz die rechte Maustaste. Wählen Sie aus dem Menü den Befehl **Fotolänge ändern** (Pfeil 1, folgende Seite).

Es erscheint dieses kleine Fenster. Ändern Sie die Zahl (Pfeil 2) auf 00:10:00 s oder schieben Sie den Regler (Pfeil 3) soweit nach rechts, bis die Zeit auf 10 Sekunden steht. Wenn Sie jetzt einfach auf **OK** (Pfeil 4) klicken würden, würde die Änderung nur für das markierte Foto übernommen. Das kann ja auch mal erwünscht sein. Aber wir wollen die Standzeit für alle Fotos gleichzeitig ändern und klicken auf die Schaltfläche **Auf alle anwenden** (Pfeil 5). In der folgenden Ansicht erkennt man sehr gut, dass die Fotos jetzt genau 10 Sekunden lang sind.

Sie können Fotos genauso wie Videoszene nach Belieben ein und ausblenden, wie Sie es zu Anfang dieses Buches schon bei den Videoszenen gelernt haben. Auch eine Kreuzblende beliebiger Länge können Sie erzeugen, in dem Sie ein Foto ein Stückchen über ein anderes Foto oder eine Videoszene in der Timeline schieben. Klicken Sie nun auf die Registerkarte **Blenden** und bei den Blenden auf die **Standard**-Blenden (Pfeil 1, folgende Seite). Ziehen Sie jeweils eine Blende auf die Trennlinie zwischen zwei Fotos. Wie das geht haben Sie ja schon in den Kapiteln über die Blenden gelernt. Sie merken es wahrscheinlich schon: Bei Wiederholungen kaue ich Ihnen nicht mehr alles vor ☺.

Im obigen Beispiel habe ich die Blende *Blättern* auf eines der Fotos gezogen, aber die linke Maustaste noch nicht losgelassen. So kann man immer gut erkennen, wie lang so eine Blende ist. In diesem Fall ist sie ca. 3 Sekunden lang. Wenn ich jetzt auf das nächste Foto eine Blende lege, knappst die hinten noch was von der Zeit ab. Am Ende habe ich dann nur noch zwei ineinander übergehende Übergänge. Das wäre ja irgendwie blöd. Jetzt verstehen Sie vielleicht, was ich vorher damit meinte, dass 7 Sekunden Standzeit für ein Foto etwas kurz sein könnten.

In Magix Video Pro X können Sie für viele Blenden einige Parameter ändern. Sobald Sie eine Blende auf einem Objekt abgelegt haben, können Sie das Einstellfenster, durch Klick auf das kleine Zahnrad öffnen. Das zeigt Ihnen alle Einstellmöglichkeiten für die Blende (Pfeil 1). Neben dem kleinen Zahnrad ist eine stilisierte Uhr. Klicken Sie darauf, öffnet sich ein kleines Fenster, in dem Sie die Blendenzeit exakt einstellen können. Dazu muss man und kann man wohl auch nur wenig sagen, bzw. schreiben. Da muss man einfach mal mit rumspielen. Was man da einstellen kann ist übrigens vom Blendentyp abhängig. Wundern Sie sich also nicht, wenn der Fensterbereich bei jeder Blende anders aussieht. Ziehen Sie nun auf jeden Übergang zwischen zwei Fotos eine Blende Ihrer Wahl. Wenn Sie damit fertig sind, sehen Sie sich das Ganze mal in der Vorschau an. Es wird Übergänge geben, die Ihnen gefallen und solche, die Sie vielleicht verbessern wollen. Schauen wir uns nun die einzelnen Übergänge zwischen den Fotos mal aus der Nähe an.

Auch bei diesen Blenden ist es so, dass deren Position und Länge an einem kleinen Diagonalkreuz ablesbar sind (Pfeil 1). Natürlich lässt sich die Länge dieser
Diagonalkreuze und damit natürlich die Länge der Blende mit dem entsprechenden Anfasser (Pfeile 2 & 3) auch verändern. Dabei kann man auch z.B. das Ende
der Blende aus einer Szene und den Anfang der Blende aus der vorhergehenden
Szene verändern. Damit verändern Sie also nicht nur die Blendenzeit absolut,
sondern können auch noch deren Anfang und Ende genau steuern. Wenn Sie
wollen sogar framegenau.

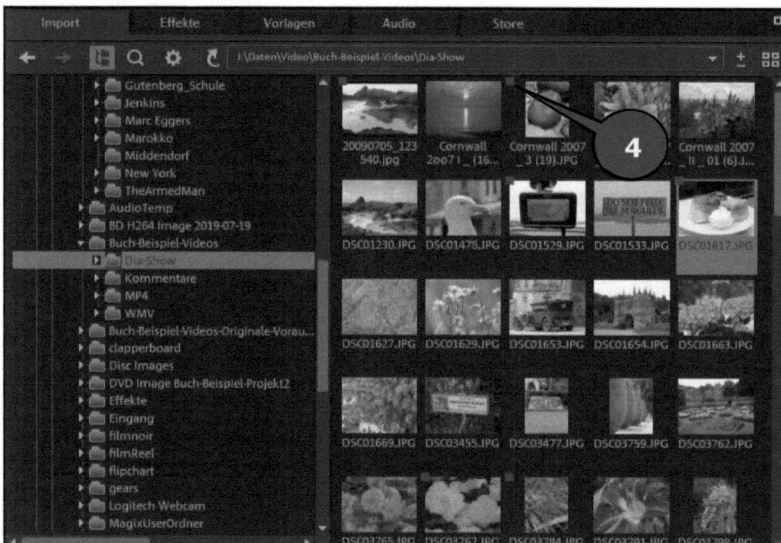

Bei längeren Dia-Shows kann man ja schon mal vergessen, welche Fotos man schon verwendet hat ☺. Damit Sie keine ungewollten Dubletten einbauen, gibt Ihnen Magix Video Pro X eine kleine optische Hilfe. In der linken oberen Ecke eines jeden Fotos, das bereits verwendet wird, befindet sich ein kleines rotes Rechteck (Pfeil 4).

Bilder – 4:3, 3:2 oder 16:9?

Wenn Sie sich die Vorschau der Fotos und der Videoszenen mal genau ansehen, werden Sie feststellen, dass die Videoszenen im Format 16:9 sind aber keines der Fotos diesem Seitenverhältnis entspricht. Es würden in unserem Beispiel links und rechts immer schwarze Flächen im Film sein. Viele Kompaktkameras machen Fotos im Seitenverhältnis 4:3. Die Spiegelreflexkameras oft im Seitenverhältnis 3:2 und bei wenigen Kameramodellen habe ich bisher gesehen, dass man dort ein Seitenverhältnis von 16:9 einstellen kann. Und dann ist noch die Frage, wenn man es einstellen kann, hat man dann Zeit dafür oder denkt man daran? Ehem. Ehrlich gesagt, ich habe es fast immer vergessen ☺. Jetzt kommt es aber noch schlimmer. Einige der Fotos haben Sie vielleicht hochkant fotografiert, so wie den algenbedeckten Stein in unserem Beispiel. Oder Sie haben vielleicht mal ein Foto nachbearbeitet und an einer Seite etwas weggeschnitten. Dann haben Sie u.U. ein krummes Seitenverhältnis. Wenn wir Fotos formatfüllend darstellen wollen, in unserem Fall also in 16:9, haben wir verschiedene Möglichkeiten. Das hat aber seine Grenzen. Wenn Sie den z.B. den Kölner Dom hochkant fotografiert haben und den jetzt in 16:9 vollformatig in Ihrem Film sehen wollen, wird wahrscheinlich nur noch ein Drittel vom Dom zu sehen sein.

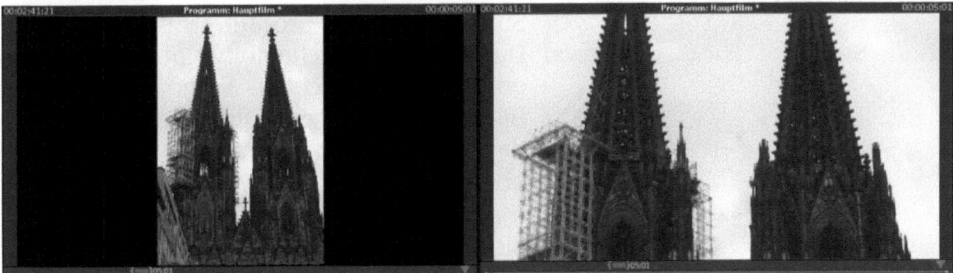

Am obigen Beispiel können Sie das gut sehen. Es gibt verschiedene Möglichkeiten das Foto so anzupassen, dass es in das Seitenverhältnis 16:9 passt. Wie Sie in diesem Beispiel sehen, hat alles seine Grenzen. Wo Sie da aber die Grenze ziehen, überlasse ich Ihnen. Jeder hat seine eigenen kreativen Ideen. Ich zeige Ihnen nur, wie man das Seitenverhältnis bei Bedarf anpassen kann. Dazu haben Sie, wie schon erwähnt, verschiedene Möglichkeiten. Sehen wir uns dazu zunächst ein Foto an, dass im Seitenverhältnis 4:3 vorliegt. Das Problem mit den Hochkantfotos gibt es ja mittlerweile auch sehr häufig bei Handy-Videos. Weil man das Telefon so gut festhalten kann, gibt es echt viele Schmalspurfilme ☺. Zu dem

Thema sollten Sie sich unbedingt das Kapitel *Ein schwarzer Rand ist nicht gut* durchlesen.

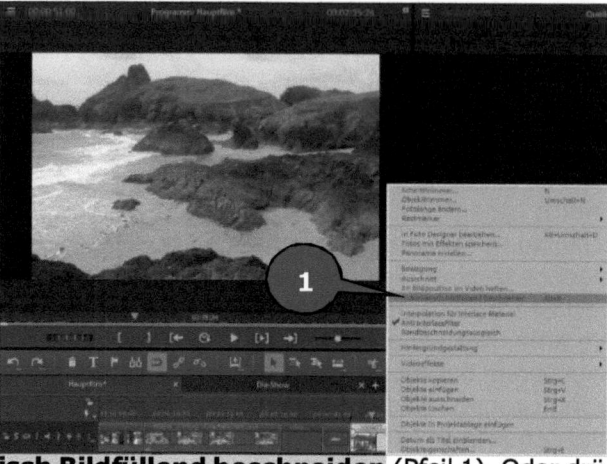

Ich habe In der Timeline den Abspielmarker in ein Foto gesetzt, dass einen Strand zeigt. Außerdem habe ich das Foto in der Spur 1 durch Mausklick markiert. Wie Sie im Vorschaumonitor sehen können, gibt es links und rechts schwarze Balken. Machen Sie nun auf dem Foto in der Spur 1 einen kurzen Rechtsklick mit der Maus und klicken Sie einmal auf den Befehl **Automatisch Bildfüllend beschneiden** (Pfeil 1). Oder drücken Sie statt der rechten Maustaste gleich die Tastenkombination **Alt + b**.

Sofort wird das Foto auf 16:9 aufgezogen. Das ging schön schnell, hat aber u.U. einen gravierenden Nachteil. Wenn Sie sich das Bild genau ansehen, fällt Ihnen sicher auf, dass am oberen Bildrand eine Felsspitze abgeschnitten ist. Ich weiß ja nicht wie es Ihnen geht aber mich würde das stören. Für dieses Foto käme diese Methode daher nicht in Frage. Trotzdem ist es aber so, dass ich die Methode sehr häufig benutze, da das Ergebnis bei vielen Fotos gut ist und es wie Sie gesehen haben wirklich schnell geht. Machen Sie den zuletzt ausgeführten Befehl wieder rückgängig, in dem Sie links in der Werkzeugleiste auf den **Rückgängig**-Pfeil klicken (Pfeil 2) oder die Tastenkombination **Strg + z** drücken. Sie sehen jetzt das Foto wieder in 4:3.

Wenden wir in diesem Fall eine andere Methode an. Ganz ohne Beschneidung des Fotos kann es nicht gehen. Soviel ist schon mal klar. Aber wenn schon beschneiden, möchte ich bestimmen wo. Dabei kann uns ein Effekt helfen, den Sie schon an einer früheren Stelle dieses Buches kennen gelernt haben.

Der Abspielmarker steht noch in dem Strandbild und das Foto ist noch markiert? Klicken Sie nun auf die Registerkarte **Effekte** (Pfeil 1) und dann auf **Ansicht/Animation/Position/Größe** (Pfeile 2 & 3).

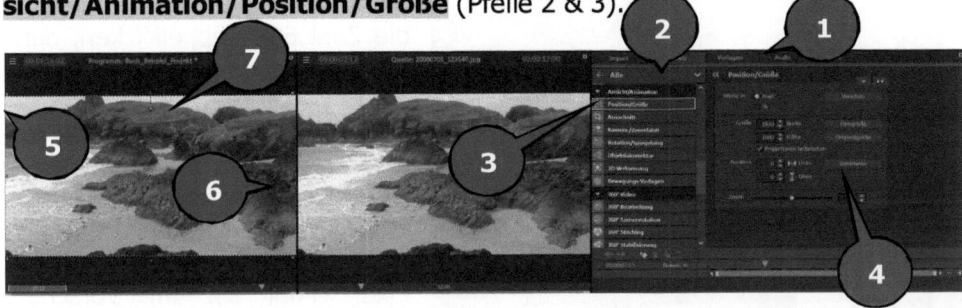

Sie sehen nun den Einstellbereich des Effektes (Pfeil 4) und rund um das Foto sind im Vorschaumonitor Anfassermarken erschienen (Pfeile 5 - 7). Über die Anfassermarken sollte man etwas wissen. Die Eckanfasser, wie mit Pfeil 5 markiert, dienen normalerweise dazu, das Bild proportional zu vergrößern oder zu verkleinern. Abhängig davon, ob Sie den Anfasser nach außen ziehen oder nach innen schieben. Proportional bedeutet, dass das Verhältnis zwischen Höhe und Breite erhalten bleibt. Die Mittenanfasser, wie mit Pfeil 6 markiert, stauchen ein Foto. Die Proportionen, also das Verhältnis zwischen Höhe und Breite, werden verändert. Das ist hier zunächst mal anders. Im Effektfenster ist nämlich das Häkchen bei **Proportionen beibehalten** (Pfeil 2, folgende Seite) gesetzt. Das hat zur Folge, dass auch mit den Mittenanfassern das Bild proportional größer oder kleiner wird. Und dann gibt es da noch den Drehanfasser, der mit Pfeil 7 markiert ist. Er ragt in das Foto hinein und dient dazu, dieses in der Gesamtheit zu drehen. Mit den Anfassermarken ist das so eine Sache. Bei kleinen Änderungen der Größe kann man damit schnell und präzise arbeiten. Wenn man aber ein Hochkantbild auf die volle Bildschirmgröße aufziehen will, kann das etwas hakelig werden. Irgendwann kann man die Eckanfasser nämlich nicht mehr sehen. Da ist dann das Einstellfenster (Pfeil 4) die bessere Wahl. Da kann ich alle Einstellungen pixelgenau vornehmen und auch pixelgenau verschieben. Machen wir das mal für unser Strandbild. Wir erinnern uns daran, dass wir unseren Film auf 720x576 Pixel eingestellt haben. Das Foto wird hier mit einer Größe von 608x576 Pixel (Pfeil 1, folgende Seite) angezeigt.

Wir müssen also die Breite anpassen. Um dabei nicht auch die Proportionen zu verändern, achten Sie darauf, dass das Häkchen bei **Proportionen beibehalten** gesetzt ist (Pfeil 2). Ändern Sie nun die Breite auf 720 Pixel, indem Sie die Zahl 608 doppelklicken, dann die 720 tippen und anschließend die **Enter**-Taste drücken.

Oder benutzen Sie die **Pfeile** hinter der *608* um die Zahl schrittweise rauf oder runter zu setzen. Wie Sie erkennen können, ändert sich die Höhe automatisch auf 682 Pixel (Pfeil 3). Im Vorschaumonitor können Sie erkennen, das auch jetzt der Felsen am oberen Bildrand abgeschnitten wird. Da das Foto aber durch unsere Größenänderung mit

nun 682 Pixel viel höher ist als wir das mit unseren 576 Pixel brauchen, müssen wir das Foto nur etwas nach unten bewegen. An der Zahl -53 beim Bereich **Oben** (Pfeil 4) können wir sehen, dass das Foto nach oben 53 Pixel über den Bildrand ragt. Also genug Spielraum da ist um das Foto etwas nach unten zu bewegen. Klicken Sie nun auf den **Nachoben**-Pfeil bei der Einstellung **Oben**, bis der Felsen wieder vollständig im Bild ist. Warum auf den Pfeil nachoben, obwohl das Foto doch runter soll? Sie müssen hier mathematisch denken. Die 53 hat ein negatives

Vorzeichen. Bei einer Einstellung von -10 hat es mir persönlich gefallen. Und das müssen Sie dann bei allen Fotos machen, die genau in das Seitenverhältnis 16:9 passen sollen. In unserm Beispiel ist aber etwas passiert, was wir eigentlich nicht wollen. Das Foto wurde nämlich beim Vergrößern zusätzlich um 56 Pixel nach rechts aus dem Bild geschoben (Pfeil 4, vorherige Seite). Es hat quasi die Position seines linken Randes behalten. Das lässt sich aber sehr schnell beheben, ohne zu rechnen ☺. Da das Foto genau die richtige Breite hat, müssen wir die **Position Links** (Pfeil 4, vorherige Seite) einfach auf 0 stellen.

Fotos löschen

Wenn Sie ein Foto aus einem Ihrer Filme oder aus einer Dia-Show löschen möchten, müssen Sie es nur durch einfachen Mausklick markieren und können es dann durch Drücken der **Entf**-Taste (Del) aus Ihrem Film entfernen. Vergessen Sie nicht die so entstandene Lücke zu schließen! Wenn links oder rechts an die Lücke ein Foto angrenzt, können Sie einfach die Standzeit des entsprechenden Fotos durch ziehen des kleinen Dreiecks am Objekt verlängern. Sind dort aber Video-Szenen oder Sie möchten das vielleicht auch nicht, müssen Sie die Lücke von rechts nach links schließen. Dazu lesen Sie sich bitte das Kapitel *Szenen verschieben* genau durch!

Wir machen den „Dia-Show"-Film

Der Dia-Show-Film soll im Wesentlichen aus Fotos bestehen. Der Film bekommt einen Titel, eine Texteinblendung für die Ortsnamen und später noch eine nette Hintergrundmusik. Natürlich werden alle Fotos mit tollen Überblendeffekten versehen. Diesmal wollen wir uns dabei aber etwas weniger Arbeit machen. Naja. Eigentlich sehr viel weniger Arbeit. Wir werden dafür nämlich einen Assistenten benutzen. Oder besser sogar zwei Assistenten. Dazu müssen wir zunächst einmal in den „richtigen" Film wechseln. Klicken Sie dazu auf die Registerkarte **Dia-Show** (Pfeil 1).

Schon sind Sie in dem, jetzt noch leeren, Film **Dia-Show**. In wenigen Schritten machen Sie Ihre **Dia-Show** fertig. OK. Der Sound kommt später ☺. Um die Fotos an ihren Platz in der Dia-Show zu bekommen, benötigen Sie nur Fähigkeiten, die Sie bereits aus dem Buch kennen.

Gehen Sie folgendermaßen vor:

1. Importieren Sie alle Fotos in der gewünschten Reihenfolge.
2. Fügen Sie einen Titel vor den Fotos ein.
3. Fügen Sie einen Titel als Abspann nach dem letzten Foto ein.

So etwa wie im obigen Bild sollte das dann aussehen. Ein Titel als Vorspann. Gefolgt von 23 Fotos zu je, hoppla, wieviel Sekunden? Und dann ein Titel als Abspann. Da haben wir doch glatt vergessen vorher die Standzeit zu ändern. Alles halb so wild. Das ändern wir gleich. Noch ist unsere Dia-Show aber auch etwas langweilig. Und da kommt dann der erste Assistent zum Einsatz. Er nennt sich Fotoshow Maker.

Der Fotoshow Maker

Der Fotoshow Maker kann entweder über den Menübefehl **Bearbeiten** (Pfeil 1), **Assistenten** (Pfeil 2) und dann **Fotoshow Maker** (Pfeil 3) oder einfach über die Tastenkombination **Strg + m** aufgerufen werden.

Anmerkung:

Mit dem Fotoshow Maker kann man ansehnliche Dia-Shows in kurzer Zeit generieren. Einer meiner Kunden wollte mal von mir eine Dia-Show erstellt haben. In der Dia-Show sollten Fotos vom Pferd seiner Tochter verarbeitet werden. Das Ganze sollte schnell aber vor allem so preiswert wie möglich realisiert werden. Und da zitiere ich jetzt mal den Kunden: "Meine Tochter will eine Dia-Show von ihrem Zossen. Das darf nicht viel kosten, weil ich den Klepper nicht leiden kann."

Der Fotoshow Maker hat noch eine Besonderheit, die man kennen sollte. Wenn Sie Fotos und Videos mischen, bekommen auch die Übergänge zu den Videos Überblendungen und Effekte werden ebenfalls angewendet. Das kann mitunter störend sein. Aber Sie haben ja schon gelernt, wie man Videoeffekte zurücksetzen kann. Wenn Sie bevor Sie den Fotoshow Maker benutzen bereits Blenden in Ihrem Film verwendet haben, werden diese vom Fotoshow Maker gelöscht. Man kann also keine Teile damit bearbeiten, sondern nur ganze Filme. Wenn Sie also eine kleine Dia-Show, erstellt mit dem Fotoshow Maker, in einem anderen Film verwenden wollen, sollten Sie die Dia-Show in einem anderen Film erstellen und dann in den gewünschten Film hinein kopieren. Dann bleiben dort alle Effekte und Blenden erhalten.

Damit öffnet sich dieses Fenster. Hier können wir sehr schnell verschiedene Einstellungen für unsere Dia-Show wählen. Arbeiten wir uns von oben nach unten durch. Bei den Stilvorlagen habe ich mich für **Chillout mit Collagen** entschieden. Klicken Sie auf den weißen Pfeil, um auszuwählen (Pfeil 1). Klicken Sie als nächstes auf die Schaltfläche **Blenden** (Pfeil 2).

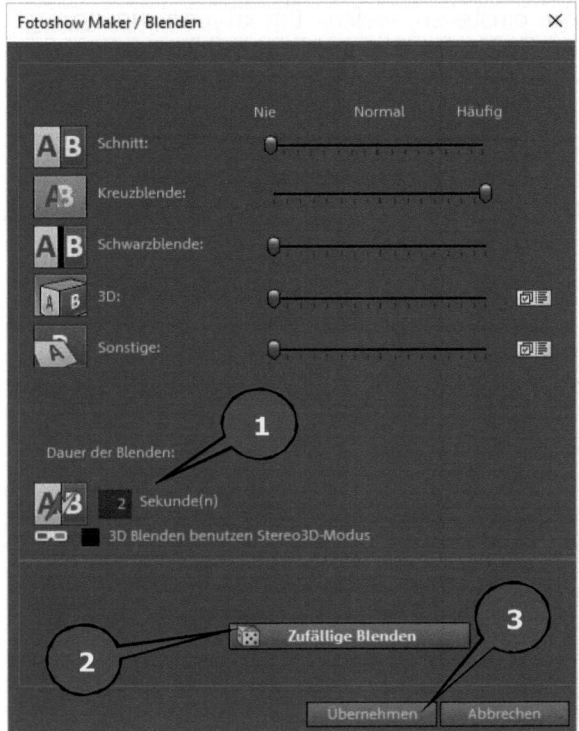

Hier können Sie einstellen, welche Blendentypen Sie wie oft sehen wollen. Dazu können Sie die Schieberegler bei den 5 Blendentypen mit gedrückter linker Maustaste hin und her bewegen. Wie Sie sehen können, habe ich die Blendentypen *Schnitt*, *Kreuzblende* und *Schwarzblende* auf **Nie** gestellt und *3D* und *Sonstige* auf die Mitte. Die Dauer der Blenden habe ich auf **2 Sekunden** eingestellt (Pfeil 1). Sollte mir die Zeit hinterher nicht gefallen, kann ich die Blendenzeiten in der Timeline immer noch von Hand verändern. Wem das alles zu viel ist, der kann natürlich auch einfach auf die Schaltfläche **Zufällige Blenden** (Pfeil 2) klicken. Dann macht der Fotoshow Maker

was er will ☺. Wenn Sie Ihre Einstellungen fertig haben, klicken Sie auf die Schaltfläche **Übernehmen** (Pfeil 3).

Klicken Sie nun auf die Schaltfläche **Effekte** (Pfeil 3, vorherige Seite).

In dem Effekte-Fenster können Sie einstellen, welche Effekttypen wie stark gewichtet werden sollen. Dazu können Sie auch hier die Schieberegler mit gedrückter linker Maustaste hin und her bewegen, oder alternativ auf die Schaltfläche **Zufällige Effekte** (Pfeil 1) klicken. Wenn Sie keine Effekte wünschen, schieben Sie einfach alle Regler ganz nach links und entfernen durch einfachen Mausklick die Häkchen bei **Panoramen** und **Hochkantfotots**. Haben Sie Ihre Einstellungen vorge-nommen, klicken Sie auf die Schaltfläche **Übernehmen** (Pfeil 2).

Klicken Sie nun auf die Schaltfäche **Eigenschaften und Titel** (Pfeil 4, zwei Seiten vorher).

Hier können Sie die Standzeit pro Bild einstellen. Ändern Sie mit den Pfeiltasten die Länge auf 12 Sekunden (Pfeil 1). Dazu müssen Sie allerdings zunächst einmal die Funktion Musiklänge an den Film anpassen (Pfeil 2) aktivieren.

Vor- und Abspann haben wir vorher schon erstellt, daher können wir uns das Erstellen in diesem Fenster sparen. Da hatten wir auch wesentlich mehr Möglichkeiten als in diesem Fenster.

Klicken Sie nun auf die Schaltfläche **Übernehmen** (Pfeil 3).

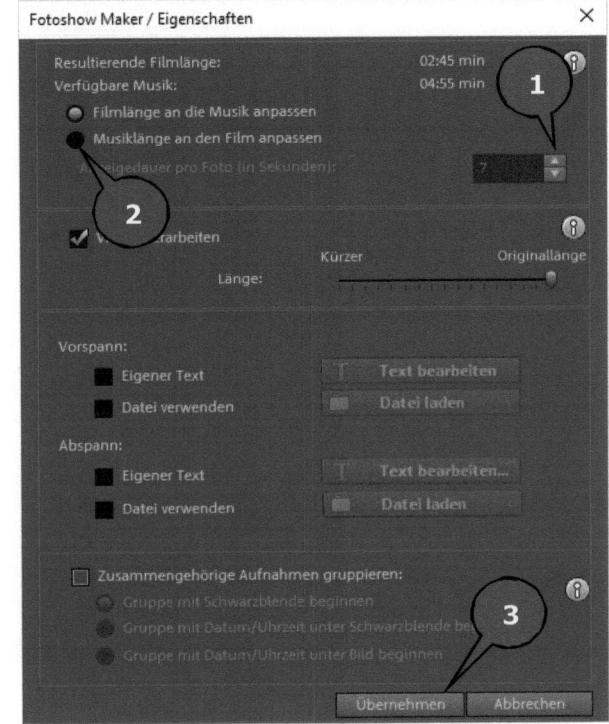

Klicken Sie nun auf die Schaltfläche **Hintergrundmusik** (Pfeil 5, 3 Seiten vorher).

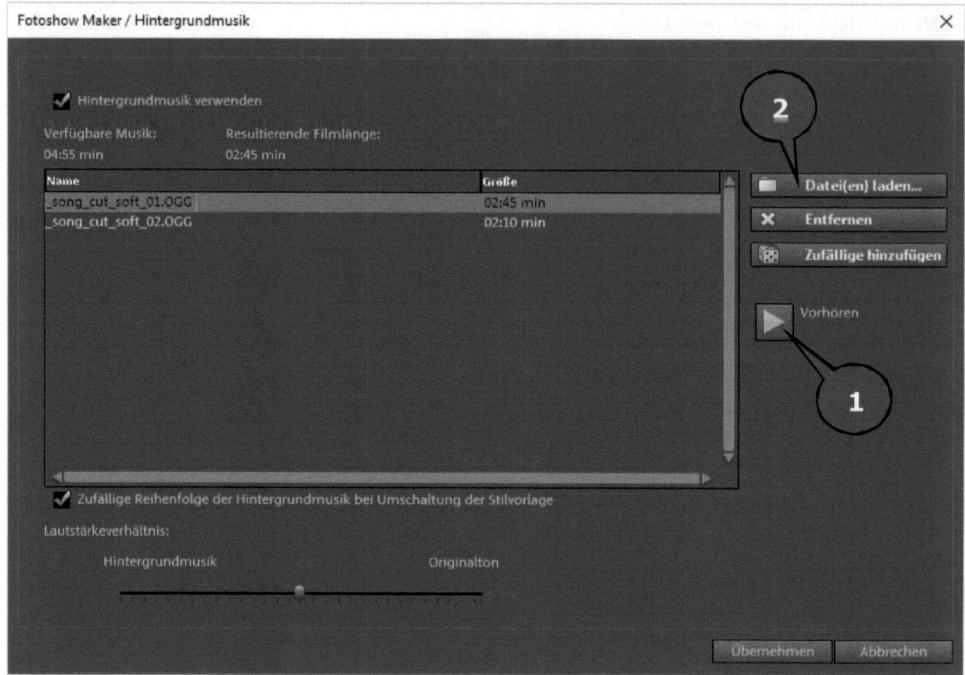

Das sieht ja auf den ersten Blick mager aus ☺. Möchten Sie eines der Musikstücke vorhören, klicken Sie es einmal an, um es zu markieren und klicken Sie anschließend auf die Schaltfläche **Vorhören** (Pfeil 1). Wenn Ihnen die 5 hier angebotenen Sounds nicht zusagen, dann klicken Sie doch mal auf die Schaltfläche **Datei(en) laden ...** (Pfeil 2).

Na, wenn das keine Auswahl ist. In jedem dieser Ordner finden Sie mehrere Musikstücke, die Sie in Ihrer Dia-Show verwenden können.

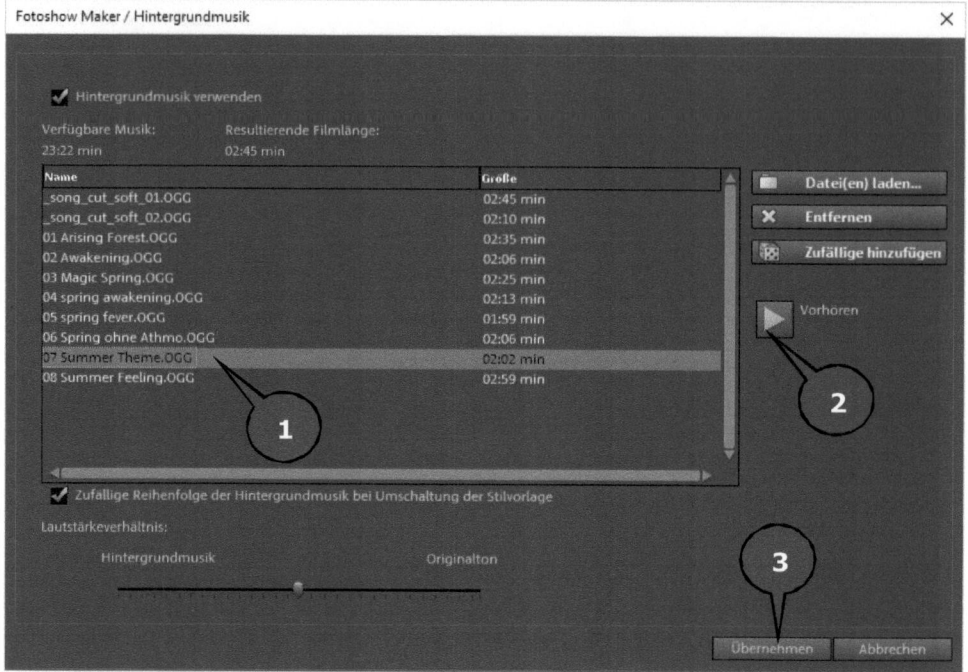

Ich habe mich für das Stück **Summer Theme** (Pfeil 1) aus dem Ordner **Nature Spring Summer** (Pfeil 3, vorherige Seite) entschieden. Wenn Sie ein Stück **Vorhören**, können Sie es mit der **Stopp**-Taste (Pfeil 2) wieder anhalten. Klicken Sie nun auf die Schaltfläche **Übernehmen** (Pfeil 3).

Hoppla, was ist denn aus meiner Stilvorlage *Chillout mit Collagen* geworden? Mit der Änderung an den Blendeneinstellungen wurde der Eintrag dort auf **Benutzerdefiniert** geändert (Pfeil 1). Jetzt fragen Sie sich vielleicht, warum ich Sie trotzdem diese Einstellung habe vornehmen lassen? Ganz einfach. Durch diese Voreinstellung waren z.B. Blenden und Effekte schon anders voreingestellt als vorher. Man kann da also ein paar Sekunden schinden und muss sich weniger Gedanken machen, welche Blendentypen man denn wie häufig sehen will. Jetzt sind Sie fast am Ziel. Klicken Sie nun auf die Schaltfläche **Film erstellen (Vorschau)** (Pfeil 2). Ist die Filmberechnung fertig, können Sie sich die Vorschau ansehen und anhören, in dem Sie auf die **Wiedergabetaste** klicken (Pfeil 3). Gefällt Ihnen, was Sie sehen und hören, klicken Sie auf die Schaltfläche **Übernehmen** (Pfeil 4). Gefällt es Ihnen nicht, klicken Sie wieder auf die Schaltflächen *Blenden, Effekte, Eigenschaften & Titel* sowie *Hintergrundmusik* um Einstellungen zu verändern. Haben Sie noch etwas verändert, müssen Sie auch wieder auf die Schaltfläche *Film erstellen (Vorschau)* klicken.

Sie haben auf **Übernehmen** geklickt?

Das könnte jetzt etwa so oder so ähnlich aussehen.

Viel Spaß beim Ausprobieren.

Der Soundtrack Maker

Wie Sie im oberen Bild sehen, ist unser ausgewähltes Musikstück in Spur 5. Jetzt nehmen wir mal an, wir hätten vorher kein passendes fertiges Musikstück gefunden oder das hier gefällt uns jetzt doch nicht. Wir haben jetzt mehrere Möglichkeiten.

Möglichkeit 1: Markieren Sie das Musikstück in Spur 5 durch einfachen Mausklick und drücken Sie die **Entf**-Taste Ihrer Tastatur (Manchmal auch **DEL**) um das Musikstück zu löschen. Sollte das Musikstück mit einem anderen Objekt gruppiert sein, müssen Sie vorher die Gruppierung lösen (zerbrochene Kette).

Oder wir machen es noch anders.

Möglichkeit 2: Wir lassen das Musikstück wo es ist und schalten die Spur 5 einfach stumm. Dazu klicken Sie im Spurkopf von Spur 5 einmal auf das **Lautsprechersymbol** (Pfeil 1). Damit ist der Ton in Spur 5 ausgeschaltet. So können wir die Spur natürlich auch jederzeit wieder einschalten, falls wir uns doch wieder für dieses Musikstück entscheiden.

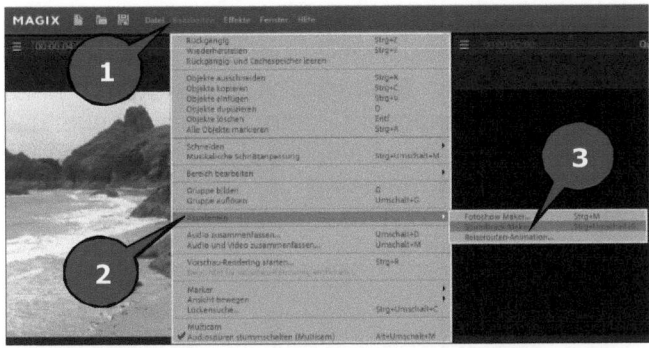

Klicken Sie nun auf **Be-arbeiten/Assisten-ten/Soundtrack Ma-ker** (Pfeile 1-3). Folgen-des Fenster öffnet sich. Oder drücken Sie die Tastenkombination **Strg-Umschalt-s**.

Hier kann ich einen **Musikstil** auswählen (Pfeil 4), mich für eine **Stimmung** entscheiden (Pfeil 5) und gegebenenfalls auch **Stimmungswechsel** erzeugen (Pfeil 6). Da ich vorher keinen Bereich über der Timeline festgelegt habe, wird der Soundtrackmaker eine Musik über die Gesamtlänge meiner Dia-Show erzeugen. Sollte ich einen Bereich festgelegt haben, kann ich hier auch anklicken, dass der Soundtrack auch nur in diesem Bereich erzeugt wird (Pfeil 7). Ist der Bereich zu lang oder zu kurz, wird Magix Video Pro X eine Warnung anzeigen. Dann müssen Sie selbst entscheiden, was Sie tun wollen. Um den Sound vorzuhören, klicken Sie auf **Vorhören** (Pfeil 8, vorherige Seite). Ich habe mich für Temperamentvoll (Brazil) und Easy entschieden. Um den Soundtrack zu erzeugen, klicken Sie auf die Schaltfläche **Soundtrack erzeugen** (Pfeil 9, vorherige Seite). Das Erzeugen des Soundtracks kann je nach Länge und Rechenleistung eine Weile dauern. Also nicht ungeduldig werden ☺. Wenn Sie das Häkchen bei **Automatische Schnittanpassung** gesetzt haben (Pfeil 10, vorherige Seite), werden bei Bedarf die Schnitte automatisch an die Musik angepasst, also u. U. geringfügig verschoben.

In unserer Diashow ist das neue Musikstück jetzt in Spur 5 zu sehen. Und das deshalb, weil der Soundtrack Maker grundsätzlich die Musik in Spur 5 ablegen will. Befindet sich zu diesem Zeitpunkt bereits eine Audiodatei in Spur 5, werden Sie gefragt, ob diese zunächst gelöscht werden soll. Die Emotionswechsel in dem Soundtrack (Pfeil 1) kann ich mit gedrückter linker Maustaste verschieben, wenn mir das nicht gefällt. Sie können sich Ihren Film jetzt ansehen und anhören, obwohl das Fenster des Soundtrack Makers noch geöffnet ist. Das hat den Vorteil, dass Sie noch Änderungen vornehmen können, bevor Sie sich entschließen, den neuen Soundtrack durch einen Klick auf die Schaltfläche **Übernehmen** (Pfeil 11, vorherige Seite) endgültig in Ihren Film zu übernehmen.

Wir machen mehr Szenen in unseren Film

Ich muss gestehen, dass es mir schwer gefallen ist, Ihnen ausschließlich Video-Szenen zum Download bereit zu stellen, die immer irgendwo verwackelt und unscharf sind und deren Originalton oft unbrauchbar ist. Aber Sie sollen ja die Möglichkeit haben, dass in diesem Buch gelernte, zu trainieren, um die nötige Sicherheit zu bekommen, ehe Sie sich an den eigenen Filmen versuchen. Wie Sie im Downloadbereich sehen, habe ich Ihnen eine ganze Menge kurzer Szenen, die thematisch sortiert sind, bereitgestellt. Es steht Ihnen frei, wie viele Sie davon verwenden möchten. Natürlich können Sie auch eigenes Filmmaterial verwenden. Macht bestimmt auch mehr Spaß. Aber für den Moment tun wir mal alle so, als würden wir nur meine Szenen verwenden. Dabei werden wir den Arbeitsfluss oder auf neudeutsch den Workflow etwas optimieren.

Wie Sie oben sehen, habe ich eine Menge Szenen eingefügt. Diesmal habe ich die Szenen aber nicht mit gedrückter linker Maustaste in die Timeline gezogen, sondern ich habe eine andere Methode angewandt, die immer dann sehr rationell ist, wenn ich weiß, welches Szenen hintereinander liegen sollen. Wechseln Sie zunächst in unseren *Hauptfilm* (Pfeil 1). Setzen Sie nun den **Abspielmarker** an das Ende des bisherigen Films (Pfeil 2). Klicken Sie auf die Registerkarte **Import** und gehen Sie dort in das Verzeichnis (Pfeil 3), in dem sich Ihre gewünschten Szenen befinden.

Wenn Sie dort auf eine der Szenen zeigen, erscheint direkt daneben eine kleine

Werkzeugleiste (Pfeil 1). Klicken Sie in dieser kleinen Werkzeugleiste einmal auf dieses **Symbol** (rechts). Sofort wird diese Szene ab dem Abspielmarker in die Timeline eingefügt. Gehen Sie nun zur nächsten Szene und klicken Sie dort einmal auf das Symbol. Diese Szene wird dann nahtlos an die gerade eingefügte Szene angelegt. Usw. usw. Auf diese Art und Weise kann man sehr schnell
hintereinander Szenen einbauen. Damit sind die Szenen natürlich noch nicht zugeschnitten. Das ist jetzt Ihre Aufgabe.

Fangen Sie links, also an der ersten Szene, die Sie gerade eingefügt haben, an. Sehen Sie sich Szene für Szene an. Schneiden Sie immer direkt alles raus, was Ihnen nicht gefällt. Dabei entstehen natürlich Lücken in Ihrem Film. Ignorieren Sie diese zunächst einmal. Ich bewege dazu den Abspielmarker durch die Szene und lege ihn immer da ab, wo mir eine Szene nicht gefällt und mache dort einen Schnitt. Die unschönen Szenen entferne ich sofort. Das ist natürlich nur ein Grobschnitt. Denn üblicherweise arbeitet sowas in einer sehr groben Auflösung der Timeline ab. Für viele Szenen reicht dieser Grobschnitt aber auch schon aus, wenn das „gute" Material lang genug ist. Einen Feinschnitt, also auf den Frame genau zu schneiden, mache ich meistens erst mit der Nachvertonung. Schnitte und Blenden sehen passend zur Musik einfach besser aus ☺. Wenn Sie mit dem Grobschnitt fertig sind, wird Ihre Timeline wahrscheinlich ähnlich löchrig aussehen wie hier.

Die Lücken lassen sich jetzt sehr schnell schließen. Achten Sie darauf, dass das **Magnet-Symbol** aktiviert ist (Pfeil 1). Dann werden Szenen direkt aneinander einrasten, ohne dass die Gefahr von ungewollten Lücken oder ungewollten Kreuzblenden entsteht. Ebenso sollten Sie darauf achten, dass Sie die Lücken alle gut erkennen können und diese nicht so klein sind, dass man sie vielleicht übersehen könnte. Jetzt sind zwei mögliche Szenarien denkbar.

1. Zum einen können alle Szenen in die Timeline passen und auch die Lücken gut erkennbar sein. Etwa so, wie im oberen Beispielbild. Dann könnten Sie von der ersten Szene hinter der ersten Lücke beginnend (Pfeil 2), die Lücken schließen, in dem Sie eine Szene nach der anderen nach links schieben.
2. Wenn Sie aber sehr viele Szenen grobgeschnitten haben, kann es sein, dass viele Szenen rechts in der Timeline nicht mehr zu sehen sind. Sie müssen also nach rechts scrollen um an diese Szenen heran zu kommen. Das ist manchmal unvermeidbar und nicht weiter schlimm. Man kann aber auch da eine Menge Zeit sparen. Wenn Sie nämlich einfach nur Lücke für Lücke schließen, bleiben ja die Szenen die sich weiter rechts auf der Timeline befinden an ihrem Platz. Das würde bedeuten, dass die Lücke immer größer wird, je mehr Szenen Sie nach links verschoben haben. Das wiederum bedeutet, dass sie immer längere Scrollwege machen müssen um die nächste Szene nach links zu holen um eine Lücke zu schließen. Um das deutlich zu reduzieren, sollten Sie einmal auf die Taste **7** drücken. Diese Taste sorgt dafür dass, wenn Sie ein Objekt bewegen, alle Objekte die sich rechts davon in der Timeline befinden mit bewegt werden. Damit spart man sich lange Wege in der Timeline. Außerdem werden Szenen, zwischen denen keine Lücken sind, in einem Block bewegt. Vergessen Sie nicht: Der Abspann ist jetzt ziemlich weit vorne und muss noch nach hinten ☺.

Überflüssige Szenen schnell löschen

Stellen Sie sich vor, Sie hätten bei irgendeiner Festivität die Kamera einfach mal eine Stunde ununterbrochen aufnehmen lassen. Gut, so lang ist unser Beispiel nicht ☺. Vor allem bei solch längeren Szenen bewährt sich eine Funktion von Magix Video Pro X, wenn Sie Bereiche aus dieser Szene schnell entfernen möchten. Das Programm verfügt nämlich über eine Szenenerkennung. Jedes Mal, wenn sich in der Szene etwas ändert, schneidet Magix Video Pro X an dieser Stelle. So können Sie schnell den überflüssigen Kram aus Ihrer Szene entfernen. Und so geht's:

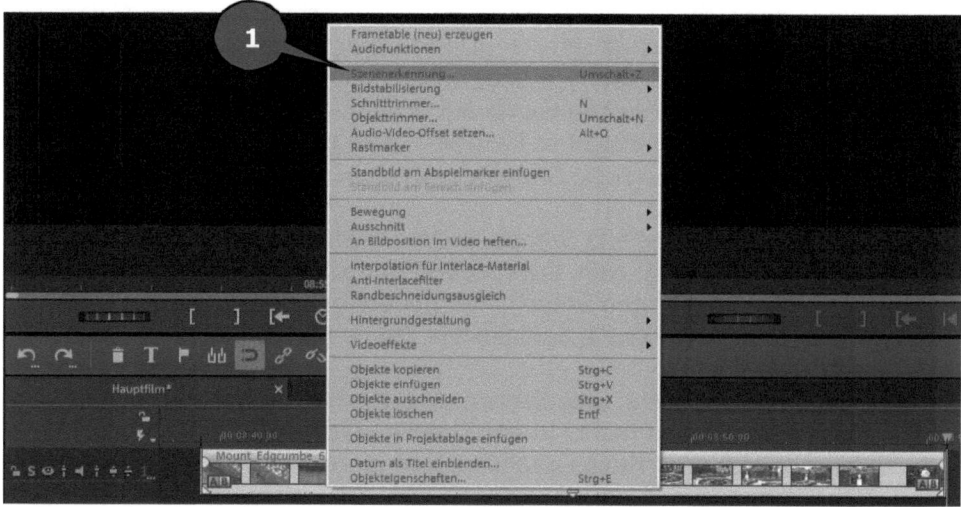

In der Timeline ist die Szene markiert (**_Mount_Edgcumbe_6.mp4_**), die ich gerne automatisch geschnitten hätte. Machen Sie einen Rechtsklick mit der Maus, während sich der Mauszeiger auf der markierten Szene befindet. Wählen Sie aus dem sich öffnenden Kontextmenü den Befehl **Szenenerkennung** (Pfeil 1).

Das folgende Fenster öffnet sich. Klicken Sie auf die Schaltfläche **Start** (Pfeil 1, folgende Seite). Im Bereich **Szenenkontrolle** (Pfeil 2, folgende Seite) zeigt Ihnen das Programm alle gefunden Szenenwechsel an. Diese können Sie auch durch Mausklick anwählen, um Sie in der Vorschau sehen zu können. Ist Ihnen das Ergebnis nicht gut genug, können Sie auch den **Empfindlichkeit**-Regler (Pfeil 3) verschieben. Ob das Ergebnis besser oder schlechter wird, kann ich leider auch nicht vorhersagen. Probieren Sie es einfach aus. In unserem Beispiel sehen

Sie, dass die Szenenerkennung zwei Szenen erkannt hat. Achten Sie darauf, dass das Häkchen bei **An allen Markern schneiden** aktiviert ist (Pfeil 4). Klicken Sie jetzt auf die Schaltfläche **OK** (Pfeil 5).

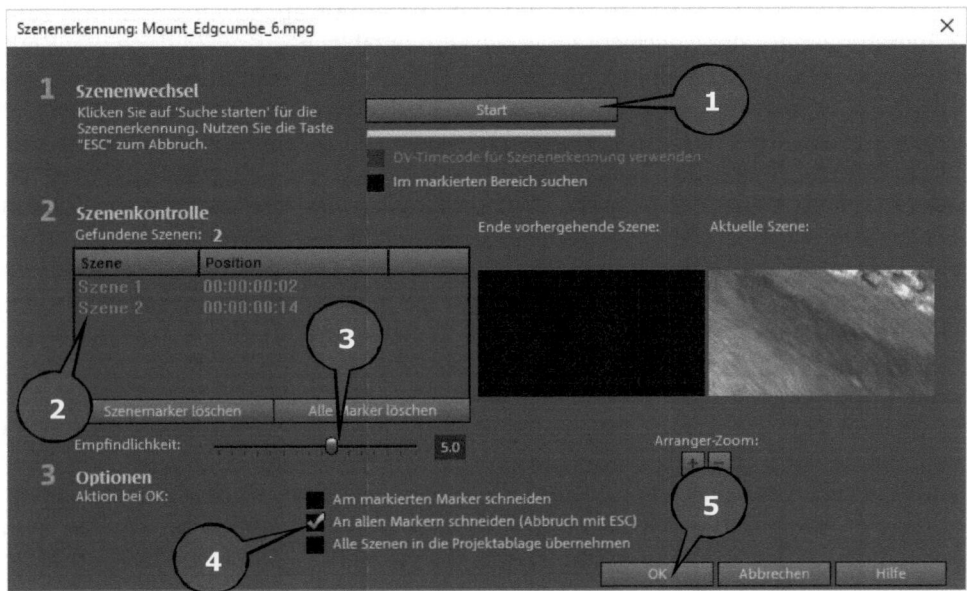

Schon sehen Sie das Ergebnis in der Timeline. Die Szene wurde in drei Teile geschnitten. So kann ich den unerwünschten Teil markieren und löschen. Schneller und leichter geht's kaum noch.

Diese Funktion ist auch sehr nützlich, wenn Sie z.B. von einem Band digitalisiert haben. Dann liegt der Film ja auch in nur einer Datei vor. Mit der Szenenerkennung können Sie ihn dann leicht schneiden.

Nachvertonung

Jeder der schon einmal im Kino war weiß, dass man mit Geräuschen und Musik einen Spannungsbogen erzeugen kann, wie es selbst Bilder oft nicht können. Geräusche und/oder Musik sollten deshalb immer gut ausgewählt sein und zum Filmmaterial oder der Geschichte, die ein Film erzählt, passen. Für mich war Walt Disney in diesem Fach einfach der Beste. Sehen und hören Sie sich mal *Bambi* an. Dann wissen Sie, was ich meine. Die Lieder waren schon fertig. Aber die ganze Dramaturgie der Musik wurde erst nach Fertigstellung des Films komponiert. Manche Szene aus Bambi braucht nur drei Noten um den Zuschauer zu fesseln. Musik muss nicht immer überschwänglich und orchestral sein. Denken Sie nur mal die bedrohlichen Szenen aus dem Film *Der Weiße Hai*. Nun werden die Wenigsten von uns geniale Komponisten sein. Ich persönlich verstehe im Grunde gar nichts von Musik. Aber ich kann beurteilen, ob mir etwas gefällt oder nicht und ob etwas stimmig ist oder nicht. Da ich keine Ahnung von Musik habe, nehme ich mir immer viel Zeit zur Auswahl der passenden Musik für eine Szene oder einen Film.

In meinen eigenen Videos ist der Originalton meist ziemlich unbrauchbar. Das liegt daran, dass ich ein Spontanfilmer bin und nicht, wie bei der klassischen Film- und Fernsehproduktion, alles bis ins kleinste durchorganisiert ist. Bei mir plappert halt auch mal einer dazwischen oder es sind plötzlich Geräusche da, die man lieber nicht in seinem Film gehabt hätte. Es ist nichts vorbereitet und ich filme einfach, was mir in dem Moment interessant erscheint.

Lizenzfragen (Rechtliches)

Bevor wir damit beginnen Musik, Geräusche und Kommentare in unserem Film zu platzieren, möchte ich Sie an dieser Stelle auf Lizenzfragen hinsichtlich der Verwendung von Musik in Ihren eigenen Filmproduktionen hinweisen. In den meisten Fällen ist es nicht gestattet, ohne Genehmigung der Rechteinhaber, Musik von einer Audio-CD oder aus einem Film zu extrahieren und in irgendeiner anderen Form weiter zu verarbeiten. Wenn Sie auf solche Musik zurückgreifen wollen und evtl. auch eine öffentliche Vorführung planen, müssen Sie Kontakt zum jeweiligen Plattenverlag oder dem Komponisten und der GEMA aufnehmen und einen Lizenzvertrag aushandeln. Das wird auf jeden Fall Geld kosten. Das ist ein langer, steiniger und wahrscheinlich auch für das Privatbudget viel zu teurer Weg. Deshalb rate ich Ihnen da zu einer anderen Lösung. Das Internet ist voll von Seiten, auf denen Sie Musik und Geräusche GEMA- und Lizenzkostenfrei herunterladen oder für kleines Geld kaufen können. Die teuersten Songs, die ich je gekauft habe, lagen bei US$ 30,-- und waren nicht nur wirklich professionell gemacht, sondern durften dann auch kommerziell und nicht kommerziell eingesetzt werden. Wenn Sie GEMA- und lizenzfreie Musik für private, also nicht kommerzielle Zwecke suchen, kann ich Ihnen auch die Soundpool-DVDs von Magix ans Herz legen. Nein, für diesen Ausflug in die Werbung werde ich nicht gesponsert ☺. Ich habe auch einige dieser Soundpool DVDs gekauft und bin davon ziemlich angetan. Da ist für jeden Zweck und Geschmack was dabei. In einige dieser Tonträger können Sie auf *www.magix.de* übrigens rein hören. Wenn Sie Musik benötigen, die Sie auch kommerziell nutzen wollen, kann ich Ihnen aber nur raten entweder Lizenzen zu erwerben oder selber zu komponieren. Sollte man Sie bei der nicht lizenzierten Verwendung von Musik erwischen, kann ich Ihnen versprechen, dass das sehr, sehr teuer für Sie wird. Gönnen Sie den Musikern ihre Tantiemen. Oder würde es Ihnen gefallen, wenn jemand Ihre selbstgemachte DVD verkauft, ohne Ihnen etwas dafür abzugeben? Kommen wir zum selber komponieren. Wenn Sie, genau wie ich, nicht einmal Noten lesen können und auch keine Instrument spielen können (außer Maultrommel ☺), kann ich Ihnen das Programm Music Maker von Magix empfehlen. Seufz. Schon wieder Werbung! Ich arrangiere damit meine gesamte Musik für meine eigenen DVDs. Das geht schnell und komfortabel und was am Wichtigsten ist: Man benötigt keinerlei Musikkenntnisse. Wenn Sie mit dem Magix Music Maker Musik erstellen, dann haben Sie auch die Rechte daran. Sie benutzen das Programm sozusagen als Musikinstrument. Wenn Sie jedoch vorhaben, mit dem Music Maker erstellte Songs kommerziell zu nutzen, müssen Sie u.U. Lizenzgebühren für jeden verwendeten Loop an Magix entrichten. Wie hoch diese Gebühren sind, müssen Sie dann bei Magix in Erfahrung bringen. Noch ein kleiner Tipp dazu: Ich exportiere meine Filme ins AVI-Format um Sie dann im Magix Music Maker zu importieren. So kann ich jedes Instrument genau auf die Szenen abstimmen. Das ist kinderleicht und die Ergebnisse sind bombastisch. Nein. Auch wenn ich mich wiederhole. Ich habe keinen heißen Draht zu Magix ☺. Bisher kennen die mich nur als Kunden! Ich schreibe die Bücher über Videobearbeitung mit Magix-Produkten, weil es mir Spaß macht! Für Video-Clubs, die dem BDFA (Bundesverband Deutscher Film-Autoren e.V.) angeschlossen sind, gibt es einen Sondervertrag mit der Gema. Mitglieder eines solchen Clubs dürfen in Ihren Filmen GEMA-geschützte Musik verwenden und auf offiziellen BDFA-Veranstaltungen auch vorführen. Wenn Sie Ihren Film in Ihrem Videoclub vorführen oder zu einem BDFA-Wettbewerb anmelden, sind Sie da also abgesichert. Für dieses Vergnügen müssen die Clubs und der BDFA tief in die Tasche greifen.

Musik

Eine musikalische Untermalung des Films sollte zur Stimmung oder zur Geschichte des Films passen. In der Regel wird man ganze Musikstücke unter den
Film legen oder evtl. auch nur bestimmte Sequenzen aus einem Musikstück. Sequenzen aus einem Musikstück werden Sie jetzt vielleicht fragen? Oh ja. Jede
Form von Ton lässt sich nämlich genauso einfach und präzise schneiden, wie Ihr
Filmmaterial. Sie können Musik in den verschiedensten Formaten in den Film importieren. Sie können z.B. das WAV-Format oder besser noch das MP3-Format
verwenden. MP3-Dateien haben gegenüber WAV-Dateien den Vorteil, je nach
Kompressionsrate nur noch etwa 10% der Größe zu haben.

Kommentare

Wenn Sie Kommentare aufsprechen wollen, tun Sie das. Erklärungen zum Film
sind nicht verkehrt ☺. Vermeiden Sie dabei einen Roman zu sprechen. Das schlä-
fert sonst Ihre Zuschauer ein. Kurze prägnante Sätze reichen völlig aus. Lassen
Sie die Bilder ruhig mehr sprechen als sich selbst. Wenn die Pyramiden von Gizeh
ins Bild kommen, müssen Sie auch nicht sagen:" Das sind die Pyramiden von
Gizeh." Das weiß der Zuschauer auch so ☺. Um Kommentare aufzusprechen benötigen Sie ein Mikrofon, dass bei Magix Video Pro X zwingend an dem Mikrofoneingang der Soundkarte Ihres PCs angeschlossen werden muss. Viele WebCams
haben ja ein eingebautes Mikrofon. Damit funktioniert die Tonaufnahme nicht.
Der Unterschied zum herkömmlichen Mikrofon ist, dass das Mikrofon der
WebCam über eine USB-Schnittstelle kommt.

Geräusche

Geräusche sind meist kurzer Natur und können die Bildwirkung verstärken. Denken Sie nur an knarrende Türen oder Schrittgeräusche. Es gibt aber auch längere
Geräuschsequenzen, die ein ganzes Stimmungsbild wiedergeben. Ich denke dabei z.B. an Strand- oder Bahnhofsszenen. Die Original-Geräuschkulisse einer
Strandszene aus dem letzten Urlaub war so furchtbar, dass ich sie gegen eine
komplette Geräuschkulisse von einer Geräusche CD ausgetauscht habe. Außer
mir hat das keiner gemerkt ☺.

Wellenform anzeigen

In der Grundeinstellung sehen Sie nur eine gerade Linie als Anzeige für die Laut-stärke Ihrer Tonspur. Oft reicht das völlig aus. Aber halt nicht immer. Diese Linie sagt natürlich nicht das Geringste über die tatsächliche hörbare Lautstärke aus. An Ihrer Stereoanlage stellen Sie auch nur eine gewünschte Maximallautstärke ein. Was Sie dann wirklich hören ist abhängig von dem, was die CD so her gibt ☺. In der Tonspur können durchaus sehr laute und auch sehr leise Sequenzen sein. Um sich darüber einen schnellen Überblick zu verschaffen, gibt es eine Funktion in Magix Video Pro X. Machen Sie auf der Tonspur einen Rechtsklick mit der Maus und wählen Sie aus dem Kontextmenü den Befehl **Wellenformdar-stellung erzeugen** oder drücken Sie die Tastenkombination **Umschalt + e**. Sofort berechnet das Programm den tatsächlichen Lautstärkeverlauf und stellt ihn in Wellenform dar.

Die Wellenform ist auch dann ganz nützlich, wenn Sie den Anfang einer bestimm-ten Tonsequenz suchen, z.B. beim Multicam-Schnitt. Damit die Synchronisation verschiedener Kamerabilder leichter ist, empfiehlt es sich mit einer Filmklappe zu arbeiten. Das scharfe „Klack", wenn die Filmklappe geschlossen wird, findet man leicht in der Audiospur.

Bild und O-Ton trennen

Magix Video Pro X fasst den Originalton und die Videospur in einer einzelnen Spur zusammen. In den meisten Fällen wird es wohl auch so sein, dass wir den Originalton beibehalten wollen. Je weniger Spuren zu sehen sind, umso übersichtlicher ist das Projekt. Wollen wir aber irgendetwas am Originalton verändern, sollten wir den O-Ton auch als eigene Spur sehen können. Wenn man genau hinsieht, kann man schon ein kleines bisschen von der Tonspur erahnen. Am unteren Rand einer Szene, die aus Bild und Ton besteht sehen Sie eine u.U. sehr kleine Wellendarstellung (Pfeil 1). Das ist der Ton. Um die O-Tonspur komplett und damit deutlich sichtbar zu machen, markieren Sie zunächst die gewünschte Szene (Pfeil 2) durch einfachen Mausklick. Machen Sie nun genau auf der markierten Szene einen kurzen Rechtsklick und wählen Sie aus dem Kon-

textmenü den Befehl **Audiofunktion/Video/Audio auf Separaten Spuren** (Pfeil 3 & 4). Oder drücken Sie einfach die Tastenkombination **Strg + h**. Und schon sehen Sie die Originaltonspur direkt unter der Videospur (Pfeil 5). Videospur und die O-Tonspur sind übrigens erst einmal gruppiert. D.h. wenn Sie die eine Spur bewegen, bewegt sich die jeweils andere mit.

Wellenformdarstellung ändern

Ich persönlich mag die Vollwellendarstellung der Audiospur lieber als die Halb-wellenspurdarstellung. Sie können ja mal ausprobieren, was Ihnen besser gefällt. Dazu drücken Sie einmal die Taste **y** auf Ihrer Tastatur oder wählen Sie den Menü-Befehl **Datei/Einstellungen/Programm**. Dieses Fenster kennen Sie ja schon.

Klicken Sie auf die Registerkarte **Video/Audio** (Pfeil 1) und entfernen Sie das Häkchen bei **Halbe Wellenformdarstellung** (Pfeil 2). Und schon sehen Sie für alle Audio-Objekte in Ihrem Film die Voll-wellendarstellung. Interessant ist auch die Möglich-keit, die **Wellenform automatisch beim Import erstellen** zu lassen (Pfeil 3). Das spart natürlich

später Zeit, ist aber nur zu empfehlen, wenn Sie über einen leistungsstarken PC verfügen. Die Wellenformberechnung ist nämlich schon etwas rechenzeitintensiv. Haben Sie einen leistungsschwächeren PC, empfehle ich Ihnen eher ganz auf die Wellenformdarstellung zu verzichten, oder Sie erst ganz zum Schluss anzuwenden, wenn die Bildbearbeitung bereits abgeschlossen ist.

Lautstärke(n) anpassen

Wenn man mehrere Tonspuren verwenden möchte, sollte man auch jede einzelne Tonspur und jedes einzelne Audio-Objekt darin, in der Lautstärke anpassen können. Wenn Sie das nicht könnten, müssten Sie bei aufgesprochenen Kommentaren immer gegen die Hintergrundmusik anschreien ☺. Die Gesamtlautstärke eines jeden Audio-Objektes lässt sich über den mittleren Anfasser Audio-Objektes einstellen (Pfeil 1). Bewegen Sie den Mauszeiger genau darauf, halten Sie die linke Maustaste gedrückt und bewegen Sie die Maus rauf oder runter. Eine Bewegung nach unten senkt die Lautstärke, eine Bewegung nach oben hebt die Lautstärke an.

Die beiden Anfasser an den Enden der Tonspur (Pfeile 2 & 3) dienen dazu die Tonspur weich ein- bzw. auszublenden. Je weiter Sie den Anfasser in die Tonspur schieben, desto länger dauert das Blenden. Man spricht in diesem Zusammenhang auch gerne vom „Faden". Im oberen Beispiel sehen Sie, dass die Lautstärke deutlich angehoben wurde und jeweils ca. 2 Sekunden ein- und ausgeblendet wird. Wenn Sie genau hinsehen, wird jetzt nicht nur die Tonspur ein- und ausgeblendet, sondern auch die darüberliegende Videospur (Pfeile 4 & 5). Das wollen wir so aber garnicht! Da es sich um die Originaltonspur handelt, ist sie beim Import mit der Videospur gruppiert. Diese Gruppierung heben Sie nun auf. Markieren Sie dazu die gewünschte Szene und klicken Sie anschließend auf das

Gruppierung lösen Symbol, die zerbrochene Kette. Wie Sie sehen, können die Anfasser an den Enden der Ton- und Videospur nun getrennt verschoben werden. Die Ton-

spur lässt sich jetzt auch ganz alleine markieren. Beim Verschieben von Szenen müssen Sie dann natürlich darauf achten, dass Sie Ton- und Videospur gleichzeitig markieren, wenn sie zusammen verschoben werden sollen. Oder Sie gruppieren Sie vorher wieder.

Gesamtlautstärke ändern

Bisher haben Sie nur die Lautstärke
einzelner Szenen verändert. Es gibt
im Spurkopf aber auch einen Schieberegler, mit dem Sie die Lautstärke
der gesamten Spur, also aller Audio-
Objekte, die sich in dieser Spur befinden, gleichzeitig ändern können (Pfeil 1).
Klicken Sie auf dien Regler im Spurkopf, erscheint ein Schieberegler, mit Sie die
Lautstärke aller Objekte in der betreffenden Spur auf einen Schlag anpassen
können. Das kann bei einem großen Projekt mit vielen Objekten sehr nützlich
sein!

Lautstärkekurve anzeigen

Das Anzeigen der Lautstärkekurve funktioniert nur dann, wenn Sie die Audiospur
auch sehen. Bei importierten Geräuschen oder Musik ist das ja automatisch der
Fall. Bei Videoszenen kann es aber durchaus sein, dass Audio und Video auf einer
Spur zusammengefasst sind. Dann müssen Sie zunächst auf der betreffenden
Szene einen kurzen Rechtsklick mit der Maus machen und wählen dann aus dem
Kontextmenü den Befehl Audiofunktionen/Video und Audio auf separaten Spuren
(Pfeile 1 & 2).

Manchmal reicht die Anhebung oder Absenkung der Gesamtlautstärke einfach
nicht aus. Vor allem dann, wenn Sie mit mehreren Tonspuren arbeiten. Das ist
z.B. dann der Fall, wenn Sie den Originalton leise mitlaufen lassen wollen, dazu
eine Hintergrundmusik haben, die lauter als der Originalton sein soll. Die Hintergrundmusik soll aber immer dann in der Lautstärke etwas abgesenkt werden,
wenn Sie einen Kommentar sprechen. Klingt kompliziert? Ist es aber nicht! Mit
Magix Video Pro X können Sie unglaublich flexible Lautstärkekurven erzeugen.
Und das können Sie für jede einzelne Tonspur. Um die Lautstärkekurve anzuzei-

gen, machen Sie auf der Tonspur einen Rechtsklick und wählen aus dem Kontextmenü den Befehl **Lautstärkekurve** aus (Pfeil 1). Oder drücken Sie die Tastenkombination **Strg + Umschalt + v**. Sofort erscheint eine dünne, grüne Linie in Ihrer Tonspur (Pfeil 2).

Ab jetzt müssen Sie ein scharfes Auge und einen ruhigen Zeigefinger haben. Jedes Mal, wenn Sie einen Linksklick auf der grünen Linie machen, erscheint ein kleiner Rastpunkt. Wenn Sie genug dieser Rastpunkte erzeugen, können Sie interessante Kurvenverläufe für die Lautstärke erzeugen. Im folgenden Beispiel habe ich eine Wellenform für die Lautstärke erzeugt. Je mehr Rastpunkte Sie erzeugen, desto präziser können solche Wellenverläufe gestaltet werden.

Ich habe mir ja wirklich Mühe gegeben ... aber eine schöne Sinuskurve sieht anders aus ☺. Das kriegen wir besser hin! Sehen Sie mal im nächsten Bild genau hin.

Bezierkurven

Wie Sie sehen, habe ich 5 Rastpunkte in die Lautstärkekurve gesetzt. Sie erkennen Sie nur daran, dass deren Quadrate etwas größer sind. Die kleinen Quadrate hängen an den Enden von kurzen grünen Linien. Vielleicht haben Sie sowas schon mal in einem Grafikprogramm gesehen. Das sind die Anfassermarken für so genannte Bezierkurven. Damit kann man den Kurvenverlauf verändern, was je nach Effekt durchaus runder klingt oder aussieht. Aussehen ... werden Sie sich jetzt vielleicht fragen? Ja. Denn was Sie jetzt lernen, funktioniert nicht nur mit Audioeffekten, sondern auch mit vielen Videoeffekten. Technisch funktioniert das immer gleich. Die Bezierkurven anzuwenden ist in Magix Video Pro X nicht nur gut versteckt, sondern heißt nicht mal Bezier ☺.

Wir wollen einer Audiospur einen Lautstärkeverlauf verpassen, der einer Sinuskurve sehr nahe kommt. Suchen Sie sich eine Audiospur Ihrer Wahl aus. Machen Sie auf der Audiospur einen kurzen Rechtsklick und schalten Sie die **Lautstärkekurve** ein (Pfeil 1). Das ist wichtig, sonst haben Sie gleich nicht alle Befehle zur Verfügung!

Die grüne Linie erscheint in der Audiospur. Klicken Sie nun auf die Registerkarte **Effekte** (Pfeil 1), dann auf **Audioeffekte** (Pfeil 2) und **Allgemein** (Pfeil 3).

Es mag Sie überraschen aber die vielen Schieberegler interessieren uns jetzt überhaupt nicht. Für uns ist der Bereich darunter interessant. Da ist nämlich die Keyframesteuerung zu finden. Alles was sich in Magix Video Pro X irgendwie dynamisch verändern bzw. animieren lässt, wird mit Hilfe von Keyframes gemacht. Den Begriff haben Sie bestimmt schon einmal gehört und ich weiß, dass viele Benutzer von Videoschnittprogrammen erschreckt davor zurückweichen, weil sie es für schrecklich kompliziert halten. Ist es aber nicht. Sehen Sie mal. Sogar ich habe das begriffen ☺. Um in meine Tonspur einen Keyframe zu setzen habe ich zwei Möglichkeiten. Eine davon haben Sie sogar schon gemacht! Sie haben eben in einer Lautstärkekurve durch klicken kleine grüne Punkte erzeugt um damit die Lautstärke zu verändern. Das waren schon Keyframes. Da sie das schon können, gehen wir diesmal den zweiten Weg. Wir erzeugen die Keyframes direkt in der Keyframesteuerung. Bei jedem Effekt, der eine dynamische Steuerung zulässt, finden Sie diesen Bereich unterhalb der Effekteinstellungen.

Positionieren Sie zunächst den Abspielmarker an der Position, an der der erste Keyframe sein soll. Den Abspielmarker können Sie entweder direkt hier (Pfeil 1) oder in der Timeline positionieren. Klicken Sie anschließend einmal auf das Symbol **Raute** mit **+** (Pfeil 2). Über die kleine grüne Schaltfläche (Pfeil 3), können Sie die Farbe der Effektkurve verändern. Lesen Sie sich dazu bitte das Kapitel *„Kleine Windows-Farbenlehre"* durch. Setzen Sie nun den Abspielmarker an die Stelle, an der der nächste Keyframe erscheinen soll. Das machen insgesamt 5 Nal. Danach sollte die Keyframesteuerung etwa so aussehen.

Die Keyframes lassen sich übrigens verschieben. Wenn Sie also einen anderen zeitlichen Ablauf wollen, können Sie die Keyframes mit gedrückter linker Maustaste verschieben.

In der Audiospur erscheinen die 5 Keyframes jetzt als kleine Quadrate auf der Lautstärkekurve. Jedem dieser 5 Keyframes können Sie jetzt eine andere Laut-

stärke zuweisen. Da die Lautstärke für alle 5 Keyframes auf 100% steht und wir ja eine Sinuskurve haben wollen, müssen Sie die Lautstärke für den 2. Und 4. Keyframe absenken. Das können Sie entweder, indem Sie die kleinen Quadrate auf der Audiospur nach unten ziehen oder Sie das mit dem Audioeffektfenster erledigen. Dazu markieren Sie den gewünschten Keyframe, hier Nummer 4 (Pfeil 1) und schieben den Lautstärkeregler (Pfeil 2) auf 0. Für den Keyframe Nummer 2 habe ich das schon gemacht. Schauen wir uns die Sache mal in der Audiospur an.

Naja. Wie ein Sinus sieht das jetzt nicht aus. Eher wie ein Sägezahn. Kann ja auch mal gewollt sein ☺.

Jetzt machen wir das Runde aus dem Eckigen. Machen Sie nacheinander auf jedem der 5 Keyframes einen kurzen Rechtsklick und wählen Sie aus dem Kontextmenü den Befehl **Ease In/Ease Out** (Pfeil 1).

Et voila. Schon haben wir unseren Sinus in der Lautstärkekurve.

Anmerkung:

In der Voreinstellung steht Magix Video Pro X immer auf einem linearen Verlauf der Effektkurven. Meiner Meinung nach ist das für die meisten Effekte auch sinnvoll. Vor allem dann, wenn der Effekt sehr kurz ist. Ob man da wahrnimmt, ob der Effekt linear oder nach Bezier abläuft wage ich mal zu bezweifeln. Aber wenn es mal besonders weich sein soll, sind die Bezierkurven natürlich Gold wert. Da ich zu der Spezies der Naturalskeptiker gehöre und nur glaube, was ich sehe, wollte ich es natürlich ganz genau wissen und habe diese Audiospur auf einen Einzelframes aufgelöst. Und wirklich, der Wert der Lautstärke ändert sich bei jedem Frame und wenn man mal unvermeidliche Rundungsfehler außen vor lässt, entsprechen die Werte einem Sinus.

Tonspuren schneiden

Eine Tonspur lässt sich genauso schneiden wie die Videospuren. Zu Anfang haben wir in diesem Buch-Beispiel-Projekt immer nur Bild- und Tonmaterial gemeinsam geschnitten. An diesem Beispiel zeige ich Ihnen, dass das Schneiden auch für eine Spur alleine geht. Ich zeige Ihnen das hier zwar auf einer Tonspur. Es funktioniert aber natürlich genauso auf jeder x-beliebigen anderen Spur. In unserer Beispiel-Tonspur möchte ich einen lauten Bereich ganz rausschneiden. Dazu löse ich zunächst die Gruppierung von Audio- und Videospur. Ich markiere die Szene und klicke einmal auf die gebrochenen Kette (Pfeil 1) oder drücke die Tastenkombination **Umschalt + g**. Dazu setze ich den Abspielmarker vor die Stelle, an der der laute Bereich anfängt (Pfeil 2). Anschließend klicke ich einmal auf die Schere (Pfeil 3). Sofort sehen Sie, dass die Tonspur in zwei Teile zerlegt ist.

Das Wiederhole ich jetzt am Ende der lauten Sequenz und schon kann ich den Bereich löschen oder anderweitig verwenden (Pfeil 4).

Anderweitig verwenden ist ein gutes Stichwort. Man kann dadurch natürlich auch Geräusche jeglicher Art extrahieren, die man an anderer Stelle wieder verwenden kann. So könnten Sie z.B. das Miauen einer Katze aus einer Szene heraus schneiden und einem Hund sozusagen ins Maul legen. Da ist nur etwas Phantasie gefragt. Sie kennen doch sicherlich den brüllenden Löwen aus dem MGM-Trailer. Bei *Youtube* finden Sie zahlreiche Beispiele, in denen der Löwe miaut.

Tonspuren ein- und ausschalten (muten)

Das Sie Tonspuren sanft ein- und ausblenden können, oder den kompletten Laut-
stärkeverlauf manipulieren können, haben Sie ja schon gelernt. Wenn man das
Feintuning an einer Tonspur macht und immer wieder abhören muss, ob das jetzt
gut klingt, kann es manchmal sehr störend sein, die anderen Tonspuren zu hören.
Deshalb ist es recht nützlich, dass man jede Spur stummschalten kann. Diese
Funktion benötigen Sie in unserem Buch-Beispiel-Projekt noch, um z.B. einen

Kommentar genau zu platzieren. Um
eine Tonspur stumm zu schalten
(muten), klicken Sie einmal auf das
kleine **Lautsprecher-Symbol**
vorne an der Spur (Pfeil 1). Wenn

Sie sich jetzt die Szene in der Vorschau betrachten, werden Sie keinen Ton hören.
Ein erneutes Kicken auf das kleine **Lautsprecher-Symbol** schaltet die Tonspur
wieder ein.

Tonspur verschieben

Wenn Sie die Original-Tonspur erst einmal aus der Gruppierung gelöst haben,
können Sie diese Spur genauso verschieben, wie Sie es mit Videospuren machen.
Sie bewegen den Mauszeiger irgendwo in die Tonspur, nur nicht da, wo irgendwelche Anfasser sind, halten die linke Maustaste gedrückt und schieben nur die
Tonspur wohin Sie sie haben wollen. Nachträglich eingefügte Tonspuren, sofern
Sie sie nicht gruppiert haben, lassen sich sowieso frei bewegen. Jetzt ist die
Frage, warum das Verschieben der Tonspur interessant ist? Aus meiner Videoer-
fahrung kann ich Ihnen zwei Gründe nennen. Ich habe mal ein VHS-Band digitalisiert. Dabei war aus welchen Gründen auch immer, die Tonspur ca. 2 Sekunden
verschoben. Es gab Stellen im Film, da war das sogar witzig ☺. Eine kleine Korrektur durch verschieben der O-Ton-Spur hat das Problem gelöst. Ähnliches erleben Sie ganz real, wenn Sie aus einiger Entfernung ein Feuerwerk filmen. Wenn
man, sagen wir mal ca. 300m weit entfernt ist, kommen die Explosionsgeräusche
erst nach ca. 1 Sekunde an der Kamera an. Dann ist oft schon keine Explosion
am Himmel mehr zu sehen. Wenn man live beim Feuerwerk ist, stört das nicht
einmal, weil wir uns darauf eingestellt haben. Wenn Sie sich das Filmmaterial
zuhause ansehen, fehlt aber der räumliche Bezug und das scheint nicht zusammen zu passen. Deshalb verschiebe ich auch hier die O-Ton-Spur, bis die Explosionsgeräusche zu den Explosionsbildern passen.

Audio-Effekte anwenden

Auf jedes Audio-Objekt, also egal ob es sich um den O-Ton, Musik, Geräusche oder Kommentare handelt, können Sie die verschiedensten Audio-Effekte anwenden. Sie können diese Effekte aufrufen, in dem Sie ein Audio-Objekt per Mausklick markieren und rechts oben auf **Effekte** (Pfeil 1) und dann auf **Audioeffekte/Allgemein** (Pfeil 2) klicken.

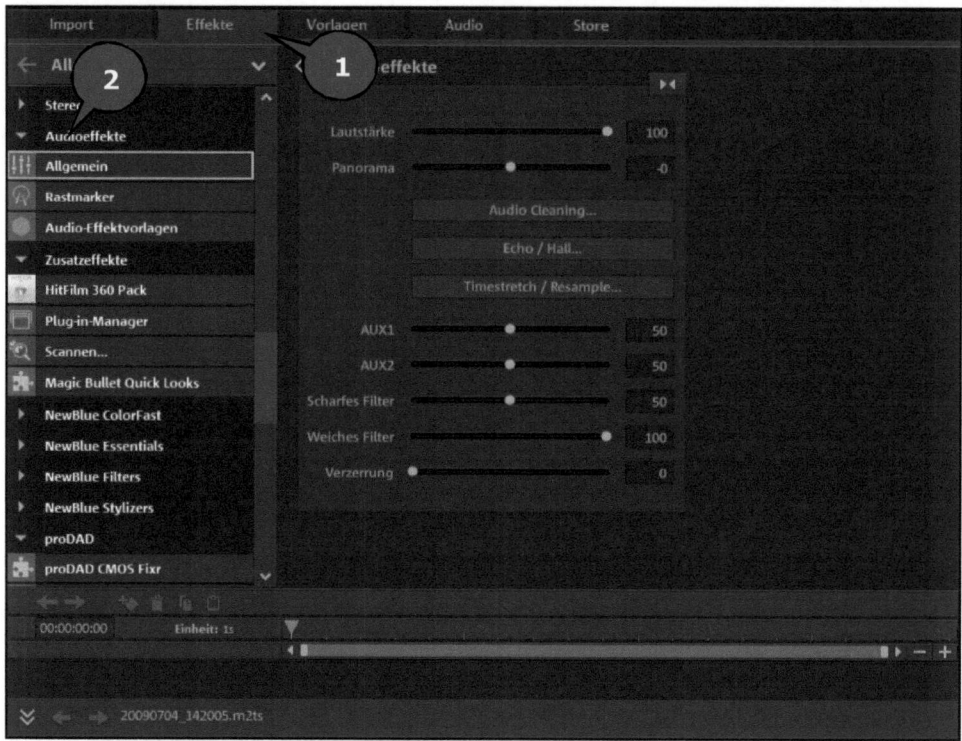

Bei der Anwendung von Videoeffekten kann man die Veränderung von Objekten bildlich schön darstellen. Bei Audio-Objekten geht das natürlich nicht. Vielleicht sollte ich mal ein Hörbuch schreiben ☺. Ich werde Ihnen daher beschreiben, was man mit den einzelnen Effekten so alles machen kann.

1. Mit dem **Lautstärke**-Schieber können Sie die Lautstärke des markierten Audio-Objektes absenken.

2.   **Panorama** verändert die Stereobasis (Balance). Sie können z.B. Geräusche mehr nach links oder rechts verschieben.

3.   **AUX1** und **AUX2** regeln die Lautstärke eines Audio-Objektes, in einer weiteren Spur des Mixers.

4.   **Scharfes Filter** und **Weiches Filter** verändern das Klangbild eines Audio-Objektes, in dem bestimmte Frequenzbereiche in ihrer Amplitude verändert werden.

5.   **Verzerrung** verfremdet das Audio-Objekt und erhöht dabei gleichzeitig die Lautstärke.

Nehmen Sie sich einfach ein kurzes Audio-Objekt, z.B. einen kurzen Kommentar und spielen Sie mal damit herum. Sollten Sie sich mal völlig verkurbelt haben, können Sie die Änderungen rückgängig machen, indem Sie auf dem Audio-Objekt einen kurzen Rechtsklick machen und im Kontextmenü den Befehl **Audioeffekte zurücksetzen** auswählen. Für mich persönlich sind allerdings die drei Schaltflächen **Audio Cleaning**, **Echo/Hall** und **Timestretch/Resample** die interessanteren Funktionen. Alle drei Schaltflächen öffnen jeweils ein Fenster, indem Sie zahlreiche Veränderungen einstellen können.

Audio Cleaning

Das Fenster Audio Cleaning hat vier verschiedene Registerkarten (Pfeil 1): **Stör-geräuschbefreiung**, **Equalizer**, **Kompressor** und **Stereo FX**. Alle Änderungen, die Sie hier machen, können Sie auch hier vorhören (Pfeil 5), bevor Sie diese mit einem Klick auf **OK** (Pfeil 6) in Ihr Projekt übernehmen.

Störgeräuschbefreiung

DeClipper
Die Störgeräuschbefreiung dient dazu, die drei häufigsten Störgeräusche zu minimieren. Der **DeClipper** (Pfeil 2, vorherige Seite) stellt fehlende Spitzen in der Audioamplitude wieder her. Die Spitzen können etwa durch Übersteuerung oder durch schlechtere Mikrofone abgeschnitten werden.

DeNoiser
Es gibt CamCorder, die relativ starke Eigengeräusche entwickeln. Sei es nun, dass man den eingebauten Lüfter hört, bei Bandgeräten das Laufgeräusch oder etwa den Zoom-Motor. Vor allem bei leisen Aufnahmegeräuschen ist das sehr störend und wirkt ja auch irgendwie unprofessionell ☺. Im **DeNoiser** (Pfeil 3, vorherige Seite) sind bereits Tonproben von einigen CamCordern gespeichert. Ist Ihre Kamera dabei, probieren Sie es mal aus. Sollte Ihr Audio-Objekt laute und leise Passagen haben, empfehle ich Ihnen diese zu schneiden und den Effekt bei den lauten Passagen weniger stark einzustellen als bei den leisen Passagen. Wirkt der Effekt nämlich zu stark, wird das Gesamtklangbild auch zu stark verändert.

DeHisser
Mit dem **DeHisser** (Pfeil 4, vorherige Seite) vermindert man gleichförmiges Rauschen im Ton. Wenn der Lüfter Ihrer Kamera zu hören ist und Ihre Kamera nicht im DeNoiser aufgelistet wird, lohnt es sich auf alle Fälle mal den DeHisser auszuprobieren. Der DeHisser hat mir auch schon gute Dienste erwiesen, als sich das Rauschen einer Klimaanlage als sehr störend gezeigt hat.

Equalizer

Den Equalizer können Sie sich so vorstellen, wie den Equalizer in Ihrer Stereoanlage. Es gibt viele Regler. Jeder Regler dient dazu ein bestimmtes Frequenzband anzuheben oder abzusenken.

Wenn Sie z.B. störende Windgeräusche reduzieren wollen, dann sind Sie hier genau richtig. Dabei lohnt sich auch mal ein Blick auf die Voreinstellungen (Pfeil 1).

Hier können Sie aus verschiedenen Szenarien auswählen. Wenn keine der Voreinstellungen zufriedenstellende Ergebnisse bringt, dann müssen Sie von Hand ran. Sie können die Schieberegler für die 10 Frequenzbänder mit gedrückter linker Maustaste rauf und runter schieben. Abhängig davon, ob Sie das Häkchen bei Frequenzbänder koppeln (Pfeil 2, vorherige Seite) gesetzt haben oder nicht, bewegt sich jeder Regler einzeln oder sie werden in Gruppen, die zusammen passen, bewegt.

Kompressor

Heutzutage werden die meisten Musikstücke, die zum Hit werden, stark komprimiert. Dabei werden, vereinfacht gesagt, die leisen Passagen lauter gemacht. Also Bum-Bum-Musik erzeugt. Wenn wir Musik hören, die stark komprimiert ist, kommt sie uns viel lauter vor, als in der unkomprimierten Fassung. Echte Livekonzerte klingen deshalb ganz anders als eine CD. Auch hier lohnt sich mal ein Blick in die Voreinstellungen (Pfeil 1).

Stereo FX

Im Stereo FX Fenster können Sie nicht nur die Balance (Pfeil 1) Ihrer Stereo-Aufnahmen verändern, sondern auch die Stereobreite (Pfeil 2). Heutzutage nimmt nahezu jeder moderne CamCorder in Stereo oder sogar in Dolby 5.1 auf. Bei manchen CamCordern lässt sich die Richtwirkung der Mikrofone mit der Zoom-Einstellung des Objektivs koppeln. Gefällt Ihnen dann die Stereobreite nicht, können Sie sie hier prima verändern. Natürlich auch, wenn Ihre Kamera Mikrofone und Objektiv nicht koppelt ☺. Auch im Stereo FX Fenster sollten Sie mal einen Blick in die Voreinstellungen werfen (Pfeil 3).

Echo/Hall

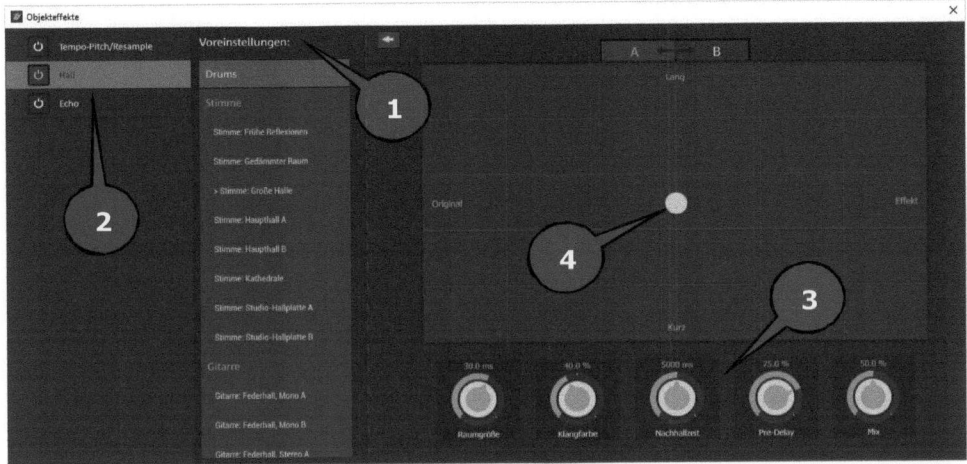

Das Fenster für *Echo/Hall* ist in einem neuen Design. Hier kann man sich nach Herzenslust austoben und rumexperimentieren. In den **Voreinstellungen** (Pfeile 1 & 2), sowohl für Echo, als auch für den Hall (Pfeil 3) finden Sie bereits eine stattliche Anzahl von Voreinstellungen. Mit den verschiedenen Drehreglern können Sie natürlich auch eigene Klangeinstellungen vornehmen. (Pfeil 4). Die Wirkung Ihrer eingestellten Effekte können Sie natürlich auch vorhören. Dazu müssen Sie lediglich die Vorschau z.B. mit der Leertaste starten. So können Sie in Echtzeit hören, wie Sie durch die Einstellungen den Klang verändern. Wenn Sie das Fenster Objekteffekte schließen, werden Ihre Einstellungen in das markierte Audioobjekt übernommen. Die Möglichkeiten sind wirklich unglaublich. Die Bienenszenen sind ja in einem großen englischen Garten unter freiem Himmel aufgenommen worden. Mit ein paar Einstellungen klang das in Sekundenschnelle als ob ich mich in einer Bahnhofshalle befinden würde. Statt der Voreinstellugen können Sie auch den kleinen weißen Punkt (Pfeil 4) hin und her schieben. So kann man das Klangbild extrem schnell verändern.

Timestretch/Resample

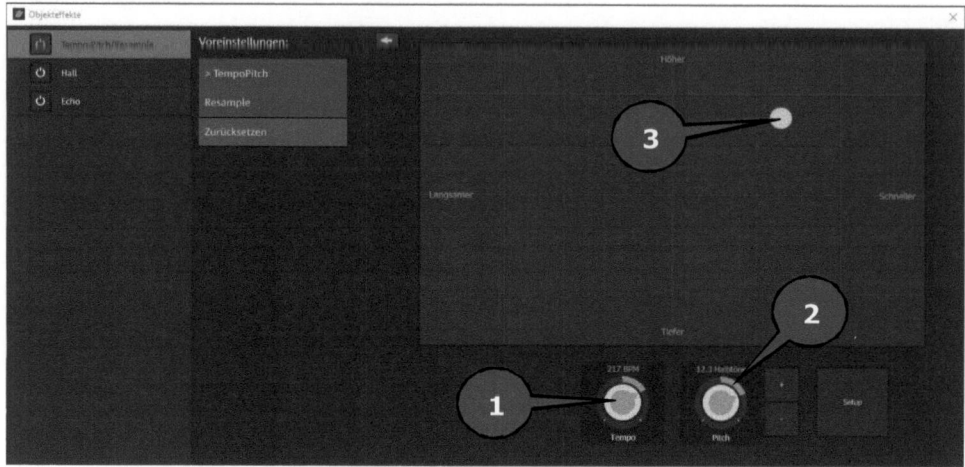

Auch *Timestretch/Resample* kommt optisch genauso daher wie Echo und Hall. Sie finden Ihre Stimme klingt zu natürlich wenn Sie Kommentare aufnehmen und Sie möchten mehr wie Micky Mouse klingen ☺? Kein Problem. Spielen Sie doch mal mit den Einstellreglern für **Pitch** und **Tempo** (Pfeile 1 & 2) rum. Wenn Sie am Tempo-Regler drehen, können Sie in der Timeline sehen, wie sich die Länge des markierten Audio-Objekts verändert. Vorhören und übernehmen geht hier genauso wie bei Echo/Hall. Auch hier können Sie natürlich für schnelle Änderungen einfach den weißen Punkt verschieben (Pfeil 3).

Wir machen Musik in unseren Film

So. Kommen wir endlich dazu, ein Musikstück in unseren Film hinein zu bekommen. Klicken Sie auf die Registerkarte **Import** (Pfeil 1, folgende Seite). Wählen Sie den Ordner mit Ihrer Musik aus (Pfeil 2, folgende Seite). Ziehen Sie nun aus der rechten Spalte das Musikstück Ihrer Wahl (Pfeil 3, folgende Seite), mit gedrückter linker Maustaste, in einer freien Spur an die Stelle, ab der die Musik starten soll und lassen Sie dort die linke Maustaste los (Pfeil 4, folgende Seite). Während des Ziehens sehen Sie das Musikstück als grauen Balken. Das linke Ende des grauen Balkens ist der Anfang des Musikstückes. Das rechte Ende ist zugleich auch das Ende des Musikstücks. Je nachdem, wie Sie den Zoomfaktor der Timeline eingestellt haben, kann es sein, dass das Ende des Musikstücks außerhalb des sichtbaren Bereiches liegt. Das macht aber nichts. Wenn Sie die Timeline entlangfahren, werden Sie das Ende schon finden. Sie können dann auch gleich sehen, ob das Musikstück vielleicht zu lang für die Szene ist. Wie Sie im folgenden Bild sehen, habe ich bereits einige Sounds in den Film importiert. Auf einer der Magix Soundpool-CDs habe ich sogar den Hummelflug von Rimsky-Korsakov gefunden. Kann es eine passendere Musik zu unseren beiden Hummel-Szenen geben? Das Stück war allerdings etwas zu lang. Da bei mir in der nächsten Szene ein Kriegsschiff der Royal Navy durch das Bild fährt und ich der Meinung bin, dass der Hummelflug dazu überhaupt nicht passt, habe ich das Ende einfach abgeschnitten und lasse das Übrige in die Musik zur nächsten Szene einfach per Kreuzblende überblenden. Dazu habe ich das folgende Musikstück einfach ein Stück über das Ende des ersten Musikstücks geschoben. Sie erkennen das an dem dünnen Kreuz (Pfeil 5, folgende Seite). Wie Sie außerdem sehen, habe ich die Lautstärke des Originaltons, wegen der starken Windgeräusche, in der Lautstärke stark abgesenkt (Pfeil 6, folgende Seite). In der Soundpool-CD habe ich dann auch noch eine Geräuschkulisse für Häfen gefunden. Diese Geräuschkulisse habe ich auf die darunter liegende Spur gelegt (Pfeil 7, folgende Seite). Da Sie zu lang war und ich nur das Tuten eines Nebelhorns haben wollte, habe ich die Geräuschkulisse zugeschnitten.

Im Kapitel *Downloads* finden Sie die Internetadressen zu einigen Musikstücken aus eigener Produktion, die ich für Sie bereitgestellt habe. Sie können natürlich auch andere Musik einsetzen. Ganz nach Ihrem eigenen Geschmack.

Wir machen Geräusche in unseren Film

Jetzt habe ich es ja schon vorweggenommen und ein Geräusch in den Film ein-gebaut. Das Tuten eines Schiffes. Geräusche liegen meist in den gleichen Datei-Formaten vor, wie auch Musik-Dateien. Also im WAV- bzw. MP3-Format. Es gibt natürlich noch andere Formate. Diese werden aber eher selten eingesetzt. Vor allem das MP3-Format hat sich überall durchgesetzt, da es sehr platzsparend ist. Wenn Sie also Geräusche auf Ihrem PC gespeichert haben und diese auch ver-wenden wollen, klicken Sie wie im oberen Bild beschrieben erst auf die Register-karte **Import** (Pfeil 1), dann wählen Sie den richtigen Ordner aus (Pfeil 2) und ziehen anschließend das gewünschte Geräusch (Pfeil 3), mit gedrückter linker Maustaste, an die gewünschte Stelle im Film (Pfeil 7).

Im Downloadbereich (Siehe Kapitel *Downloads*) finden Sie auch eine Reihe von Geräuschen im MP3-Format, die Sie nicht nur für dieses Buch-Beispiel-Projekt benutzen können. Diese Geräusche können Sie frei benutzen und auch weiterge-ben.

Wir machen Kommentare in unseren Film

Um einen Kommentar in einen Film zu bekommen haben Sie verschiedene Möglichkeiten. Sie können den Kommentar auf ein externes Aufnahmegerät, wie einen Cassetten-Recorder oder einen MP3-Player aufnehmen, die Datei dann auf den PC übertragen und über **Import** an die richtige Stelle des Films platzieren. Das geht dann genauso, als ob Sie ein Musikstück oder ein Geräusch in Ihren Film importieren. Besser, weil direkt in den Film ist es aber, wenn Sie ein Mikrofon an den Mikrofoneingang Ihres PC anschließen. Dann können Sie den Film in der Vorschau sehen und gleichzeitig ins Mikro sprechen. Gefällt Ihnen das Ergebnis nicht auf Anhieb, löschen Sie die Tonspur einfach wieder und machen es neu.

Solange, bis es klappt und Sie damit zufrieden sind. Damit es nicht zu akustischen Rückkopplungen kommt, sollten Sie entweder die Lautsprecher ausschalten oder einen Kopfhörer benutzen. Bei eingeschalteten Lautsprechern würde Ihr Mikrofon sonst den bereits vorhandenen Ton nochmal aufnehmen. Das so entstehende Rückkopplungspfeifen ist nicht sehr angenehm für unsere Ohren ☺. Setzen wir mal voraus, dass Sie ein Mikrofon angeschlossen haben. Klicken Sie nun auf das **Aufnahme**-Symbol unterhalb des Vorschaumonitors (Pfeil 1, vorherige Seite).

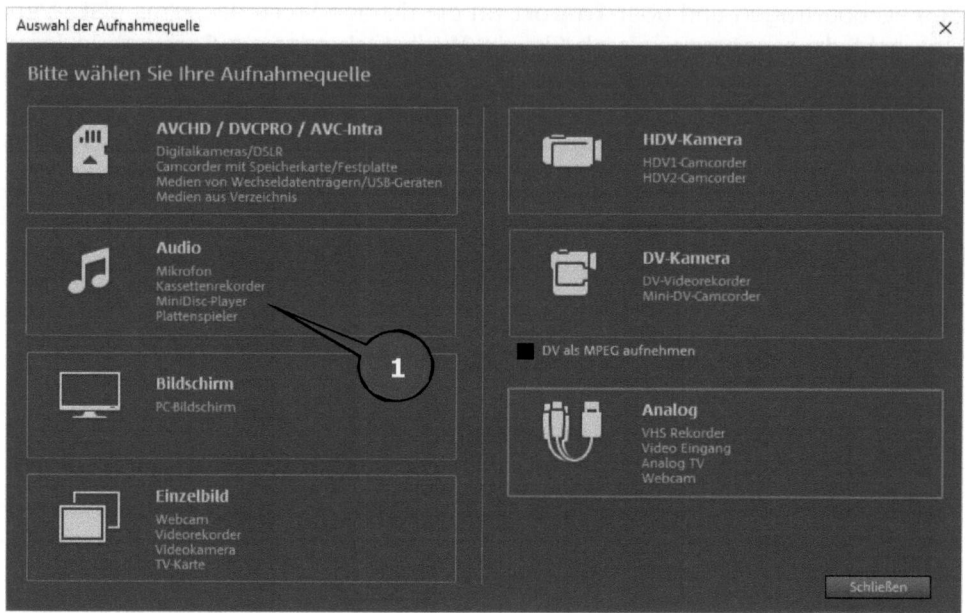

Das obige Fenster öffnet sich. Klicken Sie dort auf die Schaltfläche **Audio** (Pfeil 1).

Ein weiteres Fenster öffnet sich. Überprüfen Sie hier zunächst, ob das richtige Mikrofon eingestellt ist. Sollten Sie mehrere Mikrofone verwenden, können Sie das Richtige über die Pfeiltaste (Pfeil 1) auswählen. Wählen Sie einen prägnanten Namen aus, unter dem der Kommentar gespeichert werden soll (Pfeil 2). Der vorgeschlagene Name, hier *Hauptfilm-0001.WAV* macht es sehr einfach, gespeicherte Kommentare später wieder zu finden. Auch, weil jeder weitere Kommentar die nächst höhere Nummer bekommt. Normalerweise spricht man die Kommentare in der Reihenfolge, wie sie im Film vorkommen sollen. Wenn Sie einen anderen Speicherort bevorzugen, als den Vorgeschlagenen, klicken Sie auf das Ordnersymbol (Pfeil 3) und wählen Sie den gewünschten Speicherort aus. Die Aufnahmequalität sollte CD-Audio sein (Pfeil 4). Setzen Sie durch Mausklick das Häkchen bei Aussteuerung anzeigen (Pfeil 5). So

können Sie sofort sehen, ob der Lautstärkepegel Ihres Mikrofons nicht zu hoch oder zu niedrig ist. Sprechen Sie Ihren Text probehalber einmal und beobachten Sie dabei die beiden Aussteuerungspegel (Pfeil 6). Bei mir hat es sich bewährt, wenn der Pegel während des Sprechens bei mehr als 2/3 des Anzeigebalkens aber nicht im roten Bereich liegt. Das könnte theoretisch, je nach verwendetem Mikrofon, bei Ihnen anders sein. Da hilft nur ausprobieren. Wenn der Pegel zu hoch oder zu niedrig ist, klicken Sie einmal auf die

Schaltfläche Aussteuerung (Pfeil 7, vorherige Seite). Dieser Klick öffnet in der Windows-Systemsteuerung das Programm **Sounds**. Hier sehen Sie ein Beispiel für Windows 10. Klicken Sie auf die Registerkarte **Aufnahme** (Pfeil 8, vorherige Seite), dann auf Ihr Mikrofon (hier *Externes Mikrofon*, Pfeil 9, vorherige Seite) und zum Schluss auf die Schaltfläche **Eigenschaften** (Pfeil 10, vorherige Seite).

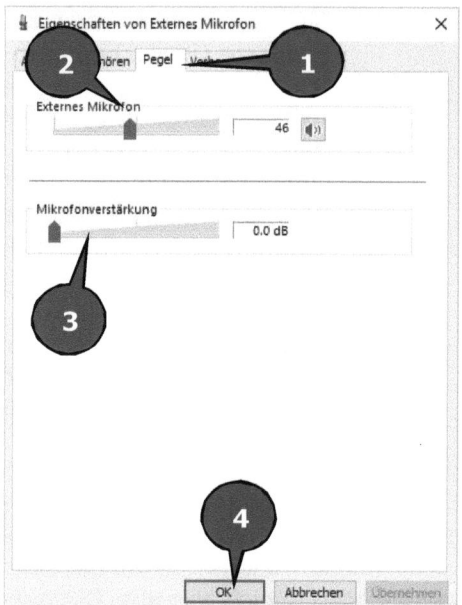

Das öffnet noch ein weiteres Fenster, in dem Sie die Aufnahme-Pegel für das Mikrofon einstellen können. Dazu klicken Sie auf die Registerkarte **Pegel** (Pfeil 1). Die beiden Schieberegler für **Lautstärke** (Pfeil 2) und **Mikrofonverstärkung** (Pfeil 3) können mit gedrückter linker Maustaste verschoben werden. Wenn Sie mit dem Ergebnis zufrieden sind, klicken Sie auf **OK** (Pfeil 4).

Schließen Sie auch das vorhergehende Fenster (Sounds) mit einem Klick auf die Schaltfläche **OK**.

Jetzt können Sie endlich Ihren ersten Kommentar aufnehmen. Dazu klicken Sie auf die Schaltfläche **Aufnahme** (Pfeil 1). Die Aufnahme startet sofort. Das heißt jetzt nicht, dass Sie direkt drauf los plappern müssen ☺. Wenn Sie sich noch zwei Sekunden sammeln müssen, oder noch mal tief durchatmen wollen, ist das kein Problem. Das können Sie ja hinterher wieder herausschneiden.

Bei der Aufnahme sollten Sie darauf achten, dass die Aussteuerungsanzeigen, auch VU-Meter genannt nicht in den roten Bereich kommen. Sonst werden Ihre Kommentare möglichweise verzerrt.

Haben Sie Ihren Text gesprochen, klicken Sie auf die **Stopp**-Taste (Pfeil 2). Die Aufnahme wird angehalten und dieses kleine Fenster erscheint.

Haben Sie den Kommentar gut gesprochen? Dann klicken Sie auf die Schaltfläche **Verwenden**. Sind Sie nicht zufrieden, klicken Sie auf **Aufnahme wiederholen**. Wenn Sie auf die Schaltfläche **Löschen** klicken, wird Ihre Aufnahme verworfen.

Nehmen wir mal an, Sie waren mit sich selbst zufrieden und haben auf die Schaltfläche **Verwenden** geklickt. Daraufhin wird der Kommentar an die Stelle des Films gesetzt, an der der Abspielmarker steht. Uups. Was lernen wir daraus? Idealerweise sollte der Abspielmarker vorher positioniert werden ☺. Es macht aber nichts, wenn Sie das mal vergessen sollten oder die Position nicht ganz genau stimmt. Der Kommentar lässt sich auf der Timeline genauso verschieben, wie jedes andere Objekt.

Eine Faustregel zur Lautstärkeanpassung

Wie Sie gesehen haben, habe ich die Lautstärke der einzelnen Spuren bisher immer „von Hand" angepasst. Ich mache das oft, wenn der Originalton eigentlich mitlaufen könnte, weil er harmonisch zu den Bildern passt, dann aber plötzlich jemand neben oder hinter mir etwas sehr laut sagt. Bei mir sind es, zumindest im Urlaub, oft meine Töchter. Sagen den ganzen Tag nichts, aber wenn Papa die Kamera vors Auge nimmt ... Sie kennen das vielleicht auch ☺. Wenn es solche, ich nenne sie mal Ausreißer im Ton gibt, muss man die Pegel halt von Hand so anpassen, sodass sie noch einigermaßen klingen. Anders verhält es sich da schon, wenn der Originalton durchgängig zu den Bildern passt. Da könnte man die einzelnen Tonspuren auch immer auf den gleichen Level anpassen. Das hat nämlich den Vorteil, dass Sie beim Abspielen des Films nicht ständig die Lautstärke am Fernseher ändern müssen, weil der Ton mal zu leise und im nächsten Moment wieder zu laut ist.

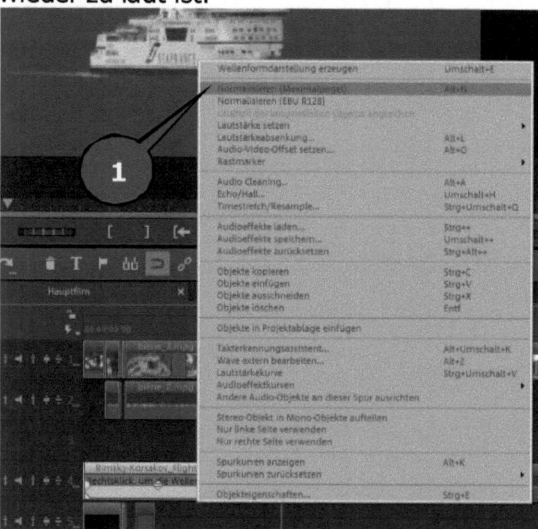

Gehen wir für dieses Beispiel einmal davon aus, dass Sie für eine Szene drei verschiedene Tonspuren benutzen. Auf der ersten Spur haben Sie den Originalton der Szene, auf der zweiten Spur die Hintergrundmusik und in der dritten Spur sollen aufgesprochene Kommentare sein. Wenn man sich schon die Mühe macht, Kommentare zu sprechen, dann sollten die auch das Vordergrundgeräusch sein. Also lauter sein, als die anderen beiden Spuren. Um das zu bewerkstelligen, markieren Sie in der Szene zunächst die Tonspur mit den aufgesprochenen Kommentaren durch einen Links-klick. Machen Sie nun auf der markierten Spur einen Rechtsklick mit der Maus und wählen aus dem erscheinenden Menü den Befehl **Normalisieren** (Pfeil 1, vorherige Seite) per Linksklick aus. Wenn Sie genau hinsehen, wird Ihnen auffal-len, dass die Lautstärkekurve dieser Spur u. U. ihre Höhe verändert. Entweder geht sie nach unten oder nach oben. Abhängig ist das davon, wie laut diese Spur vorher eingestellt war.

Jetzt markieren Sie in die-ser Szene die Spur mit den Originaltönen per Links-klick. Machen Sie nun auf der markierten Originalton-spur (hier Spur 2 in der Ti-meline) einen Rechtsklick mit der Maus und wählen Sie aus dem Kontextmenü den Befehl **Lautstärke setzen** (Pfeil 1). Darauf klappt ein weiteres Menü heraus, in dem Sie auf **-12 dB** anklicken (Pfeil 2).
Das Gleiche machen Sie jetzt noch mit der Musik-spur in Spur 3 der Timeline. Der Kommentar in Spur 4

ist jetzt laut und die beiden anderen Audio-Spuren sind deutlich leiser. Dummer-weise sind die beiden Spuren jetzt aber überall leiser. Und nicht nur da, wo der Kommentar ist. Wir sagen jetzt einfach mal, dass der Originalton durchgängig leise bleiben soll, die Musik aber da, wo keine Kommentare sind, den gleichen Lautstärke-Pegel haben soll, wie sonst der Kommentar. Dazu haben wir zwei ver-schiedene Möglichkeiten.

1. Schneiden Sie die Musikspur vor und hinter den Grenzen des Kommen-tars. Setzen Sie den Abspielmarker an die entsprechende Stelle und kli-cken Sie dann einmal auf das Rasierklingensymbol.
2. Blenden Sie Lautstärkekurve ein, wie im **Kapitel** *Lautstärkekurve erzeu-gen* ein, setzen Sie sich genügend Rastpunkte und verschieben diese entsprechend.

Und jetzt ist die Lautstärke gut? Da antworte ich klar mit einem: Ich weiß es nicht. Das ist wirklich nicht so einfach zu beantworten, weil man es eigentlich hören muss um eine Aussage zu treffen. Das verschlingt noch einmal richtig Zeit, die Lautstärke überall im Film perfekt anzupassen. Idealerweise ist die Lautstärke so eingestellt, dass ich, wenn ich den Film auf meinem Fernseher abspiele die gleiche Lautstärke einstellen muss wie bei einer gekauften DVD oder einem Film im Fernsehen. Dazu gibt es ein recht gutes Hilfsmittel in Magix Video Pro X. Nämlich die **VU-Meter** über der Timeline (Pfeil 1). Sie zeigen die Amplitude für den linken und rechten Audio-Kanal an. Die VU-Meter haben drei Farben. Grün, gelb und rot. Idealerweise befindet sich keine der Audiospuren im roten Bereich. Nehmen wir mal an, ich habe drei Audiospuren in einer Szene, die gleichzeitig laufen. Nämlich einen Kommentar, die Hintergrundmusik und den O-Ton. Die Audiospur, die am lautesten sein soll, hier der Kommentar, stelle ich so ein, dass die Amplitude so eben nicht in den roten Bereich kommt. Die zweitlauteste Audiospur, hier die Hintergrundmusik stelle ich so ein, dass deren Amplitude 50-60% der lauteren Spur erreicht. Die dritte Spur mit dem O-Ton stelle ich auf ca. 50-60% der Hintergrundmusik steht. Jetzt werden Sie sich fragen wie das geht ☺. Ganz einfach. Ich schalte immer alle Audio-Spuren bis auf eine Spur stumm und zähle die Balken im VU-Meter. Das Leben ist manchmal so einfach ☺. Meistens passt das dann auch schon ganz gut. Trotzdem muss man das alles nochmal mit einem Fernseher testen und sich die Stellen notieren, an denen man mit dem Ton noch nicht zufrieden ist und diese dann nochmal nachbearbeiten. Denn gerade moderne Musik empfinden wir durch ihre Kompression oft viel lauter, als es uns das VU-Meter verraten könnte.

Normalisieren nach EBU R128

Die **R 128** ist ein technisches Regelwerk, welches die Tonaussteuerung von Hörfunk- und Fernsehprogrammen neu definiert. Von den öffentlich-rechtlichen und privaten Fernsehsendern in Deutschland wird sie seit dem 31. August 2012 zumindest teilweise angewendet. Bisher galt im deutschen Rundfunk eine Aussteuerungsgrenze, die sich ausschließlich am Spitzenpegel orientierte. So durfte ein Maximalpegel von +6 dBu nicht überschritten werden. Da für das menschliche Ohr ein gleicher Pegel nicht ein gleiches Lautheitsempfinden bedeutet, hat in den vergangenen Jahrzehnten sowohl die Musik- als auch die Werbeindustrie durch den massiven Einsatz von Kompressoren dafür gesorgt, dass Musikstücke und Werbespots immer lauter wurden, ohne dabei den Spitzenpegel zu überschreiten. In der Fachwelt wird dieses Phänomen „Loudness war" („Lautheits-Krieg") genannt. Die dadurch bedingten Unterschiede in der empfundenen Lautheit sind eine häufige Ursache für Beschwerden von Zuschauern und -hörern an die technisch Verantwortlichen bei den Rundfunksendern. Daher wurde eine Lösung angestrebt, die eine Angleichung der Lautheit unterschiedlicher Programme und Programminhalte ermöglicht.

(*Diesen Absatz habe ich von www.wikipedia.de übernommen*, Seite „EBU-Empfehlung R 128". In: Wikipedia, Die freie Enzyklopädie. Bearbeitungsstand: 17. Juli 2015, 17:00 UTC. URL: https://de.wikipedia.org/wiki/EBU-Empfehlung_R_128 (Abgerufen: 20. April 2016, 14:28 UTC)

Sollten Sie zu den Glücklichen gehören, die Material an Funk und Fernsehen liefern, empfehle ich Ihnen die Normalisierung nach EBU R128 durchzuführen. Fernsehanstalten mögen nämlich kein Material, dass nicht den gängigen Normen entspricht.

Drei Seiten vorher haben Sie ja gelernt, wie man eine Tonspur normalisiert. Der Befehl **Normalisieren nach EBU R128** befindet sich direkt unter dem Befehl **Normalisieren**.

Der Film ist fertig ... aber!

Da atmet man mal tief durch, freut sich, dass man endlich den Film fertig hat, klickt auf die Schaltfläche **Brennen** (Pfeil 1) um eine DVD oder Blu-ray zu brennen und dann das ...

Sie müssen nämlich noch mindestens einen Kapitelmarker für Ihren Film setzen. Wozu fragen Sie? Das ist ganz einfach. Sie haben bei einer Kauf-DVD sicher schon mal gesehen, dass es eine Szenenübersicht gibt. Dort können Sie eine ganz bestimmte Szene auswählen und dann ansehen. Das gleiche machen die Kapitelmarker mit Ihrem Film. Das lohnt sich sicherlich nicht, wenn man nur einen zweiminütigen Film hat. Wenn Sie aber z.B. im Urlaub von Sehenswürdigkeit zu Sehenswürdigkeit gefahren oder gelaufen sind, könnten Sie am Szenenanfang jeder Sehenswürdigkeit einen Kapitelmarker setzen und dann später auf der fertigen DVD diese Sehenswürdigkeit ganz gezielt auswählen und ansehen. Das nenne ich Komfort!

Kapitelmarker setzen

Grundsätzlich können Sie drei verschiedene Methoden anwenden um Kapitelmarker zu setzen.

1. Wenn Ihr Film nur kurz ist und es sich im Grunde nicht lohnt, für den Film eine Kapitelübersicht zu erstellen, dann klicken Sie einfach auf die Schaltfläche **Ein Marker** (Pfeil 2).

2. Die Schaltfläche **Automatische Marker** (Pfeil 3, vorherige Seite) würde ich Ihnen aus eigener Erfahrung nicht empfehlen. Das Programm setzt dann nämlich an jedem Schnitt und möglicherweise auch bei Szenenwechseln jeweils einen Marker. Das können dann u. U. sehr viele Marker sein ☺. Dazu sollten Sie mal auf die Schaltfläche **Weitere Optionen** (Pfeil 4, vorherige Seite) klicken. Das öffnet das rechte Fenster, in dem Sie einstellen können, wie das automatische Setzen der Kapitelmarker von statten gehen soll. Ich will hier gar nicht weiter darauf eingehen. Sie können ja mal mit den verschiedenen Einstellungen herum spielen. Es erklärt sich ja auch im Grunde von alleine. Ich persönlich bevorzuge dagegen Methode Nummer 3.

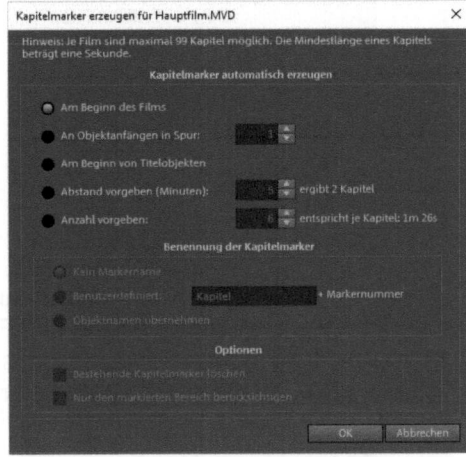

3. Es gibt nämlich auch die Möglichkeit, nach eigenem Ermessen Kapitelmarker zu setzen. Das ist ziemlich einfach und nicht sehr zeitaufwändig. Dazu sollten Sie die Fenster für die Kapitelmarker zunächst wieder schließen, falls Sie das noch nicht getan haben. Sie können nämlich direkt in der Timeline Ihres Films Kapitelmarker setzen wo immer Sie wollen und so viele Sie wollen. Im unteren Bild sehen Sie, dass ich den Abspielmarker in der Timeline an die Stelle gesetzt habe, an der die Szene mit den Bienen anfängt. Gehen Sie mit dem Mauszeiger genau auf das Dreieck des Abspielmarkers (Pfeil 1). Drücken Sie einmal kurz auf die rechte Maustaste. Gehen Sie auf dem Menübefehl **Marker** (Pfeil 2). Ein weiteres Menü klappt auf. Dort klicken Sie auf den Befehl **Kapitelmarker setzen** (Pfeil 3).

Damit ist der erste Kapitelmarker gesetzt. Das macht man nun an jeder Stelle des Films, die man für richtig hält, den Anfang eines Kapitels einzunehmen. In der Timeline sehen die Kapitelmarker so aus:

Im oberen Bild sehen Sie zwei Kapitelmarker in der Timeline (Pfeile 1 & 2).

Kapitelmarker verschieben

Sollten Sie es sich vielleicht anders überlegen und die Kapitelaufteilung ändern wollen, können Sie die Kapitelmarker auf der Timeline mit gedrückter linker Maustaste verschieben.

Kapitelmarker löschen

Wenn Sie einen Kapitelmarker nicht mehr benötigen, können Sie ihn löschen, in dem Sie genau auf dem entsprechenden Kapitelmarker einen Rechtsklick mit der Maus machen und den Befehl **Löschen** (Pfeil 3) auswählen.

Kapitelmarker umbenennen

Sicher ist Ihnen im oberen Bild aufgefallen, dass es in dem Kontextmenü nicht nur den Befehl **Löschen** gibt, sondern auch noch den Befehl **Umbenennen**. Das sollten Sie auf jeden Fall mit jedem Ihrer Kapitelmarker machen. Geben Sie jedem Marker einen Namen, der sich auf die nachfolgende Szene bezieht. Also für die Bienen-Szene z.B. Biene, für die Szene mit dem Helikopter den Namen Helikopter usw. Um noch mal auf die Idee mit den Sehenswürdigkeiten zurück zu kommen (Kapitel: Der Film ist fertig ... aber), Sie könnten jedem Kapitelmarker am Anfang einer Szene mit einer Sehenswürdigkeit deren Namen dort eintragen. Warum das Ganze fragen Sie? Auf der DVD heißen die Kapitel dann nicht 1, 2, 3

usw. Sondern Sie haben den Namen, den Sie hier vergeben haben. Das ist irgendwie professioneller. Finden Sie nicht auch? ☺ Geben Sie also allen Kapitelmarkern einen Namen.

Wie Sie in nun der Timeline sehen können helfen Ihnen die so benannten Kapitelmarker auch schon im Film, die Orientierung zu behalten. Die Namen stehen dann nämlich direkt neben den Markern (Pfeile 1-4).

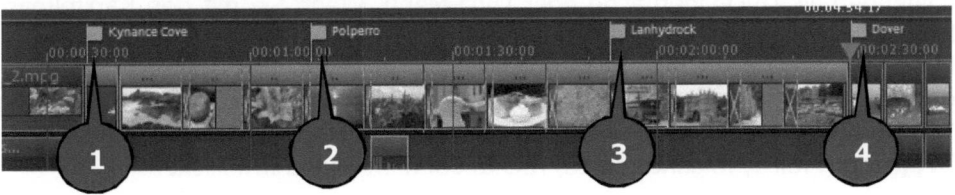

Wir machen Kapitel in unseren Film

In unserem *Buch-Beispiel-Projekt* lohnt es sich eigentlich nur für den Hauptfilm, diesen in Kapitel zu unterteilen. Da machen wir uns jetzt an die Arbeit. Setzen Sie Kapitelmarker jedes Mal an einen Szenenanfang, wenn der dargestellte Inhalt des Films sich ändert. Bei mir sind das in chronologischer Folge folgende Kapitelmarker: Bienen, Lanhydrock, Sommerregen, Bäume, Royal Navy, Hubschrauber, Rettungsübung, Mt. Edgcump, Padstow, Paraglider, Surfer, Polperro, Dover und Dia-Show. Möglicherweise haben Sie die Szenen in einer anderen Reihenfolge in den Film eingefügt als ich. Fühlen Sie sich also völlig frei und setzen Sie die Kapitelmarker nach eigenem Gutdünken. Wenn Sie denken, Sie könnten jetzt eine DVD brennen, haben Sie sich getäuscht ☺. Kaum klicken Sie erneut auf die Schaltfläche **Brennen** öffnet sich dieses Fenster. Magix Video Pro X verlangt in

jedem Film mindestens einen Kapitelmarker. Vorhin haben wir festgelegt, dass sich eine Unterteilung in Kapitel nur für unseren Hauptfilm lohnt. Wir verzichten also für die

Dia-Show auf das Setzen von eigenen Kapitelmarkern. Da wir aber einen setzen müssen, klicken Sie in dem kleinen Fenster einfach einmal auf die Schaltfläche **Ein Marker** (Pfeil 1).

Brennen

Ob Sie den Film jetzt auf eine DVD oder eine Blu-ray brennen ist für die Auswahl des Menüs technisch völlig identisch. Aus praktischen Gründen bezeichne ich die Datenträgerbenutzeroberfläche (auch ich kann schwierige Wörter erfinden ☺) im Folgenden als DVD-Oberfläche oder DVD-Menü. Wenn Sie mit den Kapitelmarkern für alle Filme durch sind, können Sie endlich eine DVD-Oberfläche auswählen und anschließend eine DVD oder Blu-ray brennen. Erst später werden wir gefragt, auf welchen Datenträger wir brennen wollen. Sollten Sie in allen Filmen Kapitelmarker von Hand gesetzt haben, müssen Sie noch auf die Schaltfläche **Brennen** (Pfeil 1, folgende Seite) rechts oben im Bildschirm klicken.

Das folgende Fenster öffnet sich. Sie sehen eine Anordnung Ihrer Filme, sowie einige Schaltflächen.

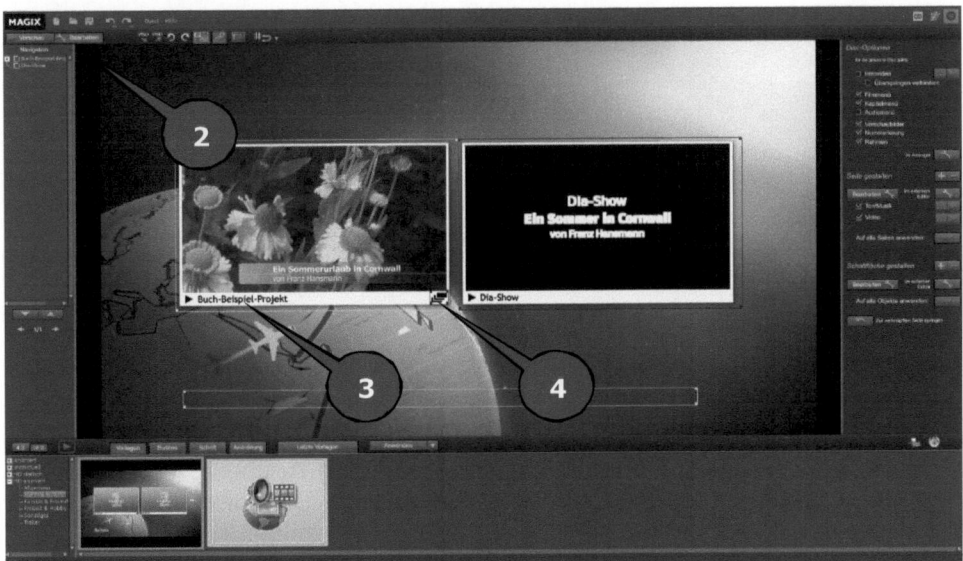

Diese Vorschau des DVD-Menüs kann sehr umfangreich verändert werden. Dazu klicken Sie auf die Schaltfläche **Bearbeiten** (Pfeil 2). Sie können jederzeit einen anderen Hintergrund auswählen und Elemente im Menü an eine andere Stelle bewegen. Ebenso können Sie bestimmen, ob und wenn ja welche Hintergrund-musik z.B. laufen soll, während das DVD-Menü zu sehen ist.

Obwohl wir den ersten Film ja in „Hauptfilm" unbenannt haben, erscheint hier als Name Buch-Beispiel-Projekt (Pfeil 3, vorherige Seite). Das ändern wir mal schnell. Dazu doppelklicken Sie den Text.

In das Feld **Menütext** (Pfeil 1) schreiben Sie nun statt *Buch-Beispiel-Projekt* das Wort *Hauptfilm*. Klicken Sie auf **OK** um die Änderung zu übernehmen. Mit dem Rest des Fensters beschäftigen wir uns später noch. Das kleine Symbol in der Ecke zeigt Ihnen an, dass es für diesen Film eine Szenenauswahl gibt (Pfeil 4, vorherige Seite).

DVD-Menü auswählen

Das DVD-Menü ist das, was Ihre Zuschauer zu sehen bekommen, wenn sie Ihre DVD in einen DVD-Spieler einlegen oder auf dem PC sehen wollen. Das DVD-Menü lässt sich sehr individuell gestalten. Sie können das DVD-Menü in der Vorschau betrachten, testen und wieder ändern, so oft Sie wollen, ohne erst eine oder womöglich viele DVDs zu opfern.

Ihnen gefällt das vorgeschlagene DVD-Menü nicht? Mir auch nicht. Ich finde es zu schlicht. Links unten im DVD-Menü können Sie thematisch sortiert nach fertigen DVD-Oberflächen suchen (Pfeil 1). Um diese Auszuwählen, müssen Sie dann nur in der Vorschauleiste einen Doppelklick auf die gewünschte Vorlage machen (Pfeil 2). Schon sehen Sie in der Vorschau, wie es später aussehen wird. Schauen Sie auch ruhig mal in die 4:3 Vorlagen (Pfeil 3). Sie können auch ein DVD-Menü in 4:3 auszuwählen, obwohl die Filme selbst in 16:9 sind. Sie müssen dann nur darauf achten, dass z.B. Texte vollständig zu sehen sind. Wie Sie das DVD-Menü anpassen lernen Sie ja jetzt noch. Wenn man sich Arbeit sparen möchte, wählt man natürlich das DVD-Menü passend zum Film. Also in unserem Fall 16:9. Damit Sie ein anderes DVD-Menü wählen können, müssen Sie zunächst wieder in den Modus **Vorschau** (Pfeil 4).

Animiertes Menü

Wenn Sie sich für ein animiertes DVD-Menü entschieden haben, und da würde ich schon sagen: „Wenn schon, denn schon!", können Sie mit einem Klick auf die Schaltfläche **Menüvorschau** (Pfeil 1) die animierte Vorschau starten. Jetzt sehen Sie, dass Magix Video Pro X nicht nur Einzelbilder aus Ihrem Film gezogen hat um das Menü zu gestalten, sondern es lässt den Film in Teilen ablaufen. Viele der vorgefertigten DVD-Menüs haben übrigens auch schon eine Hintergrundmusik, die Sie in der Vorschau natürlich auch hören können.

Ein erneuter Klick auf diese Schaltfläche stoppt die Vorschau wieder.

Eigenschaften des DVD-Menüs verändern

Ich weiß, es fällt schwer sich zu entscheiden. Aber jetzt müssen Sie es tun ☺. Wählen Sie eine DVD-Menü-Vorlage aus, die Sie für dieses Projekt verwenden wollen. Um die Eigenschaften des DVD-Menüs zu verändern, klicken Sie bitte links oben auf die Schaltfläche **Bearbeiten** (Pfeil 2).

In diesem Fenster sehen Sie eine ganze Menge Einstellmöglichkeiten. Nicht erschrecken. Es ist alles halb so wild.

Wie Sie sehen, habe ich mich für ein Menü entschieden, bei dem jeder Teilfilm auf einer Extra-Bildschirmseite angezeigt wird. Um vom Hauptfilm z.B. zu den Extras zu gelangen, muss man auf den Pfeil rechts unten in der Ecke klicken (Pfeil 1). Der Pfeil in der Mitte dient dazu den Film zu starten (Pfeil 2). Und das Symbol daneben (Pfeil 3) wechselt in die Kapitelübersicht. Ich hätte natürlich auch eine Menü-Vorlage wählen können, bei der alle Teilfilme auf eine Bildschirmseite passen. Aber dann hätte ich Sie auf etwas nicht aufmerksam machen können. Irgendwann wären Sie dann vielleicht mal darüber gestolpert und hätten sich gewundert oder sich über mich geärgert ☺. Ich finde es persönlich grauenhaft, wenn auf einer Seite z.B. als Schrift Arial 18 und auf der nächsten Seite Times New Roman 12 benutzt wird. Oder etwa die Schaltflächen ständig an anderen Stellen sind. Ein klein wenig Ästhetik schadet einfach nicht. Wenn alles auf einer Bildschirmseite ist, sieht man das in der Regel sofort. Wenn aber alles auf mehrere Seiten verteilt ist, kann man leicht mal was übersehen. Wenn Sie also Schriftart und -größe oder Farben und Positionen ändern, machen Sie es sorgfältig. Wie Sie sehen können, haben die Textelemente und die Bedienelemente einen Rahmen und Anfassermarken in den Ecken dieser Rahmen. Wenn Sie Textfelder oder Bedienelemente an einer anderen Stelle haben möchten, müssen Sie nur den

Mauszeiger mitten in das Objekt bewegen. Dann können Sie es mit gedrückter linker Maustaste an eine andere Stelle bewegen. Die Eckanfasser dienen dazu ein Element zu vergrößern oder zu verkleinern. Bevor Sie anfangen das DVD-Menü umzumodeln, sollten Sie einige Einstellungen vornehmen. Dazu sehen wir uns mal die Bedienelemente über unserer Vorschau an (Pfeil 5, vorherige Seite).

Aktiviert werden die Funktionen durch einfachen Mausklick. Ein weiterer Maus-klick schaltet die Funktion wieder aus. Eingeschaltete Funktionen sind hellblau hinterlegt.

Das erste Symbol von links sorgt dafür, dass Größenänderungen mit einem den Eckanfasser das zu ändernde Element proportional skaliert. Für nicht Mathematiker: Wenn Sie einen der Eckanfasser mit gedrückter linker Maustaste bewegen, bleiben die Seitenverhältnisse erhalten. Breite und Höhe bleiben immer im gleichen Verhältnis.

Das zweite Symbol schaltet den so genannten Groupmodus ein bzw. aus. Wenn Sie sich das DVD-Menü genau ansehen, sehen Sie, dass die Schaltflächen für den Filmstart mit dem Namen des Films verbunden sind. Wenn Sie den Text bewegen, bewegen Sie auch die Schaltfläche für den Filmstart. Schalten Sie den Groupmodus aus, können Sie die Elemente getrennt voneinander bewegen und auch getrennt in der Größe verändern.

Das dritte Symbol ist vor allem dann wichtig, wenn die DVD später auch auf einem Fernseher gezeigt werden soll. Der Text oder Schaltflächen sollten natürlich immer vollständig zu sehen sein. Ist diese Funktion aktiviert, wird ein dünner grauer Rahmen in Ihrem DVD-Menü angezeigt (Siehe erstes Bild auf der folgenden Seite). Alles was sich innerhalb dieses Rahmens befindet, ist der TV-Anzeigebereich.

Das vierte Symbol erzeugt eine Art magnetisches Raster auf Ihrem DVD-Menü. Damit können Sie Elemente viel leichter Positionieren, so dass Sie auf allen Bildschirm-seiten an der gleichen Stelle sind. Wenn Sie auf den kleinen Pfeil neben dem Magnet-Symbol klicken können Sie noch einige Einstellungen vornehmen. So können

Sie z.B. ein dunkles Raster in Ihr DVD-Menü einblenden lassen, dann können Sie noch besser erkennen, wo Sie Elemente hinschieben können oder müssen. Dann können Sie notfalls auch die Kästchen abzählen, um ein Objekt exakt zu positionieren.

Wenn Sie die Eigenschaften von Textfeldern verändern wollen, müssen Sie den entsprechenden Text doppelklicken.

Hier können Sie nicht nur Schriftart, Textgröße und Textfarbe verändern, sondern auch noch Effekte wie Umrandung, Schatten und 3D-Effekte hinzufügen. Ich setze mal voraus, dass Sie in einer Textverarbeitung schon mal Schriftart und Textgröße geändert haben und wissen wie das geht. Änderungen speichern Sie durch Klick auf die Schaltfläche **OK**. Ich denke, dieses Fenster erklärt sich weitestgehend von selbst.

Links oben sehen Sie alle Teilfilme (Pfeil 4, 3 Seiten vorher). Hier können Sie noch entscheiden, ob Sie einen Film vielleicht doch nicht auf der DVD haben wollen. Sie müssen dann nur das rote Häkchen davor durch einen Mausklick entfernen. Das Schöne daran ist, dass der entsprechende Film auch sofort aus dem DVD-Menü verschwindet. Aber Achtung! Einer der Filme **MUSS** aktiviert sein.

◄ 1/4 ► Links unten gibt es Richtungspfeile, mit deren Hilfe Sie sich schnell von einer Bildschirmseite zur nächsten und wieder zurück durchklicken können. Wenn man schnell zwischen zwei Seiten hin und her klickt, sieht man auch sofort, ob alles an seinem richtigen Platz ist.

Die Eistellmöglichkeiten die Sie am rechten Bildschirmrand sehen, muss man mit ein wenig mit Vorsicht genießen. Je nachdem welches DVD-Menü Sie auswählen, können Sie dort nämlich nicht alles einsetzen. Auch wenn einige Dinge sehr verführerisch klingen ☺. Sie können gerne mal mit den Einstellungen herum spielen. Wenn Sie Ihr DVD-Menü total verkorkst haben (aus eigener Erfahrung weiß ich, wie schnell das passiert), müssen Sie zurück in die Vorschau (Schaltfläche ganz links oben im Fenster) und Ihr DVD-Menü erneut durch Doppelklick auswählen.

Eine Sache mache ich hier aber recht häufig, egal welches DVD-Menü ich ausgewählt habe. Ich wähle ein Introvideo (Pfeil 1) aus. Dieses Introvideo läuft dann ab, bevor das DVD-Menü erscheint. Das ist wie der Trailer auf einer DVD. Wie Sie sehen, gibt es sogar eine Schalfläche, um zu verhindern, dass das Introvideo übersprungen werden kann (Pfeil 2). Das Audiomenü (Pfeil 3) ist ebenfalls interessant. Wenn Sie in Ihrem Film mehrere Audiospuren verwendet haben und z.B. die Musik immer in einer eigenen Spur ist, können

Sie diese Spur aus dem Audio-Menü heraus alleine abspielen. Das ist z.B. Interessant, wenn Sie einen Film mit mehrsprachigen Kommentaren machen möchten.

Wenn Sie auf die Auswahlschaltfläche (Pfeil 1, vorherige Seite) klicken öffnet sich ein Fenster mit bereits vorgefertigten Introvideos. Sie können eines davon auswählen oder Sie suchen sich ein eigenes Video auf der Festplatte aus.

Kommen wir noch mal schnell zu den Kapiteln. Die haben wir schließlich von Hand mit Markern versehen, dann wollen wir auch jetzt was davon haben. Wenn Sie in der Vorschau sind (Pfeil 1), können Sie auf der Seite des Hauptfilms in die Kapitelübersicht wechseln (Pfeil 2).

Hatte ich Ihnen nicht versprochen, dass die Kapitel mit dem Namen des Kapitelmarkers erscheinen? Hier sind sie auch noch durchnummeriert. Sie können also nicht nur sehen, welchen Namen das Kapitel hat, Sie können auch die Reihenfolge innerhalb Ihres Films sehen.

Wenn Sie die Schriftart, die Schriftfarbe und die Schriftgröße ändern möchten, geht natürlich auch das. Dazu machen Sie auf dem ersten Kapitel einen Rechtsklick mit der Maus. Wählen Sie aus dem Kontextmenü den Befehl **Eigenschaften** (Pfeil 1).

Wie Sie sehen, steht der Name des Kapitelmarkers schon im Feld Menütext. Entfernen Sie zunächst durch Mausklick das Häkchen bei **Menütext passend zur Vorlage kürzen** (Pfeil 1, vorherige Seite). Ändern Sie nun die Textgröße mit den Pfeiltasten (Pfeil 2, vorherige Seite) z.B. auf **12**. Klicken Sie auf **OK** (Pfeil 3, vorherige Seite) um die Änderung zu speichern.

Das müssen Sie dann natürlich für alle Kapitel machen.

In unserem Beispiel ist die Position der Texte nicht gerade praktisch, da sie auf den Vorschaubildern der Kapitel liegen. Eine einheitliche Schriftfarbe zu finden, die auf allen Kapiteln gut lesbar ist, ist oft nicht so einfach. Deshalb habe ich alle

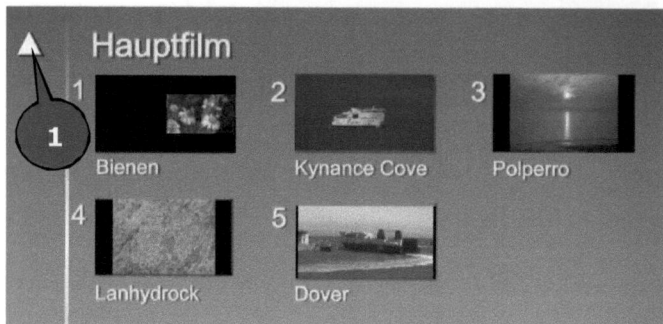

Texte neu angeordnet. Wenn Sie links oben im Fenster auf die Schaltfläche **Bearbeiten** klicken, dann den **Groupmodus** (geschlossene Kette) ausschalten, können Sie alle Elemente frei bewegen. Die Nummern der Kapitel würde ich

übrigens nicht löschen. Bei vielen DVD-Spielern kann man nämlich durch Drücken der entsprechenden Zahl auf der Fernbedienung direkt in das Kapitel springen. Mit der **Pfeil**-Schaltfläche kommen Sie wieder zurück in Ihr DVD-Menü (Pfeil 1). Das Verschieben der Positionen ist nicht ganz so einfach, wie das hier klingt. Das sind mehr Elemente, als Sie auf den ersten Blick vielleicht gedacht haben. Über den Vorschaubildern liegen nämlich die eigentlichen Schaltflächen. Diese sind im „Bearbeiten"-Modus nur durch einen dünnen Rahmen zu erkennen. Wenn Sie nicht sicher sind, ob Sie das richtige Objekt bewegt haben, sollten Sie öfter mal in den „Vorschau"-Modus wechseln. Da werden Sie schon sehen, ob die Schaltfläche vielleicht neben dem Vorschaubild liegt.

Wir brennen unseren Film auf eine DVD

Endlich, endlich alles erledigt. Jetzt können Sie Ihre erste DVD brennen. Dazu klicken Sie im Vorschaumodus des DVD-Menüs auf die Schaltfläche **Brennen** (Pfeil 1).

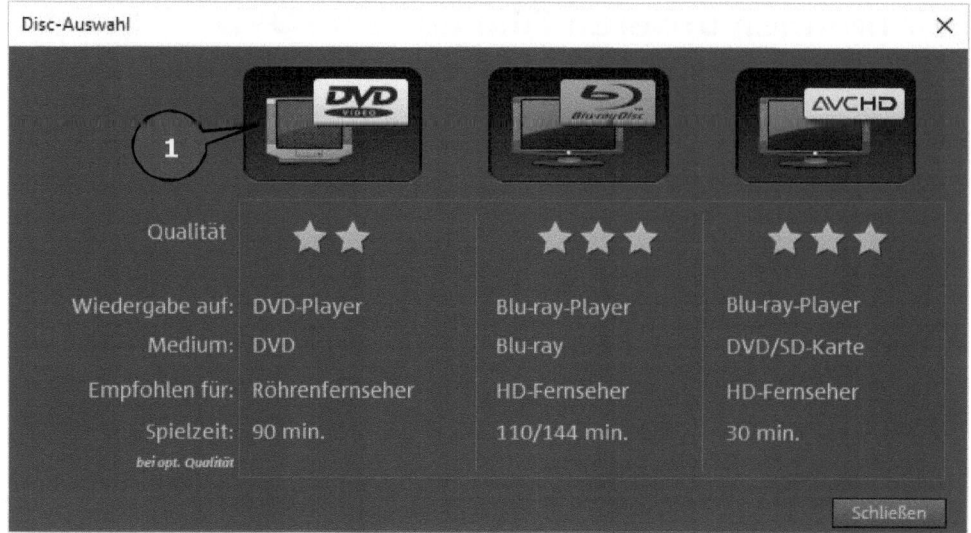

Daraufhin öffnet sich dieses kleine Auswahlfenster. Die DVD hat zwar von den hier abgebildeten Datenträgern die schlechteste Bildqualität, hat aber den Vorteil, dass sie auch auf anderen Abspielgeräten außer dem PC und einem DVD-Player läuft. Eine DVD können Sie auch in einen Blu-ray-Player, eine Sony-Playstation oder einen Apple-Computer stecken. Um die höheren Auflösungen nutzen zu können, müssen Sie zunächst mal Videomaterial im HD1080-Format besitzen. Wenn Sie dann noch einen Blu-ray-Player oder eine Sony-Playstation Ihr Eigen nennen, in Ihrem PC schon ein Blu-ray-Brenner verbaut ist und Sie auch noch einen Fernseher mit HD1080-Technik (FullHD) besitzen, sollten Sie sich ruhig mal eine Blu-ray-Disk brennen. Die Bildqualität ist einfach umwerfend. Gehen wir aber hier mal davon aus, dass Sie einen Datenträger erzeugen möchten, der für die breite Masse der Bevölkerung geeignet ist. Also zurzeit immer noch eine DVD. Klicken Sie dazu auf die Schaltfläche **DVD** (Pfeil 1).

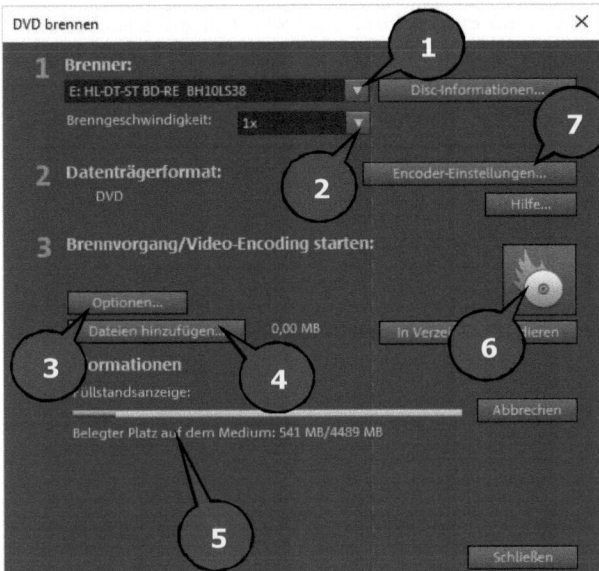

Sollten Sie über mehrere DVD-Brenner in Ihrem PC verfügen, können Sie auswählen welchen Sie benutzen möchten (Pfeil 1). Die Brenngeschwindigkeit (Pfeil 2) ist abhängig vom Brenner aber auch von den verwendeten Rohlingen.

Ein Klick auf die Schaltfläche **Optionen** (Pfeil 3) lohnt sich aus einem ganz bestimmten Grund. Dort können Sie nämlich den Namen der DVD ändern. Vorgeschlagen wird hier der Projektname. Je nachdem, wie Sie das Projekt genannt haben kann das später unschön aussehen. Der Name wird unter anderem im Windows-Explorer angezeigt, wenn Sie die DVD einlegen. Viele DVD-Spieler blenden den Namen auch im Display ein. Und da liegt das Problem. Wenn im Namen der DVD deutsche Umlaute, also äöüß oder Sonderzeichen vorkommen, kann es passie-

ren, dass die DVD nicht erkannt wird oder im Display irgendwelche Zeichenfolgen angezeigt werden, die Sie so nicht haben wollten. Als Faustregel gilt: Verwenden Sie nur die Buchstaben von a-z und A-Z, die Zahlen von 0-9, sowie den Unterstrich _ (Shift-Bindestrich). Diese Zeichen sind nämlich auf allen Computersystemen gleich. Und so ein DVD-Player ist auch nur ein kleiner Computer.

Sie erinnern sich, dass wir in den Extras eine kleine Dia-Show erstellt haben und auch am Ende des Hauptfilms einige Fotos eingefügt wurden. Diese Fotos einzeln aus dem Film zu extrahieren ist zwar technisch kein Problem, bleibt aber von der Qualität her weit hinter den Originalfotos zurück, da Sie ja nur in DVD-Qualität

extrahiert werden können. Davon Abzüge auf Papier zu machen ist wenig sinnvoll. Wenn Sie die DVD verschenken möchten, können Sie dem Empfänger sicherlich eine Freude machen, indem Sie die Fotos in Originalqualität mit auf die DVD packen. Die kann man sich dann im Windows-Explorer ansehen und wenn man möchte auch in vernünftiger Qualität auf Papier drucken. Um der DVD Dateien oder ganze Ordner hinzuzufügen, klicken Sie auf die Schaltfläche **Dateien hinzufügen**

(Pfeil 4, vorherige Seite). Wählen Sie den Ordner oder die Dateien aus, die Sie zusätzlich auf die DVD brennen wollen. Wenn Sie aus mehreren Ordnern Dateien importieren möchten, müssen Sie den ganzen Vorgang mehrmals durchführen.

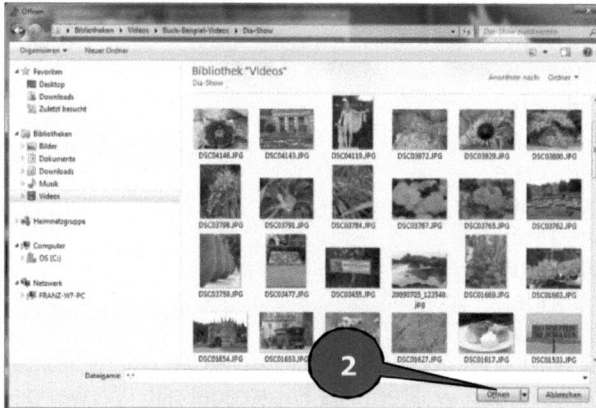

Klicken Sie auf die Schaltfläche **Datei...** (Pfeil 1), wählen Sie den gewünschten Ordner aus, markieren Sie die entsprechenden Dateien und klicken Sie dann auf **Öffnen** (Pfeil 2). Im oberen Bild sehen Sie eine bereits ausgewählte Liste von Fotos (Pfeil 3). Das geht übrigens nicht nur mit Fotos, sondern mit Dateien aller Art. Der Füllstandsanzeiger (Pfeil 5, vorherige Seite) zeigt Ihnen an, ob noch genug Platz auf der DVD ist.

Sollte die Kapazität des Datenträgers nicht für den Film reichen und Sie haben gerade keinen passenden Datenträger zur Hand, lohnt es sich mal auf die Schaltfläche **Encoder-Einstellungen** (Pfeil 7, zwei Seiten vorher). Hier können Sie Bitrate und die Qualität anpassen. Im Normalfall würde ich ja sagen, die beste Qualität ist uns gerade gut genug. Bei der Bitrate lohnt es sich aber wohl kaum, diese höher einzustellen, als die Kamera die Bilder liefert. Ein Knackpunkt könnte auch das Abspielgerät werden. Die haben nämlich auch eine maximale Geschwindigkeit. Sollten Sie einen Film nur für sich machen und Sie die maximale Bitrate Ihres Abspielgerätes kennen (steht oft im Handbuch bei den Spezifikationen), dann können Sie die Einstellung natürlich für Ihre Zwecke anpassen. Aber wehe, Sie wollen mal einen Film auf einem „langsameren" Gerät abspielen. Im Handbuch Ihrer Kamera sollte die Bitrate übrigens auch drin stehen. Wenn Sie die Kapazität eines Datenträgers geringfügig überschritten haben, können Sie einfach einmal auf die Schaltfläche **Bitrate anpassen** (Pfeil 1) klicken. Magix Video Pro X wird dann die Bitrate automatisch so einstellen, dass der Film auf den Datenträger passt. Das **Smart Rendering** (Pfeil 2) sollten Sie eingeschaltet lassen. Damit wird die benötigte Zeit, einen Datenträger zu erstellen dramatisch verkürzt, wenn das Ausgangsmaterial schon im MPEG-Format vorlag.

Wenn Sie das alles erledigt haben, können Sie endlich zum Finale kommen. Legen Sie eine leere, beschreibbare DVD ein und klicken Sie auf die Schaltfläche **Bren-**

nen (Pfeil 6, zwei Seiten vorher). Unter Umständen erscheint diese Meldung (vorheriges Bild). Sie werden darauf hingewiesen, dass es irgendwo in Ihrem Film Stellen gibt, die kein Filmmaterial enthalten, also einfach leer sind. Ich habe das absichtlich gemacht, um das zu demonstrieren. Das kann natürlich gewollt sein. Aber wenn Sie das nicht wollten, müssen Sie hier **Abbrechen** und die fehlerhaften Stellen im Film suchen und korrigieren. Hilfreich dabei ist, dass die Meldung Ihnen genau anzeigt, wo die schwarzen Flecken sind. Aber wir sind jetzt mal so frei und sagen, das war alles so gewollt und klicken auf die Schaltfläche **Ignorieren**.

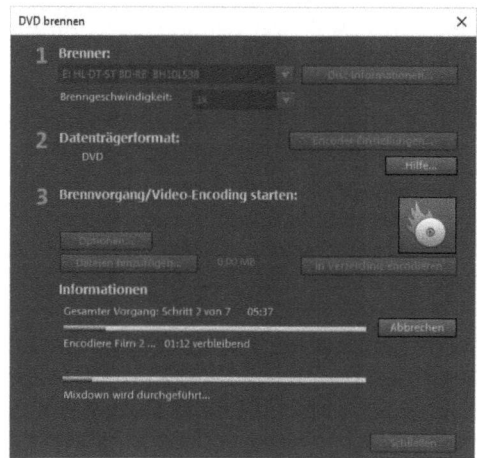

Was soll ich sagen? Jetzt geht es wirklich los. Magix Video Pro X berechnet jetzt den Film und brennt danach sofort die DVD. Wie lange das dauert ist von mehreren Faktoren abhängig. Was den sogenannten Mixdown, also das Berechnen der Videodateien angeht, ist die Dauer von zwei Größen Abhängig. Da wären die Länge des Films und die Rechenleistung Ihres PCs. Der eigentliche Brennvorgang benötigt in der Regel viel weniger Zeit. Die Dauer des Brennvorgangs ist abhängig von der Geschwindigkeit Ihres DVD-Brenners und den DVD-Rohlingen. Auf einem Notebook dürften sowohl die Berechnung der Videos, wie auch das Brennen der DVD, bei gleicher Taktrate, deutlich langsamer ablaufen als auf einem Desktop-PC. Vor allem, wenn man mit HD1080-Filmmaterial arbeitet, gibt es nur eines, was besser ist als viel Rechenpower. Nämlich noch mehr Rechenpower.

Beim ersten Mal habe ich noch begeistert zugesehen, obwohl das den Spannungsgrad hat, als ob man jemandem beim Angeln zusieht ☺. Seit dem mache ich mir lieber einen Cappuccino und warte die paar Minuten ab. Und dann ist es endlich soweit. Die DVD wurde erfolgreich gebrannt. Die Berechnung der Videodateien und das Brennen benötigen viel Systemleistung. Sie sollten daher vermeiden, in dieser Zeit noch andere Dinge auf dem PC zu machen. Das kann durchaus dazu führen, dass die DVD *NICHT* erfolgreich gebrannt werden kann.

DVD auf dem PC abspielen

Wenn Sie die fertig gebrannte DVD in Ihren PC einlegen, werden Sie in der Regel nach einigen Sekunden gefragt, was Sie damit machen wollen. Um eine Film-DVD auf einem PC abspielen zu können, benötigen Sie ein entsprechendes Abspielprogramm. Wie Sie sehen, habe ich zwei davon. Mein Favorit, wegen des Bedienkomforts, ist PowerDVD. Das Programm ist kostenpflichtig, ist aber auf vielen PC beim Kauf schon vorinstalliert. Der VLC Media Player hingegen ist Freeware, also kostenlos. Er hat nicht nur den Vorteil, kein Geld zu kosten, er spielt auch nahezu jedes Videomaterial klaglos ab. Neben diesen beiden Programmen gibt es natürlich noch eine Unzahl anderer. Verwenden Sie einfach das Programm, das Ihnen am besten gefällt. Wenn Sie einen kostenlosen Blu-ray-Player suchen, den gibt es auch. Er heißt Leawo und kann über das Internet kostenlos heruntergeladen werden.

Im Windows-Explorer können Sie sich die Laufwerke anzeigen lassen, in dem Sie bei Windows 7 oder Windows 8 auf die Schaltfläche **Computer** klicken. Bei Windows 10 heißt diese Schaltfläche **Dieser PC**. Wie Sie sehen, wird der Name der DVD abgeschnitten, weil nur maximal 16 Zeichen angezeigt werden können. Bei manchen DVD-Spielern, können evtl. auch nur

11 oder 13 Zeichen angezeigt werden. Sollten Sie den Autostart unter Windows abgeschaltet haben, können Sie DVD hier auch per Doppelklick starten.

Die DVD läuft oder läuft nicht!

Ich habe bisher noch keinen PC mit DVD-Laufwerk und geeigneter Software gefunden, auf dem meine selbstgebrannten DVDs nicht laufen würden. Bei DVD-Spielern im Wohnzimmer sieht das schon anders aus. Ich habe drei solcher Geräte. Bei dem sündhaft teuren Markengerät läuft nur etwa jede zweite DVD ohne Probleme. Bei dem € 44,50 NoName DVD-Player und meinem € 99,-- Blu-ray-Player hingegen laufen bisher alle Datenträger ohne zu murren. Probieren Sie es einfach aus. Sollte eine DVD/Blu-ray auf Ihrem Player nicht laufen, lohnt es sich vielleicht, eine neue DVD zu brennen und dabei die Brenngeschwindigkeit zu reduzieren. Ich habe damit bei DVDs und auch bei Musik-CDs oft Erfolg gehabt. Sollten Ihre selbstgebrannten Filme auf Ihrem DVD-Player nicht funktionieren, kann ich Ihnen nicht garantieren, dass diese Methode hilft. Ihre Chancen steigen dadurch aber beträchtlich.

DVD-Aufkleber oder bedruckbare DVD

Nur mit einem Filzschreiber auf eine DVD zu schreiben, was darauf gebrannt ist, ist wenig beeindruckend. Wenn ich mir schon so viel Arbeit mache, meinen Film zu bearbeiten, dann soll er schon beim Auspacken ein Wow erzeugen. Lange Jahre habe ich Aufkleber verwendet. Das sieht auch recht gut aus, wenn man sich etwas Mühe gibt. Meist benutze ich irgendein Bild aus dem Film als Hintergrundgrafik, drucke den Titel und Informationen über den Film mit auf den Aufkleber. Die Aufkleber haben aber einen Nachteil. Wenn man sie wechselndem Klima aussetzt, werden sie wellig. Sind sie wellig, laufen die DVDs auch unwuchtig. Das kann dazu führen, dass die DVD nicht mehr abspielbar ist. Seit ein paar Jahren gibt es Drucker, die in beeindruckender Qualität direkt auf eine DVD oder auch CD drucken können. Auch die dafür notwendigen bedruckbaren Rohlinge sind leicht verfügbar und bezahlbar. Eine weitere Variante sind sogenannte Lightscribe-Rohlinge. Mit einem geeigneten Brenner lassen sich die Cover direkt in die DVD-Oberfläche brennen. Solche DVDs sehen einfach toll aus. Allerdings dauert das Brennen der Coveroberfläche auf meinem Rechner 16 Minuten. Das ist also nichts für die Massenproduktion.

DVD-Hülle(n) und Coverdruck

Magix Video Pro X enthält ein leistungsfähiges Programm, um Cover und Inlays für die verschiedensten DVD-Verpackungen direkt zu bedrucken. Sie können Bilder und Texte nach Belieben setzen und sich z.B. ein Cover in der richtigen Größe ausdrucken. Sie müssen so auch nicht lange nachmessen oder im Internet recherchieren, welche Maße Sie benötigen. Das Cover-Programm erreichen Sie über das Brenn-Programm. Sie klicken im Hauptbildschirm zunächst mal auf **Brennen**.

Dort finden Sie rechts unten in der Ecke ein kleines unscheinbares Druckersymbol (Pfeil 1). Klicken Sie darauf, sind Sie im *Magix Extreme Druck Center*.

Magix Video Pro X übernimmt dabei Elemente aus Ihrem DVD-Menü in die Cover-Layouts. Das spart extrem viel Zeit, wenn man das nicht alles selbst machen muss.

Backup des Projekts anlegen

Videodateien sind sicherlich die Dateien, die den meisten Platz auf der Festplatte benötigen. Irgendwann werden Sie vielleicht auch in die Verlegenheit kommen, dass sich Ihre Festplattenkapazität dem Ende neigt und Sie überlegen müssen, was Sie löschen können oder was Sie evtl. auf eine andere Festplatte auslagern können. Sie könnten natürlich auch einfach eine größere Festplatte einbauen. Das löst das Problem erst einmal genauso. Sicherlich ist Ihnen auch bewusst, dass Sie ab und an mal eine Datensicherung machen sollten. Wenn Sie jedes Mal alle Ihre Videodateien mit sichern müssen, dann kann das was dauern. Wenn Sie z.B. eine externe Festplatte benutzen um Daten dahin auszulagern oder Sie auf die Idee kommen Ihre Videodaten umzusortieren oder was genauso schlimm wäre, diese einfach umzubenennen, dann kann es vorkommen, dass Sie ein „altes" Videoprojekt öffnen wollen und die Meldung bekommen, dass irgendwelche Dateien nicht gefunden wurden. Diese Dateien dann wiederzufinden und an den „richtigen" Platz zurück zu kopieren kann ganz schön mühsam sein. Dieser Gefahr können Sie ganz einfach entgehen, in dem Sie ein Backup Ihres kompletten Video-Projekts irgendwo auf der Festplatte sichern. Dabei werden alle Dateien, die Sie in dem Projekt verwendet haben mit in diesen Ordner kopiert. Also alle Filme, Audio-Datei und Bilder bleiben zusammen. So können Sie auch auf einem ganz anderen Rechner, auf dem natürlich Magix Video Pro X installiert sein muss, ein komplettes Backup Ihres Videoprojektes einspielen und dort weiterbearbeiten. Die Backup-Funktion können Sie aufrufen, in dem Sie auf den Menübefehl **Datei/Sicherheitskopie/Projekt und Medien in Ordner kopieren** klicken.

Tipps und Tricks

In meinen Computer-Kursen stelle ich immer wieder fest, dass den Kursteilnehmern wichtige Basics fehlen. Deshalb kommen hier einige kleine Kapitel, die Ihnen hoffentlich helfen können, Aufgaben nicht nur in Ihren Video-Projekten zu lösen. Diese Tipps gelten, zumindest teilweise, schließlich für alle Anwendungen. Außerdem gibt es ein paar Tricks und Kniffe, die man in Magix Video Pro X vielleicht nicht jeden Tag braucht, die aber ausgesprochen Interessant sind.

Was tun, wenn der PC abstürzt?

Oh. Das kann ich ja leiden, wie ein Schnellball den Sommer. Bei so einem Absturz kann alles Mögliche passieren. Das Schlimmste ist, wenn der Absturz in dem Moment passiert, wenn gerade etwas gespeichert wird. In der Regel wird dann genau die Datei, die gerade gespeichert werden sollte beschädigt. Es ist wirklich blöd, wenn das ausgerechnet die Magix Projektdatei ist. In meinem Berufsleben habe ich schon hundert Mal den Satz gehört:"Ich wollte gerade speichern …" Naja. Wenn das Kind in den Brunnen gefallen ist, hilft Ihnen Magix Video Pro X hoffentlich aus der Patsche. Das Programm legt nämlich alle 10 Minuten eine Sicherungskopie an. Im Idealfall hat das Programm den Absturz und die Beschädigung der Projektdatei registriert und bietet Ihnen an, ein Backup-Projekt zu öffnen (Pfeil 1).

Das funktioniert im Prinzip genauso, wie bei der Wiederherstellungsdatei Ihres Office-Programms. Wenn alles klappt, haben Sie maximal 10 Minuten Arbeit verloren. Das kann man so gerade noch verschmerzen.

Was aber, wenn das automatische Anbieten einer Projektbackup-Datei nicht funktioniert? Kopf hoch. Auch da kann Ihnen geholfen werden. Erinnern Sie sich noch, welchen Pfad Sie in den Programmeinstellungen für die Projekte eingestellt hatten? Nicht mehr? ☺ Kein Problem. Drücken Sie einmal auf die Taste **v** und gehen Sie, im sich öffnenden Fenster, auf die Registerkarte **Ordner** (Pfeil 1).

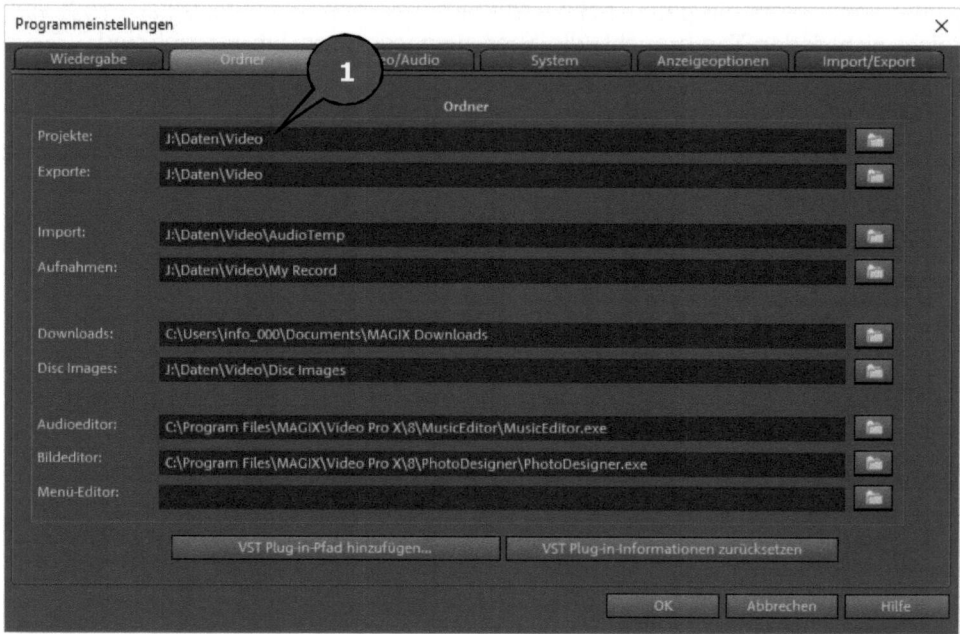

Der Ordner, den Sie dort angegeben haben, ist auch der Speicherort für die Projektbackups. Bedenken Sie bitte, dass das obige Beispiel NUR für meinen PC gilt.

Starten Sie nun den Windows-Explorer und gehen Sie in den Ordner, der bei Ihnen eingetragen ist.

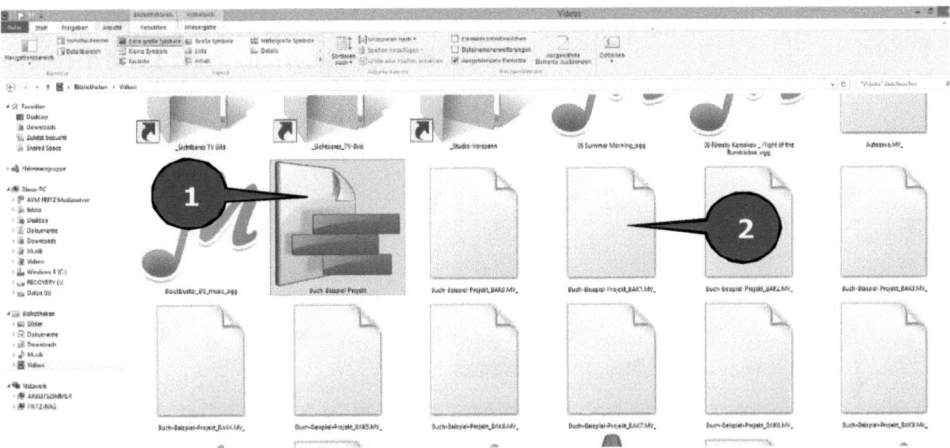

Dort findet sich nicht nur die Projektdatei (Pfeil 1), von der wir in diesem Beispiel davon ausgehen, dass sie beschädigt ist. Dort befinden sich weitere Dateien, die sehr ähnlich heißen. Hinter den Namen sind ein paar Zeichen angehängt: Buch-Beispiel-Projekt_BAK0.MV_ (Pfeil 2). Davon gibt es maximal 10 Stück. Nämlich von Buch-Beispiel-Projekt_BAK0.MV_ bis Buch-Beispiel-Projekt_BAK9.MV_.

Jetzt müssen wir noch sicher herausfinden, welche die aktuellste Datei ist. Dazu ändern wir die Ansichtsform auf Details (Pfeil 3) und sortieren nach Datum (Pfeil 4). Aha. Die Datei mit der 9 im Namen ist die die Aktuellste. Sie können diese Datei durch Doppelklick öffnen. Da der Datei-Typ MV_ wahrscheinlich noch nicht mit einem Programm verknüpft ist, müssen Sie noch Magix Video Pro X als zugeordnetes Programm auswählen. Die Methode ist für den Extremfall gedacht.

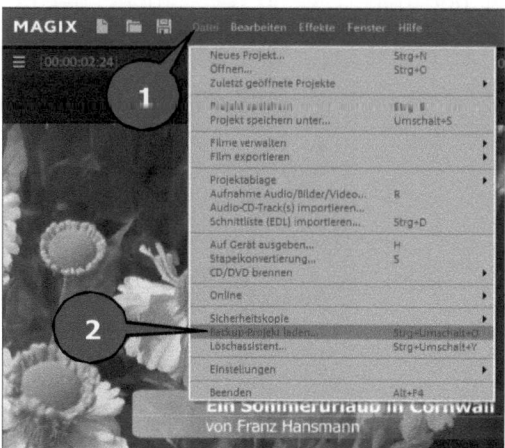

In den meisten Fällen können Sie eine Backup-Datei direkt aus Magix Video Pro X heraus aufrufen. Dazu klicken Sie auf den Menübefehl **Datei/Backup-Projekt laden** (Pfeile 1 & 2).

Das folgende Fenster öffnet sich und bietet Ihnen alle Backup-Dateien zu diesem Projekt an. Oder wenn Sie kein Projekt geladen haben, weil das z.B. nicht mehr ging, werden Ihnen alle Projektbackups angeboten, die sich in dem Ordner befinden.

Ist das Projektbackup, welches Sie suchen nicht dabei, können Sie über das Ord-ner-Symbol (Pfeil 3, vorherige Seite) einen anderen Ordner aufsuchen. Wenn Sie im richtigen Zielordner sind, sehen Sie eine Liste wie die bei Pfeil 4, vorherige Seite. An Datum und Uhrzeit in der Liste können Sie sehen, welche Datei die Aktuellste ist. Markieren Sie diese durch einfachen Mausklick und klicken anschlie-ßend auf die Schaltfläche **Auswahl laden** (Pfeil 5, vorherige Seite). Nehmen wir mal an, Sie hatten einen Virus auf dem PC und die aktuellste Backup-Datei ist dadurch auch beschädigt. Dann versuchen Sie die zweite Datei aus der Liste. Dann die Dritte usw, usw. Erst wenn sich keine der Backup-Dateien mehr öffnen lässt, haben Sie verloren und müssen das Projekt von vorne anfangen. Wenn Sie ein Backup-Projekt geladen haben, sollten Sie das Projekt sofort unter einem neuen Namen speichern. Sicher ist sicher!

Weißabgleich nachträglich durchführen

Ich vergesse ab und an mal (Eigentlich häufig ☺) einen Weißabgleich an meiner Kamera zu machen, wenn sich die Lichtverhältnisse ändern. Z.B. wenn ich zuvor draußen gefilmt habe und jetzt innen bei Kunstlicht filmen möchte. Das dann die Farben nicht stimmen, kennen wir alle. Mit Magix Video Pro X kann man das aber ziemlich leicht ausbügeln. Vorausgesetzt, es ist irgendeine ursprünglich weiße Fläche im Filmmaterial. Als Beispiel habe ich die Datei ***weissabgleich.mpg*** gewählt (siehe Kapitel *Downloads*). Sie sehen eine Filmklappe, deren Farbe rötlich-rosa ist. Tatsächlich ist das Ding aber schneeweiß.

Legen Sie sich die Datei in die Timeline, setzen Sie den Abspielmarker irgendwo in die Szene und markieren Sie nun noch die Szene per einfachen Mausklick. Klicken Sie nun rechts oben im Magix Video Pro X-Fenster auf **Effekte/Videoeffekte/Farbe**. Setzen Sie das Häkchen bei **Weißabgleich** (Pfeil 1). Klicken Sie nun einmal auf die Schaltfläche **Weißpunkt** (Pfeil 2). Dieses kleine Hinweisfenster erscheint. Klicken Sie einmal auf **OK** (Pfeil 3, vorherige Seite). Der Mauszeiger sieht jetzt aus wie eine Pipette. Bewegen Sie den Mauszeiger in den Vorschaumonitor und klicken Sie einmal auf die Fläche, von der Sie wissen, dass sie weiß sein sollte.

Und schon ist unsere Filmklappe strahlend weiß. Alle anderen Farben stimmen dann übrigens automatisch.

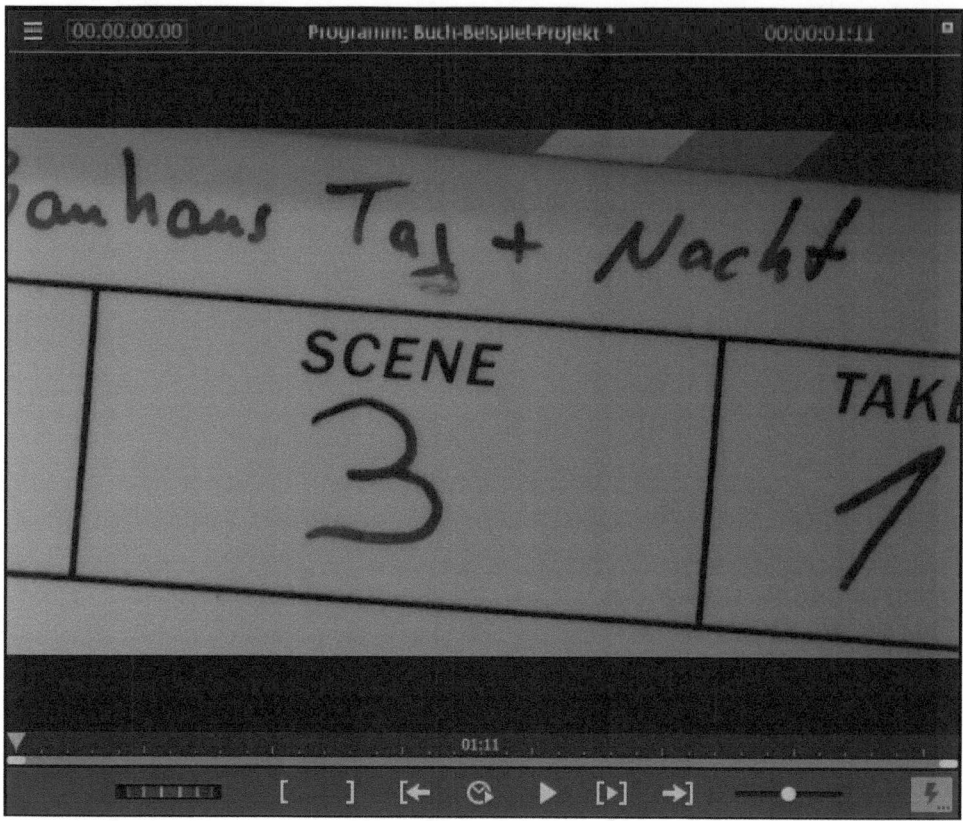

Schwierig wird es nur, wenn in einer Szene nichts Weißes ist. Dann müssen Sie mit den Farbreglern für rot, grün und blau (Pfeil 1) herum spielen, bis Sie denken, dass die Farben wieder stimmen.

Zeitlupe und Zeitraffer

Technisch gesehen läuft das gleich. Egal ob Sie eine Szene in Zeitlupe oder im Zeitraffer laufen lassen wollen. Der einzige Unterschied ist in er Laufzeit. Wenn Sie eine Szene von 1 Sekunde Länge um den Faktor 10 beschleunigen, wird sie danach nur noch 0,1 Sekunden lang sein. Machen Sie die Szene um den Faktor 10 langsamer, ist sie danach 10 Sekunden lang. Das sehen Sie dann auch in der Timeline. Achten Sie also darauf, dass bei einer Zeitraffung keine Lücken entstehen und bei einer Zeitlupe keine Überlappungen mit anderen Szenen. Ich zeige Ihnen zunächst etwas für den Schnellschuss und im nächsten Kapitel, wie man das noch besser machen kann. Egal ob Sie eine Szene verlangsamen oder beschleunigen, die Geschwindigkeitsänderung hat nicht nur Auswirkungen auf die Bilder, sondern auch auf den Ton. Vor allem der O-Ton kann sich hinterher sehr störend auswirken. Denn er verändert seine Abspielgeschwindigkeit natürlich im gleichen Verhältnis. Ob Sie den Ton weiterbenutzen wollen oder nicht, müssen Sie entscheiden. Manchmal hat das auch seinen Reiz. Ich habe mal einen 3 Minutenfilm über Judo im Wettkampf gemacht. Dabei habe ich Zeitlupen benutzt und den Schnitt auf eine Hintergrundmusik geschnitten. Zunächst habe ich den O-Ton ausgeblendet, dann aber festgestellt, dass die Szenen auf mich viel dramatischer wirkten, wenn der verzerrte O-Ton leise mitlief. Alles eine Geschmackssache. Die Szene zeitlupe.mpg (Siehe Kapitel *Downloads*) hat eh nur Windgeräusche und es würde sich anbieten entweder eine Meeresszene als Geräusch zu unterlegen oder eine passende Musik zu verwenden. Die O-Tonspur ist in der Szene drin, weil ich Ihnen darüber eine erweiterte Funktion zur Zeitlupe bzw. Zeitraffer zeigen kann. Positionieren Sie nun die Szene *zeitlupe.mpg* in der Timeline. Ziel ist es, nicht die gesamte Szene in Zeitlupe laufen zu lassen, sondern nur einen Ausschnitt daraus. Die Zeitlupe soll beginnen, in dem Moment, wo die Welle auf den Felsen schlägt und soll enden, wenn das Spritzwasser fast völlig verschwunden ist und das Wasser beginnt zurück zu laufen. Wie Sie sehen, habe ich die beiden Schnitte hier schon gemacht und den mittleren Teil durch Mausklick markiert.

Klicken Sie nun auf **Effekte/Videoeffekte/Geschwindigkeit** (Pfeile 1-3)

Dort setzen Sie das Häkchen bei **Zwischenbilder interpolieren** (Pfeil 4) und schieben den Geschwindigkeitsregler mit gedrückter linker Maustaste auf **0,25** (Pfeil 5). Das entspricht einer Vervierfachung der Laufzeit. Die Wirkung sehen Sie sofort in der Timeline. Der markierte Abschnitt der Szene ragt jetzt deutlich in den nachfolgenden Abschnitt. Ziehen Sie den dritten Abschnitt einfach wieder hinter den Zweiten.

Die Szene hat sich dadurch von Ursprünglich ca. 2,7 Sekunden auf jetzt ca. 11 Sekunden verlängert. Die Szene ist jetzt schon fertig. Sie können Sie in der Vorschau betrachten.

Wenn wir uns das Effektfenster auf der vorherigen Seite ansehen, dann fällt auf, dass sich die Geschwindigkeit scheinbar nur in einem Rahmen von ¼ bis zur vierfachen Geschwindigkeit ändern lässt. Es geht aber auch viel schneller und viel langsamer. Dazu muss man vorher nur den O-Ton von der Szene abkoppeln. Machen wir das mal. Dazu gehen wir quasi wieder auf Start. Positionieren Sie die Szene in der Timeline. Blenden Sie nun die Tonspur der Szene ein. Machen Sie dazu auf der Szene einen kurzen rechtsklick mit der Maus und wählen Sie den Befehl **Audiofunktionen/Video/Audio auf separaten Spuren** (Pfeil 1 & 2). Oder drücken Sie die Tastenkombination **Strg + h**.

Daraufhin sehen wir die O-Ton-Spur (Pfeil 1). Um die Kopplung (Gruppierung mit der Videospur zu lösen, muss die Szene markiert sein. Klicken Sie nun einmal auf das Symbol gebrochene Kette (Pfeil 2). Jetzt können Sie die Audio-Spur alleine markieren und sie dann löschen. Markieren den mittleren Teil der Video-Szene durch Mausklick. Klicken Sie wieder auf **Effekte/Videoeffekte/Geschwindig-**

keit. Der Schieberegler geht immer noch nur von 0,25 bis 4. Es geht aber jetzt mehr als vorher, als der Ton noch verbunden war. Statt den Schiebregler zu bewegen, gehen Sie jetzt in die **numerische Anzeige**

(Pfeil 3), markieren die Zahlen darin und schreiben mal 0,1 da rein. Das entspricht einer Verlangsamung um den Faktor 10. Oder Sie tragen bei Framerate (Pfeil 5) eine Zahl Ihrer Wahl ein.

Die Wirkung sehen Sie auch wieder in der Timeline. Diesmal ist der zweite Abschnitt so lang, dass er den dritten Abschnitt komplett überragt. Ziehen Sie also nun den zweiten Abschnitt erst einmal runter, damit Sie an den Dritten wieder dran können und ihn auf der Timeline entsprechend verschieben können. Damit hat sich unsere Szene auf ca. 24 Sekunden verlängert.

Wenn Sie die Zeitlupe jetzt abspielen, werden Sie auch schnell erkennen, wo die Grenzen liegen, wenn man im Effektfenster vergessen hat die Funktion **Zwischenbilder interpolieren** (Pfeil 4, vorherige Seite) anzuklicken ☺. Ohne Interpolation ruckelt die Zeitlupe gewaltig. Schließlich haben wir bei einer „normalen" Kamera nur 25 oder 30 Frames pro Sekunde. Die Qualität der interpolierten Zeitlupe fasziniert mich bei dem Programm immer wieder.

Den Zeitraffer muss ich wohl nicht gesondert erklären. Wenn alles schneller laufen soll, müssen Sie den Geschwindigkeitsregler nach rechts schieben. Wenn Sie die zehnfache Geschwindigkeit haben wollen, tragen Sie eine 10 in die numerische Anzeige ein. Beim Zeitraffen entsteht eine Lücke, die Sie wieder schließen müssen. Sonst ist alles wie bei der Zeitlupe.

Alles hat seine Grenzen. So auch die Zeitlupe und der Zeitraffer. Wenn eine Szene schneller abläuft als wir das sehen können oder sie nur noch einen Frame lang ist oder wir bei einer Zeitlupe minutenlang keine Bewegung wahrnehmen, dann haben wir es übertrieben ☺.

Eine „echte" dynamische Zeitlupe

Unser erstes Zeitlupen-Beispiel läuft erst in Normalgeschwindigkeit, dann ab dem ersten Schnitt schlagartig in Zeitlupe und nach dem zweiten Schnitt wieder schlagartig in Normalgeschwindigkeit. Man kann auch einen echten dynamischen Geschwindigkeitsablauf haben. Dafür muss man die Szene nicht einmal schneiden. Wir verwenden dazu wieder die Szene zeitlupe.mpg, aus der Sie als erstes die Audiospur entfernen. Sie erinnern sich? Szene markieren, gebrochene Kette anklicken, audiospur markieren und löschen. Zack Zack ☺. Setzen Sie den Abspielmarker irgendwo in die Szene. Wo ist völlig egal. Markieren Sie die Szene durch einen Mausklick. Klicken Sie auf **Effekte/Videoeffekte/Geschwindigkeit**.

Diesmal spielen wir aber nicht an dem Schieberegler oder den Zahlen rum, sondern wir klicken einmal auf die kleine Raute mit dem Plus-Zeichen (Pfeil 1). Das fügt einen so genannten Keyframe an der Position des Abspielmarkers ein (Pfeil 2). Verschieben Sie hier nun den Abspielmarker (Pfeil 3) und setzen Sie einen weiteren Keyframe, indem Sie wieder auf die Raute (Pfeil 1) klicken.

Da wir an einem bestimmten Punkt mit dem Geschwindigkeitswechsel beginnen und an einem anderen Punkt wieder damit aufhören wollen, brauchen wir insgesamt vier solcher Keyframes. Setzen Sie also noch zwei davon. Etwa so sollte das dann aussehen.

Und jetzt kommt ein sehr kleines und unscheinbares Symbol ins Spiel. Das Auge (Pfeil 1). Klicken Sie einmal darauf. Damit wird in der Szene die Effektverlaufskurve angezeigt. Sie ist eine dünne rote Linie und die vier Keyframes sehen Sie darin als kleine Raute auf dieser Linie. Ab jetzt dürfen Sie die Brille nicht vergessen und keinen nervösen Zeigefinger haben ☺.

Diese kleinen Rauten, oder auf neudeutsch Keyframes, können Sie nämlich mit gedrückter linker Maustaste verschieben. Man muss sie nur genau treffen ☺. Bewegen Sie einen Keyframe horizontal, verändern Sie seinen Startzeitpunkt. Verändern Sie seine Position vertikal, verändern Sie die Geschwindigkeit.

Wie Sie sehen, beginnt ab dem ersten Keyframe die Geschwindigkeitsänderung erst langsam. Je weiter die rote Linie nach unten kommt, desto deutlicher ändert sich die Geschwindigkeit. Bis zum zweiten Keyframe. Dort ist die Änderung am Größten. Die Geschwindigkeit bleibt bis zum dritten Keyframe gleich und verändert sich dort wieder dynamisch bis zum vierten Keyframe. Beim vertikalen Verschieben der Keyframes, als einer Geschwindigkeitsänderung, sehen Sie die Wirkung sofort an der Szene in der Timeline. Die Szene wird länger oder kürzer, abhängig davon, ob Sie den Keyframe nach oben oder unten bewegen.

Da legen wir jetzt noch einen drauf. Sie könnten jetzt im Effektfenster weitere Keyframes setzen oder Sie machen es gleich in der Szene. Dazu müssen Sie nur genau auf der roten Linie einen kurzen Mausklick machen. Aber wirklich genau auf der Linie! Ob Sie genau auf die Linie zeigen, können Sie daran erkennen, dass der Mauszeiger zu einem schwarzen Pfeil wird. Damit können Sie weitere Keyframes erzeugen. Macht man genug Keyframes in eine Szene, kann man interessante Geschwindigkeitsverläufe erzeugen, wie Sie im folgenden Beispiel sehen können. Das nenne ich eine dynamische Zeitlupe.

Mit Zeitraffen geht das natürlich auch. Solche Effekte haben Sie bestimmt schon mal im Kino gesehen. Ich denke da an eine Szene aus dem Film „Und täglich grüßt das Murmeltier". Da wird ein Wecker gezeigt, dessen Ziffern mechanisch blättern. Und immer wenn die Zeit auf 06:00 Uhr umschlägt, geschieht das in einer dynamischen Zeitlupe.

Und da kann man noch einen drauflegen. Im Effektfenster ist unten die Leiste mit den Keyframes in einer Art kleiner Timeline zu sehen (Pfeil 1). Wenn Sie dort einen der Keyframes einmal anklicken, wird dieser markiert und Sie sehen oben am Schieberegler und im Zahlenfeld die Geschwindigkeitseistellung für diesen einen Keyframe. Wenn Sie die Geschwindigkeit jetzt weiter verändern wollen, können Sie entweder den Schieber (Pfeil 2) oder die Zahl (Pfeil 3) ändern. Oder Sie ändern die Framerate (Pfeil 4). So, wie Sie das vorher schon gelernt hatten.

Natürlich können Sie hier auch die Position eines jeden Keyframes in der Timeline verschieben. Wahrscheinlich trifft man die hier auch besser, als die kleinen Quadrate in der Effektkurve ☺.

Wir sind noch nicht fertig damit ☺. Jetzt wollen wir die Geschwindigkeitskurve schön rund haben. Etwa so wie wir den Lautstärkeverlauf geändert haben. Machen Sie auf jedem der Keyframes einen kurzen Rechtsklick und wählen Sie den Befehl **Ease In/Ease Out** (Pfeil 1).

Auch bei der Geschwindigkeit kann man mit Bezierkurven eine schöne Badewanne zeichnen ☺.

Andere dynamische Effekte

Das was Sie im vorherigen Kapitel über die dynamische Zeitlupe gelernt haben, können Sie übrigens auf sehr viele Effekte anwenden. Und was noch besser ist: Solche Abläufe lassen sich auch kombinieren. Im folgenden Bild sehen Sie ein Frametable mit mehreren Effekten.

Wozu das gut sein kann? Sie brauchen eine Abenddämmerung, haben aber keine? Nur um mal ein Beispiel zu nennen. Oder denken Sie an schnelle Farb- und Helligkeitswechsel in einem Musik-Clip. Wenn keine da sind, macht man sich eben welche ☺. Die Grenze ist hier nur die eigene Phantasie.

Der Objektfolger

Im obigen Beispiel bewegt sich die Möwe während der Szene von rechts nach links durch das Bild. Die Datei heißt **moewe.mpg** (Siehe Kapitel *Downloads*). Ich habe einen Standardtitel, mit dem Wort „Möwe" an die gewünschte Stelle geschoben (Pfeil 1, folgende Seite) und in der Länge so weit gezogen, bis die Möwe aus dem Bild verschwindet (Pfeil 2, folgende Seite). Der Titel soll sich jetzt mit der Möwe durch das Bild bewegen. Dazu machen Sie auf dem Titel einen kurzen Rechtsklick und wählen den Befehl **An Bildposition im Video heften** (Pfeil 3, folgende Seite). Lesen Sie sich die Hinweisdialoge durch und klicken Sie dann jedes Mal auf **Weiter**. Ziehen Sie nun mit gedrückter linker Maustaste ein Rechteck um die Möwe (**Nicht** um den Titel!). Wenn Sie die linke Maustaste loslassen, fängt Magix Video Pro X automatisch mit der Berechnung an. Ist die

Berechnung abgeschlossen, können Sie sich das Ergebnis in der Vorschau ansehen. Das funktioniert übrigens umso besser, je stärker der Kontrast zwischen dem Bewegungsobjekt und dem Hintergrund ist.

Diesen Effekt kennen Sie vielleicht aus dem Fernsehen. Wenn Personen im Film nicht erkannt werden wollen, legt man dort schwarze Balken über das Gesicht. Tja und wenn mehrere Personen nicht erkannt werden wollen? Kein Problem. Sie können den Objektfolger auch mehrfach einsetzen. Aber statt schwarzer Balken nehmen wir ein Grafikobjekt, dass Magix Video Pro X schon an Board hat. Den hier verwendeten Standardtitel finden Sie übrigens unter **Vorlagen/Titel/ Eigene**. Dabei habe ich den gar nicht selbst gemacht ☺. Ich habe lediglich Größe und Position geändert.

Klicken Sie doch mal auf **Vorlagen/Bildobjekte/Präsentieren**.

Da gibt es eine ganze Menge verschiedener Objekte. Die haben aber einen Haken. Man kann Sie nur auf eine Videoszene ziehen und Sie sind dann genauso lang wie die Szene selbst. Davon lassen wir uns aber nicht beeindrucken. Denn es gibt noch eine Hintertür, wie Sie gleich sehen werden. Ziehen Sie nun den **Pfeil 05** (Pfeil 1) mit gedrückter linker Maustaste auf die Szene in Spur 1. Der ist aber groß ☺. Keine Sorge, den machen wir gleich passend. Außerdem ist er mit der Videoszene gruppiert (Pfeil 2), was zur Folge hat, dass ich z.B. die Zeit des Pfeils nicht ändern kann, ohne gleichzeitig die Zeit der Videoszene zu ändern. Die Größe, Position und Ausrichtung des Pfeils können wir aber nur ändern, solange die Gruppierung besteht (Warum auch immer das so ist?). Im Vorschaumonitor sehen Sie jetzt die Anfassermarken des Pfeils (Pfeil 1, folgende Seite). Mit einem der Eckanfasser skalieren wir den Pfeil auf eine „vernünftige" Größe. Mit der Anfassermarke, die außerhalb des Objektes ist (Pfeil 2, folgende Seite), drehen Sie den Pfeil in die gewünschte Richtung. Gehen Sie nun mit dem Mauszeiger mitten in den Peil und bewegen Sie ihn mit gedrückter linker Maustatse in die gewünschte Position.

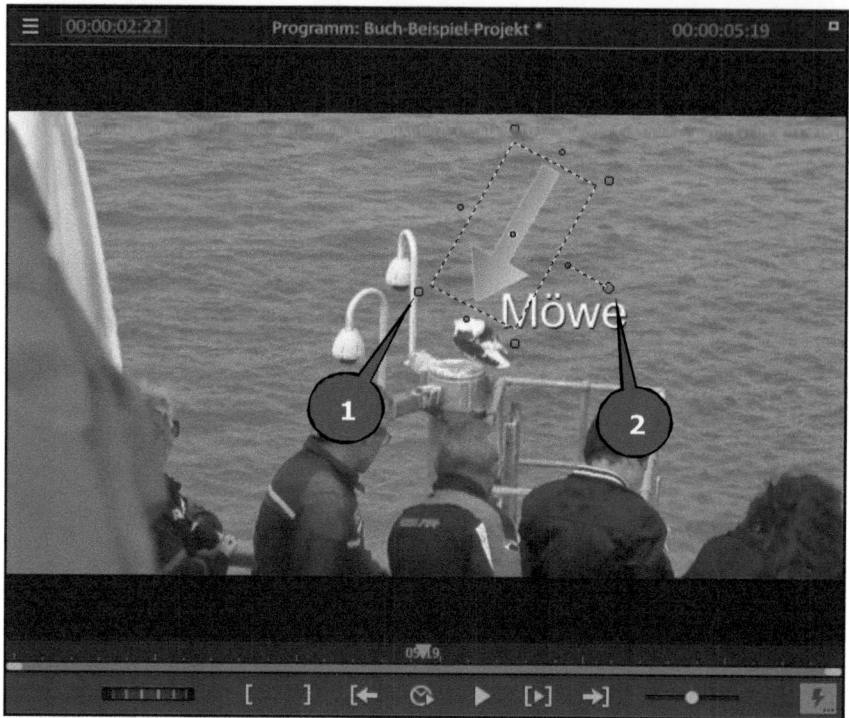

Damit haben wir aber noch keinen Objektfolger. Achten Sie darauf, dass die Szene in Spur 1 markiert ist und klicken Sie einmal auf die **gebrochene Kette** (Pfeil 3) um die Gruppierung zu lösen. Jetzt können wir damit quasi machen was wir wollen. Kürzen Sie den Pfeil auf die gleiche Länge wie den Titel (Pfeil 4). Durch das Lösen der Gruppierung hat auch der Objektfolger eine eigene Spur bekommen (Pfeil 5). Das interessiert uns aber nicht.

Klicken Sie nun den Pfeil in Spur 4 einmal an um ihn zu markieren. Machen Sie darauf einen Rechtsklick und wählen Sie den Befehl **An Bildposition im Video heften**. Lesen Sie sich die Hinweisdialoge durch und klicken Sie dann jedes Mal auf **Weiter**. Ziehen Sie nun mit gedrückter linker Maustaste ein Rechteck um die Möwe (**Nicht** um den Titel!). Wenn Sie die linke Maustaste loslassen, fängt Magix Video Pro X automatisch mit der Berechnung an. Ist die Berechnung abgeschlossen, können Sie sich das Ergebnis in der Vorschau ansehen. Das haben Sie schon mal gelesen ☺.

Je nachdem, wie man das Objekt in der Größe verändert hat, kann es schon mal vorkommen, dass in der realen Vorschau der Pfeil nicht da ist, wo er eigentlich von Ihnen hingelegt wurde. Dann merken Sie sich einfach die ungefähre Abweichung und Positionieren Sie den Pfeil erneut. Oder markieren Sie den Pfeil in der Timeline, gehen in **Effekte/Ansicht/Animation/Position/Größe** und passen dort die Position des Pfeils an.

Reiseroutenanimation (Magix Travel Maps)

Die Reiseroutenanimation ist völlig neu gestaltet und kann jetzt direkt aus dem Programm oder als eigenständiges Programm gestartet werden. Sie ist vielseitiger geworden und leider auch etwas hakelig in der Bedienung. Wenn man sich aber einmal dran gewöhnt hat, kommt man gut damit klar. Es gibt darin ein paar Neuerungen, die ich echt spannend finde. Zumal wir alle ja wahrscheinlich schon etliche Reiseroutenanimationen gesehen haben, die mittlerweile keinen mehr vom Hocker reißen. Die neue Reiseroutenanimation ist stark an den Online-Store von Magix angebunden. Dort kann man zusätzliches Kartenmaterial und Effekt käuflich erwerben.

Magix Video Pro X hat bereits einen Assistenten für die Erstellung einer animierten Reiseroute im Lieferumfang. Der Reiserouten-Assistent kann über den Menübefehl **Bearbeiten/Assistenten/Reiserou-**

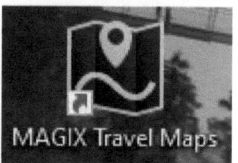

ten-Animation (Pfeile 1-3) oder direkt vom Desktop auf **Magix Travel Maps** aus per Doppelklick, aufgerufen werden. Damit öffnet sich das Fenster auf der folgenden Seite. Magix Video Pro X bedient sich dabei des Kartenmaterials von OpenStreetMap. Die schlechte Nachricht ist, dass Ihr Computer unbedingt mit dem Internet verbunden sein muss, um das Kartenmaterial einlesen zu können. Die gute Nachricht ist, dass OpenStreetMap das Kartenmaterial sowohl für kommerzielle, als auch nicht kommerzielle Verwendung, kostenlos zur Verfügung stellt. Sollten Updates bereitstehen, werden die sofort zum Download angeboten.

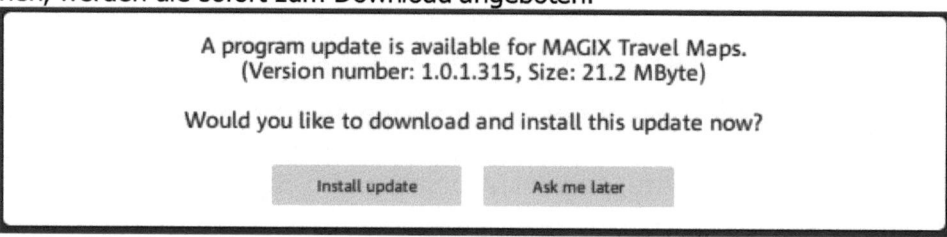

A program update is available for MAGIX Travel Maps.
(Version number: 1.0.1.315, Size: 21.2 MByte)

Would you like to download and install this update now?

Install update   Ask me later

Im Idealfall sollten Sie Updates sofort installieren.

Nach dem Start des Programms sehen Sie auf dieses Fenster. Sie sehen drei Spalten vor sich. Die linke Spalte ist die, mit der Sie ohne weitere Kosten eine Reiseroutenanimation erstellen können. Wie Sie erkennen können, stehen Ihnen dazu verschiedene Kartentypen zur Verfügung. Neben dem Standardkartenmaterial können Sie wahlweise auch auf topografische oder geografische Karten oder sogar Satellitenbilder zurückgreifen.

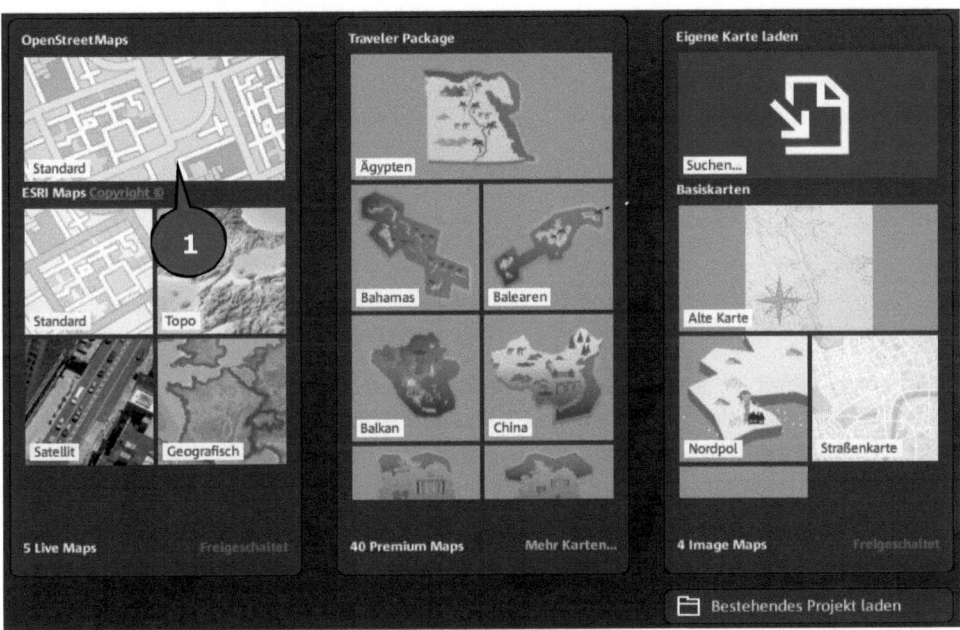

Wir fangen mal mit der einfachsten Variante an. Dazu klicken Sie auf die Karte links oben (Pfeil 1). Das Kartenmaterial wird geladen und dargestellt.

Links oben (Pfeil 1) sehen Sie die Werkzeugleiste des Programms und rechts unten können Sie den Maßstab des Kartenausschnitts durch klicken auf die + oder –Taste verändern (Pfeil 2).

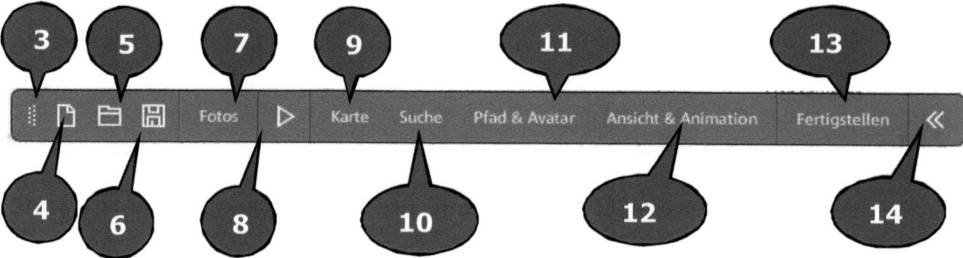

So sieht die Werkzeugleiste aus der Nähe betrachtet aus. Leider werden keine Hilfstexte angezeigt, wenn man den Mauszeiger auf eines der Werkzeuge bewegt. Daher erkläre ich mal kurz, was wofür gut ist.

3: Wenn Sie auf dieser Schaltfläche die linke Maustaste gedrückt halten, können Sie die Werkzeugleiste auf dem Bildschirm bewegen.

4: Sie kommen zurück auf den Startbildschirm des Programms und können eine neue, leere Reiseroutenanimation beginnen.

5: Öffnet ein Fenster, in dem Sie eine zuvor gespeicherte Reiseroute erneut laden können.

6: Speichert die Reiseroute, die Sie gerade bearbeiten. Sie können einen beliebigen Namen und natürlich auch einen beliebigen Speicherort vergeben.

7: Über diese Schaltfläche können Sie beliebige Fotos laden, die Sie später in Ihrer Reiseroutenanimation einbauen können.

8: Startet die Vorschau Ihrer Reiserouten-Animation.

9: Sie kommen zurück auf den Startbildschirm und können eine neue Reiseroute erzeugen.

10: Über diese Schaltfläche suchen Sie die Wegpunkte für Ihre Animation.

11: Hier können Sie einstellen, wie Ihre Wegpunkte aussehen sollen und welches Fahrzeug Sie benutzen möchten. Und ganz wichtig: die Animationsdauer für verschiedene Ereignisse.

12: Dient dazu ein paar Designeinstellungen wie etwa einen Schlüssellocheffekt und das Verhalten von Fotos einzustellen.

13: Exportiert Ihre Animation direkt in Magix Video Pro X.

14: Minimiert die Werkzeugleiste.

Auf den folgenden Seiten werde ich noch genauer auf die einzelnen Punkte eingehen.

Als Beispiel nehmen wir unseren letzten Sommerurlaub. Wir sind vom Flughafen Köln/Bonn nach Barcelona geflogen, haben dort ein Auto gemietet und sind damit nach Pals an der Costa Brava gefahren. Das konstruieren wir jetzt. Erst machen wir die eigentliche Reiseroute und als Finish packen wir noch ein paar Fotos dazu.

Klicken Sie einmal auf die Schaltfläche **Suche** (Pfeil 1). Geben Sie im Textfeld ein: flughafen köln. Groß-/Kleinschreibung müssen Sie nicht beachten. Unter Ihrer Eingabe erscheinen alle möglichen Treffer (in diesem Fall ist es nur einer). Klicken Sie den richtigen Treffer einmal an (Pfeil 2).

Das übernimmt den Treffer in die Eingabezeile (Pfeil 3). Ein Klick auf das kleine Pluszeichen (Pfeil 4) übernimmt den Wegpunkt in die Karte und stellt ihn grafisch dar (Pfeil 5).

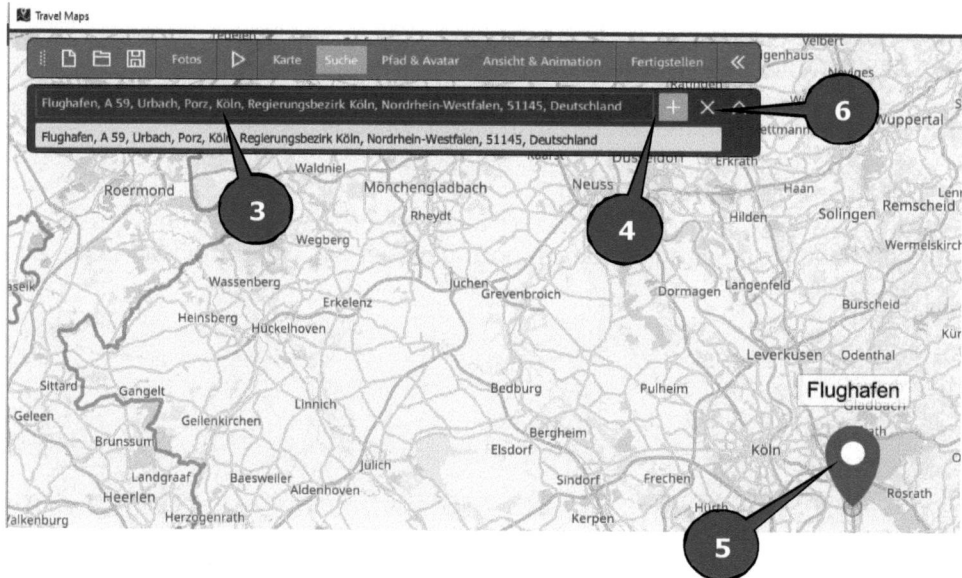

Klicken Sie einmal auf das kleine X um einen neuen Wegpunkt eingeben zu können (Pfeil 6, vorherige Seite). Geben Sie als Wegpunkt flughafen barcelona ein.

Leider ist das nicht der gesuchte Flughafen. Dieser hier liegt in Bolivien. Man muss bei der Eingabe von Suchbegriffen ein klein wenig „international" denken.

In diesem Fall brachte die Eingabe barcelona airport die Lösung. Ich kann da nur mutmaßen, gehe aber davon aus, dass Sie unter Umständen auch mal die Reihenfolge der Suchbegriffe ändern müssen oder Suchbegriffe auch mal in Englisch oder evtl. auch mal in der Landessprache eingeben müssen. Manchmal lohnt es sich auch die Adresse zu googeln. Übernehmen Sie den Wegpunkt genauso, wie Sie den ersten Punkt übernommen haben und starten Sie die Suche nach dem Endziel *Pals*.

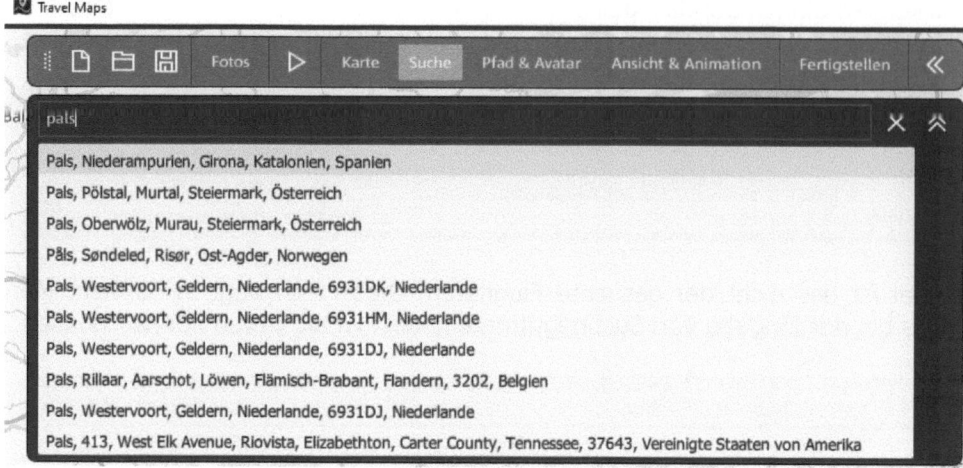

Es gibt in der Welt viele Orte mit Namen Pals. Aber nur einen in Spanien. Direkt der Erste ist unserer.

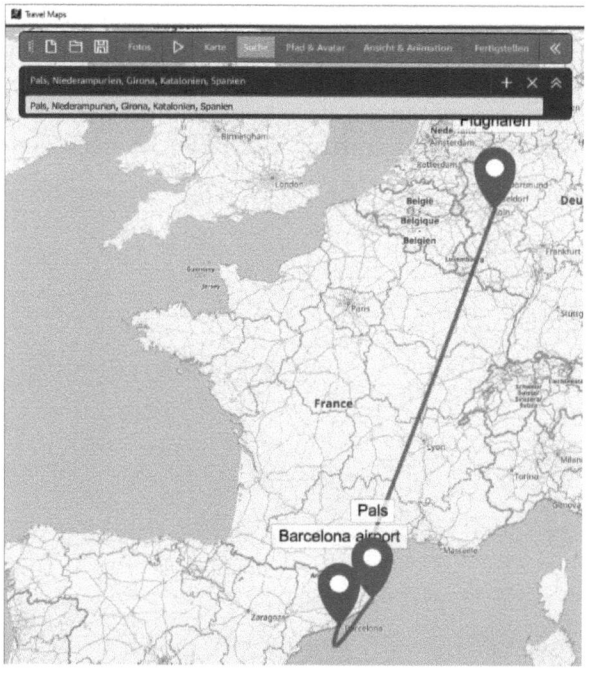

So sieht das dann erst einmal in der Karte aus. Den Maßstab habe ich mit der −Taste so verändert, dass ich alle Wegpunkte sehen kann.

Wenn Sie sich den Routenverlauf genau ansehen, dann ist er nicht ganz stimmig. Von Barcelona nach Pals führt er durch Wasser. Das ändern wir gleich noch.

Hübschen wir die ganze Route mal schnell auf. Dazu klicken Sie einmal auf **Pfad & Avatar** (Pfeil 1). Im sich öffnenden Fenster klicken Sie auf **Komplette Route** (Pfeil 2) und dann auf das **Streckensymbol** (Pfeil 3).

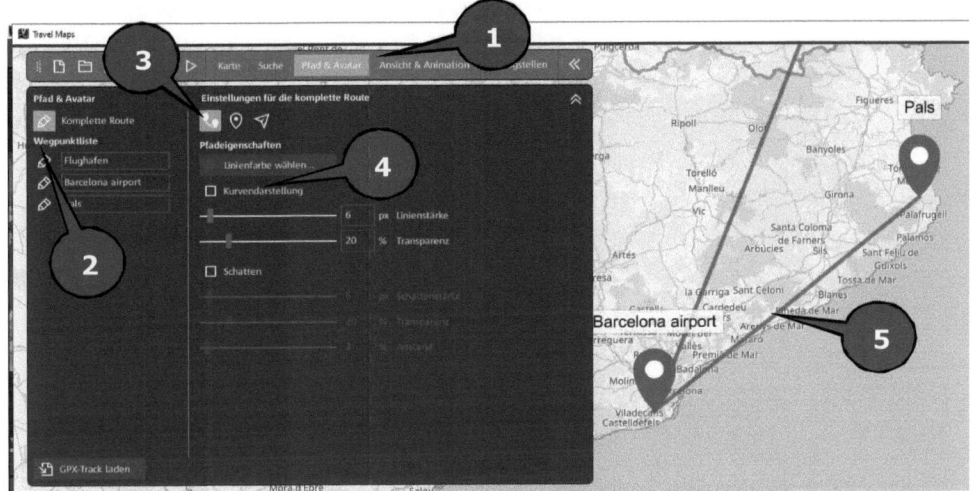

Wenn Sie jetzt noch bei **Kurvendarstellung** das Häkchen wegklicken (Pfeil 4), dann ist die Strecke zwischen Barcelona und Pals schon mal begradigt (Pfeil 5). Die Streckenführung ist noch nicht optimal und führt immer noch ein klein wenig durch Wasser. Kümmern wir uns zunächst weiter um die Streckenführung. Dazu zoomen wir und den Bereich näher heran, damit wir die Details besser erkennen können. Da es keine Funktion gibt um die Linie zu knicken und zu verschieben, können uns nur mehr Wegpunkte weiterhelfen. Dummerweise werden neue Wegpunkte nur hinter dem letzten Wegpunkt erzeugt, wenn ich irgendwo in die Karte klicke. Ich muss also meinen Wegpunkt *Pals* erst einmal verschieben. Und zwar an die Stelle, wo ich nach dem Stop am Flughafen Barcelona das erste Mal abbiege. Irgendwann muss ich ja wieder in Pals ankommen. Entweder ich merke mir die Stelle wo Pals ist und setze dort später von Hand den letzten Wegpunkt wieder hin oder ich lasse den Ort wieder über Search suchen. Halt ganz wie zu Anfang. Verschieben Sie nun den Wegpunkt Pals auf die Autobahn, die aus Barcelona rausführt. Dazu gehen Sie mit dem Mauszeiger genau auf den Wegpunkt, bis ein hellblauer Kreis drumherum erscheint. Jetzt können Sie den Wegpunkt mit gedrückter linker Maustaste verschieben. Lassen Sie sich nicht davon irritieren, dass da immer noch Pals dransteht. Darum kümmern wir uns später. Klicken Sie nun einmal kurz auf den Punkt der Autobahn, an dem dann abgebogen werden muß. Wenn Sie die Strecke nicht kennen, klicken Sie einfach dahin, wo Sie glauben, das würde passen. Es geht ja hier nur um die grundsätzliche Übung. So machen Sie jetzt an jdem Straßenknick einen kurzen Mausklick. Bis Sie wieder in Pals ankommen. Wie Sie sehen, habe ich das mal einigermaßen genau gemacht.

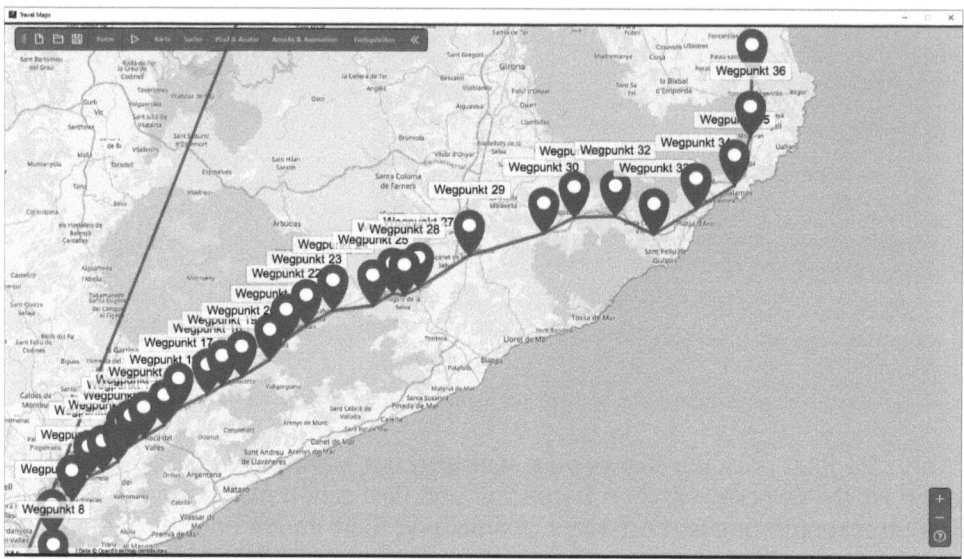

Das macht leider in der jetzigen Version des Programms keinen großen Sinn. Starten Sie mal die Vorschau über den Wiedergabe-Schalter (Pfeil 8 in der Beschreibung der Werkzeugleiste). Dauert ganz schön lang, oder? Die Animationsdauer zwischen zwei Wegpunkten ist auf 3 Sekunden voreingestellt. Sie können zwar das Timing zwischen zwei Wegpunkten verändern, stehen dann aber vor einer Herausforderung. Die Wegstrecken zwischen zwei Punkten sind nämlich unterschiedlich lang. D.h., wenn sich das Fahrzeug immer gleich schnell durch die Animation bewegen soll, müssen Sie sich eine Wegstrecke als Referenz aussuchen, bei der Ihnen die Geschwindigkeit gefällt. Dann messen Sie den Abstand zwischen diesen zwei Punkten mit einem Lineal auf dem Bildschirm nach.

Jetzt messen Sie eine andere Teilstrecke mit dem Lineal nach. Vielleicht haben Sie es schon geahnt. Jetzt kommt der gute alte Dreisatz zum Einsatz. R sei unsere Referenzstrecke in mm. T sei die Zeit, die wir für R als gut empfinden. S ist die Strecke, für die wir die Animationsdauer berechnen wollen. A sei die Animationsdauer. Dann lautet die Formel:

$A=T*S/R$

Nehmen wir jetzt mal an, R=65mm, T=1,5sec und S=40mm. Dann wäre:

$A=1,5*40/65=0,923sec$

Ein ziemlich krummer Wert, der leider für unsere Zwecke auch völlig ungeeignet ist. Warum? Das Timing lässt sich nur in 0,5 Sekundenschritten (ändert Magix ja vielleicht mal) verändern. Wir würden also durchaus merkbare Geschwindigkeitsunterschiede bekommen. Was kann man da tun? Ich habe einen Verbesserungsvorschlag bei Magix eingereicht. Ob die den annehmen und wenn ja, wie lange die Realisation dauert, kann ich nicht sagen. Bis dahin können Sie sich eigentlich nur auf möglichst wenige Wegpunkte konzentrieren. Wenn Sie weit genug auseinanderliegen, ist die berechnete Geschwindigkeitsdifferenz nicht so tragisch. Oder Sie lesen sich mal das Kapitel: **Reiseroutenanimation ohne Reiserou-tenanimationsprogramm** durch.

Löschen wir also unsere vielen überflüssigen Wegpunkte wieder. Das geht über **Pfad & Avatar** (Pfeil 1), dann auf den Bleistift vor **Komplette Route** (Pfeil 2) und dann klicken Sie auf das jeweilige **Papierkorbsymbol** (Pfeil 3).

Beschränken wir uns also auf wenige Punkte. Sowie im folgenden Bild

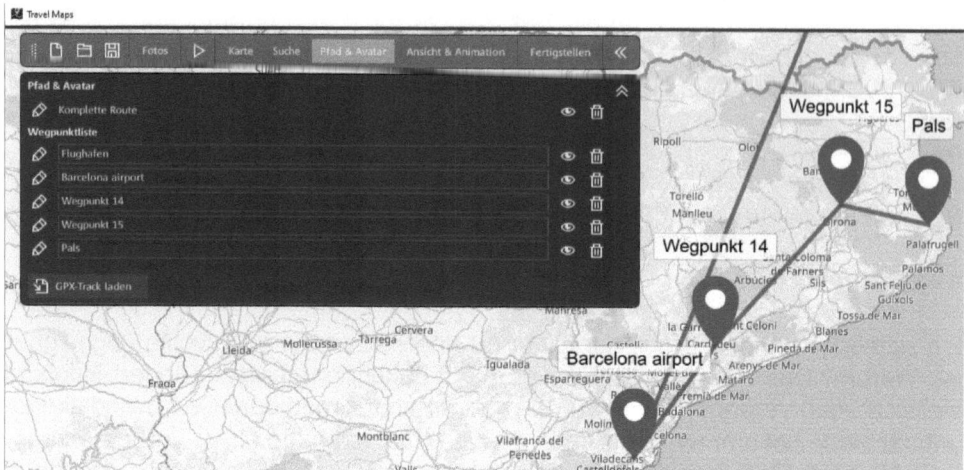

Ändern wir ein paar Feinheiten. Im oberen Bild hat jeder Wegpunkt einen Namen. Die Wegpunkte 1, 2 und 5 möchte ich gerne anders benennen. Wie die Wegpunkte 3 und 4 heißen ist mir egal, weil ich die gleich ausblenden werde. Klicken Sie in das jeweilige Namensfeld und ändern Sie den Text ab.

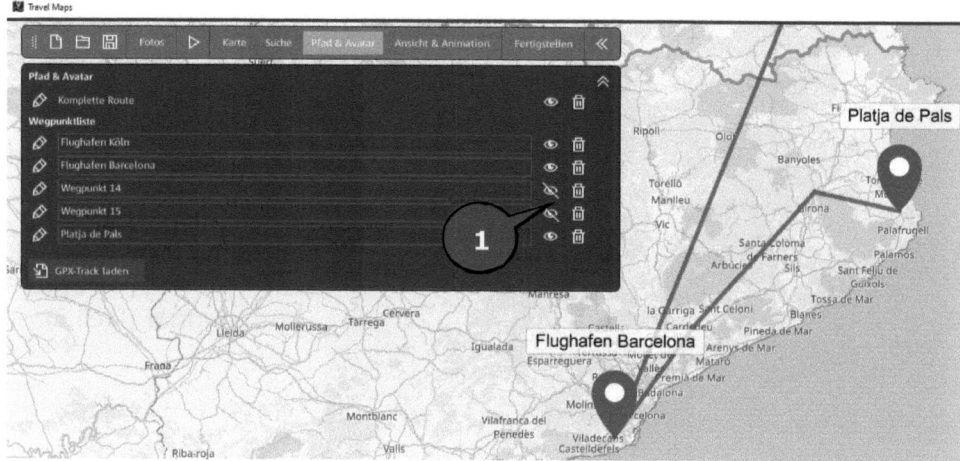

Wie Sie im unteren Bild auf der vorhergehenden Seite sehen, habe ich alle Wegpunkte umbenannt und gleichzeitig die Punkte 3 und 4 ausgeblendet, in dem ich
hinter den Punkten auf das stilisierte Auge geklickt habe (Pfeil 1, vorherige Seite).
In der Landkarte sind die Änderungen sofort zu sehen. Die beiden Wegpunkte
werden zwar nicht mehr angezeigt, für die Animation spielen sie aber noch eine
Rolle, auch wenn sie nicht sichtbar sind. Jetzt weisen wir den einzelnen Wegpunkten einen Avatar zu. Zwischen den ersten beiden Punkten soll es ein Flugzeug sein und von den Punkten 2-5 ein Auto. Klicken Sie bei dem Wegpunkt
Flughafen Köln/Bonn einmal auf den **Bleistift** (Pfeil 1).

Klicken Sie auf das **Avatar-Symbol** (Pfeil 2) und wählen Sie ein Flugzeug aus
(Pfeil 3). Über den Schieberegler bei **Objektgröße** (Pfeil 4), können Sie die
Größe des Flugzeugs anpassen. Unter den Fahrzeug-Avataren ist ein Schieberegler, mit dem Sie sich alle Objekte ansehen können. Klicken Sie nun auf den **Bleistift** beim 2. Wegpunkt, dem Flughafen Barcelona. Dort steigen wir auf ein
blaues Auto um.

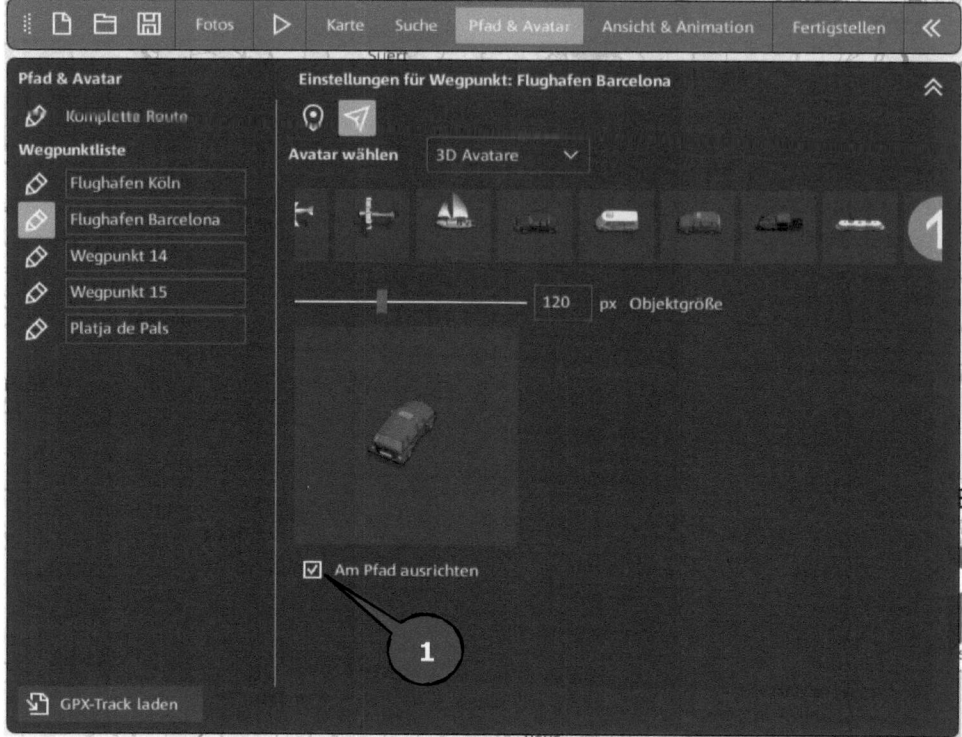

Das blaue Auto behalten wir jetzt bis zum Zielort *Platja de Pals*. Was für Sie bedeutet, dass Sie das blaue Auto für alle Zielpunkte auswählen müssen. Uups. Beim letzten Zielpunkt gibt es kein Fahrzeug mehr auszuwählen. Sie sind schließlich am Ziel Ihrer Reise.

Das Häkchen bei **Am Pfad ausrichten** (Pfeil 1) bedeutet übrigens, dass das jeweilige Fahrzeug immer genau Ihrer Reiseroute folgt und dabei auch bei Kurven die Richtung ändert.

An den markanten Wegpunkten, Köln, Barcelona und Pals möchte ich jeweils ein Foto einblenden. Es gibt mehrere Möglichkeiten, wie man das machen kann. Ich persönlich finde die im Folgenden beschrieben sehr ansprechend. Nett anzusehen, irgendwie macht es die Sache interessanter und bleibt doch unaufdringlich.

Klicken Sie dazu beim ersten Wegpunkt wieder auf den kleinen **Bleistift** (Pfeil 1), dann auf das **Wegpunktsymbol** (Pfeil 2) und wählen dann als Wegpunktsymbol die **Sprechblase mit dem orangefarbenen Rand** (Pfeil 3) durch einfachen Mausklick.

Sofort öffnet sich das Windows-Dateiauswahlfenster. Suchen Sie sich Ihr Wunschbild aus und doppelklicken Sie es. Damit ist das Foto sofort in der Sprechblase als Hintergrundbild. Das Gleiche machen Sie jetzt noch für den Flughafen Barcelona und Platja de Pals.

Ungefähr so sollte das dann aussehen.

Jetzt müssen wir der Reiseroutenanimation noch beibringen, welches Ereignis wie lange dauern soll.

In der Wegpunkt-Beschreibung (Pfeil 1) finden Sie für jeden Wegpunkt (Pfeil 2) auch die Einstellungen für das Animationsverhalten. Dort können Sie festlegen, wie lange die Animation an diesem Punkt verweilen soll (Pfeil 3, **Verweildauer**) und wie lange die Animation bis zum nächsten Wegpunkt laufen soll (Pfeil 4, **Animationsdauer**).

Sie können die Zeit mit dem Schieberegler oder durch Eingabe in das Zahlenfeld dahinter direkt beeinflussen. Ich persönlich mache das gerne so, dass die erste und die letzte **Verweildauer** 5 Sekunden lang sind. Dann habe ich nämlich in meinem Filmprojekt die Möglichkeit Anfang und Ende der Reiseroutenanimation mit einer Filmszene zu überblenden. Die fertige Reiseroutenanimation liegt ja nachher als Film-Szene in der Timeline meines Magix Video Pro X. Und mache ich

dann doch keine Überblendungen, kann ich am Anfang und Ende was rausschneiden, ohne die ganze Animation neu machen zu müssen. Für die Wegpunkte 3
und 4 habe ich als **Verweildauer** übrigens 0,0 Sekunden angegeben. Dort findet
ja auch kein Fahrzeugwechsel statt. Sie können die Animationsdauer in 0,1 Sekundenschritten anpassen.

Sie sollten jetzt vielleicht mal Speichern ☺. Beim Speichern schlägt das Programm
als Namen eine Kombination der Wegpunktnamen sowie der aktuellen Datum-
und Zeit-Information vor.

Dateiname:	Bonn - Platja de Pals (2019-08-05_18-29-48).mxgeo	⌄
Dateityp:	*.mxgeo	⌄

lner ausblenden   Speichern   Abbrechen

Sollte Ihnen das nicht gefallen, ändern Sie den Namen einfach ab.

Kommen wir zum **Fertigstellen** (Pfeil 1).

Über die Schaltfläche **Dateiname** (Pfeil 2), legen Sie fest, wo der Animationsfilm gespeichert werden soll und wie er heißen soll. Ich wähle immer als Speicherort den gleichen Ordner aus, in dem ich auch mein Magix Video Projekt gespeichert habe. Das macht das Wiederfinden einfacher! Wenn Sie wollen, dass der fertige Animationsfilm direkt in die Timeline von Magix Video Pro X importiert wird, sollten Sie das Häkchen bei **Video in Magix Video Pro X weiterverarbeiten** setzen (Pfeil 3). Möglichweise wird die Reiseroute nicht da in der Timeline landen, wo Sie sie hin haben wollen. Ziehen Sie die Szene dann einfach an die gewünschte Stelle. Starten Sie nun den Video-Export über die Schaltfläche **Videoexport starten** (Pfeil 4).

Je nach Umfang der Reiseroute kann das ein Weilchen dauern.

So kann das dann in etwa aussehen. Kleiner Tipp: Sollte Ihnen die Animation doch zu lang erscheinen, können Sie sie über **Effekte/Videoeffekte/Geschwindigkeit** natürlich beschleunigen. Gespeichert werden die Filme übrigens in FullHD mit 30P.

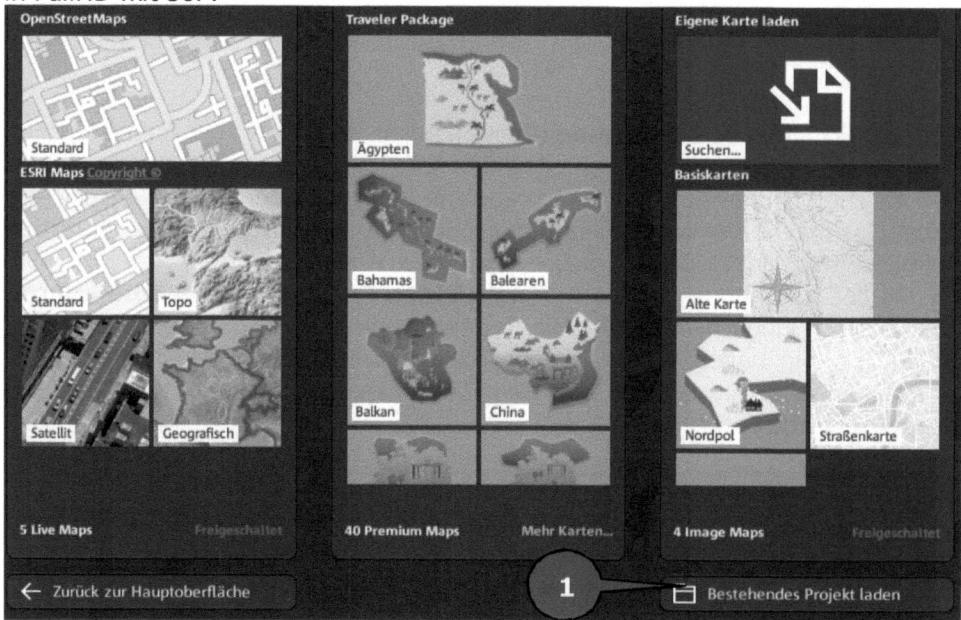

Gespeicherte Reiserouten können Sie jeder Zeit über die Schaltfläche **Bestehendes Projekt laden** wieder laden, um sie weiter zu bearbeiten (Pfeil 1).

Die anderen Animationsvarianten in der linken Spalte, **Topographic**, **Geographic** und **Satellite** funktionieren genauso wie die Variante **Standard**, nur, dass Sie das Kartenmaterial anders darstellen. Bei Topograohic bekommen Sie Höhenzüge dargestellt, teilweise auch mit Höhenangaben. Geographic zeigt Ihnen eine Karte mit topografischen Merkmalen und zusätzlich sehen Sie Staatsgrenzen. Naja und Satellite zeigt Ihnen an, wie es am Boden wirklich aussieht. Meiner Meinung nach ist diese Darstellungsform aber eher etwas für kurze, langsame Reiserouten-Animationen. Sonst hat man irgendwie nichts von den Satelliten-Bildern. Die Bilder huschen dann nur schnell durch.

Die mittlere Spalte des Hauptbildschirms, **Traveler Package**, führt Sie über einen Klick im folgenden Werbefenster (Pfeil 1). direkt in den Store-Bereich von Magix Video Pro X.

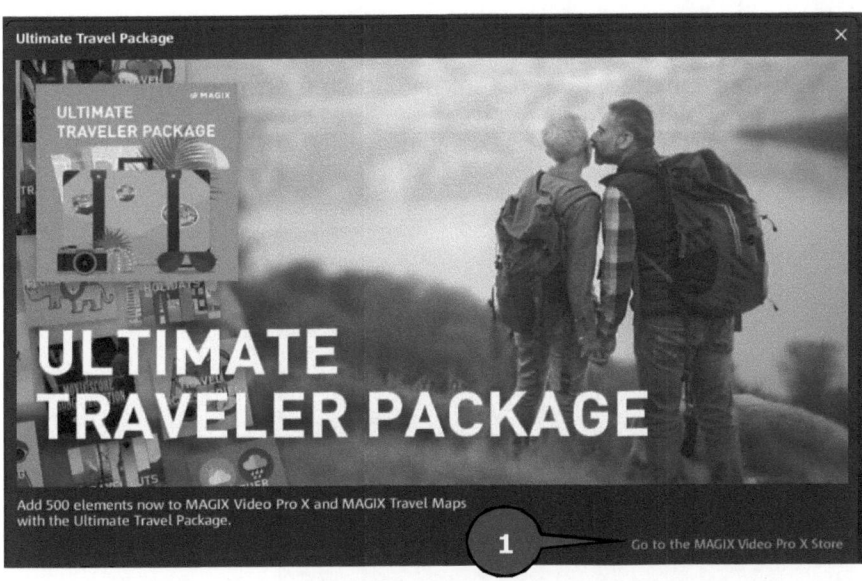

Zum Zeitpunkt, als ich dieses Buch geschrieben habe, gab es nur ein geeignetes Kartenmaterialpaket mit Zubehöreffekten, die kompatibel wären mit Travel Maps. Achten Sie deshalb darauf, ob bei dem Angebot vielleicht dabei steht: **Inhalte nicht geeignet für die Verwendung mit Magix Travel maps.** *Ich zeige hier trotzdem, wie das in der Theorie funktioniert, weil ich davon ausgehe, dass das nicht so bleibt.*

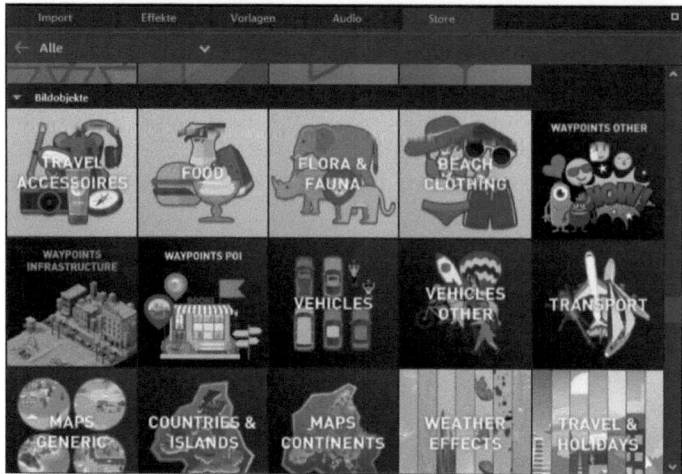

Dort können Sie Kartenmaterial der unterschiedlichsten Art und natürlich unzählige andere nützliche Dinge direkt erwerben.

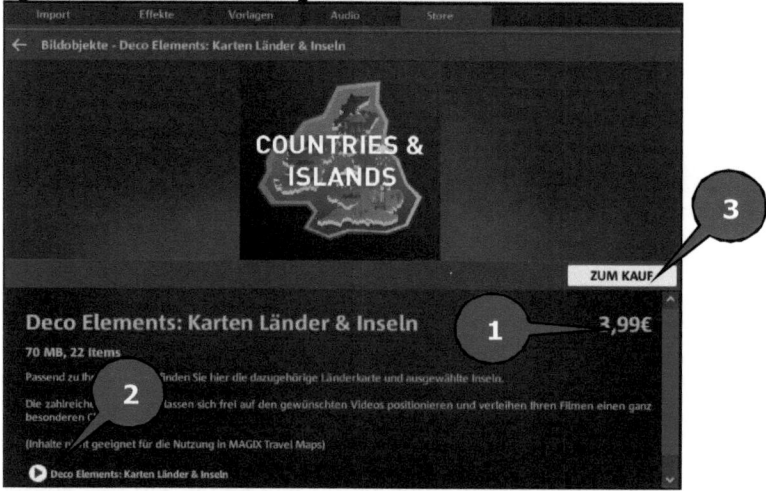

Klicken Sie ein Element an, wird Ihnen der Kaufpreis angezeigt (Pfeil 1) und Sie können sich bei den meisten Artikeln auch eine kleine Vorschau ansehen (Pfeil 2). Wollen Sie das Produkt erwerben, klicken Sie auf die Schaltfläche **Zum Kauf** (Pfeil 3).

Wählen Sie Ihre Wunschwährung (Pfeil 1) aus und klicken Sie auf **Weiter** (Pfeil 2).

Nochmal alles kontrollieren und dann entweder erst einen Gutschein einlösen (Pfeil 3) sofern man einen hat oder die Zahlart auswählen (Pfeil 4).

Diese Zahlarten stehen Ihnen zur Verfügung. Klicken Sie auf Ihren Favoriten. Ab hier müssen Sie selbst weitermachen. Ich möchte nämlich nicht, dass Sie sehen, was ich da eingebe ☺.

Die gleiche Vorgehensweise haben Sie auch bei den anderen Kaufartikeln im Magix Store. Egal ob Sie Landkarten, Deko-Elemente, Musik oder Blenden kaufen.

Jetzt nehmen wir mal an, keine der Karten gefällt Ihnen, Sie haben aber mal eine tolle historische Karte eingescannt oder haben eine Karte, ganz nach Ihrem Geschmack, im Internet gefunden. In der rechten Spalte können Sie rechts oben auf **Eigene Karte laden** (Pfeil 1) klicken um eine beliebige Karte zu laden.

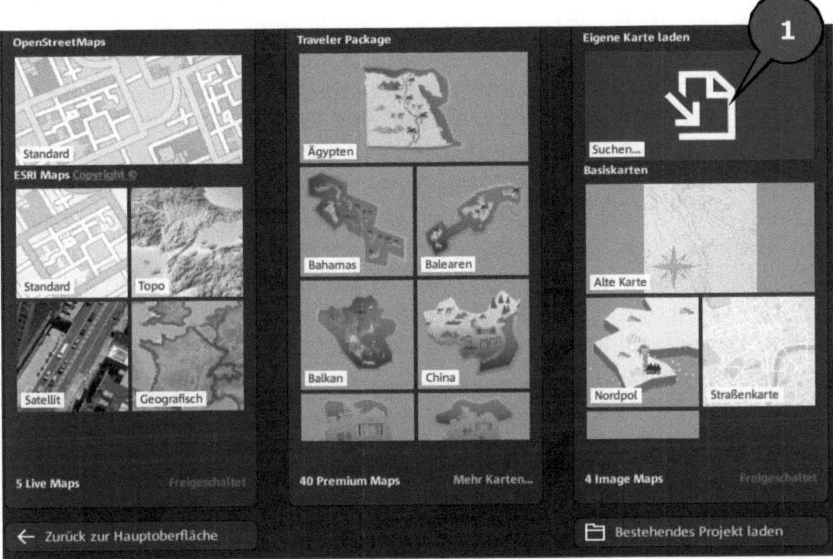

Die Karte sollte von der Auflösung her mindestens so groß sein, wie das fertige Videoprojekt. Wenn Sie also einen Film in FullHD ausspielen wollen, sollte die Karte mindestens 1920x1080 Pixel groß sein. Einen Unterschied zu den anderen Methoden gibt es da aber schon. Sie können nicht nach Wegpunkten suchen, weil die GPS-Daten natürlich fehlen. Hier hilft nur: Alle Wegpunkte müssen Sie von Hand setzen. Das gilt auch für die anderen Karten in der rechten Spalte, wie etwa **Nordpol** oder **Alte Karte**.

Hier nochmal der Tipp zum Kapitel **Reiseroutenanimation ohne Reiseroutenanimationsprogramm**. Da wird ein ganz anderer Weg aufgezeigt, der sicherlich auch seinen Reiz hat und schnell und einfach zu realisieren ist.

Als ich das Programm erstmals installiert habe, habe ich zwar Deutsch als Sprachoberfläche angegeben, trotzdem startete das Programm immer in Englisch. Sollte es Ihnen auch so gehen, klicken Sie ganz rechts unten im Startbildschirm auf den Befehl **Settings**. Dort können Sie die Sprache dann erfolgreich ändern.

Kann man 25P, 30P, 50i, 50p und 120p mischen?

Spätestens nach der ersten Reiseroutenanimation muss man diese Frage stellen. Die werden nämlich mit 30P gespeichert. Die Antwort: Ein ganz klares ja! Uneingeschränkt. Und Sie können noch mehr machen. Sie können all diese unterschiedlichen Filme, mit doch sehr unterschiedlichen Frameraten, in der Timeline eines Filmprojektes haben und Sie können dann sogar noch hingehen und die Projekteinstellungen ändern und z.B. aus einem ursprünglichen Projekt mit einer Einstellung von z.B. 720x576 25P ein 1920x1080 50P Projekt machen. Vor einiger Zeit habe ich mir einen Vortrag angehört, der sich um ein anderes Videoschnittprogramm drehte. Da war das Hauptthema genau diese Fragestellung. Was passiert, wenn ich ein 50P-Projekt mit 50P-Filmen umstelle auf 25P? Ich war ziemlich überrascht zu erleben, dass dieses Programm den 50P Film auf die doppelte Länge brachte. Äh. Mal ganz ehrlich. So etwas ist Murx! Da ist mir dann auch die Bemerkung herausgerutscht:" Also Magix macht das aber richtig!" OK. Das war unhöflich wollte aber unbedingt raus ☺. Eine Zeitlupe zu generieren ist toll. Aber

doch bitte, wenn ich das will. Laden Sie sich doch mal die Filme see_25p.mp4, see_50p.mp4 und see_120p.mp4 von meiner Homepage (Siehe Kapitel: *Downloads*) herunter. Vor allem die 120P-Datei ist allerdings mit 150 Mbyte recht groß. Ich habe eine Kamera auf ein Stativ gestellt, mich dahinter gestellt und Steine über die Kamera hinweg ins Wasser geworfen. Was für ein entspannter Nachmittag ☺. Wie Sie in diesem Bild sehen, habe ich die drei Szenen hintereinander in die Timeline gelegt. Und egal was Sie jetzt an Projekteinstellungen wählen, die Länge der Szenen bleibt unverändert.

Was kann ich denn mit 120P anfangen?

Je mehr Frames pro Sekunde ich habe, desto mehr kann ich natürlich damit anfangen. Die drei Szenen von der vorherigen Seite sind übrigens mit einer GoPro 4 BE gefilmt. Diese kleine Actionkamera habe ich mir vor allem deshalb angeschafft, weil sie es fertig bringt in FullHD-Auflösung 120 Vollbilder pro Sekunde aufzunehmen. Da ruckelt dann sogar mein superschneller PC, wenn ich das einfach mal so abspielen will. Aber aus einer 120P Aufnahme kann ich natürlich fantastische Zeitlupen machen. Bei einer Zeitlupe müssen ja üblicherweise Zwischenbilder interpoliert werden. D. h. je langsamer ich eine Szene mache, desto weniger Originalpixel habe ich im Bild. Die Software berechnet näherungsweise die einzelnen Pixel. Das macht die Zeitlupenfunktion von Magix Video Pro X zugegebenermaßen exzellent. Wenn ich aber schon 120 Vollbilder pro Sekunde habe und die Szene in 25 Vollbildern ausgeben will, dann kann ich die Zeit fast um das Fünffache verlängern, ohne dass auch nur ein Zwischenbild interpoliert werden muss. Die Frage ist jetzt nur, wie macht man das? Ganz einfach. Ziehen Sie sich die Szene see_120p.mp4 in die Timeline. Sie ist etwas länger als 15 Sekunden. Setzen Sie den Abspielmarker irgendwo in die Szene und klicken Sie die Szene einmal an, damit sie markiert ist.

Klicken Sie nun auf **Effekte/Videoeffekte/Geschwindigkeit** (Pfeile 1-3). Bei der Framerate sehen Sie einen Wert von 119,88 Frames. Also großzügig gerundet sind das 120 Frames ☺. Ändern Sie die Framerate auf 25, in dem Sie hinter der 119,88 auf den kleinen Pfeil (Pfeil 4) klicken und die 25 auswählen. Da war doch was ... ☺.

Genau. Wir müssen erst die Audiospur loswerden, wenn wir die Geschwindigkeit auf weniger als ein Viertel oder mehr als das Vierfache ändern wollen. Klicken Sie einfach auf die Schaltfläche **Audioobjekt jetzt entfernen** (Pfeil 1) und schon haben wir die Videospur alleine. Wie Sie sehen, ist die Szene jetzt auch deutlich verlängert. Auf fast die fünffache Länge, ohne dass auch nur ein Pixel interpoliert werden musste.

Jetzt kann man auch die Steine richtig schön fliegen sehen. Wenn Ihnen das noch nicht langsam genug ist, können Sie natürlich die Framerate weiter reduzieren. Wenn Sie statt der 25 z.B. nur 10 eintragen, sollten Sie aber wieder das Häkchen bei Zwischenbilder interpolieren setzen. Die Szene wird dann etwa 4 Minuten lang.

Wie bekommt man ein Senderlogo weg?

Die Antwort: Gar nicht. Wenn Sie auch zu den Leuten gehören, die Fernsehsendungen aufnehmen, die Werbeblöcke herausschneiden und das Senderlogo entfernen wollen, sind Sie in diesem Kapitel richtig. Sie können das Senderlogo entweder mit etwas anderem überlagern oder so verwischen bzw. verpixeln, dass man es nicht mehr erkennt und je nach Farbigkeit des Hintergrunds auch fast nicht mehr wahrnehmen kann. Als die Magix-Welt noch 32bit hatte, gab es ein kleines kostenloses PlugIn namens logoaway, das diese Aufgabe prima erfüllte und wirklich einfach zu bedienen war. Scheinbar wurde dieses PlugIn von den Entwicklern aber nicht für die aktuelle 64bit-Generation weiterentwickelt. Macht aber nichts, denn Magix Video Pro X hat schon alles an Board, was diese Aufgabe lösen kann. Und eigentlich meine ich mit „lösen" sogar besser lösen. Laden Sie sich aus dem Downloadbereich die Datei *wegmitdemlogo.mpg* herunter. Sie ist nur 5 Sekunden lang. Dort habe ich ein Logo positioniert und animiert. Es erscheint rechts am Rand in mittlerer Höhe (Pfeil 1), bleibt dort für 1 Sekunde,

bewegt sich dann in einer Sekunde nach oben und bleibt rechts oben in der Ecke bis zum Ende der Szene. Das machen einige Sender, nach dem Ende von Werbeblöcken. Ich habe für das Beispiel diese Szene und mein Firmenlogo verwendet, weil der vorbeifahrende Bus ein ähnliches Gelb hat wie das in meinem Logo und das Gesicht des Radfahrers im Vordergrund dem Logo auch sehr nahe kommt. Außerdem ist das Logo halb transparent. Sie sollen in diesem Kapitel nicht nur lernen, wie das geht, sondern auch wo die Grenzen liegen. Was wir also brauchen ist eine Funktion, die das Logo verwischt und dann auch noch immer genau dem Logo folgt.

Sie erinnern sich an das Kapitel *Der Objektfolger*? Jetzt könnte man ja glauben, dass das die Lösung schlechthin ist. In vielen Fällen wird das auch prima funktionieren. Nämlich immer dann, wenn es einen gewissen Farb- und Kontrastunterschied zwischen dem Objekt und dem Hintergrund gibt. Da man das mit dem Objektfolger sehr schnell realisieren kann, lohnt es sich immer, das mal schnell zu probieren. Machen wir jetzt auch. Klicken Sie auf **Vorlagen/Bildobjekte/Deko** (Pfeile 1-3). Wählen Sie dort den Effekt **Schwarzer Balken** (Pfeil 4) und ziehen Sie diesen genau auf die Szene in Spur 1.

Der schwarze Balken wird in Spur zwei (Pfeil 1) gelegt. Klicken Sie nun auf **Effekte/Ansicht/Animation/Position/Größe** (Pfeile 2-4), entfernen Sie dort das Häkchen bei Proportionen beibehalten (Pfeil 5). Passen Sie die Größe und Position des schwarzen Balkens so an, dass er das Logo am rechten Bildrand vollständig überdeckt (Pfeil 6). Ganz so wie im unteren Bild.

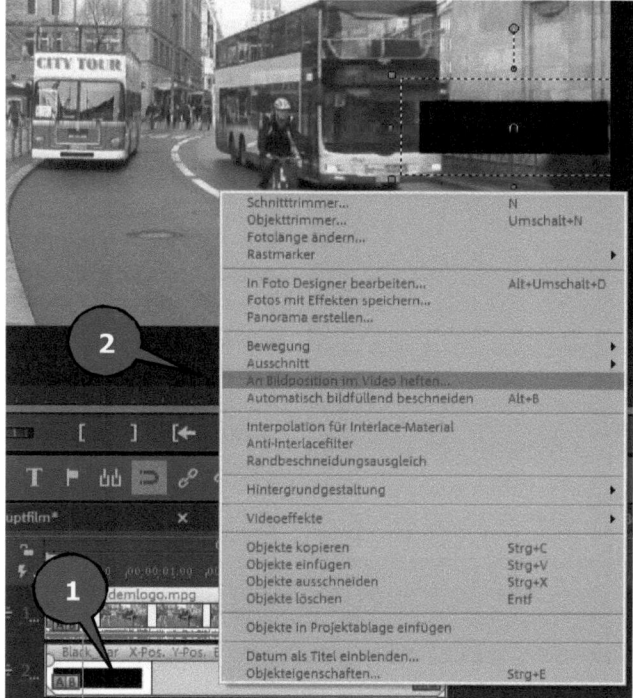

Machen Sie nun auf dem Effekt in Spur 2 (Pfeil 1) einen kurzen Rechtsklick und wählen Sie aus dem Kontextmenü den Befehl **An Bildposition im Video heften** (Pfeil 2).

Sie bekommen den unteren Hinweis angezeigt. Ist alles OK? Dann klicken Sie auf **Weiter** (Pfeil 3).

MAGIX Video Pro X   ✕

Diese Funktion heftet ein Bild oder Video (Overlay-Objekt) an eine Stelle in einem anderen Video (Referenzvideo).

Für ein optimales Ergebnis sollte das Overlay-Objekt vorher an die Position im Referenzvideo verschoben werden, an der es haften bleiben soll. Wichtig: Auch die Größe des Overlay-Objektes muss vorher gegebenenfalls angepasst werden.

Wenn Sie die Größe und Position noch anpassen möchten, klicken Sie bitte auf "Abbrechen", machen die gewünschten Änderungen im Effekte-Tab in der Kategorie Bewegungseffekte und führen die Aktion dann erneut aus. Wenn das Overlay-Objekt schon die gewünschte Größe und Position hat, klicken Sie bitte auf "Weiter".

■ Diese Meldung nicht mehr anzeigen.

Weiter   Abbrechen

Ein weiterer Hinweis erscheint. Klicken Sie wieder auf **Weiter**.

Ziehen Sie nun mit gedrückter linker Maustaste möglichst präzise ein Rechteck um das Logo im Vorschaumonitor. Sobald Sie die linke Maustaste loslassen, beginnt das Programm mit der Berechnung des Objektfolgers. Im Grunde kann man schon während der Berechnung sehen, dass das Ganze nicht klappen wird. Die Kontrastunterschiede zwischen dem Logo und dem Hintergrund sind einfach nicht groß genug. Sobald das Gesicht des Radfahrers in Reichweite kommt, bewegt sich der schwarze Balken in die falsche Richtung. Kommt der Bus näher, ändert der Objektfolger erneut seine Richtung. Ich habe das ganze übrigens nochmal mit einem nichttransparenten Logo probiert. Damit hat das deutlich besser geklappt. Aber das ist ja leider nicht die Realität. Das bedeutet, dass wir einen anderen Weg gehen müssen. Der ist mit deutlich mehr Arbeit verbunden. Gut, in diesem Beispiel hält es sich in Grenzen.

Wir machen wieder alles auf Start. Die Szene *wegmitdemlogo.mpg* liegt in Spur 1. Sie ist 5 Sekunden lang. Bei Sekunde 1 bewegt sich das Logo nach oben. Das dauert auch 1 Sekunde. Danach bleibt das Logo an dieser Stelle. Wir kombinieren hier zwei Techniken. Zum einen werden wir eine Bewegungsanimation mit Hilfe von Keyframes setzen und wir werden einen Alphakey benutzen um das Logo zu verpixeln oder zu verwischen. Für einen Alphakey brauchen wir fast immer eine schwarzweiße Grafik (manchmal braucht man auch eine reinweiße). Diese Grafik kann geometrische Figuren wie etwa Kreise, Quadrate, Dreiecke oder jede beliebige andere Form haben, die Sie in einem Grafikprogramm zeichnen können. Es muss auch nicht zwingend ein harter Schwarzweißübergang sein. Es kann genauso gut auch ein Verlauf von schwarz nach weiß sein. Also quasi ein Grauverlauf. Grundsätzlich kann man mit Alphakeys fantastische Effekte erzielen. Im Downloadbereich meiner Homepage finden Sie einige schwarzweisse Grafiken, die Sie verwenden können und Magix Video Pro X hat auch in einem Verzeichnis eine Anzahl solcher Grafiken abgelegt. Sollte das Verzeichnis nicht sichtbar sein, müssen Sie im Windows-Explorer anklicken, dass ausgeblendete Elemente (Pfeil 1) angezeigt werden sollen.

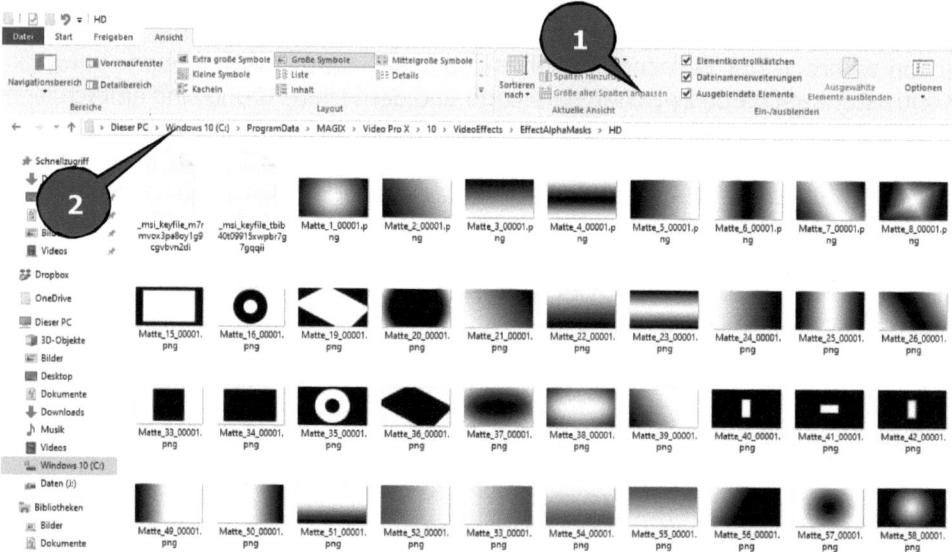

Ich zeige Ihnen hier den Pfad (Pfeil 2) zu den Grafiken, weil es einen Unterschied macht, ob Sie die Grafik aus einem Effekt heraus über den Befehl **Effektmasken laden** in die Timeline holen oder ob Sie sie per **Import** in die Timeline ziehen.

Wie Sie im Pfad sehen, steht dort Video Pro X > 10 und nicht 11. Lassen Sie sich davon nicht irritieren.

Ich habe mir die gewünschte Alphamaske (Pfeil 1) über den Import in die Spur zwei der Timeline gezogen und dort auf die gleiche Länge wie die Videoszene gekürzt.

Eine Alphamaske liegt immer zwischen zwei Videospuren. Sie ist in dem Bereich der schwarz ist durchsichtig. Der Bereich, der weiß ist nicht transparent. Graustufen bei einem Verlauf werden dann entsprechend ihrem Verhältnis zwischen schwarz und weiß teilweise transparent. Mal ganz grob beschrieben ☺. Bei einem Verlauf kann es Abstufungen im Wertebereich von 0-255 geben. Also maximal 256 verschiedene Abstufungen. Dabei bedeutet 0 100%ige Transparenz und 255 keine Transparenz.

Markieren Sie nun die Alphamaske in Spur zwei. Setzen Sie den Abspielmarker am Anfang in die Szene. Klicken Sie auf **Effekte/Videoeffekte/Chroma Key** (Pfeile 1-3). Klicken Sie dort auf die Schaltfläche **Alpha** (Pfeil 4).

Klicken Sie nun auf **Effekte/Ansicht/Animation/Position/Größe** (Pfeile 1-3). Entfernen Sie das Häkchen bei **Proportionen beibehalten** (Pfeil 4).

Passen Sie die Größe und Position des schwarzen Balkens so an, dass er das Logo vollständig bedeckt (Pfeil 1).

Ich hatte ja erwähnt, dass das Logo bis 00:00:01:00 als Sekunde 1 in der Mitte ist und dann innerhalb von 1 Sekunde nach oben in seien Endposition wandert und dort bis zum Ende der Szene bleibt. Diese Bewegung machen wir jetzt mit der Alphamaske.

Setzen Sie den Abspielmarker exakt auf die Position 00:00:01:00 (Pfeil 1) und setzen Sie einen Keyframe (Pfeil 2). Setzen Sie nun den Abspielmarker exakt auf die Position 00:00:02:00 und setzen Sie einen weiteren Keyframe (Pfeil 3).

Jetzt müssen Sie dem zweiten Keyframe noch mitteilen, was er machen soll. Dazu klicken Sie den Keyframe einmal an, damit er blau markiert wird. Jetzt verschieben Sie die Alphamaske im Vorschaumonitor so weit nach oben, dass sie dort das Logo wieder verdeckt. In der Vorschau können Sie jetzt schon kontrollieren, ob die schwarze Maske auf dem ganzen Weg nach oben über dem Logo liegt. Damit im Bild nicht nur einfach einen schwarzen Klotz haben, müssen wir die Szene aus Spur 1 kopieren und in Spur 3 wieder einfügen. Wir haben also jetzt Szene, Alphagrafik, Szene in der Reihenfolge in den Spuren 1-3.

Jetzt haben Sie es fast geschafft ☺.

Jetzt müssen wir uns entscheiden, wie wir den Maskenbereich verändern wollen. verpixeln oder verunschärfen? Da würde ich sagen, nehmen Sie das, was Ihnen am besten gefällt oder machen Sie beides. Das geht nämlich auch. Verpixeln wir die Maske erst einmal. Dazu setzen Sie den Abspielmarker irgendwo in die Szene und markieren anschließend die Szene in Spur 3 durch einfachen Mausklick. Klicken Sie nun auf **Effekte/Videoeffekte/Verzerrung** (Pfeile 1-3). Schieben Sie dort den Regler für **Mosaik** und/oder **Sand** (Pfeil 4) langsam nach rechts. Die Wirkung sehen Sie sofort im Vorschaumonitor. Schieben Sie den/die Regler so weit, bis Ihnen die Verpixelung gefällt (Pfeil 1, folgende Seite).

Alternativ könnte man auch mit einer Unschärfe arbeiten. Statt den Mosaikeffekt auszuwählen, könnten Sie auch auf **Effekte/Videoeffekte/Schärfe** (Pfeile 1-3, folgende Seite) klicken und dort die **Künstlerische Unschärfe** (Pfeil 4, folgende Seite) nach rechts schieben.

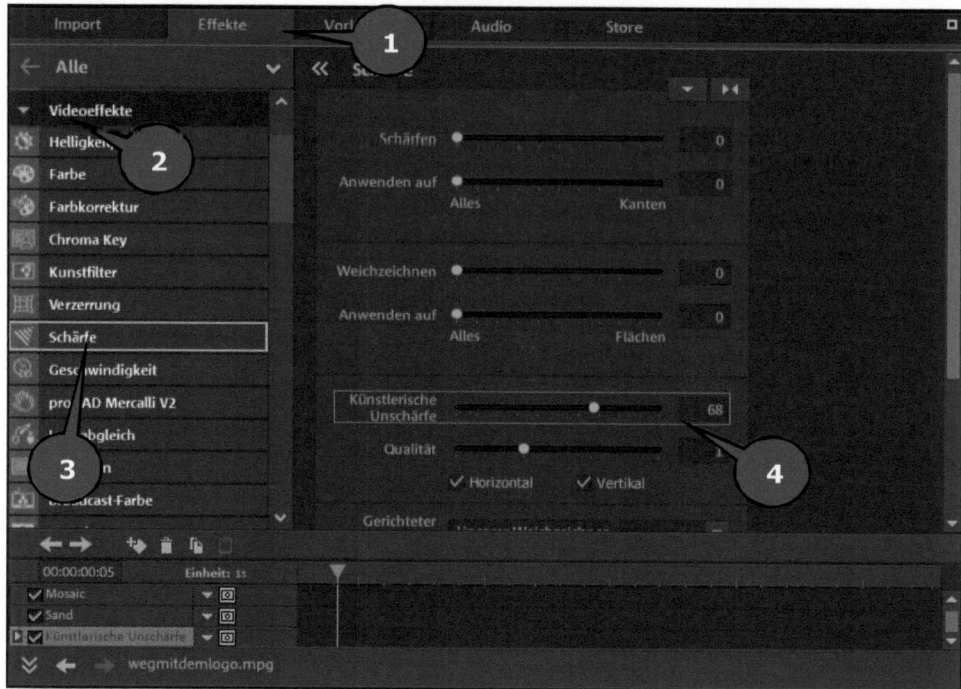

Oder kombinieren Sie die Effekte, wenn Sie finden, dass es so besser aussieht. Wenn Sie Zeit und Muße haben, können Sie sich ja mal eine Alphagrafik machen, die im Zentrum schwarz ist und zum Rand hin grau wird. Damit lassen sich die Konturen noch besser verwischen. Dafür müssen Sie dann aber etwas rumexperimentieren. In diesem Beispiel mussten Sie nur zwei Keyframes setzen um die Maske immer genau über dem Logo zu haben. In den meisten Fällen werden Sie damit aber nicht hinkommen. Stellen Sie sich vor, Sie stehen an einer Landstraße am Ausgang einer Kurve und filmen vorbeifahrende Autos. Weil Sie den Film öffentlich zeigen wollen, wollen Sie die Nummernschilder der Fahrzeuge verpixeln. Von Ihrem Kamerastandort aus verändert das Auto und damit auch sein Nummernschild ständig die Position und da es sich auf Sie zubewegt auch ständig die Größe. Und wenn der Autofahrer Sie mit Ihrer Kamera sieht und für eine Radarfalle hält, wird er auch noch langsamer ☺. Dann bleibt Ihnen nichts anderes übrig als bei jedem Richtungswechsel, jeder Größenänderung und jedem Tempowechsel einen weiteren Keyframe zu setzen und die Maske in ihrer Position und Größe mit zu führen. Das ist u.U. eine echte Fleißarbeit ☺.

Die Sonne geht auf

Ein Mitglied aus meinem Filmclub wollte einen neuen Trailer für seine Filme machen. Die Sonne sollte am Meer aufgehen. Er hat mich dann gefragt, wie man das mit Magix Video macht. Bei ihm würde die Sonne nicht am Horizont aufgehen, sondern am Strand. Grundsätzlich ist das technisch ganz einfach. Es gibt verschiedene Möglichkeiten so etwas zu realisieren. Man muss aber die richtigen Bilder dafür haben. Mit ein wenig räumlichem Vorstellungsvermögen wird einem klar, wieso. Wenn man z.B. ein Strandbild hat, auf dem der Himmel voller Wolken ist, dann wird das mit dem Bild wohl nichts, weil die Sonne niemals vor den Wolken sein kann. Man braucht also ein Bild mit einem phantastischen blauen Himmel, sowie einem möglichst geraden Horizont. Und eine Sonne ☺. Eine Sonne, mit einem besonderen Hintergrund. Der Hintergrund dieser Sonne muss eine Farbe haben, die sich mit Magix Video Pro X quasi herausstanzen lässt. Es handelt sich also um Chromakeying. Das ist von der Anwendung her dem Alphakeying aus dem Vorkapitel nicht unähnlich. Sie kennen die Technik vielleicht unter dem Begriff Bluboxing oder Greenboxing.

Laden Sie sich die beiden Fotos *diesonnegehtauf.jpg* und *sonne_blau.png* von meiner Homepage aus dem Downloadbereich herunter.

Hinweis:
Wenn Sie eigene Fotos verwenden wollen, sollten Sie etwas wissen. Verwenden Sie nur Fotos, die Ihrem Filmausgabeformat entsprechen. Wenn dieses Foto nicht Ihrem Filmformat entspricht und Sie es erst mit der Funktion **Automatisch Bildfüllend beschneiden** bearbeiten müssen, damit es z.B. ins 16:9-Format kommt, dann zeigt sich Magix Video relativ zickig, wenn Sie anschließend noch Effekte wie Bildgröße oder Ausschnitt verwenden wollen. Um das zu verhindern sollten Sie das Foto nach der Funktion **Automatisch Bildfüllend beschneiden** erst als JPG oder BMP exportieren und dann dieses Bild wieder importieren. Es hat dann schon das richtige Format. Mit dem Bild *diesonnegehtauf.jpg* habe ich das genauso gemacht. Es hatte vorher das Bildformat 4:3 und ist jetzt 16:9.

Die Sonne soll an unserem Horizont aufgehen. Wie das so ist, ist es vor dem Sonnenaufgang dunkel und wird dann mit steigendem Sonnenstand immer heller. Das wollen wir berücksichtigen. Wenn die Sonne am Horizont erscheint ist Sie meist rötlicher als später, wenn Sie am Himmel aufsteigt. Auch das wollen wir berücksichtigen. Ziehen Sie das Foto diesonnegehtauf.jpg in Spur 1. Jetzt ziehen Sie die Datei sonne_blau.png in Spur 2. Markieren Sie die Sonne in Spur 2 durch einfachen Mausklick.

Klicken Sie nun auf **Effekte/Videoeffekte/Chroma Key** (Pfeile 1-3)

Klicken Sie dort auf die Schaltfläche **Blau** (Pfeil 4).

Schon ist die blaue Fläche um die Sonne herum weg. Gehen Sie jetzt auf **Effekte/Ansicht/Animation/Position/Größe** (Pfeile 1-3).

Achten Sie darauf, dass das Häkchen bei **Proportionen beibehalten** (Pfeil 4) gesetzt ist. Wir wollen die Sonne ja nicht deformieren ☺. Ändern Sie die Größe der Sonne auf ein Maß, das Ihnen gefällt und positionieren Sie sie rechts, etwas unterhalb des Horizonts (Pfeil 5). Setzen Sie den ersten Keyframe (Pfeil 6). Setzen Sie nun den Abspielmarker auf die Position 00:00:05:00 und setzen den zweiten Keyframe (Pfeil 7). Merken Sie sich im Effektfenster den Wert für **Position Links**. Unsere Sonne soll ja nur nach oben und nicht seitlich verschoben werden. Markieren Sie den zweiten Keyframe (Pfeil 7) und ändern sie den Wert für **Position Oben** z.B. auf **30**. So verhindern Sie, dass der Wert für **Position Links** verändert wird.

In der Vorschau können Sie jetzt schon sehen, wie sich die Sonne nach oben bewegt.

Passen wir gleich die Farbe an. Die Sonne soll zu Beginn ihres Erscheinens roter sein und im Lauf der Animation immer gelber werden. Setzen Sie dazu den Abspielmarker in der Timeline genau dahin, wo der erste Keyframe ist, also bei Position 00:00:00:00. Klicken Sie nun auf **Effekte/Videoeffekte/Farbe** (Pfeile 1-3). Schieben Sie den Rot-Regler (Pfeil 4) auf ca. 80 und setzen Sie den ersten Keyframe (Pfeil 5).

Setzen Sie nun den Abspielmarker auf Position 00:00:05:00 und setzen Sie den zweiten Keyframe. Markieren Sie diesen zweiten Keyframe und schieben Sie den Rot-Regler (Pfeil 4) wieder auf 50.

In der Vorschau können Sie jetzt sehen, wie die Sonne während Sie von unten nach oben wandert langsam von rot nach gelb wechselt.

Jetzt brauchen wir noch den Sonnenaufgang. Setzen Sie den Abspielmarker an den Anfang des Fotos. Markieren Sie das Foto in Spur 1 durch einfachen Maus klick.

Klicken Sie auf **Effekte/Videoeffekte/Helligkeit/Kontrast** (Pfeile 1-3). Schieben Sie den Helligkeitsschieberegler auf 0 (Pfeil 4) und setzen Sie anschließend den ersten Keyframe (Pfeil 5). Die Gesamtlaufzeit soll 7 Sekunden sein, die Animation aber schon nach 5 Sekunden zu Ende, damit noch etwas Zeit für eine Titeleinblendung da ist. Setzen Sie den Abspielmarker auf die Position 00:00:05:00 und setzen Sie den nächsten Keyframe. Markieren Sie diesen Keyframe und setzen Sie für ihn die Helligkeit auf 50. Jetzt wird es immer heller, während die Sonne nach oben wandert und immer gelber wird.

Jetzt müssen wir nur noch dafür sorgen, dass die Sonne nicht am Strand, sondern am Horizont aufgeht. Dazu kopieren Sie das Bild aus Spur 1 und fügen es darunter in Spur drei wieder ein. Damit erreichen wir, dass es in Spur 1 und 3 gleichzeitig gleich hell wird! Ohne großes herum gefummele. Positionieren Sie nun den Abspielmarker an einer Stelle, die schon hell genug ist, damit man den Horizont sehen kann. Markieren Sie das Foto in Spur 3 durch einfachen Mausklick.

Klicken Sie auf **Effekte/Ansicht/Animation/Ausschnitt** (Pfeile 1-3). Wählen Sie über den kleinen Pfeil im Effektfenster **Proportionen frei** (Pfeil 4).

Am besten sieht man das, wenn man die Spur 1 mal kurz abschaltet. Verkleinern Sie den Ausschnitt von dem Foto in Spur drei, in dem Sie den oberen Anfasser (Pfeil 1) nach unten schieben, bis die gestrichelte Linie genau auf dem Horizont liegt.

Achten Sie darauf, dass das Häkchen bei **Bildfüllend** jetzt entfernt ist, sonst entfernen Sie es durch einfachen Mausklick!

Schalten Sie die Spur 1 wieder ein und sehen Sie sich die Vorschau an.

Die Sonne geht am Horizont auf und wird nach oben immer gelber und es wird gleichzeitig immer heller. Der Satz erinnert mich irgendwie an „Stille Post" ☺. Wenn Ihnen die Sonne zu scharf abgezeichnet ist, können Sie natürlich noch etwas künstlerische Unschärfe dazu geben.

Und jetzt sind Sie dran. Überlegen Sie mal, was Sie machen müssen, wenn Sie einen Sonnenuntergang machen wollen.

Wie man den Sonnenaufgang bei einem Horizont hinbekommt, der nicht gerade ist und/oder Wolken am Himmel sind und die Sonne auf dem Wasser glitzert, muss ein anderes Mal erzählt werden.

Wichtiger Tipp: Bevor Sie diese Szene als Film exportieren oder in einem Ihrer Projekte einbauen, sollten Sie sich **UNBEDINGT** das Kapitel *Schwarze Streifen über und unter Fotos* durchlesen.

Pseudo 3D

Das erste Mal habe so einen Effekt gesehen, als im Fernsehen für die Champions-League geworben wurde. Da war das Bild eines Fußballers, das stoppte und das Stadion im Hintergrund und der Ball im Vordergrund bewegten sich plötzlich relativ zu einander. In solchen Momenten werde ich schlagartig hellwach und denke darüber nach, wie die das wohl gemacht haben könnten. Ich habe dann erst einmal danach gegoogelt und bei youtube gesucht, habe aber nur Anleitungen gefunden, wie man das mit den Adobe-Programmen Photoshop, After-Effects und Premiere macht. So etwas empfinde ich dann auch immer gleich als Herausforderung, einen Weg zu finden, wie das preiswerter zu realisieren ist. Abhängig von den verwendeten Bildmaterialien und dem eigenen Anspruch an Präzision ist das schon etwas zeitaufwändig für einen einzigen Fotoeffekt. Ich finde aber das lohnt sich, weil ein Foto dadurch regelrecht lebendig wird.

Ausgangsmaterial waren diese beiden Fotos.

Das Foto mit der Leuchtboje ist sehr detailreich. Aber rote Felsen vor roten Felsen … hm. Irgendwie wirkte das nicht. Also war die Idee, die Leuchtboje samt dem Felsen auf dem sie steht vor dem Hintergrund zu bewegen. Das Boot wäre dafür nicht wirklich nötig gewesen, passte aber wie ich es dann ausgedrückt habe, wie der berühmte A.... auf Eimer ☺. Das Boot treibt nachher in der fertigen Szene langsam zwischen den Felsen dahin. Ich habe Ende 2015 während eines Magix-Vortrags in einem Filmclub gezeigt, wie man so was macht. Und als ich das Ergebnis vorgeführt habe, ging ein leises Raunen durch den Saal. Aha, das scheint den Anwesenden zu gefallen und da habe ich entschieden, das wird ein interessantes Kapitel in meinem Buch.

So eine kleine Pseudo-3D-Animation kann man nicht mit Magix Video Pro X alleine bewerkstelligen. Dazu braucht man noch ein Bildbearbeitungsprogramm, welches mindestens zwei Funktionen beherrscht. Erstens muss man damit beliebige Objekte präzise freistellen können und zweitens sollte man damit ebenso präzise in den Fotos retuschieren können. Ich kenne drei Programme für den PC, die das perfekt können. Adobe Photoshop, Gimp und der Magix extreme Fotodesigner. Letzterer war mal in irgendeinem Magix Video-Programmpaket enthalten. Da ich aber nicht weiß, ob das Programm immer im Lieferumfang war und ist, werde ich Ihnen die Vorgehensweise daran nicht zeigen ☺. Wenn Sie das Programm besitzen, können Sie die Arbeiten auch gerne damit machen. Es steht den beiden anderen Programmen in der Qualität in nichts nach. Adobe Photoshop ist zwar mein Favorit. Da ich aber der Meinung bin, dass wir für unser Hobby schon genug Geld ausgeben, zeige ich Ihnen die vor Ihnen liegenden Aufgaben anhand von Gimp. Gimp ist nämlich ein extrem leistungsfähiges Bildbearbeitungsprogramm, das Sie sich kostenlos bei **www.gimp.org** herunter laden können. Es ist allerdings genauso unhandlich zu bedienen wie z.B. Photoshop. Deshalb gibt es jetzt hier einen kleinen Crashkurs in freistellen und retuschieren mit Gimp. Sollte Ihnen das noch nicht reichen, sehen Sie sich mal bei youtube um. Da finden sehr gute Videotutorials zu diesem Thema. Fangen wir mit dem Boot an. Dazu downloaden Sie die Datei **boot_original.jpg** von meiner Homepage und öffnen die Datei mit Gimp. Ziel ist es, einen Ausschnitt des Boots so auszuschneiden, dass es auf einen unifarbenen Hintergrund kopiert werden kann. Diesen Hintergrund können wir dann später mit Chroma Key in Magix Video Pro X wieder herausstanzen. Da das Boot selbst blau ist, sollte der Hintergrund grün sein. Das Werkzeug, dass Sie zum Freistellen benötigen ist das Pfad-Werkzeug (Pfeil 1, folgende Seite). Suchen Sie sich irgendeine Ecke des Bootes aus und klicken Sie einmal dorthin. Sofort erscheint ein weißer Punkt. Ihr erster Pfadpunkt. Jetzt fahren Sie die Kontur des Bootes ab und setzen so viele Pfadpunkte, wie Sie für richtig erachten. Nach jedem Pfadpunkt haben Sie die Möglichkeit ab dort die Richtung zu ändern. Eben bis zum nächsten Pfadpunkt. Zwischen zwei Pfadpunkten ist der Pfad also immer eine Gerade. Sie können sich also vorstellen, dass man sehr, sehr viele Pfadpunkte setzen muss, wenn man einen Ball freistellen will. Dabei ist Präzision keine Schande ☺. Notfalls müssen Sie den Bereich mit der Lupe aufzoomen um Details besser erkennen zu können.

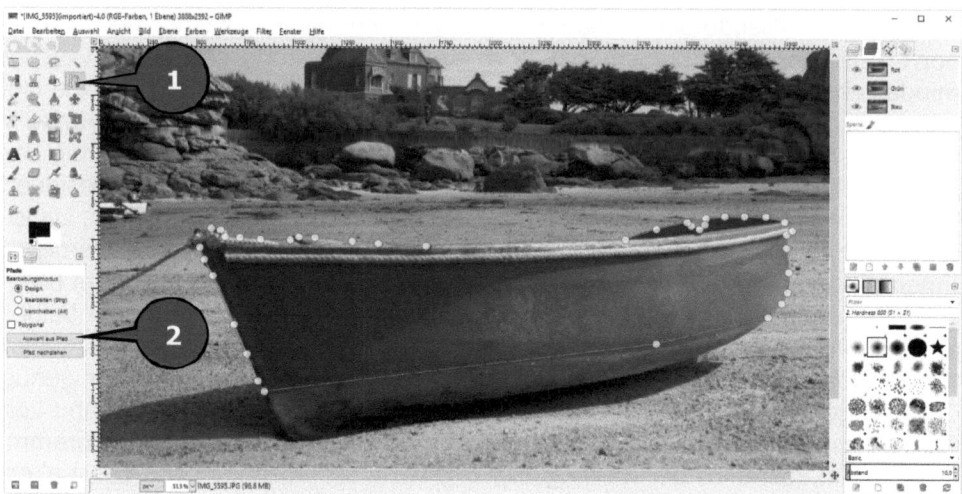

Wie Sie am oberen Bild erkennen, sind auch bei so einem einfachen Objekt eine Menge Pfadpunkte nötig. Den Pfad schließen Sie, indem Sie, nachdem Sie einmal um das Objekt herum sind auf den ersten Punkt quasi den letzten Klick machen. Es gibt noch andere Methoden, wie man ein solches Objekt freistellen kann. Diese hier hat aber den Vorteil, dass ich die einzelnen Punkte bei Bedarf noch mit gedrückter linker Maustaste verschieben kann. Wenn Sie sich fragen, warum ich die Hälfte vom Rumpf des Bootes abgeschnitten habe? Hier liegt das Boot ja auf dem Trockenen. Da sieht man den ganzen Rumpf. In der Endfassung soll es aber schwimmen. Da sieht man nur, was über der Wasserlinie ist. Um nun das Objekt unserer Begierde endgültig frei zu stellen, klicken Sie einmal auf die Schaltfläche **Auswahl aus Pfad** (Pfeil 2). Schon ist der Hintergrund weg. Der nächste Schritt mag einem Gimp-Kenner jetzt vielleicht etwas umständlich vorkommen. Ich will aber unbedingt verhindern, dass ich mir versehentlich mein wertvolles Originalbild verändere. Drücken Sie nun die Tastenkombination **Strg+c**. Das kopiert alles, was sich innerhalb des Pfades befindet. Also das blaue Boot. Klicken Sie nun auf den Menübefehl **Datei/Neu**. Gimp schlägt Ihnen vor ein neues, leeres Bild zu öffnen. Freundlicherweise schlägt das Programm die gleiche Größe für das neue Bild vor, wie unser Originalbild. Klicken Sie auf **OK** und schon haben Sie ein leeres weißes Bild vor sich.

Ändern Sie über die **Farbschaltfläche** (Pfeil 1) die Vordergrundfarbe auf grün.

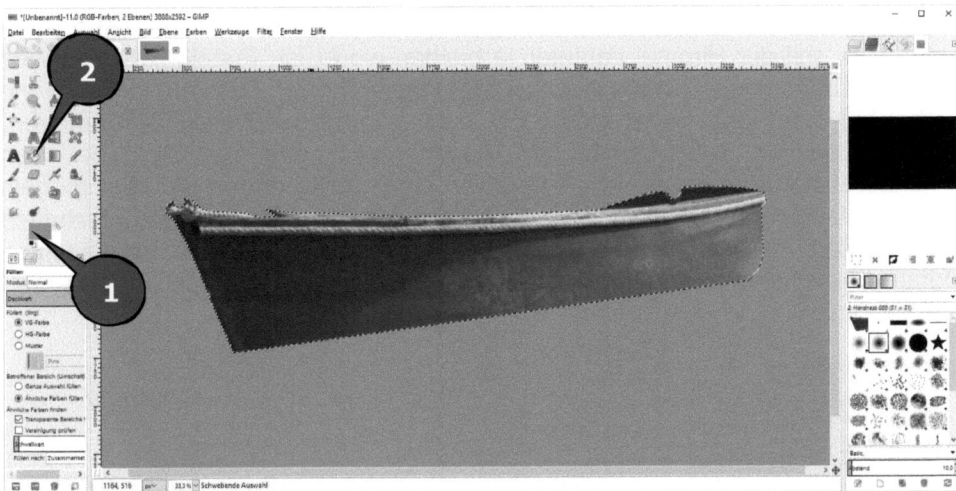

Klicken Sie nun auf die Schaltfläche **Fülleimer** (Pfeil 2). Bewegen Sie nun den Mauszeiger irgendwo in die leere weiße Fläche und drücken Sie einmal kurz auf die linke Maustaste. Damit wird der komplette Hintergrund grün gefüllt. Wenn Sie nun die Tastenkombination **Strg+v** drücken, wird das freigestellte Boot in der entsprechenden Größe eingefügt. Speichern Sie das Bild über den Menübefehl **Datei/ Exportieren unter ...** (NICHT mit Speichern unter ...!!!)

entweder als PNG-Datei oder JPG-Datei. Magix Video Pro X kann beide Formate importieren. Wie Sie sehen, habe ich die Datei *boot_freigestellt.png* getauft. Damit haben wir das erste Bild fertig. Ging doch leicht oder? Jetzt wird`s aber etwas zeitaufwändiger. Wir machen uns über das zweite Bild her.

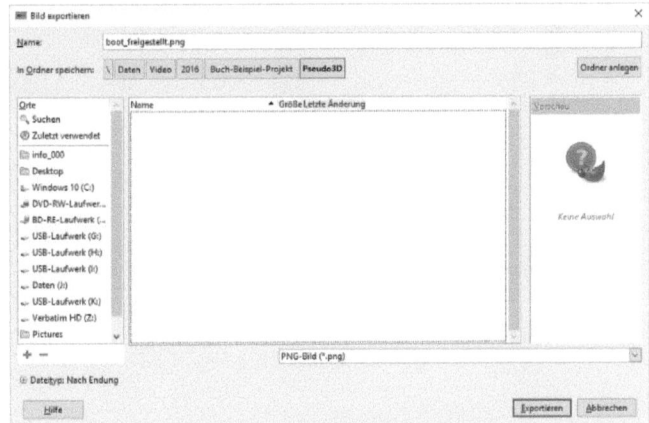

Wenn Sie sich den oberen Bereich der Leuchtboje ansehen, sehen Sie ein Geländer. Da kann man durchsehen! ☺ Das hat zur Folge, dass wir die Bereiche innerhalb des Geländers ausschneiden müssen, denn wenn wir die Leuchtboje animieren, soll der Himmel dahinter ja bleiben wo er ist. Ersteinmal stellen Sie die Leuchtboje mitsamt dem Felsen auf dem Sie steht frei. Das geht genauso wie vorher bei dem Boot. Daher werde ich das hier nicht mehr gesondert erklären. Umschließen Sie dabei auch den Außenbereich der Geländer. Um den Innenbereich kümmern wir uns später. An einer Stelle dürfen Sie aber mogeln ☺. Am Geländer ist eine schmale weiße Antenne angebracht. Die habe ich einfach weggelassen. Außer Ihnen und wir wird es keiner wissen ☺. Damit ich die feinen Details besser anfahren kann, habe ich mir das Bild mit der Lupe (Pfeil 1) groß aufgezoomt.

Wie Sie sehen braucht man schon eine gehörige Zahl von Pfadpunkten um das Objekt sauber frei zu stellen. Die Mühe lohnt aber.

Diesmal stellen Sie den Hintergund des neuen Bildes auf blau und fügen das freigestellte und kopierte Objekt wieder ein. Auch hier ist es von Vorteil, dass die Größe exakt dem Original entspricht. Leider stimmt die Position nicht ganz. Der Pfad wird nämlich zentriert eingefügt. Aber das ist halb so schlimm. Hauptsache die Größe stimmt. Die kleinen Abweichungen in der Position können wir später in Magix Video Pro X ganz leicht korrigieren.

Jetzt kommen die Geländerzwischenräume dran. Davon gibt es einige. Große, naja sagen wir Größere ☺ und ein paar Kleine. Zoomen Sie sich den Bereich groß auf. Als erstes müssen Sie die Hintergrundebene (blau) mit dem Objekt (Boje mit Fels) vereinen. Das geschieht über den Menübefehl **Ebene/Ebene verankern** (Pfeile 1 & 2).

Als nächstes zeichnen Sie wie vorher schon auch einen Pfad innerhalb des Geländers.

Ist der fertig, drücken Sie auf Ihrer Tastatur einmal auf die **Entf**-Taste bzw. **Del**-Taste. Damit wird dieser Bereich weiß. Nun füllen Sie diesen Bereich mit dem Farbeimer in blau. Das machen Sie jetzt mit jeder Lücke, durch den Sie den Himmel sehen. Ja, auch neben den Solarzellen. Ich weiß, ich kann grausam sein ☺.

So in etwa sollte das am Ende auch aussehen. Exportieren Sie dieses Bild als **_boje_freigestellt.png_** (oder als jpg). Im Grunde hätten wir uns ja jetzt schon ein Fleißkärtchen verdient ☺. Leider sind wir noch nicht fertig. Unser Geländer ist ja jetzt schön durchsichtig, wenn wir das Blau in Magix Video Pro X mit dem Chroma Key ausstanzen. Das hat aber dummerweise den Effekt, dass bei der Bewegung des Objekts das Bild dahinter sichtbar wird. Mal grob gesagt würden wir bei der Animation plötzlich die Boje hinter der Boje sehen. Das wollen wir nicht. Also müssen wir am Hintergrund alles wegretuschieren, was uns irgendwie in die Quere kommen könnte.

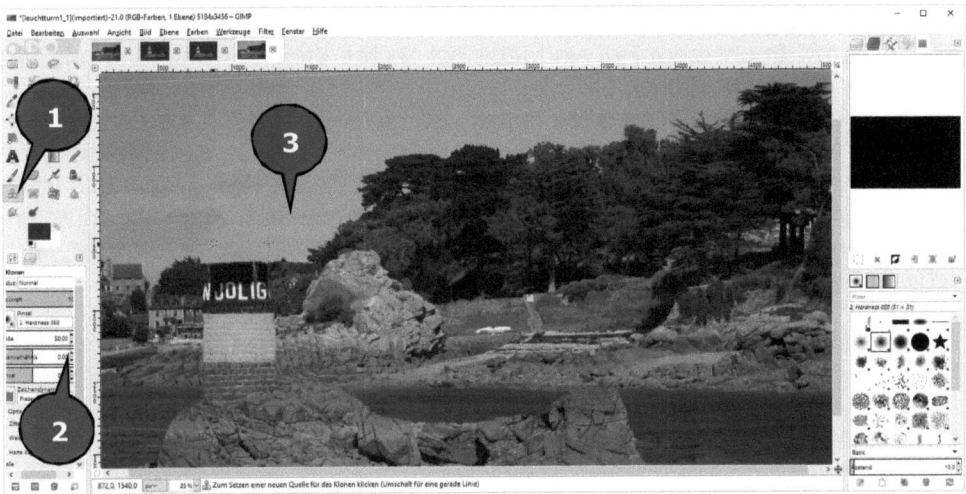

Dazu laden wir uns wieder das Originalbild. Wie Sie in diesem Bild sehen, habe ich oberen Teil der Leuchtboje komplett wegretuschiert. Das ist im Grunde ganz einfach, benötigt aber eine gewisse Vorstellungskraft. Man kann natürlich nicht irgendetwas, irgendwo hin retuschieren. Sondern, man muss sich vor seinem inneren Auge vorstellen, was passiert, wenn ich den Vordergrund bewege. Wenn unsere Boje kein Geländer hätte, durch das man hindurchsehen können muss, müssten wir überhaupt nichts retuschieren. Wir müssten bei der Animation nur darauf achten, dass unser Objekt sich nur vergrößert. Dann wäre der Hintergrund immer abgedeckt. Haben wir aber nicht. Einfach kann ja jeder ☺. Technisch funktioniert die Retusche so: Sie klicken das **Stempelwerkzeug** einmal an (Pfeil 1). Ändern Sie die **Größe** des Stempels auf 50 Pixel (Pfeil 2). Suchen Sie sich rechts von der Bojenspitze ein Stück Himmel aus, von dem Sie glauben, dass es später dort wo jetzt die Boje ist farblich gut passen würde (Pfeil 3). Sie sehen jetzt so

etwas wie ein kleines Zielkreuz. Das wird der Ausgangspunkt. Halten Sie nun auf der Tastatur die **Strg**-Taste (oder Ctrl) gedrückt. Klicken Sie an Ihrem Wunschpunkt einmal auf die linke Maustaste. Bewegen Sie nun den Mauszeiger ganz nah an das Objekt heran, dass Sie wegretuschieren wollen. Wenn

Sie nun die **Strg**-Taste loslassen, sehen Sie zwei kleine Kreise (Pfeile 4 & 5, vorherige Seite). In unserem Fall sind jetzt der rechte Kreis der Ursprung und der Linke das Ziel. Jetzt können Sie alles wegretuschieren, was Sie wollen und Sinn macht. Die beiden Kreise behalten immer den gleichen Abstand, bis Sie den Vorgang des Markierens wiederholen. Achten Sie peinlich darauf, dass Sie nicht mit einem Kreis irgendwo hin geraten, wo Sie nicht hinwollen. Bei diesem Bild ist es so, dass man sicherlich mehrmals einen neues Farbbereich aufnehmen muss um weiter retuschieren zu können. Exportieren Sie dieses Bild unter boje_retuschiert.png (oder jpg).

Hier ist natürlich schon alles wegretuschiert (Auch die Felsen habe ich vorsichtshalber etwas abgeschliffen) und sowas ist in einem Buch auch schwer darzustellen. Probieren Sie einfach ein bisschen rum. Auch für diese Funktion von Gimp finden sich bei youtube zahlreiche Tutorials.

Jetzt haben wir alle Vorarbeiten erledigt und können die Pseudo-3D-Animation in Magix Video Pro X machen. Erfreulicherweise ist das mit wenigen Klicks zu erledigen ☺.

Positionieren Sie die drei neuen Bilder in der Timeline exakt untereinander.

In Spur 1 kommt *boje_retuschiert.png*, in Spur 2 *boot_freigestellt.png* und in Spur 3 *boje_freigestellt.png*. Im Vorschaumonitor sehen Sie jetzt nur die freigestellte Boje mit dem blauen Hintergrund. Mit der Spur 1 müssen wir nichts machen. Die bleibt wie Sie ist. Damit wir die Animation besser sehen und beurteilen können, sollten wir erst einmal die Spur 2 mit dem Boot ausschalten. Dazu klicken Sie einmal auf das kleine Auge im Spurkopf von Spur 2 (Pfeil 1).

Setzen Sie den Abspielmarker irgendwo in die Szene und markieren Sie durch einfachen Mausklick die Szene in Spur 3. **Wählen Sie Effekte/Videoeffekte/Chroma Key** (Pfeile 1-3).

Klicken Sie dort einmal auf die Schaltfläche **Blau** (Pfeil 4). Schon ist die blaue Fläche weg und Sie sehen, dass die Position unserer freigestellten Boje etwas von der im Original abweicht. Bringen wir die Boje in Position.

Dazu klicken Sie auf **Effekte/Ansicht/Animation/Position/Größe** (Pfeile 1-3).

Verschieben Sie nun die freigestellte Boje im Vorschaumonitor so, dass sie mit dem Hintergrund deckungsgleich ist. Am leichtesten ist das, wenn Sie die Bojen übereinander bringen.

Nun setzen Sie den Abspielmarker auf Position 00:00:00:00, also an den Anfang der Szene und setzen den ersten Keyframe. Setzen Sie den Abspielmarker jetzt ans Ende der Szene und setzen den zweiten Keyframe.

Die Eigenschaften des zweiten Keyframes ändern wir. Dazu markieren Sie den Keyframe und ändern den **Zoom** auf **106%** (Pfeil 1). So bleibt die größer werdende Boje immer genau über den Bojenresten dahinter. In der Vorschau können Sie die Animation jetzt schon sehen.

Bleibt noch das Boot. Blenden Sie die Spur 2 wieder ein, indem Sie auf das kleine Auge im Spurkopf klicken. Das Boot sollte jetzt sehr groß im Vorschaumonitor erscheinen. Setzen Sie den Abspielmarker irgendwo in die Szene und markieren Sie das Boot in Spur 2 durch einfachen Mausklick. Klicken Sie auf **Effekte/Videoeffekte/Chroma Key** und dort auf die Schaltfläche **Grün**. Der grüne Hintergrund um das Boot ist verschwunden. Manchmal passiert es bei mir, dass ich noch das Häkchen bei **Alphakanal im Quellmaterial verwenden** entfernen muss, sonst stanzt das Programm die Farbe nicht raus. Scheint ein kleiner Bug zu sein. Im Vorschaumonitor kann man schon gut erkennen, dass es zwischen den beiden anderen Bildern liegt. Jetzt passen wir Größe, Position und Ausrichtung des Bootes an. Dazu klicken Sie auf **Effekte/Ansicht/Animation/Position/Größe** (alles wie gehabt).

Wie Sie sehen, habe ich das Boot recht klein gemacht und etwas nach rechts gedreht, damit es „gerade" im Wasser liegt. Animieren wir das Boot. Es soll nach rechts hinter dem Felsen hervortreiben. Dazu setzen Sie den Abspielmarker auf Position 00:00:00:00 und setzen den ersten Keyframe. Setzen Sie den zweiten Keyframe ans Ende der Szene. Markieren Sie den zweiten Keyframe mit einfachem Mausklick. Bewegen Sie das Boot so weit nach rechts, dass es etwa halb hinter dem Felsen hervorschaut.

Bei den vielen Effekten kann es sein, dass sich Ihr PC schwer dabei tut, die Szene noch ruckelfrei in der Vorschau abzuspielen. Wenn`s ruckelt sollten Sie die Szene prerendern. Als exportierter Film ruckelt es dann selbstverständlich nicht mehr.

Export als reine Filmdatei

Es kann verschiedene Gründe geben, warum man einen Film nicht auf eine DVD oder Blu-ray mit Menü brennt, sondern den Film als reine Filmdatei exportiert. Wenn z.B. die Rechenleistung nicht ausreicht um eine Szene in Echtzeit in der Vorschau zu sehen und alle anderen Maßnahmen wie z.B. Prerendering nicht mehr helfen, kann man z.B. nur den Bereich, um den es geht als Film exportieren und sich das dann ansehen. Ich würde schon sagen, dass mein Videoschnitt-PC ziemlich schnell ist aber auch der stößt schon mal an seine Grenzen. Eines meiner Steckenpferde sind Videotricks. Da arbeite ich teilweise mit so vielen Spuren, dass auch der schnellste PC das nicht mehr ruckelfrei abspielt. Ein weiterer Grund wäre das Medium, auf dem man einen Film abspielen möchte. Moderne Fernseher haben eine USB-Schnittstelle über die Sie von einem Stick oder einer USB-Festplatte Filme abspielen können. Da muss man dann nicht den Umweg über ein DVD machen, sondern kann den Film direkt starten. Nur hat man dabei kein Kapitelmenü, sondern nur den Film in einer Einheit. Und es ist so, dass nur der Film als Datei exportiert werden kann, den Sie gerade in der Timeline bearbeiten. Nehmen wir mal an, Ihr Hauptfilm ist fertig und Sie möchten ihn von einem USB-Stick aus auf Ihrem Fernseher abspielen. Nehmen wir mal weiter an, Ihr Ausgangsmaterial ist in FullHD, also 1920x1080 Pixel.

Klicken Sie auf den Menübefehl **Datei/Film exportieren/Video als HEVC** (Pfeile 1-3). Das Fenster auf der folgenden Seite öffnet sich. Wählen Sie dort als Auflösung 1920x1080 (Pfeil 1, folgende Seite). Wählen Sie den Speicherort (Pfeil 2, folgende Seite). Ändern Sie bei Bedarf den vorgeschlagenen Namen (Pfeil 3, folgende Seite). Entfernen Sie durch einfachen Mausklick das Häkchen bei **Nur den markierten Bereich exportieren** (Pfeil 4, folgende Seite).

Mit einem Klick auf die Schaltfläche **OK** (Pfeil 5) starten Sie den Exportvorgang. Das kann je nach Größe des Films eine Weile dauern. Den Fortschritt des Exportvorgangs bekommen Sie durch einen blauen Balken am unteren Fensterrand angezeigt. War der Export erfolgreich, bekommen Sie das in einem kleinen Fenster angezeigt. Sie können die Filmdatei dann über den Windows Explorer starten oder auf einen USB-Stick kopieren und dann von dort auf Ihrem Fernseher abspielen.

Das zweite Szenario wäre, nur eine kurze Szene zu exportieren, um sich nur diese Szene anzusehen und darin vielleicht noch kleine Fehler zu entdecken. Dazu muss man den gewünschten Bereich zunächst einmal markieren. Das kann man mit zwei Mausklicks über der Timeline.

Machen Sie dazu genau über der Timeline in dem leeren dunklen Balken an der gewünschten Startposition einen kurzen Linksklick mit der Maus (Pfeil 1), machen Sie nun ebenfalls in dem Balken an der gewünschten Endposition einen kurzen Rechtsklick mit der Maus (Pfeil 2). Jetzt sehen Sie einen hellblauen Balken, der von zwei geschweiften Klammern eingefasst ist (Pfeil 3). Wenn Sie die Start- oder Endposition nicht exakt getroffen haben, können Sie die geschweiften Klammern mit gedrückter linker Maustaste verschieben. Klicken Sie nun wieder auf den Menübefehl **Datei/Film exportieren/Video als MPEG-4**. Bis auf eine Änderung können die Einstellungen so bleiben, wie für den Komplettfilm. Lediglich an einer Stelle müssen Sie ein Häkchen setzen. Nämlich bei **Nur den markierten Bereich exportieren** muss das Häkchen rein (Pfeil 4).

Der Export dieses kleinen Bereiches geht natürlich viel schneller als für den kompletten Film. Am Ende haben Sie aber auch hier an Ihrem gewünschten Speicherort eine kleine Videodatei, die Sie sich mit einem beliebigen Videoplayer wie etwa dem Windows Media Player oder dem VLC Media Player ansehen können.

Sicher haben Sie die Vielzahl der Exportmöglichkeiten gesehen. Welche Sie davon auswählen ist von zwei Faktoren abhängig. 1. Welches Ausgangsmaterial habe ich? 2. Für welchen Zweck exportiere ich? Es macht sicherlich wenig Sinn, eine digitalisierte Super-8 Szene in FullHD oder gar 4K zu exportieren. Da hat man dann evtl. keine Freude beim Ansehen ☺. Sehen Sie sich die verschiedenen Auflösungen und die darin möglichen Einstellungen einfach mal an und exportieren Sie mal kurze Szenen um ein Gefühl für das Sinnvolle zu bekommen. Beim Export z.B. als HEVC können Sie auch einstellen, mit welcher Auflösung exportiert werden soll. Auch 4K-Auflösungen sind möglich.

Noch mehr Stoff

Was Blenden und Titeleffekte angeht, ist Magix Video Pro X ziemlich üppig ausgestattet. Bei den DVD- bzw. Blu-ray-Menüs sieht das schon anders aus. Alleine schon, wenn man was Passendes für eine Weihnachts-DVD sucht. Gut, man hat die totale Flexibilität und kann alle an einem DVD-Menü selber machen. Aber für den Quick-Shot zwischendurch ist das natürlich nichts. Bei den „kleinen" Magix Video-Deluxe-Versionen ist die Ausstattung mit solchen Menüs deutlich umfangreicher. Da wäre es doch schön, wenn man von anderen Magix Video-Versionen etwas importieren könnte. Und für alle, die von Titel-Effekten und Blenden den Hals nicht voll kriegen, gibt's da auch noch einen Nachschlag. Das ist ziemlich gut versteckt und vielleicht stolpert man da nur drüber, wenn man so wie ich hemmungslos überall herum klickt ☺. Klicken Sie mal auf den Menübefehl **Hilfe/Zusatzinhalte installieren ...** (Pfeile 1 & 2). Das öffnet folgendes Fenster.

Auf den ersten Blick geht es hier um die Zusatzprogramme (Pfeil 3), die im Lieferumfang von Magix Video Pro X sind. Die Schaltfläche **Zusatzinhalte herunterladen ...** (Pfeil 4) wird gerne mal übersehen. Klicken Sie sie einmal an. Eine Internetverbindung wird aufgebaut und ein weiteres Fenster öffnet sich.

Da gibt es eine Menge zusätzlichen Stoff herunter zu laden. Wenn man alle Häkchen setzt, wie im linken Beispiel kommt da was zusammen. Mal großzügig gerundet, sind das 4,5 GByte Zusatzmaterial, die Sie kostenlos herunterladen und indtallieren können. Wenn Sie gewählt haben und auf die Schaltfläche **Weiter** (Pfeil 1) klicken, startet der Download. Abhängig von der Geschwindigkeit Ihres Internet-Anschlusses kann das eine Weile dauern. Das Warten lohnt sich aber. Unten sehen Sie ein Beispiel für die zusätzlichen DVD-Menüs.

Der goldene Schnitt

Was ist der goldene Schnitt überhaupt? Als **Goldener Schnitt** (lateinisch *sectio aurea, proportio divina*) wird das Teilungsverhältnis einer Strecke oder anderen Größe bezeichnet, bei dem das Verhältnis des Ganzen zu seinem größeren Teil (auch *Major* genannt) dem Verhältnis des größeren zum kleineren Teil (dem Minor) gleich ist. Mit als Major und als Minor gilt also:

Ahja. In der Kunst hat sich der goldene Schnitt als Werkzeug für die Bildkomposition fest etabliert. Es gibt Kinofilme, in denen jede wichtige Einstellung streng nach den Regeln des goldenen Schnitts gedreht ist. Allerdings gibt es auch genauso erfolgreiche Filme, bei denen der Regisseur ganz bewusst darauf verzichtet hat. Was beutet das nun für uns Amateurfilmer? Es gibt eine ganze Reihe von Studien, die belegen sollen, das wir auf dieses Seitenverhältnis von 61,8 zu 38,2 geprägt sind. Es gibt aber wohl auch Studien, die dem widersprechen. Sei es drum. Es ist ein weit verbreitetes Stilmittel und ich denke mal, dass bei Amateurfilmwettbewerben stark darauf geachtet wird. Also reiten wir etwas darauf rum. Das Seitenverhältnis, das sich aus der Formel ergibt ist ungefähr 1:1,62. Was ziemlich blöd ist, weil das Seitenverhältnis eines 16:9 Fernsehers ist 1:1,77. Also nicht so richtig genau passend. 16:10 wäre toll gewesen, wenn sich die Normierer mit den Künstlern abgesprochen hätte ... Haben sie aber scheinbar nicht. Wenn die Verhältnisse so unpräzise sind, dann sollten wir die auch nur grob einschätzen. Das rechte Bild zeigt ein Raster genau im goldenen Schnitt. Ich persönlich halte ein Verhältnis von 1/3 zu 2/3 für hinreichend präzise. Wir würden das beim Spontanfilmen wohl auch kaum auf die zweite Stelle hinter dem Komma genau hinbekommen.

Bei vielen Videokameras kann man über das Menü ein Raster einstellen. Bei einer meiner Kameras werden dann im Vorschaumonitor je zwei horizontale und zwei vertikale Linien angezeigt, die den Bildschirm dadurch ziemlich genau dritteln. Die horizontalen Linien sind für mich zusätzlich so etwas wie ein künstlicher Horizont. Wenn man ein bisschen darauf achtet, werden die Aufnahmen nicht so schief. Es sieht einfach nicht gut aus, wenn bei Strandaufnahmen das Meer ausläuft ☺. Ich habe also dann 9 Rechtecke und 4 Schnittpunkte, in denen sich die Linien kreuzen. Und genau um diese Schnittpunkte geht es beim Goldenen Schnitt. Das scheinen nämlich genau die Stellen zu sein, die wir als erstes ansehen, wenn wir ein Bild betrachten. Deshalb sollte das, was uns in einem Bild wichtig ist und auf das wir den Fokus des Betrachters lenken wollen möglichst auf einem der 4 Schnittpunkte liegen. Dabei unterscheiden sich die Punkte je nach Zusammenhang der Szene in der Wertigkeit. Stellen Sie sich folgende Szene vor. Sie drehen einen kleinen Spielfilm, in dem ein Lehrer einen Schüler tadelt, der seine Hausaufgaben nicht gemacht hat. Der Lehrer ist wütend und brüllt rum und der Schüler steht da mit hängendem Kopf und traurigen Augen. Wie würden Sie das Bild gestalten? Also ich würde die beiden genau auf die Schnittpunkte ausrichten. In den rechten oberen Schnittpunkt würde ich den Mund des Lehrers legen und in den linken unteren Schnittpunkt das rechte Auge des Schülers. Solche Kleinigkeiten verstärken die Wirkung von Bildern enorm. Durch den Fokus auf Mund und Auge verstärke ich die Gefühle und durch den Höhenunterschied suggeriere ich gleich die Machtverhältnisse. Bleibt die Frage: Was tun, wenn man beim Filmen nicht darauf geachtet hat? Dann holen wir uns doch ein passendes Raster in unsere Timeline und richten die Bilder in Größe und Position neu aus. Mir ist natürlich bewusst, dass das für einen ganzen Film viel zu viel Arbeit ist. Aber es lohnt sich zumindest für die wichtigen Szenen. Zeigen Sie doch mal einigen Leuten ein paar Szenen, bevor Sie die angepasst haben und danach. Sagen Sie nichts und fragen Sie nur, welche der Betrachter besser fand. Sie werden sehen, dass die große Mehrheit die Szenen im Goldenen Schnitt besser findet. Obwohl wahrscheinlich kaum einer sagen kann warum ☺. Als Beispiel habe ich einen Geier ausgewählt, den ich beim Filmen quasi in die Mitte des Bildes gelegt habe. Auge und Schnabel des Tieres würde ich gerne mehr in den Fokus rücken. Laden Sie sich die Szene *geier_original.mp4* herunter und legen Sie sie in Spur 1.

Auf meiner Homepage finden Sie im Ordner goldener_schnitt finden Sie ein paar vorbereitete Bilder mit Rastern für FullHD und 4K. Laden Sie sich die am besten gleich alle runter. Eine dieser vorgefertigten Grafiken heißt goldener_schnitt_1_1920x1080.png. Importieren Sie diese Grafik in Spur 2 und ziehen Sie sie genauso lang wie die Geier-Szene.

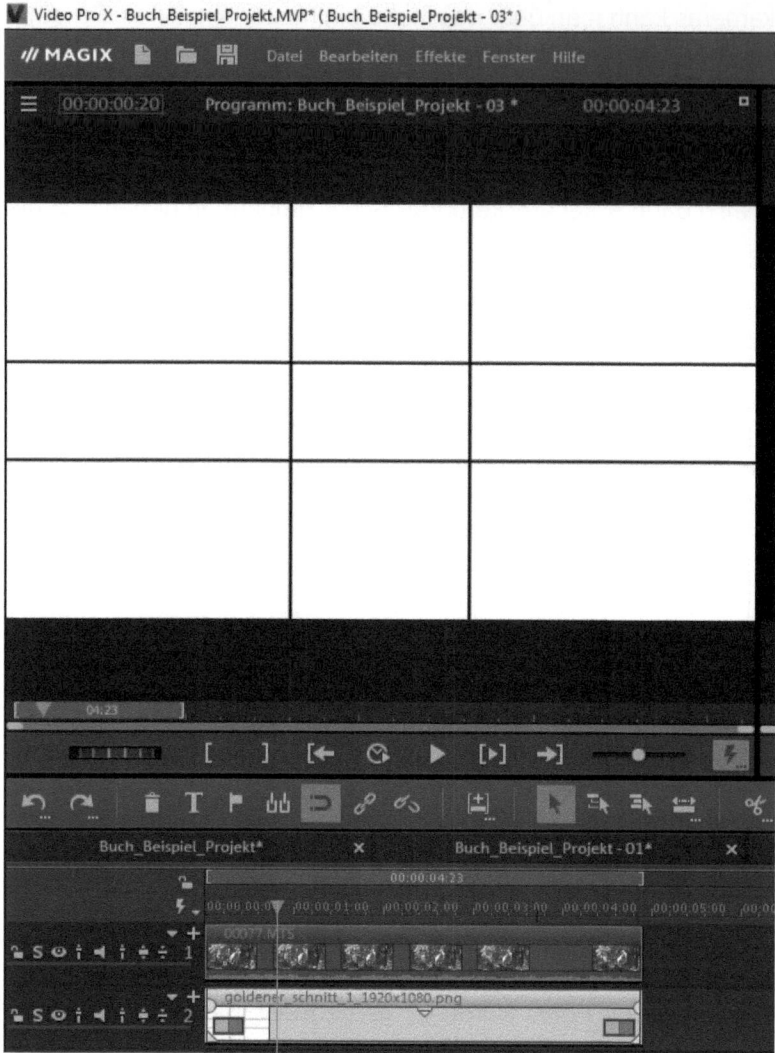

Das sieht dann erst einmal so. Setzen Sie den Abspielmarker irgendwo in die Szene und klicken Sie die Grafik in Spur 2 einmal an um sie zu markieren.

Klicken Sie auf **Effekte/Videoeffekte/Chroma-Key** (Pfeile 1-3) und dort auf die Schaltfläche **Weiß** (Pfeil 4). Sofort wird die weiße Grafik transparent und Sie sehen nur noch das Raster auf der Geier-Szene. Markieren Sie nun die Geier-

Szene in Spur 1 durch einfachen Mausklick. Klicken Sie nun auf **Effekte/Ansicht/Animation/Position/Größe** (Pfeile 1-3). Ziehen Sie nun die Eckanfasser der Szene so auf und schieben die Szene so zurecht, bis das Auge des Geiers möglichst genau unter dem oberen rechten Schnittpunkt liegt. Ich habe diese Szene gewählt, weil es scheinbar auf die Zuschauer wirkt (Ich habe nämlich Frau, Töchter und weitere Opfer dazu befragt). Gleichzeitig werden aber auch die Grenzen des machbaren und sinnvollen klar. Die Klauen des Geiers sind nämlich nicht mehr zu sehen. Wenn der Vogel aber so freundlich gewesen wäre und seine beeindruckenden Klauen mal richtig ins Bild gehalten hätte, hätte ich die gleiche Szene nochmal verwendet und den Goldenen Schnitt auf die Klauen angewendet. So grundsätzlich demonstriert diese Szene aber, dass es sicherlich einfacher ist, ein kleines Objekt in einer Szene neu zu positionieren. Was auch hilfreich ist, wenn man in 4K gefilmt hat und nur in FullHD oder sogar nur in DVD-Qualität ausspielen muss. Dann kann man das Bild nämlich ohne merklichen Qualitätsverlust aufzoomen.

Wenn Sie dachte, wir wären damit fertig ... Nöö. Da gab es nämlich einen italienischen Mathematiker namens Leonardo Fibonacci. Der goldene Schnitt ist an die Fibonacci-Zahlenfolgen angelehnt. Die nächsthöhere Zahl ergibt sich immer aus der Summe der beiden vorhergehenden Zahlen. Fibonacci-Zahlenfolge: 0, 1, 1, 2, 3, 5, 8, 13, 21, 34, 55 usw. Fibonacci hat damit eigentlich eine Kaninchen-Population berechnet. In der Natur scheinen viele Wachstumsvorgänge mit dieser Zahlenfolge in Verbindung zu stehen. Und was hat das mit Filmen zu tun? Ganz einfach. Je weiter man die Zahlenfolge fortführt, je näher kommt der Quotient zweier aufeinanderfolgender Zahlen dem Verhältnis 1:1,62 also dem goldenen Schnitt. Aber genug Mathematik. Die Fibonacci-Zahlen postulieren sich in einer Grafik. Die wird auch gerne Fibonacci-Kurve genannt.

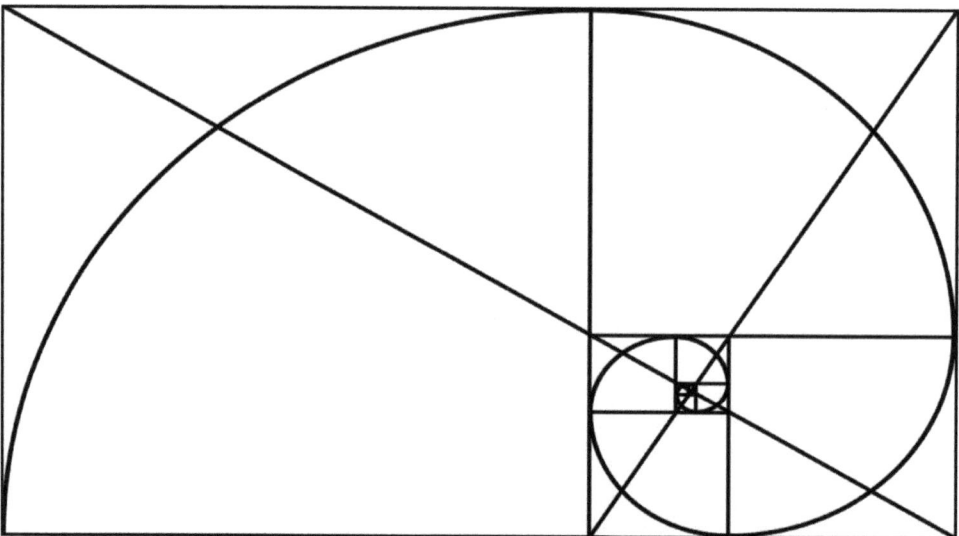

Die Theorie des goldenen Schnitts besagt, dass unser Blick zuerst auf die Schnittpunkte fällt. Umso eher, je mehr Schnittpunkte dicht zusammen liegen. Zusätzlich scheint es uns „angenehm" zu sein, wenn wir von einem Schnittpunkt mit dem Blick einer der Kurven folgen können. Dabei spielt es scheinbar keine Rolle, wie herum die Grafik liegt. Sie kann sowohl horizontal wie vertikal gespiegelt werden. Das Seitenverhältnis bleibt dabei ja immer erhalten.

Sie haben ja noch die Szene mit dem Geier in Spur 1 und dem darüber liegenden Raster in Spur 2. Importieren Sie nun die Grafik fibonacci_1_1920x1080.png in Spur 3. Machen Sie mit der Grafik das Gleiche wie eben mit dem Raster. Wenden Sie **Effekte/Videoeffekte/Chroma-Key** an und klicken Sie auf **Weiß**.

Jetzt spiegeln Sie die Fibonacci-Kurve in Spur 3 vertikal. Dazu klicken Sie auf **Effekte/Ansicht/Animation/Rotation/Spiegelung** (Pfeile 1-3) und dann auf das Symbol **Vertikale Spiegelung** (Pfeil 4).

Und siehe da. Das Auge des Geiers liegt auch bei der Fibonacci-Kurve genau in einem Schnittpunkt. Das können Sie am besten sehen, wenn Sie die Grafik in Spur 2 ein- und ausschalten.

Die Fibonacci-Kurve findet sich in Filmen, Bildern, Architektur, Firmen-Logos und auch in der Natur immer wieder. Machen Sie sich mal den Spaß und googlen danach. Ich kann Ihnen versprechen, dass Sie überrascht sein werden. Und vielleicht ist das dann auch Motivation zukünftig auf den Goldenen Schnitt zu achten.

Tipp! Sollte Ihre Kamera kein Raster einblenden können, können Sie sich behelfen, sofern Sie einen Zusatzmonitor einsetzen. Ich habe oft einen 7" TFT-Bildschirm auf meinem tragbaren Zubehör-Rig. Mit meinem Laserdrucker habe ich mir ein Raster genau in der richtigen Größe auf Folie gedruckt und auf den Zusatzmonitor geklebt. Fast jeder Drucker kann heutzutage Folien bedrucken. Sie müssen nur die geeigneten kaufen. Direkt auf den TFT der Kamera kann man das in der Regel nicht kleben. Fast alle Kameras haben einen Touchscreen. Das würde nicht gut enden!

Schwarze Balken sind nicht schön

Früher habe ich mich damit abgefunden, dass ich bei Verwendung eines Hochkantfotos in einem Film links und rechts schwarze Balken hatte. Mit erscheinen der Smartphones und ihrer durchaus guten Videoeigenschaften, tauchten immer mehr Bewegtbilder auf, die quasi hochkant gefilmt wurden. Zugegebenermaßen lässt sich so ein Smartphone ja in dieser Position auch besser festhalten und bedienen. Sieht aber trotzdem doof aus. Doof hin oder her ... Mir fiel dann im Fernsehen auf, dass dort z.B. in Nachrichtensendungen durchaus Hochkantvideos gezeigt wurden, aber diese keine schwarzen Ränder hatten, sondern scheinbar im Hintergrund der gleiche Film nur in sehr, sehr unscharf dafür aber formatfüllend läuft. Es gibt also keine schwarzen Ränder. Irgendwie habe ich keine brauche Antwort auf das Warum? Gefunden und mich vielleicht auch nicht richtig um den Grund gekümmert. Ich habe das dann einfach auch mal so gemacht. Irgendwann hat ein Mitglied aus meinem Filmclub mal einen kleinen Filmvortrag gehalten und dabei beiläufig erwähnt, warum das gemacht wird (Meinen Dank dafür an Rüdiger H., Siegburger Filmclub). Es ist wohl so, dass viele Flachfernseher ein Problem haben, wenn Bildbereiche länger schwarz waren und der Rest irgendwie hell. Wird das Bild dann wieder formatfüllend, gibt es Helligkeitsunterschiede. Das ist nicht schön. Vor allem kann ich mir vorstellen, dass Firmen, die viel Geld für Werbung zahlen, nicht sehr erfreut sind, wenn sie dunkle Balken in ihrer Werbebotschaft haben. Man könnte jetzt natürlich in Magix Video Pro X einfach die gleiche Hochkant-Szene in Spur 1 und 2 legen und dann die Szene in Spur 1 riesengroß aufzoomen, unscharf machen usw. Oder man nutzt eine extra dafür erstellte neue Funktion des Programms.

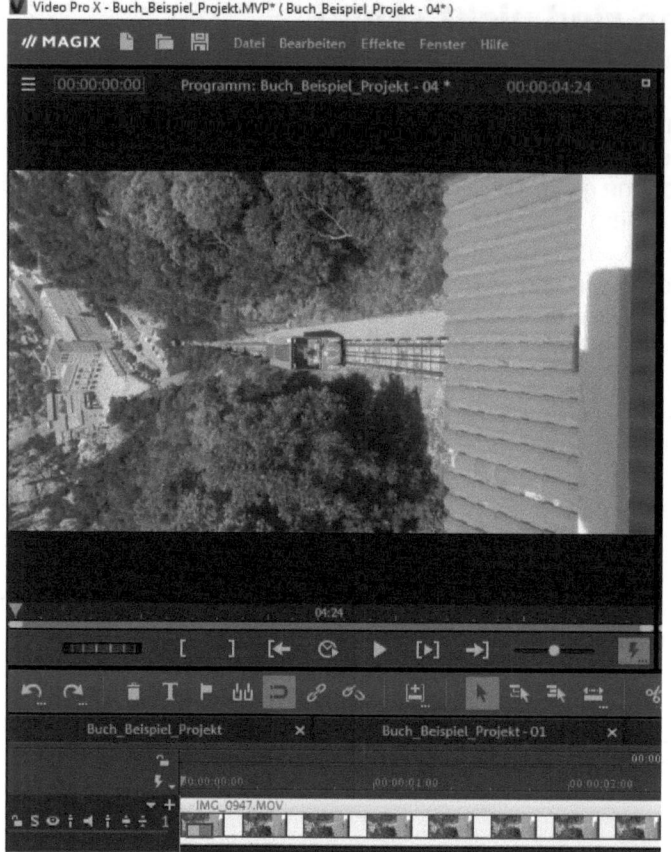

Dazu laden Sie sich die Datei **montserrat_1.mp4** runter und importieren sie in Spur 1. Wie man unschwer erkennt, liegt die Bahn auf der Seite. Richten wir sie mal eben auf.

Dazu setzen Sie in den Abspielmarker irgendwo in die Szene und markieren die Szene durch einfachen Mausklick.

Klicken Sie auf **Effekte/Ansicht/Animation/Rotation/Spiegelung** (Pfeile 1-3) und klicken dann auf das Symbol für eine **Rechtsdrehung um 90°** (Pfeil 4). Schon steht die Bahn aufrecht. Nur haben wir jetzt halt breite schwarze Streifen links und rechts.

Da gerade noch alles in der Timeline markiert ist, Klicken Sie direkt auf **Vorlagen/Designelemente/Bildrandeffekte Basic** (Pfeile 1-3) und dann auf **Weichzeichner 3** Genau gesagt auf den gebogenen Pfeil, der erscheint, wenn der Mauszeiger drauf zeigt.(Pfeil 4).

Wenn es Ihnen gefällt, sind Sie schon fertig. Wenn nicht, probieren Sie einfach mal einen der anderen Effekte.

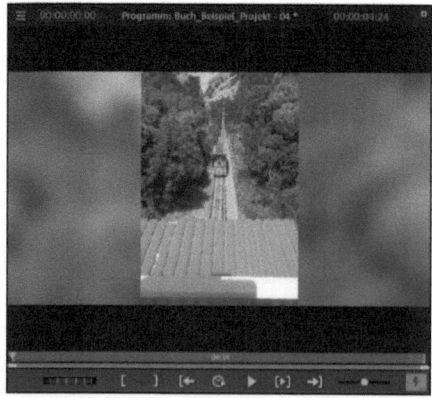

Reiseroutenanimation ohne Reiseroutenanimationsprogramm

Meine Frau und ich sind große Fans der Reisesendung Wunderschön! Wir holen uns da manche Inspiration für einen zukünftigen Urlaub. Da sich die Sendung meist auf ein überschaubares Gebiet beschränkt, werden ab und an Landkarten eingeblendet auf denen der Reiseverlauf dargestellt wird. Oft wird das dann so gemacht, dass die Fahrstrecke zwischen zwei Orten farblich verändert wird und das im zeitlichen Verlauf. Eine Küstenstraße ist z.B. blau eingefärbt und während der Moderation verändert sich Farbe der Strecke langsam nach rot. Dabei ist der Farbwechsel so präzise in der Straße, dass ich sofort hellwach geworden bin, als ich das gesehen habe und dachte, dass ich das auch können will. Zu meiner Schande muss ich aber gestehen, dass ich eine Weile gebraucht habe, um dahinter zu kommen, wie man das schnell und effizient lösen kann. Leider geht das nicht so schön, wenn man das mit Magix Travel Map probiert, weil die in den Karten dargestellten Straßen nicht ganz einfarbig sind, sondern viele Schattierungen haben. Das würde für eine kurze Reiseroute viel zu viel Arbeit machen. Prinzipiell geht das mit jeder Landkarte oder jedem Kartenausschnitt, in denen Straßen einfarbig sind, wie z.B. das Blau der Autobahnen. Oder aber man macht sich eine Karte, wo dann die gewünschte Strecke schon farbig anders dargestellt wird als die anderen Straßen. Vielleicht ahnen Sie es schon, wir besuchen einen Routenplaner im Internet. Ich habe das mit mehreren Routenplanern ausprobiert: www.google.de/maps, www.falk.de, www.bing.de/maps. Google hat zwar für diese Zwecke grafisch bestens geeignetes Kartenmaterial angezeigt, es gelang mir aber nicht die Streckeninformation auszublenden. Und das Kästchen wegzuretuschieren war

mir zu viel Arbeit. Bei Bing und Falk war das kein Problem. Bei Bing muß man nur wissen wie ☺. Es ist nicht ganz so offensichtlich. Machen wir mal beide Beispiele um unsere Ausgangskarte zu erzeugen.

Fangen wir mal mit www.falk.de an. Rufen Sie die Internetseite auf. Links oben können Sie Start- und Zielpunkte der Reise eingeben (Pfeil 1). Also Flughafen Barcelona und Pals. Klicken Sie einmal auf die Schaltfläche **Anzeigen**, wird Ihnen die Route sofort in blau in der Karte angezeigt (Pfeil 2).

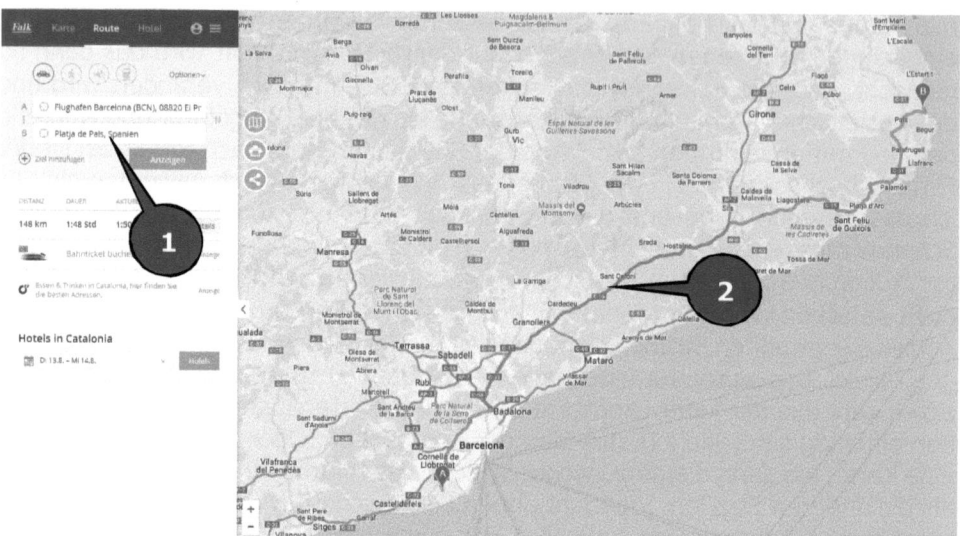

Drücken Sie auf Ihrer Tastatur jetzt einmal kurz auf die Taste **Druck**. Bei manchen Tastaturen heißt diese Taste auch **Print**. Haben Sie was gesehen? Neeeeiiiin ☺. Es passiert nämlich nichts Sichtbares. Windows hat eine Bildschirmkopie erzeugt und diese in der sogenannten Zwischenablage gespeichert.

Ich gehe jetzt mal davon aus, dass Sie ein Bildbearbeitungsprogramm besitzen und damit zumindest mal ein paar Dinge erledigen können. Da ich hier nicht auf jedes Programm eingehen kann, es gibt einfach zu viele, demonstriere ich Ihnen alles Weitere an meinem Lieblingsprogramm zur Bildbearbeitung. Nämlich mit IrfanView. Irfanview ist ein für Privatanwender kostenloses Programm, das Sie bei ***www.irfanview.at*** herunterladen können. Es ist unglaublich klein, schnell und leistungsfähig. Starten Sie **Irfanview** und drücken Sie einmal kurz die Tastenkombination **STRG+V** also Steuerungs-Taste an der Tastatur festhalten und einmal kurz auf das v tippen (kleines v). Schon sehen Sie die ganze Internetseite mit der Karte vor sich. Bei manchen Tastaturen steht übrigens nicht STRG auf der Taste, sondern CTRL.

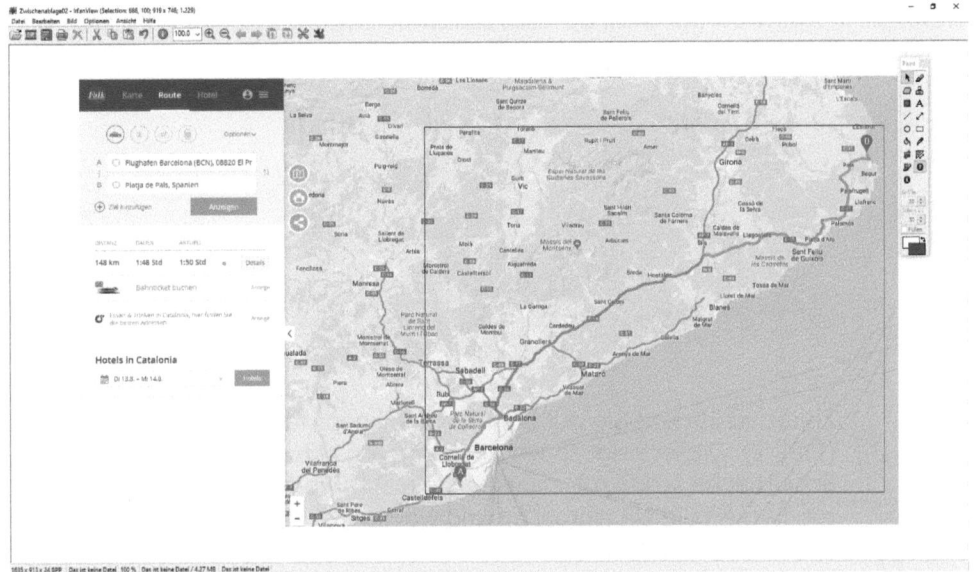

Ziehen Sie mit gedrückter linker Maustaste ein Rechteck über den Bereich der Karte, den Sie behalten wollen. Wenn das Rechteck nicht gleich die richtige Position und Größe hat, das ist nicht schlimm. Wenn Sie den Mauszeiger genau auf eine der Außenlinien Ihres Rechtecks bewegen, können Sie diese mit gedrückter linker Maustaste verschieben. Das machen Sie, bis der gewünschte Ausschnitt innerhalb Ihres Rechteck ist. So wie im oberen Bild. Was man dabei auf keinen Fall haben darf, ist ein nervöser Zeigefinger! Wenn man das mit dem Programm noch nie gemacht hat, muss man vielleicht ein paarmal üben. Jetzt drücken Sie einmal die Tastenkombination **STRG+Y** also die STRG-Taste festhalten und einmal kurz auf das y tippen. Damit schneiden Sie die Grafik auf den gewünschten Ausschnitt zu. Klicken Sie nun auf **Datei/Speichern unter ...** und speichern Sie die Grafik in Ihrem Projektordner mit dem Dateinamen *falk_route_blau.jpg*. Blau deshalb, weil unsere Route in blau angezeigt wurde und weil wir das ganz jetzt noch in rot brauchen.

Wenn Sie in Irfanview auf **Bearbeiten/Zeichen-Dialog anzeigen** klicken, wird eine kleine Werkzeugleiste eingeblendet, die wir jetzt brauchen.

Zunächst klicken Sie auf den Auswahlknopf für die Vordergrundfarbe (Pfeil 1). Dieser zeigt Ihnen die Farbe an, aktuell eingestellt ist. Ist die Schaltfläche schon rot, müssen Sie nichts weiter machen. Ist sie nicht rot, klicken Sie sie einmal an und wählen rot aus und klicken dann auf **OK** (Pfeile 2 & 3). Klicken Sie nun einmal auf den Fülleimer (Pfeil 4).

Machen wir die Autobahn rot. Dazu bewegen Sie den Fülleimer auf die blaue Straße. An dem Symbol ist ein kleines +. Das kleine + müssen Sie genau auf die blaue Straße bringen und dann einmal kurz die linke Maustaste drücken. Und schon ist der erste Bereich rot. Das machen Sie jetzt entlang der ganzen Strecke, bis die ganze Straße rot ist. Dummerweise gibt es da ein paar Stellen, wo Ortsnamen quer über die Straße gehen. Wenn da z.B. ein a oder o ist, dann müssen Sie die Karte mit der Lupenfunktion von Irfanview weit aufzoomen, damit Sie auch innerhalb der Buchstaben die Straße rot einfärben können.

So sollte es dann aussehen, wenn es fertig ist. Speichern Sie die Karte ebenfalls in Ihrem Projektordner unter dem Namen *falk_route_rot.jpg*. Wir haben die Karte jetzt also zweimal. Einmal mit roter und einmal mit blauer Reiseroute.

Machen wir uns noch eine Karte über Bing. Sie entscheiden dann, welches Ergebnis Sie qualitativ besser finden. Gehen Sie nun auf die Internetseite **www.bing.de/maps**.

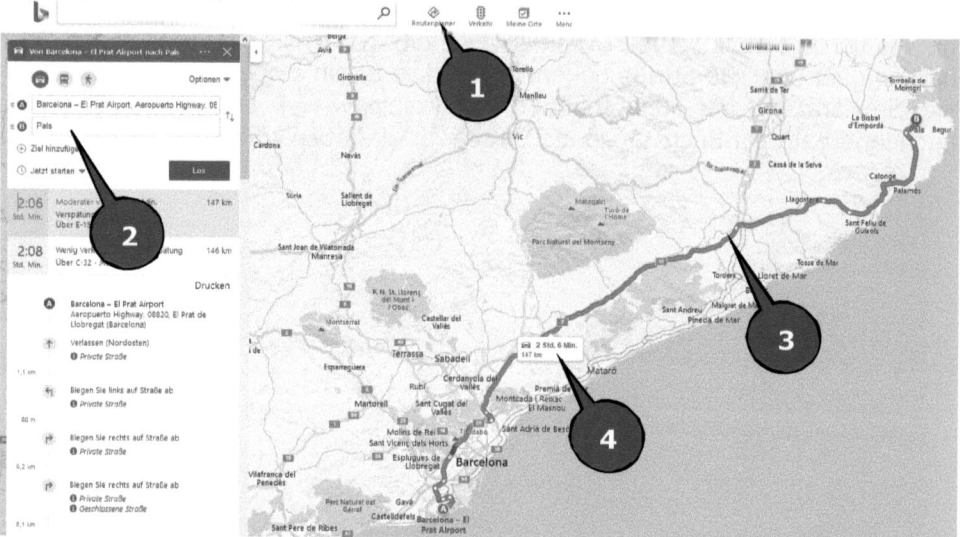

Klicken Sie oben auf die Schaltfläche **Routenplaner** (Pfeil 1) und geben Sie Start- und Zielort ein (Pfeil 2). Auch hier wird Ihnen die Route in blau angezeigt (Pfeil 3). Ein klitzekleiner Bereich ist aber gerade rot. Da gibt es aktuell Stau. Die Stelle müssten Sie dann in Irfanview erst blau einfärben. Kommen wir aber zum Hauptproblem. Die Streckeninfo wird hier nämlich genau wie bei Google-Maps als kleines Kästchen angezeigt (Pfeil 4). Das wollen wir nicht.

Machen Sie nun in der Karte aber möglichst weit weg von Ihrer Route einen kurzen Rechtsklick mit der Maus. Ein Menü öffnet sich. Klicken Sie dort auf den Befehl **Speichern/Neuer Reiseplan**.

Dann verschwindet die Streckeninfo. Und die Reiseroute wird in grau angezeigt. Drücken Sie wieder auf Ihrer Tastatur die Taste **Druck** (Print).

Öffnen Sie Irfanview und drücken Sie die Tastenkombination **STRG+v.** Schneiden Sie die Karte zu, wie bei der Falkkarte beschrieben. Ab hier ist die Weiterverarbeitung der Karte genauso wie eben. Es sei denn, Sie möchten hier auch den Straßenverlauf in blau und rot haben. Dann müssen Sie natürlich die Straße zweimal einfärben und speichern. Aber mal ganz ehrlich. Steht irgendwo geschrieben, dass die Straßen rot und blau sein müssen. Nehmen Sie einfach die Farben, die Ihnen gefallen. Ich habe beide in rot und blau gemacht, weil es hier besser zu erklären war.

Was uns jetzt noch zu unserem Glück fehlt ist eine geeignete weiße Grafik. Diese müssen Sie jetzt aber nicht selbst machen, die können Sie einfach von meiner Homepage herunterladen. Ich habe die in zwei Größen bereitgestellt: w*eisse_flae-che_1920x1080.jpg* und *weisse_flae-che_3840x2160.jpg*. Sie sind bei den Fotos abgelegt. Ich glaube die Dateinamen sind Erklärung genug.

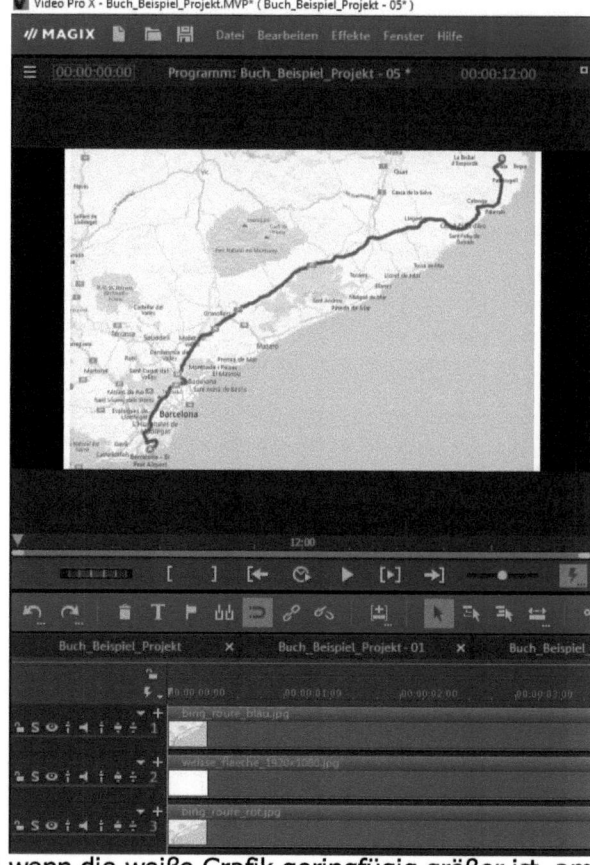

Haben Sie sich für die Bing- oder die Falk-Karten entschieden? Starten Sie nun Magix Video Pro X und legen Sie sich die blaue Route in Spur 1, die rote Route in Spur 3 und die weiße Grafik (egal welche der beiden) in Spur 2, also genau zwischen die beiden Landkarten. Da wir noch keinen Effekt angewendet haben, sehen Sie jetzt nur die rote Karte und wenn die weiße Grafik geringfügig größer ist, am Rand etwas davon.

Den Effekt, den wir jetzt anwenden, nennt sich Alphakey und ist ein spezieller Chroma-Key-Effekt. Der Alphakey funktioniert immer gleich. Eine schwarz-weiße oder weiße Grafik liegt zwischen zwei Spuren mit Bild- oder Videomaterial. Da, wo die Grafik weiß ist, wird sie dann transparent.

Markieren Sie nun die weiße Grafik in Spur 2 und setzen Sie den Abspielmarker irgendwo in die Grafik. Klicken Sie auf **Effekte/Videoeffekte/Chroma Key** (Pfeile 1-3) und dann auf die Schaltfläche **Alpha** (Pfeil 4).

Das Einzige, was erst einmal passiert, ist, dass Sie die weiße Grafik nicht mehr sehen, sofern sie denn größer als der Kartenausschnitt war.

Die weiße Grafik in Spur 2 bleibt markiert. Klicken Sie nun auf **Effekte/Ansicht/Animation/Position/Größe** (Pfeile 1-3).

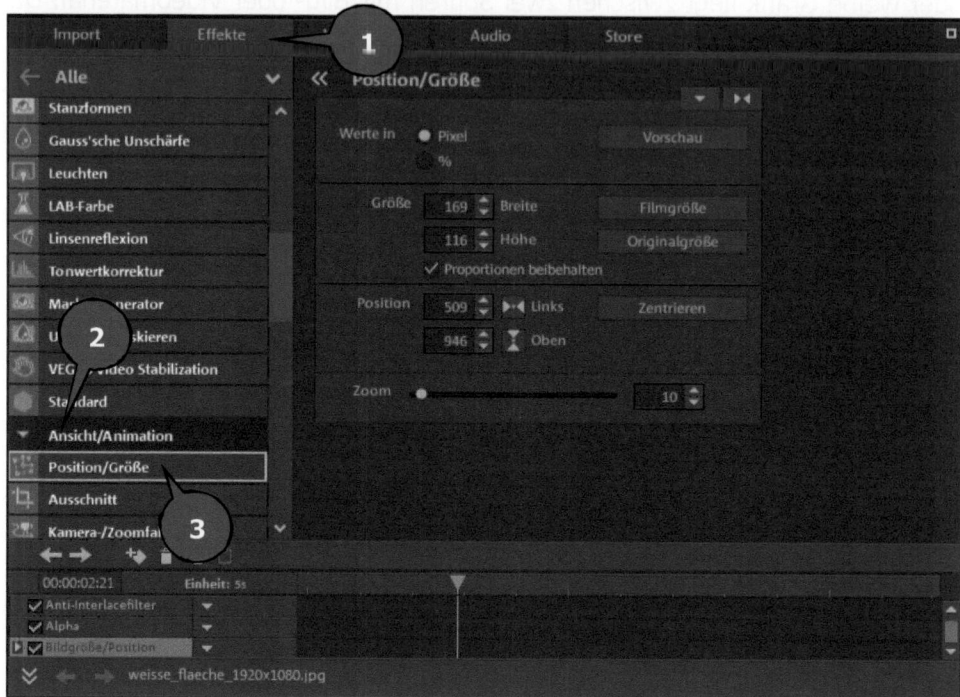

Ändern Sie die Größe der weißen Grafik mit den Anfassermarken ungefähr auf die Größe wie im folgenden Bild. Ziehen Sie die verkleinerte Grafik dicht neben den Startpunkt, also neben Barcelona Pfeil 1, folgende Seite).

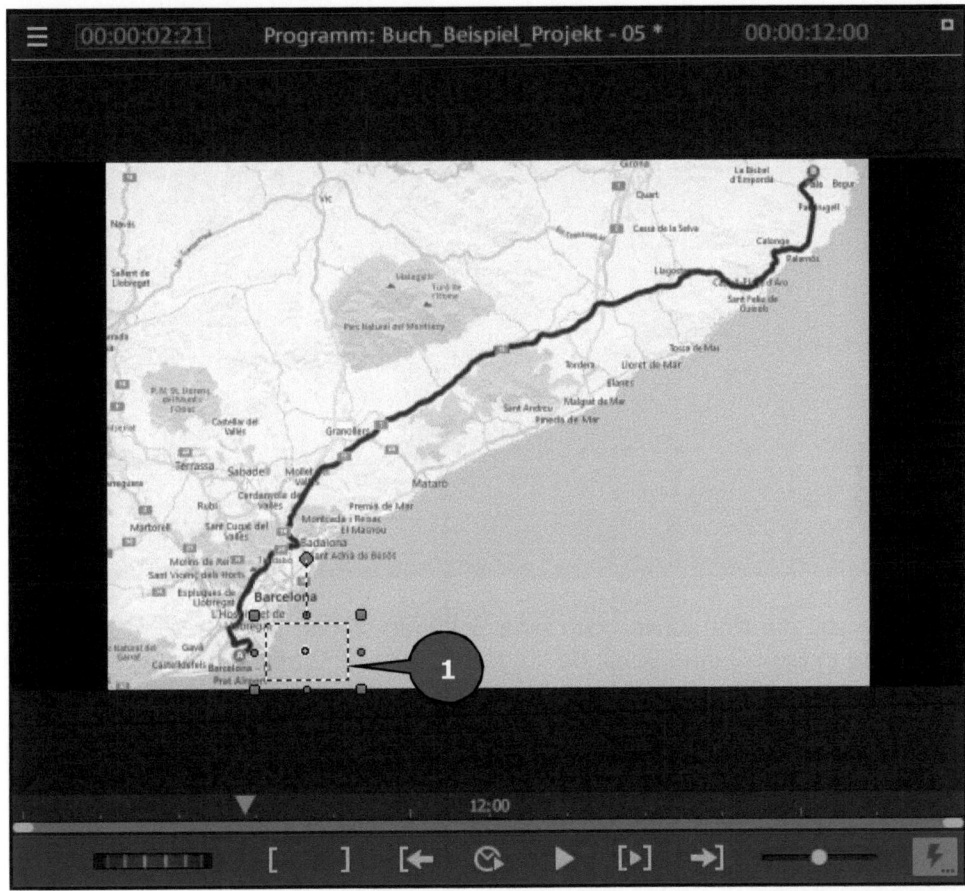

Was jetzt kommt ist etwas fummelig. Dabei hilft ein wenig Vorstellungskraft. Wir werden die weiße Grafik verformen. Dabei muss die Form im zeitlichen Verlauf so aussehen, dass eine Linie, immer dieselbe, immer auf der Reiseroute fortschreitet. Das geht umso einfacher, wenn Sie mit zwei Monitoren arbeiten und die Vorschau groß auf einem der Monitore sehen. Wenn Sie sich mal etwas verklicken, ist das nicht so tragisch. Das kann man hinterher noch leicht korrigieren.

Überlegen wir noch einmal kurz, was wir wollen. Die Karte mit der blauen Strecke soll kurz zu sehen sein. Also müssen wir die weiße Grafik in Spur 2 und die rote Karte in Spur 3 verschieben. Im folgenden Bild habe ich beide genau um 1 Sekunde verschoben.

Am Ende soll die rote Karte noch eine Sekunde stehen bleiben. Ziehen Sie die rote Karte in Spur 3 eine Sekunde länger. Die weiße Grafik in Spur 2 muss mindestens so lang sein, wie die blaue Karte in Spur 1.

Man wird also erst eine Sekunde lang die blaue Karte sehen und dann wird die rote Karte Stück für Stück sichtbar und am Schluss bleibt die rote Karte noch eine Sekunde stehen.

Markieren Sie die weiße Grafik in Spur 2 und setzen Sie den Abspielmarker genau auf den ersten Frame. Klicken Sie nun auf **Effekte/Ansicht/Animation/3D-Verformung** (Pfeile 1-3).

Setzen Sie einen Keyframe (Pfeil 4). Diesen sehen Sie sofort in der Effekt-Timeline (Pfeil 5).

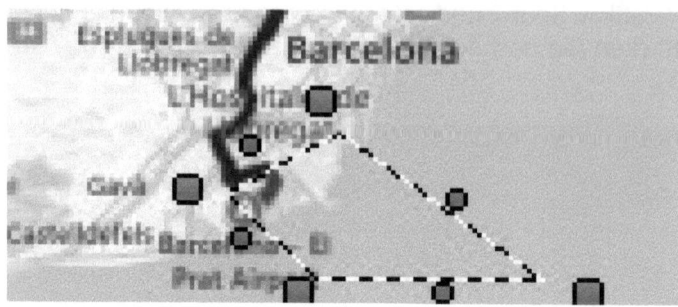

Jetzt können Sie die Anfassermarken der weißen Grafik so verschieben, dass die rote Spur sichtbar wird. Verformen Sie die weiße Grafik so, dass die rote Linie vom Startpunkt bis zur ersten Kurve sichtbar wird. Verschieben Sie nun den Abspielmarker um ein paar Frames und setzen Sie den 2. Keyframe. Verschieben Sie die Anfassermarken der weißen Grafik so, dass die rote Linie bis zur nächsten Kurve sichtbar wird.

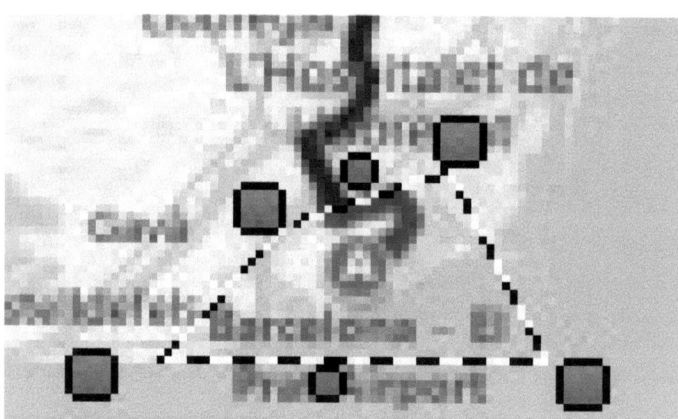

Das einzige wo Sie peinlich drauf achten müssen ist, dass die verformte weiße Fläche niemals die Reiseroute schneidet außer dort, wo der Übergang von blau auf rot gerade sein soll!

Sie können die Anfassermarken auch ruhig aus dem Vorschaubild herausziehen, falls Sie sonst nicht hinkommen.

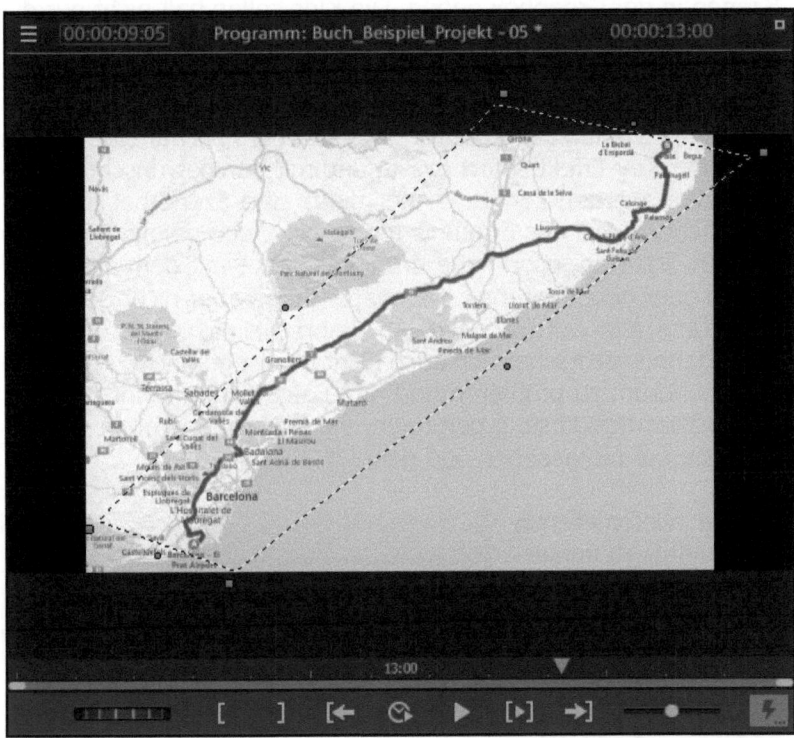

Wenn Sie fertig sind, wird die Effekt-Timeline etwa so aussehen.

Sehen Sie sich Ihren Effekt nun in der Vorschau an. Wenn Ihnen in bestimmten Bereichen die Geschwindigkeit nicht gefällt, können Sie die entsprechenden Keyframes einfach nach links oder rechts verschieben. Solange, bis Sie mit dem Timing zufrieden sind. Je kürzer und gerader Ihre Reiseroute ist, desto weniger Keyframes müssen Sie setzen.

Chroma Key-Ergebnisse verbessern

Vor einiger Zeit habe ich ein Videoprojekt mit Jugendlichen gemacht. Darin sollte es jede Menge Szenen in der Greenbox geben. Die Kids sollen halt nicht nur die Tricks hinter einem Film kennen lernen, sondern auch erkennen, wie uns Fernsehen und Film manipulieren können und dass sie diesen Medien nicht uneingeschränkt glauben dürfen. Also wurde mein grünes Studio und jede Menge Scheinwerfer aufgebaut und die Szenen darin gedreht. Alle Szenen, bis auf eine, waren so gut, dass der Chroma-Key-Effekt sofort passte und mit den gewünschten Hintergrundbildern versehen werden konnten. Aber diese eine Szene hat mir echt Kopfzerbrechen gemacht, zumal das Ergebnis mit Magix Video deluxe 2014 wesentlich besser aussah. Ich war schon nahe dran, die Szene mit dem alten Programm zu bearbeiten oder neu zu drehen. Das hätte Ihnen aber nicht geholfen. Erstens haben Sie diese alte Software-Version wahrscheinlich nicht und der Neudreh hätte das Ergebnis wahrscheinlich auch nicht besser gemacht. Also habe ich angefangen etwas herum zu probieren und habe eine wirklich einfache und zugleich qualitativ hochwertige Lösung gefunden. Sie war schon immer in dem Programm, ich habe sie nur nie gesehen und genutzt.

Die Aufgabe war eine telefonierende Schülerin in eine Schulaula zu versetzen. Die Schülerin wurde in der Greenbox gefilmt. Von der Aula gab es nur ein Foto. Klingt einfach ☺. Importieren Sie das Foto (*aula.jpg*) und legen Sie es in Spur 1. Machen Sie auf dem Foto einen kurzen Rechtsklick mit der Maus und wählen Sie den Befehl **Automatisch Bildfüllend beschneiden**. Schon ist das Foto in 16:9, unserem Projektformat. Nun legen Sie die Szene *bad_greenbox.mp4* genau darunter in Spur 2. Keine Sorge, Sie haben keinen Sehfehler ☺. Ich habe die Schülerin ausgepixelt. Das verändert die Problemlage aber nicht!

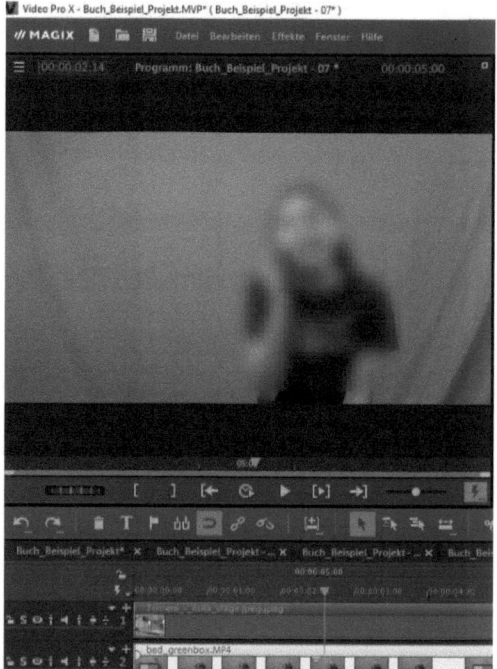

Setzen Sie nun den Abspielmarker irgendwo in die Szene und klicken Sie die Szene in Spur 2 einmal an um Sie zu markieren. Klicken Sie nun auf **Effekte/Videoeffekte/Chroma Key** (Pfeile 1-3). Klicken Sie auf die Schaltfläche **Stamp** (Pfeil 4) und dann auf die **grüne** Schaltfläche (Pfeil 5). Bei einer guten Greenbox-Aufnahme sollte jetzt die grüne Farbe weg sein und man sollte die Schülerin in der Aula sehen. Kann man auch irgendwie. Aber es bleibt ein grauer Schleier. Sie können ja mal versuchen, mit den Schiebereglern des Chromakey-Effektes was zu verbessern. Sie werden schnell merken: Das wird nichts!

Wenn man sich die Szene etwas kritisch anschaut, fallen einem links und rechts Bereiche auf, die nicht glatt sind. Die Stoffbahn hat Falten geworfen und wirft Schatten. Ich habe das beim Drehen übersehen. Das Ergebnis des Chromakey-Effektes wird aber umso besser, je homogener die Hintergrundfarbe ist. Schatten sind da gar nicht gut. Deshalb sollten Sie Ihre Protagonisten auch nicht zu nah an der Wand stehen lassen. Dann werfen die nämlich möglicherweise Schatten!

Machen Sie auf der Szene einen kurzen Rechtsklick und wählen Sie den Befehl **Videoeffekte/Videoeffekte zurücksetzen** (Pfeile 1 & 2). Das entfernt den Chromakey-Effekt von unserer Szene wieder.

Probieren wir was anderes. Klicken Sie im Chroma Key-Effektfenster mal auf die Schaltfläche **Color** (Pfeil 3).

Das öffnet ein kleines Fenster. Ein Hinweis, den ich beim ersten Versuch natürlich nur halb gelesen habe und deshalb der Effekt nicht geklappt hat. In meiner unendlichen Weisheit habe ich nämlich einfach mal in die grüne Fläche im Vorschaumonitor geklickt. Das bringt nichts. Können Sie mir glauben. In dem kleinen Hinweisfenster steht: *Markieren Sie den Bereich ...* Man muss also mit gedrückter linker Maustaste ein Rechteck im Vorschaumonitor aufziehen. Klicken Sie auf **OK** (Pfeil 1) und ziehen Sie im Vorschaumonitor ein Recht-

eck mit gedrückter Maustaste auf. Im linken Bild können Sie die ungefähre Größe und Position des Rechtecks sehen (Pfeil 2), das ich aufgezogen habe. Auf der rechten Seite irgendwie über die Falten im Stoff. Danach musste ich im Effektfenster nur noch ein klein wenig am **Autospill**-und **Schwellwert-Schiebregler** spielen und dann war die Szene gerettet. Bedenken Sie dabei, dass dieses Rechteck nur für diese Szene geklappt hat. Andere Szene, andere Lichtverhältnisse, andere Fehlerquellen und Sie müssen das Rechteck vielleicht an ganz anderer Stelle und in einer anderen Größe machen. Da gibt es leider keine universelle Lösung. Da hilft dann nur probieren, probieren, probieren.

Die Datei bad_greenbox.mp4 finden Sie bei den Downloads im Ordner *mp4*. Das Foto aula.jpg befindet sich im Ordner *fotos*.

Schwarze Streifen über und unter Fotos

Das folgende Bild ist ein Screenshot aus dem exportierten Film aus dem Kapitel Die Sonne geht auf. Der Film wurde mit Standardeinstellungen in FullHD und im MP4-Format exportiert. Leider ist nach dem Export eine feine schwarze Linie genau auf dem Horizont. Ich habe die hier mal was dicker gemacht, damit Sie sich das besser vorstellen können. Komischerweise gibt es durchaus Exportformate, bei denen das Problem nicht auftritt. Ich weiß das, weil ich sie alle ausprobiert habe!

Das Problem tritt nur in Verbindung mit Fotos auf und nur dann, wenn Sie Position, Größe und/oder Ausschnitt des oder der Fotos ändern. Sie haben aber zwei Möglichkeiten, wie Sie das verhindern können. Verursacht wird der Fehler durch die Anti-Interlace-Einstellungen. Bei Film exportieren können Sie einstellen, ob der Export mit oder ohne Anti-Interlacefilter durchgeführt werden soll. Durch den Filter soll Zeilenflimmern unterdrückt werden (Steht da. Habe ich nur abgelesen).

Durch einfachen Mausklick auf **Anti-Interlacefilter verwenden** (Pfeil 1), können Sie den Filter für diesen Export komplett ausschalten.

Für unsere Sonnenaufgang-Szene alleine betrachtet ist das ja auch OK. Die Szene besteht ja nur aus drei Fotos. Wenn Sie aber Foto- und Filmmaterial in einem Projekt gemischt haben, wäre es ja schön, wenn wir beim Export Zeilenflimmern unterdrücken könnten und trotzdem keine dünnen schwarzen Linien bekommen.

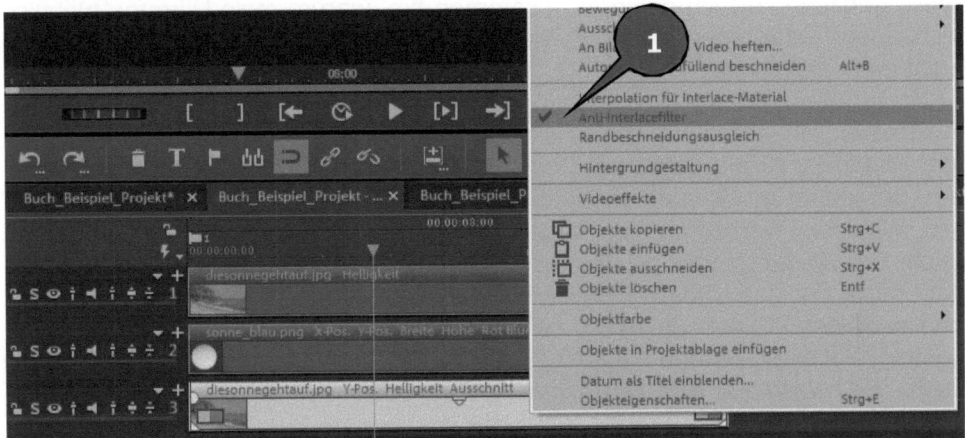

Machen Sie einfach auf jedem Foto, dessen Größe, Position oder Ausschnitt Sie verändert haben, einen kurzen Rechtsklick und entfernen Sie im Menü durch einen Linksklick das Häkchen bei **Anti-Interlacefilter** (Pfeil 1). Dann klappt auch der streifenfreie Export. Und bei allen anderen Objekten bleibt der Filter aktiv.

Was tun, wenn das Mikrofon nicht aufnimmt?

Ohhhhh. Bei dem Thema muss ich schmunzeln und fast schäme ich mich auch, weil ich mich da in meiner Halsstarrigkeit und Ablehnung gegenüber der Weitergabe von persönlichen Daten selbst ins Knie geschossen habe. Es hat auch eine Weile gedauert, bis ich dahinter gekommen bin, warum mein Mikrofon plötzlich nicht mehr aufnehmen wollte. Zwischen Ursache und Wirkung lagen allerdings auch mehrere Monate.

Wahrscheinlich setzen Sie, genau wie ich, Windows 10 als Betriebssystem ein. Bei jedem großen Jahresupdate von Windows werden in der Regel auch die Datenschutzeinstellungen angepasst. Ist das Update installiert und wird der PC neu gestartet bekommt man einen Haufen Fragen gestellt: **_Erlauben Sie das Windows ... blablabla._** Eine der Fragen war, ob Windows _Kommentare_ an Microsoft® schicken darf. Was, die hören mich aktiv ab und wollen wissen, was ich hier so rede? Nööö. Das habe ich verweigert. Mir war überhaupt nicht klar und es stand auch nirgends, dass man mit einem _Nein_ nicht nur Windows den Zugriff auf das Mikrofon verweigert, sondern gleich allen Programmen. Um die Datenschutzeinstellungen unter Windows anzupassen und das Mikrofon wieder in Betrieb zu nehmen, gehen Sie folgendermaßen vor. Klicken Sie auf den Windows-**Startknopf** (Pfeil 1) und dann auf das kleine **Zahnrad** für Einstellungen (Pfeil 2).

Das Windows-Fenster für die Einstellungen öffnet sich. Klicken Sie dort auf **Datenschutz** (Pfeil 1).

Klicken Sie dort auf **Mikrofon** (Pfeil 2).

Zunächst einmal müssen Sie den Zugriff von Programmen auf das Mikrofon grundsätzlich erlauben. Dazu schieben Sie den Schalter bei Pfeil 1 auf **Ein**.

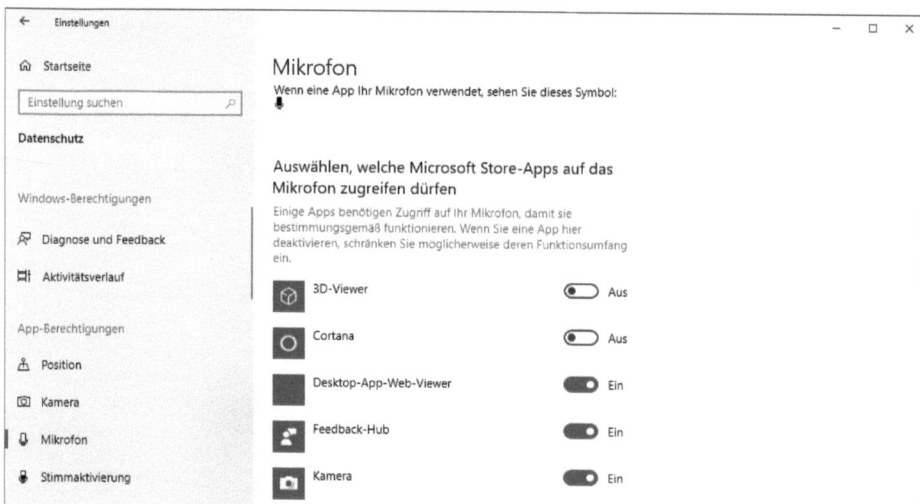

Scrollen Sie das Fenster weiter runter. Dann können Sie für jedes Programm von den Windows-Eigenen entscheiden, ob es auf das Mikrofon zugreifen darf.

Und erst wenn Sie ganz nach unten scrollen tauchen auch die Nicht-Windows-Eigenen Programme, Desktop-Apps genannt, auf. Auch hier müssen Sie zunächst den grundsätzlichen Zugriff auf das Mikrofon erlauben (Pfeil 1).

Wie Sie sehen, ist Magix Video Pro X im erlesenen Kreis der Bevollmächtigten. Warum das Programm Snip auch darunter ist, hat sich mir nicht erschlossen. Es macht nur Screenshots. Daher mache ich es so, dass ich zwar immer Lautsprecher und Kopfhörer an meinem PC angeschlossen habe, das Mikrofon aber nur einstecke, wenn ich es wirklich brauche.

Dateien umbenennen

Um das gleich, unmissverständlich und deutlich zu sagen: Benennen Sie Ihre Videodateien nur um **BEVOR** Sie ein Videoprojekt damit anfangen. Wenn Sie Szenen bereits verwenden, sollten Sie die Namen lassen wie sie sind. Im Magix Video Projekt sind ja nicht die Video-Dateien selbst, sondern mal vereinfacht gesagt, steht darin nur: hole die Datei xyz und setze sie in der Timeline da hin. Ändern Sie nachträglich die Namen, wird die Magix-Projekt-Datei beim Öffnen feststellen, dass es die Datei nicht findet und Ihnen das mitteilen. Bei einer oder zwei Szenen kann man das ja vielleicht wieder hinbekommen. Wenn Sie aber einen Urlaubsfilm mit ein paar hundert Szenen gemacht haben, kann ich nur sagen: Gute Nacht. Da können Sie wahrscheinlich Ihren ganzen Film neu machen. Wenn Sie Dateien umbenennen wollen, machen Sie das, unmittelbar nachdem Sie sie auf Ihren Computer kopiert haben. Und am besten gleich alle auf einmal. Da es durchaus die Möglichkeit gibt, dass die Information des Aufnahme-Datums verloren gehen kann, achte ich darauf, dass beim Umbenennen die Reihenfolge erhalten bleibt. Nehmen wir als Beispiel einen Sommerurlaub an der Costa Brava.

Wie Sie im vorhergehenden Bild sehen, habe ich eine kleine Auswahl von Szenen vorbereitet. Richten Sie Ihre Aufmerksamkeit mal auf die Szene ganz rechts unten. Die hat einen abweichenden Namen, weil sie von einer anderen Kamera stammt. Das ist eigentlich gelogen ☺. Ich habe die nur für dieses Beispiel umbenannt. Die Dateien sind jetzt ganz augenscheinlich alphanumerisch sortiert. Deshalb ist die Handy-Datei an der letzten Position. Würde ich die jetzt alle auf einmal umbenennen, würde diese Datei auch da die letzte Nummer bekommen. Vom Aufnahmedatum her liegt die Datei aber irgendwo in der Mitte. Das können Sie sehen, wenn Sie nach **Datum/Aufsteigend** sortieren lassen. Dann ist die älteste Szene links oben und die Neueste rechts unten.

Jetzt werden Sie vielleicht argumentieren, dass das mit den Namen ja kein Problem ist, weil Sie doch jederzeit die Sortierung nach Datum umstellen können.

Ja aber … ☺ Folgendes Szenario: Sie machen regelmäßig mit einem Backup-Programm eine Datensicherung auf eine externe Festplatte. Als ordentlicher Anwender sollte man das unbedingt machen! Jetzt gönnen Sie sich den Luxus eines schicken neuen Computers und spielen auf den Ihr Backup zurück. Das nennt man dann Restore. Wenn Sie sich jetzt das Datum all Ihrer Dateien ansehen, werden Sie vielleicht erschreckt feststellen, dass alle Dateien jetzt als Aufnahmedatum das aktuelle Datum Ihres Restores haben. Das Gleiche passiert auch gerne, wenn man Daten auf CDs brennt. In fast allen Brennprogrammen gibt es einen Schalter **Aktuelles Datum verwenden**. Wenn Sie da nicht peinlich drauf achten, werden Ihre Originaldatumsinformationen verloren sein.

Im vorhergehenden Bild sind alle Dateien nach Datum sortiert. Benennen wir sie alle auf einmal um. Dazu drücken Sie einmal die Tastenkombination **STRG+a**, also Steuerung und die Taste a. Das markiert alle Dateien innerhalb dieses Ordners auf einen Schlag.

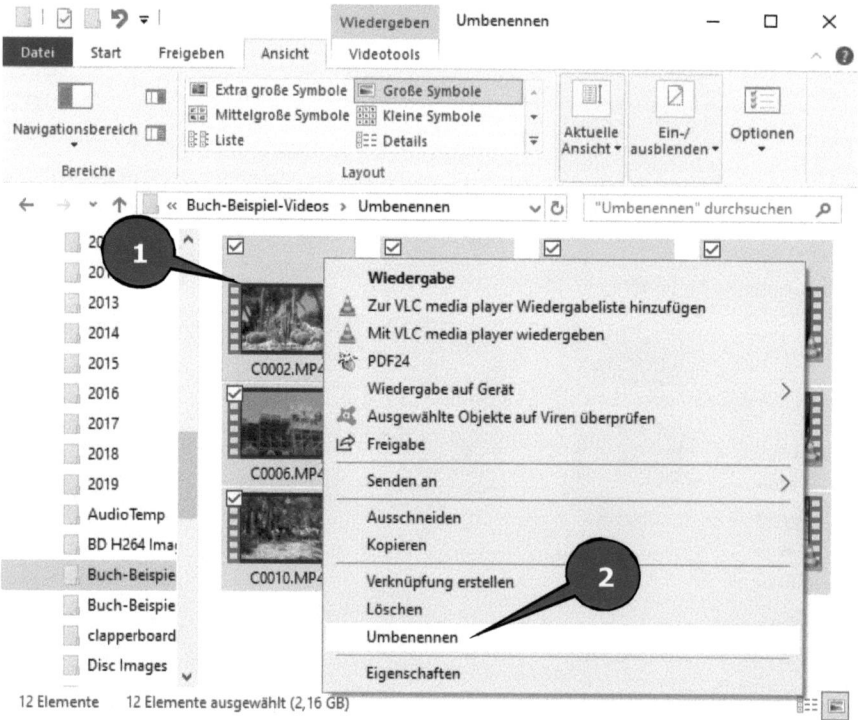

Der nächste Schritt ist auch sehr wichtig! Machen Sie auf der ersten Datei links oben einen kurzen Rechtsklick (Pfeil 1, vorhergehende Seite) und wählen Sie aus dem Menü den Befehl **Umbenennen** (Pfeil 2, vorhergehende Seite).

Geben Sie in das Namensfeld *Costa Brava* (Pfeil 1) ein und drücken Sie dann die Entertaste auf Ihrer Tastatur.

Wie Sie im oberen Bild sehen, haben alle Dateien eine laufende Nummer in Klammern im Namen stehen. Die Reihenfolge der Nummerierung ist nun identisch mit der Aufnahmereihenfolge. Smartphones haben ja in der Regel eine ganz genaue Zeitangabe. Ob bei Ihrer Videokamera Datum und Uhrzeit stimmen, sollten Sie immer überprüfen. Wenn alle Zeiten genau sind, kann man Aufnahmen aus den verschiedensten Quellen immer schnell in die richtige zeitliche Folge bekommen.

Verschlagwortung

Eine Verschlagwortung der Videoszenen ist eine echte Herausforderung. Nicht technisch gesehen, sondern vom Zeitaufwand her und wird sich vielleicht nicht für jeden von uns lohnen. Beim Fernsehen wird da unglaublich viel Wert drauf gelegt. Mir fällt das immer wieder bei Nachrichtensendungen auf. Irgendwo in der Welt passiert irgendetwas und innerhalb von Minuten haben die Szenen aus Ihrem Archiv ausgegraben und zeigen die. Das geht nur über eine konsequente Verschlagwortung aller Szenen. Der Aufwand ist ja nicht ganz ohne. Daher würde ich mal sagen, das lohnt sich nur für Szenen, die man voraussichtlich öfter mal verwenden möchte.

Wir bleiben mal bei den Dateien aus dem vorherigen Kapitel. Machen Sie auf einer der Dateien einen kurzen Rechtsklick und wählen Sie den Befehl **Eigenschaften** (Pfeil 1, vorherige Seite) per Linksklick. Gehen Sie im Eigenschaften Fenster auf die Registerkarte Details (Pfeil 1) und klicken Sie dort hinter das Feld **Markierungen** (Pfeil 2). Jetzt können Sie das Feld mit Ihren Schlagworten füllen. Z.B. spanien, 2019, jardin de roig. Groß- und Kleinschreibung müssen Sie nicht beachten. Haben Sie einen Begriff schon einmal benutzt, wird er in einem Hilfmenü angezeigt und Sie müssen ihn dort nur anklicken und brauchen ihn nicht auszuschreiben. Das spart eine Menge Zeit. Wenn Sie fertig sind, klicken Sie auf **OK** (Pfeil 3). Warum ich nicht costa brava in die Markierungen geschrieben habe? Das steht doch schon im Dateinamen! Das wäre nur doppelt gemoppelt.

Kommen wir zu der Frage, was Sie jetzt davon haben? Windows und auch der Windows-Explorer selbst haben eine sehr leistungsfähige und schnelle Suchfunktion.

Ich habe drei der Costa Brava-Dateien aus dem vorherigen Kapitel mit diesen Markierungen bzw. Schlagworten versehen. Die wollen wir jetzt schnell finden. Dazu muß man wissen, dass sich die Suchfunktion des Windows-Explorers immer auf den aktuellen Ordner und alle darin enthaltenen Unterordner bezieht. Da stellen wir uns mal ganz unwissend und wählen in der Ordnerleiste den Ordner Videos aus (Pfeil 1). Die Suchmaske ist mit einem kleinen Lupensymbol gekennzeichnet. Klicken Sie in das Feld und schreiben Sie: jardin de roig (Pfeil 2). Auch hier müssen Sie die Groß- und Kleinschreibung nicht beachten.

Schon während Sie tippen, wird der Windows-Explorer mit der Suche anfangen. Und je mehr Zeichen Sie getippt haben, desto genauer wird das Suchergebnis. Wie Sie im obigen Beispiel sehen, hat der Explorer exakt die drei Dateien gefunden, auf die unser Suchtext passte.

Kinoformat nachträglich einstellen

Im vergangen Jahr habe ich im Kölner Rheinauhafen eine Veranstaltung besucht, bei der Medienstudenten Ihre Werke präsentieren konnten. Mir fiel dabei auf, dass alle Filme nicht im 16:9 Format waren, sondern in 21:9. Das liegt natürlich auch daran, dass die Studenten teilweise erhebliche Mittel zur Verfügung hatten und mit sehr professionellen Kameras filmen konnten. Ich finde ja, dass das Kinoformat seinen Reiz hat und ich das auch gerne mal machen wollte, ohne mir gleich eine Kamera für mehrere 10.000 Euro zuzulegen. Vielleicht haben Sie ja schon mal ein „Making of" im Fernsehen gesehen, bei dem auch dem Kameramann mal über die Schulter geschaut wurde. Vielleicht ist Ihnen dabei aufgefallen, dass die dort auf ihrem Vorschaumonitor Markierungen haben. Das sind Markierungen für die verschiedenen Formate. Der Kameramann kann also immer sehen, ob seine Objekte in den 16:9 und 21:9 Rahmen passen. Wenn Sie das auch so machen wollen, müssen Sie sich, wie am Ende des Kapitels *Der Goldene Schnitt* beschrieben, eine entsprechende Folie drucken und die auf einen Vorschaumonitor kleben. Wenn wir das nachträglich mit unseren Szenen machen wollen, brauchen wir dazu eine geeignet Maske. Auch hierfür habe ich auf der Homepage zwei Grafiken abgelegt: kinoformatmaske_weiss_1920x1080.jpg und kinoformatmaske_weiss_3840x2160.jpg für FullHD und 4K.

Nehmen Sie doch mal die Szene biene1.mp4, die Sie ganz am Anfang bei der Arbeit mit diesem Buch benutzt haben und legen Sie diese in Spur 1. In Spur 2 legen Sie die Grafik kinoformatmaske_weiss_1920x1080.jpg.

Ziehen Sie die Grafik auf die gleiche Länge wie die Szene. Setzen Sie den Ab-spielmarker irgendwo in die Szene und markieren Sie die Grafik in Spur 2 durch einfachen Mausklick. Klicken Sie nun auf **Effekte/Videoeffekte/Chroma Key** (Pfeile 1-3) und dort auf die **weiße** Schaltfläche (Pfeil 4).

Die weiße Farbe wird ausgestanzt und oben, sowie unten bleiben die schwarzen Ränder auf der Videoszene liegen.

Lassen Sie sich nicht davon irritieren, dass Sie in der Vorschau an den schwarz-weiss-Übergängen eine helle Linie sehen. Die ist weg, sobald Sie das Chroma Key-Effektfenster verlassen und z.B. auf *Import* klicken.

Und schon haben Sie die erste Szene im 21:9 Kinoformat. Das tolle ist ja, wenn der Ausschnitt in der Videoszene nicht passt, können Sie die Position und/oder Größe anpassen. Das verleiht Ihren Aufnahmen einen ganz neuen Stil!

Der Lookabgleich

Ab und zu kommt es mal vor, dass ich eine Aufnahme mit mehreren Kameras gleichzeitig mache. In der Adventszeit 2018 habe ich einen Chor bei einem Flashmob gefilmt. D.h. ich habe eine der 7 Kameras geführt. Ich hatte einen ganzen Haufen Helfer. Dabei waren 5 verschiedene Kameratypen im Einsatz. Wie Sie sich vorstellen können, haben die Kameras sehr unterschiedliche Eigenschaften. Sie filmen zwar alle in FullHD 16:9, was Helligkeit, Kontrast und vor allem die Farbsättigung und die Farbtonwerte angeht, würde auch ein Laie erkennen, dass die Kameras nicht gleich sind. Jetzt könnte man natürlich anfangen an den Einstellungen in Magix Video Pro X herum zu doktern. Der Aufwand wäre aber enorm. Für die Lösung des Problems hat das Programm aber jetzt eine Funktion, die das Problem mit Bravour und vor allem mit wenigen Klicks löst. Die Aufnahmen, die ich für dieses Kapitel ausgewählt habe, sind nicht von dem Flashmob. Sie gehören so auch nicht unbedingt zusammen. Darum geht es auch nicht. Ich wollte dass es ganz deutlich wird, dass die Aufnahmen bei gleichen Lichtverhältnissen aber mit unterschiedlichen Kameras aufgenommen wurden. Die Szenen sind nur wenige Sekunden lang. Zwei davon sind in 4K (meine ersten Aufnahmen mit meiner neuen Kamera) und eine in FullHD. Die Dateien heißen lookabgleich1.mp4, lookabgleich2.mp4 und Sie werden es erraten, lookabgleich3.mp4. Ich würde Sie bitten, die drei Szenen genau in der Reihenfolge hintereinander in die Timeline zu legen. Wenn Sie sich die Szenen in der Vorschau ansehen, wird Ihnen auffallen, dass die Szenen 1 und 3 eine sehr ähnliche Farbsättigung und Helligkeit haben. Szene 2 hingegen weicht doch deutlich von den anderen beiden ab. Jetzt müssen wir uns nur noch entscheiden, welche Szene wir als Referenz nehmen wollen. Sie werden es schon ahnen, wir entscheiden uns für Szene 2 ☺. Der Grund ist nicht etwa, weil das die beste Szene ist. Wenn Sie einen Film schneiden, werden Sie Material sichten, sich für Szenen entscheiden, einen Vorschnitt und einen Feinschnitt machen, Titel, Blenden und Effekte einsetzen und dann erst, wenn alles auf Sie eingewirkt hat werden Sie vielleicht an dem Look etwas ändern wollen. Jetzt alles wieder auseinander zu rupfen macht ja wohl keinen Spaß. Also muss man auch irgendwie mit der Situation klar kommen, wenn nicht alles in einer „schönen" Reihenfolge ist.

Selbst wenn Sie „nur" mit einer Kamera filmen, kann es passieren, dass zwei Szenen sehr unterschiedlich sind. Sie brauchen nur während der Aufnahme die Kameraposition zu verändern. Dann haben Sie vielleicht mal das Licht im Rücken und mal von der Seite. Videokameras neigen dazu einige Einstellungen zu verändern, wenn sich die Lichtverhältnisse ändern. Den Lookabgleich kann man zwischen zwei Szenen machen oder man wählt eine Referenzszene aus und ändert beliebig viele andere Szenen auf einmal ab. Wenn Sie z.B. eine einzige Szene haben, die während eines Schwenks Tonwerte und Farbsättigung ändert, müssen Sie die Szene schneiden. Klingt einfach, ist es aber nicht. Es gibt nämlich immer einen Bereich beim Schwenk, bei dem man sehen kann, wie sich die Einstellungen der Kamera im zeitlichen Ablauf verändern. Da helfen dann manchmal ein paar Schnitte mehr oder man muss damit leben, dass in diesem Grenzbereich der Lookabgleich nicht perfekt sein wird. Da kann ich nur sagen: Versuch macht klug!

Setzen Sie nun den Abspielmarker in die zweite Szene an eine Stelle, von der Sie sagen: „Jo. So soll das aussehen." und markieren Sie die Szene durch einfachen Mausklick.

Klicken Sie auf **Effekte/Videoeffekte/Lookabgleich** (Pfeile 1-3).

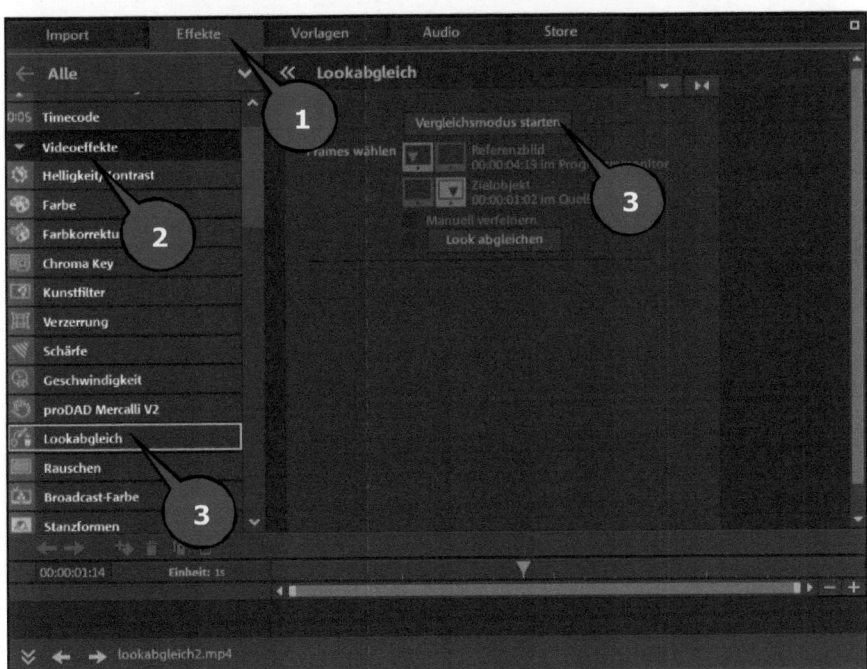

Klicken Sie nun im Effektfenster auf die Schaltfläche **Vergleichsmodus starten** (Pfeil 4, vorherige Seite).

Jetzt werden die Effektschaltflächen bedienbar.

Setzen Sie zunächst das Häkchen bei **Look abgleichen** (Pfeil 1). Klicken Sie nun einmal auf die Schaltfläche **Referenzbild** (**Frames wählen**) (Pfeil 2). Bewegen Sie den Mauszeiger nun auf den Programm-Monitor (Pfeil 3). In der Regel wird das der Linke von den beiden Vorschaumonitoren sein.

Klicken Sie nun die erste Szene einmal an (Pfeil 1). Halten Sie auf der Tastatur die **STRG**-Taste (CTRL-Taste) gedrückt und klicken Sie die dritte Szene einmal an (Pfeil 2). Das markiert die Szenen 1 und 3 gleichzeitig. Das sollte dann in etwa so aussehen wie im obigen Bild.

Jetzt klicken Sie einmal auf die Schaltfläche **Zielobjekt** (Pfeil 3) und danach in eine Stelle des Quellmonitors. Das ist in der Regel der rechte Vorschau-Monitor (Pfeil 1, folgende Seite). Um den Lookabgleich durchzuführen klicken Sie jetzt einmal auf die Schaltfläche **Look abgleichen** (Pfeil 4). Und schon sind Sie fertig. Sollten Sie mit dem Ergebnis nicht zufrieden sein, klicken Sie auf die **Reset**-Schaltfläche (Pfeil 5). Das löscht die Effekte und Sie können es noch einmal versuchen.

Tipp: Wenn Sie mehr als zwei Szenen ändern wollen, müssen Sie einfach beim Markieren die STRG-Taste gedrückt halten und Szene für Szene anklicken. Der Lookabgleich funktioniert am besten, wenn Sie im Programm- und Quellmonitor ähnliche Bereiche anklicken. In diesem Beispiel habe ich beide Male in die Holzpanele geklickt. Den Lookabgleich habe ich mit diesen Szenen genau 20mal getestet um herauszufinden, wie gut er arbeitet. Mit dem Ergebnis war ich ein einziges Mal nicht zufrieden. Übrigens waren auch die Flashmob-Szenen nach dem Lookabgleich wie aus einem Guss! Chapeau kann ich da nur sagen. Ich bin beeindruckt von dieser Funktion.

Was tun wenn`s wackelt? - Bildstabilisierung

Verwackelte Videos können durch eine ganze Reihe von Faktoren entstehen. Man filmt beim Gehen oder Laufen, es ist sehr windig, man atmet (damit sollte man aber auch nicht unbedingt aufhören ☺) oder man hat schlichtweg zittrige Hände. Solche Aufnahmen kann man mit Magix Video Pro X sehr gut beruhigen. Magix Video Pro X hat ein eigenes Antiwackelprogramm (Bildstabilisierung) an Board. Das „alte" Bildstabilisierungsprogramm von Magix hat schon erstklassige Ergebnisse gebracht. Vor einiger Zeit hat die Firma von Sony das Schnittprogramm Vegas gekauft. Und von dort hat man jetzt die Stabilisierungssoftware in Magix Video Pro X übernommen. Das war keine schlechte Entscheidung. Die Ergebnisse sind klasse und die Geschwindigkeit ist deutlich höher.

Die Szene, die ich zur Demonstration ausgewählt habe, zeigt einen Windsurfer, den ich mit voll aufgezogenem Zoom, an einem sehr windigen Tag und ohne Stativ aufgenommen habe (*surfer.mpg*, Siehe Kapitel: **Downloads**). Die Aufnahme ist halt ziemlich verwackelt und soll jetzt beruhigt werden. Egal ob Sie mit der Magix Bildstabilisierung oder mit Mercalli arbeiten, beide sollten Sie immer nur auf Szenen anwenden, die das nötig haben und nicht auf einen ganzen Film. Erstens würde das bei ruhigen Bildern nichts bringen. Zweitens ist die Geschichte sehr rechenintensiv.

Markieren Sie die Szene und setzen Sie den Abspielmarker irgendwo in die Szene.

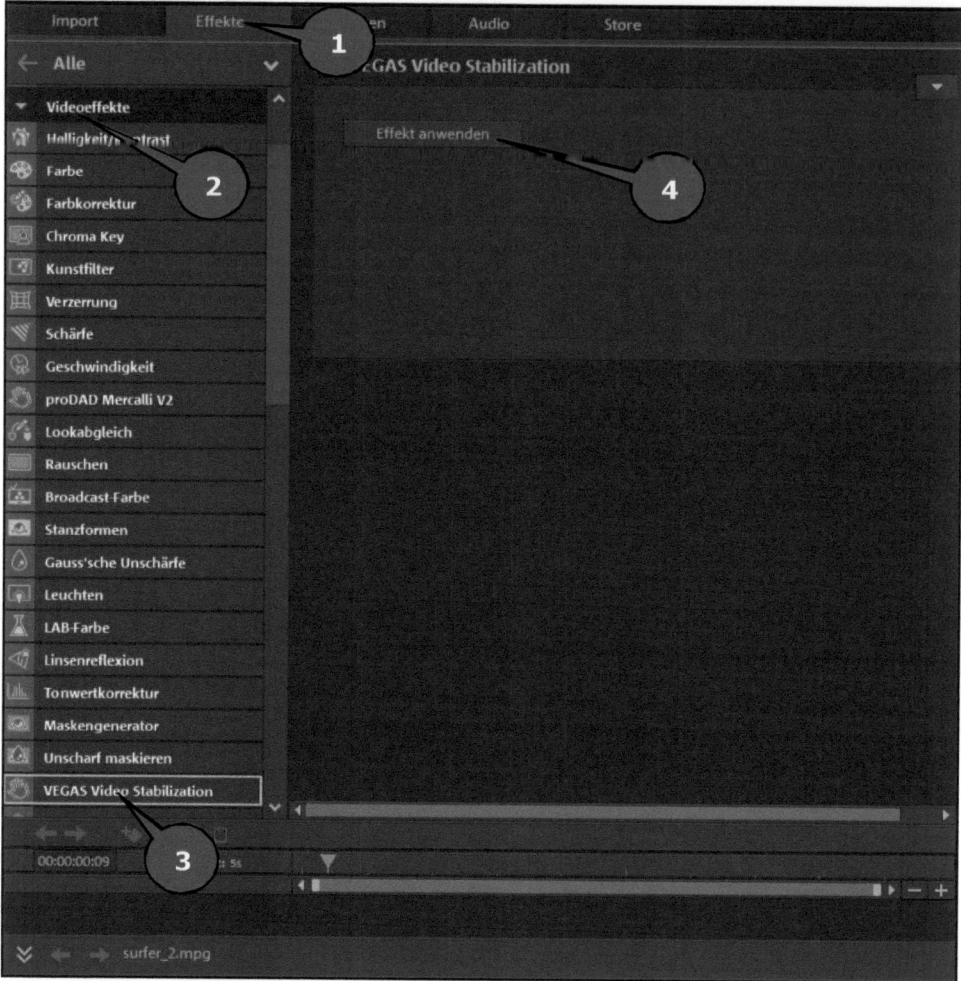

Klicken Sie auf **Effekte/Videoeffekte/VEGAS Video Stabilization** (Pfeile 1-3) und dann im Effektfenster auf die Schaltfläche **Effekt anwenden** (Pfeil 4).

Jetzt können Sie ein paar Einstellungen vornehmen und/oder den Effekt anwenden. Kommen wir zu den Einstellungen. Natürlich wollen wir die „Genaue Methode". Wer will schon ungenaue Berechnungen ☺. In den meisten Fällen wird es so sein, dass Sie auch das Häkchen bei Bildgröße reduzieren gesetzt lassen werden. Warum? Bildstabilisierungsprogramme arbeiten alle nach dem gleichen Prinzip. Sie verschieben die Position des Videos und ändern die Größe. Und das alles dynamisch. Würden Sie die Bildgröße nicht ändern, hätten Sie ständig irgendwo schwarze Ränder. Der Bewegungsausgleich kann an die Gegebenheiten im Video angepasst werden. Für eine Szene wie die des Surfers ist **Drehung + Skalierung + Translation** ideal. Wenn Sie auf den kleinen Pfeil dahinter klicken (Pfeil 1), können Sie weitere Varianten auswählen.

Leider kann man nicht pauschal sagen, welche Einstellung die Optimale ist. Bei einer Szene, in der ich mit der Kamera in der Hand über einen holprigen Küstenpfad gelaufen bin habe ich für ein gutes Ergebnis zusätzlich die Scherung gewählt. Ich habe aber auch schon Freihandaufnahmen gesehen (leider nicht gemacht ☺), die nur vertikal etwas gewackelt haben. Es scheint also auch etwas auf die feinmotorischen Fähigkeiten des Kameramanns anzukommen. Klicken Sie nun auf **Bewegungsdaten analysieren** (Pfeil 2). Bei dieser kurzen Szene sollte die Berechnung in wenigen Sekunden fertig sein. Sehen Sie sich das Ergebnis in der Vorschau an. Beeindruckend oder?

Mit der Berechnung des Videos hat sich auch das Effektfenster verändert. Die Einstellungen, die Sie hier vornehmen können, könnten Sie zwar auch über die Effekte Position/Größe bzw. Rotation/Spiegelung einstellen aber wenn wir das hier schon haben, sollten wir auch was daraus machen. Verschieben Sie den Regler **Skalierung** (Pfeil 1) doch mal so, dass der Surfer über die ganze Szene hinweg schön groß im Bild ist aber nichts davon abgeschnitten wird. Das ist einer der Momente, wo sich eine 4K-Kamera wirklich lohnt, sofern Sie den fertigen Film später nur in FullHD oder auf DVD ausgeben!

Mercalli

Mercalli ist ein Zusatzprogramm eines Fremdanbieters (proDAD), das in vielen Magix Video-Paketen enthalten ist. Mercalli dient dazu das Wackeln und Zittern in Videos zu verringern. Dabei geht das Programm in seinen Einstellmöglichkeiten noch einen gehörigen Schritt weiter als das bereits in Magix Video Pro X integrierte Bildstabilisierungsprogramm. Markieren Sie die zu stabilisierende Szene und starten Sie Mercalli über **Effekte/proDAD/proDAD Mercalli 4.0** (Pfeile 1-3). Klicken Sie anschließend auf die Schaltfläche **Plugin anwenden** (Pfeil 4).

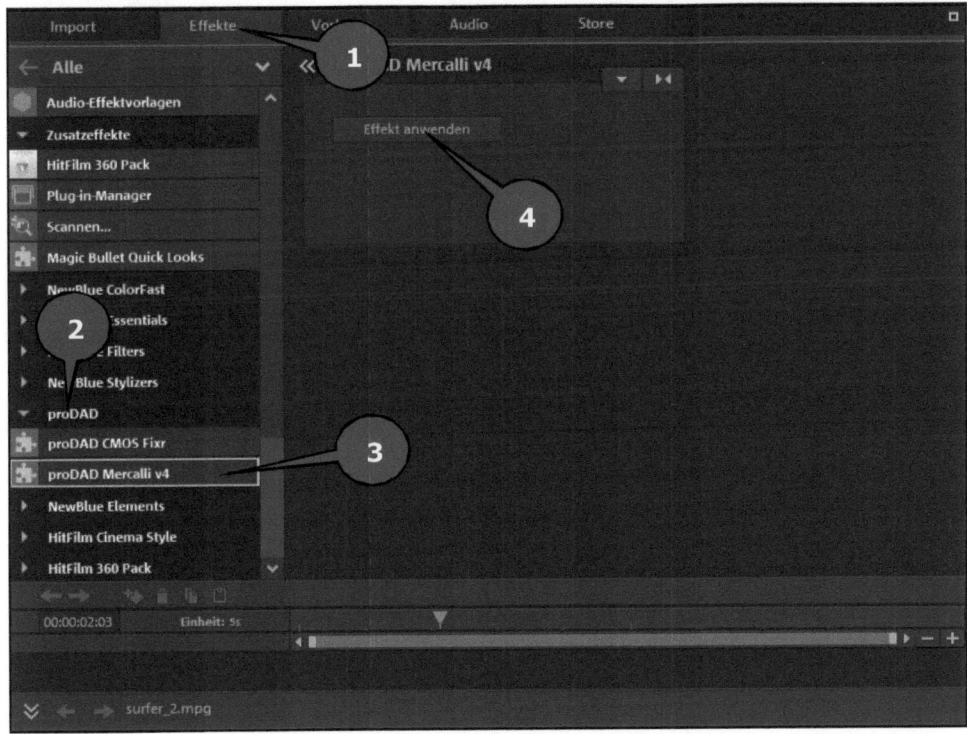

Mercalli und Defishr gehören *oft* zum Lieferumfang von Magix Video Pro X.

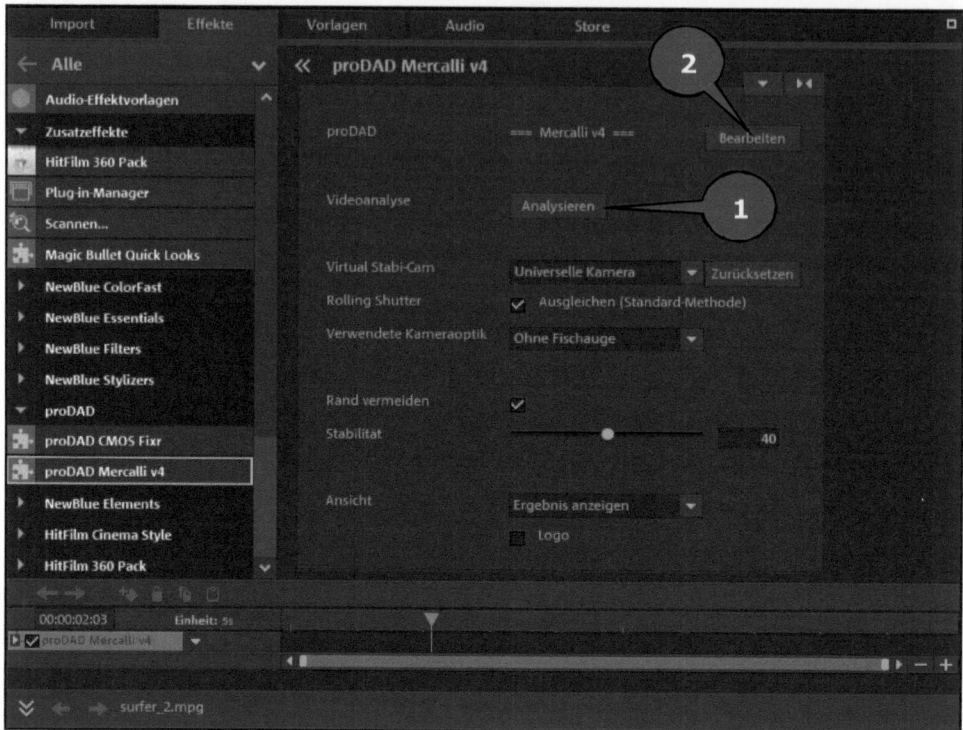

Wenn Sie eine Bildstabilisierung durch Mercalli wünschen, müssen Sie immer für eine markierte Szene auf die Schaltfläche **Analysieren** (Pfeil 1) klicken. Zu den anderen Einstellungen kommen wir gleich. Die Analyse kann, abhängig von der Länge und Auflösung der Szene und der Rechenleistung Ihres PC eine Weile dauern. Wenn Sie eine normale Kamera benutzt haben können Sie mit diesen Einstellungen getrost arbeiten. Die Ergebnisse können sich wirklich sehen lassen.

Wenn Sie mit Mercalli flexibel arbeiten wollen, sollten Sie mal auf die Schaltfläche **Bearbeiten** klicken (Pfeil 2, vorherige Seite).

Hier gilt dann ebenso wie bei der Magix Bildstabilisierung: Versuch macht klug. Um sich an ein optimales Ergebnis heranzutasten empfehle ich Ihnen, nicht alle Einstellungen auf einmal zu verändern. Ändern Sie eine Einstellung und sehen Sie was passiert. Sind Sie zufrieden, schrauben Sie an der nächsten Einstellung herum. Mit den obigen Einstellungen habe ich die Szene **_surfer.mpg_** (Siehe Kapitel: **Downloads**) nachbearbeitet. Vergleichen Sie das Ergebnis mal mit der Szene, die im vorherigen Kapitel nachbearbeitet wurde. Die mit Mercalli bearbeitete Szene wirkt runder und ruhiger. Und beachten Sie mal das Ende der Szene. Im Original ist da nämlich ein kleiner Sprung.

Wenn Sie stark bewegte Aufnahmen einer ActionCam nachträglich stabilisieren möchten, rate ich Ihnen zu zwei optionalen Einstellungen. Stellen Sie das Plugin auf **Sportliche Kamera** (Pfeil 1) und wählen Sie den Kameratyp über die Schaltfläche **Verwendete Kameraoptik** (Pfeil 2). Dort können Sie nahezu alle auf dem Markt befindlichen ActionCams einstellen.

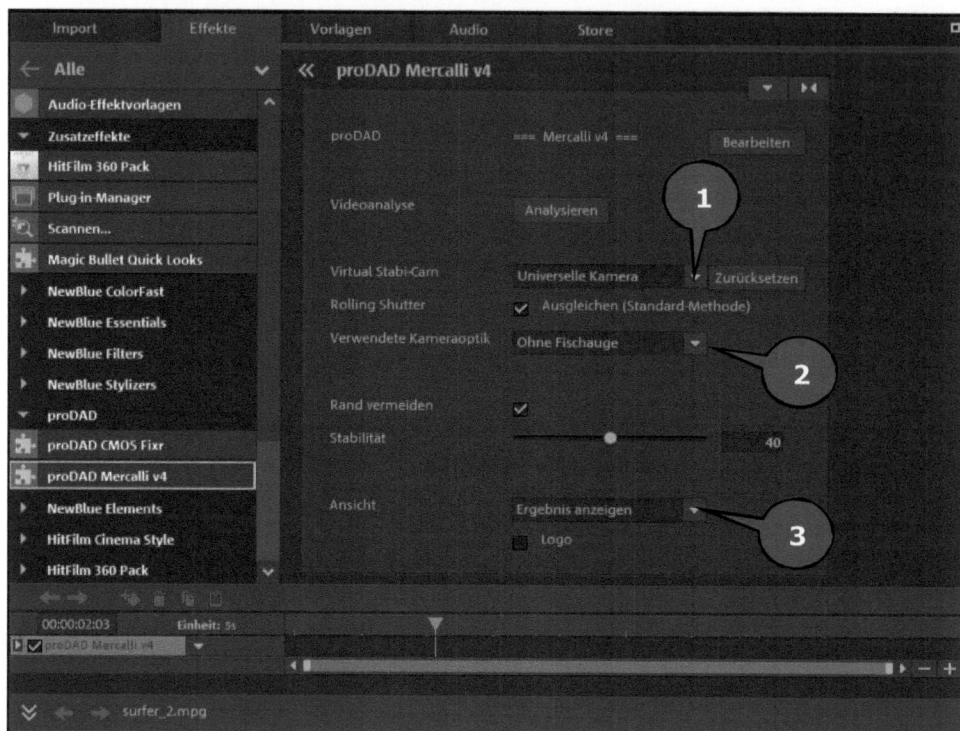

Mit **Ergebnis anzeigen** (Pfeil 3) können Sie einen Splitscreen einstellen, in dem Sie die Originalszene und die Stabilisierte neben- oder übereinander vergleichen können.

An diesem gedruckten Standbild sieht man natürlich keinen Unterschied ☺. Aber bearbeiten Sie mal eine Szene und vergleichen Sie diese dann im Splitscreen. Sie werden überrascht sein. Angenehm natürlich ☺.

In meinem Youtube-Channel finden Sie ein Video einer Sommerrodelbahnfahrt.

https://www.youtube.com/watch?v=tGLjQq2D3DM

Da können Sie im Splitscreen genau sehen, wie Mercalli arbeitet.

ProDAD CMOS fixr

Eigentlich hätte dieses Kapitel vor die Bildstabilisierung mit Mercalli gehört. Denn den ProDAD CMOS fixr sollten Sie anwenden, BEVOR Sie die Stabilisierung vornehmen. Action-Cams haben durch ihre Größe, oder besser gesagt: durch ihre Kleine, naturgemäß keine aufwändige interne Bildstabilisierung wie eine „normale" Videokamera. Wenn ich z.B. eine Action-Cam beim Wandern laufen lasse, habe ich beim Anschauen der Szenen immer das Gefühl seekrank zu werden ☺. Teile des Bilds scheinen sich irgendwie anders zu bewegen als der Rest. Bisher war es so, dass nach dem Stabilisieren, egal ob mit dem Magix-eigenen Programm oder mit Mercalli, dass Bild insgesamt zwar deutlich ruhiger war, aber die wabbernden Teile des Bilds immer noch irgendwie in Bewegung waren. Da setzt ProDADs CMOS fixr an. Solche Bewegungen oder auch die Vibrationen, die z.B. eine Drohne beim Flug erzeugt oder die Erschütterungen wenn man beim Gehen die Füße aufsetzt, werden damit deutlich reduziert. Die Anwendung des Programms ist denkbar einfach. Markieren Sie die gewünschte Szene in der Timeline und rufen Sie das Plugin über **Effekte/ProDAD/ProDAD CMOS fixr** auf. Auch wenn das scheinbar rasend schnell geht, sollten Sie den Rechenbedarf dieses Effektes nicht unterschätzen. Auf meinem doch sehr schnellen PC laufen die Szenen danach nicht mehr flüssig und ich muss sie prerendern. Das Ergebnis kann man hinterher im Splitscreen mit dem Original vergleichen.

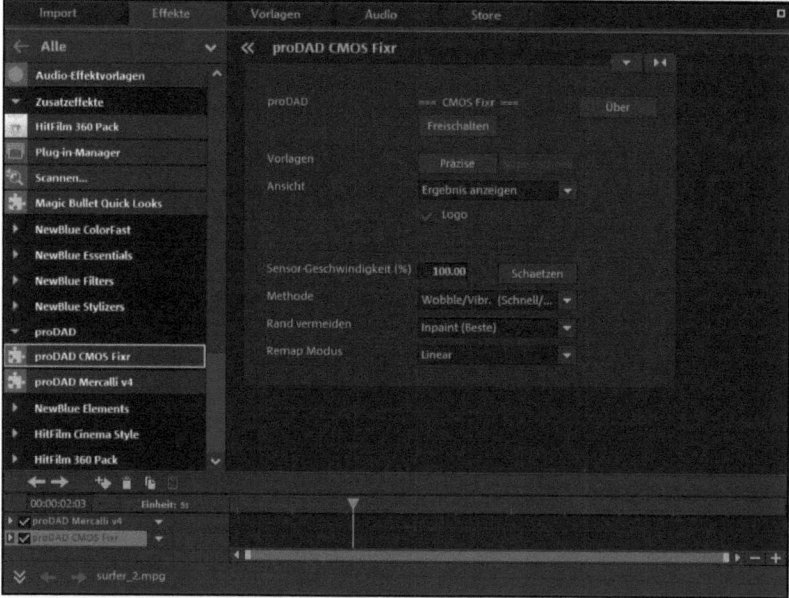

Action-Cams verzerren das Bild

Action-Cams finden einen immer reißenderen Absatz. Sie sind klein, oft wasserdicht bis zu einer Tauchtiefe, wo ich immer spöttisch bemerken muss, dass mein Putzeimer nicht so tief ist ☺ und man kann sie leicht überall hin mitnehmen. Man muss nicht immer in einer Wand herumklettern um sie zu benutzen. Action-Cams kann man wirklich vielseitig einsetzen. Ich habe meine GoPro z.B. auf einer Bodenfliese befestigt und im flachen Wasser eines Sees in meiner Heimatstadt versenkt. Dann habe ich die Enten mit Brot angelockt. Da bekommt man Aufnahmen aus einer völlig neuen Perspektive. Aber so schön und auch schnell man solche außergewöhnlichen Aufnahmen auch mit einer Action-Cam machen kann. Sie haben meist einen gewaltigen Nachteil. Sie haben ein so großes Weitwinkel, dass sie das Bild wie mit einem Fischauge verzerren. Es gibt Filmer die finden das OK. Das würde den Action-Charakter unterstreichen ... OK. Geschmäcker sind verschieden. Sie können den Fischaugeneffekt mit Magix Video Pro X korrigieren. Dazu klicken Sie auf **Effekte/Ansicht/Animation/Objektivkorrektur**. Dann müssen Sie nur noch mit den Schiebereglern herumspielen, bis ihnen das Ergebnis gefällt.

Im oberen Bild sehen Sie die Effekteinstellungen, die ich verwendet habe um den Fischaugeneffekt für diese Szene zu kompensieren. Der rechte Quellmonitor zeigt eine Szene, aufgenommen mit meiner GoPro, in der man deutlich sieht, dass die Bäume „verbogen" sind. Im linken Vorschaumonitor sehen Sie das Korrekturergebnis. Da die Objektivverzerrungen für jede Kamera und jede Auflösung immer gleich sind, lohnt es sich diese Einstellungen aus dem Effektfenster zu notieren. Denn bei der nächsten Szene werden sie genauso sein. Ein wenig mühsam ist das aber schon. Ich würde das nur als Notlösung betrachten. Investieren Sie lieber ein paar zusätzliche Euro in ein Programm, dass diese Aufgabe praktisch automatisch übernimmt. Da gibt es z.B. das Programm DeFishr von ProDAD. Es ist ein Plugin, dass direkt in Magix Video Pro X läuft. Oder nehmen Sie Fastcut von Magix. Da haben Sie dann noch ein paar Zusatzfunktionen, die ganz nett sind. Damit Sie mal sehen, wie dieser Effekt arbeitet, habe ich den Ausschnitt für die Szene verändert.

Die Spurköpfe

Eieiei. Die Spurköpfe in Magix Video Pro X gefallen mir überhaupt nicht. Die gefielen mir schon unter der Version Pro X7 nicht. Noch kleinere Bedienelemente gab's wohl nicht. Ich bin mittlerweile auch in einem Alter, in dem ich für die

Computerarbeit ein Nasenfahrrad, sprich: eine Brille brauche. Was die Symbole im Einzelnen bedeuten, muss ich wohl nicht groß erklären, wenn Sie mit dem Mauszeiger darauf zeigen, wird Ihnen die Funktion angezeigt, bevor Sie klicken.

Jede Spur hat eine Nummer. Sie steht am rechten Rand des Spurkopfes (Pfeil 1).

Wenn Sie genau auf dieser Zahl einen kurzen Rechtsklick machen, können Sie die **Spurhöhe** (Pfeil 2) z.B. auf **Groß** (Pfeil 3) stellen. Das macht die Symbole im Spurkopf zwar nicht größer, eröffnet Ihnen aber eine andere nette Möglichkeit um die Übersicht in einem großen Projekt nicht zu verlieren. Ist die **Spurhöhe** auf **Groß** eingestellt, erscheint unter den Symbolen ein Textfeld, in das Sie einen beliebigen Namen schreiben können. Diesen Namen müssen Sie unbedingt mit der **Enter**-Taste auf Ihrer Tastatur bestätigen, sonst erscheint er nicht. Bei jeder Spur, der Sie nun einen Namen geben wollen, müssen Sie zunächst die Spurhöhe auf **Groß** stellen um einen Namen einpflegen zu können. Das Ergebnis könnte dann etwa so aussehen.

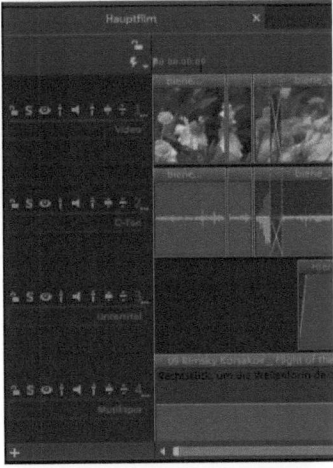

Die Messinstrumente

In Magix Video Pro X sind vier Messinstrumente integriert, die Ihnen helfen, die Qualität Ihrer Videos zu verbessern. Die schlechte Nachricht zuerst: Dafür benötigen Sie eine Grafikkarte, die mindestens Direkt X11 kompatibel ist. Ob Ihre Grafikkarte das kann? Das können Sie leicht überprüfen. Klicken Sie in der linken oberen Ecke des Quellmonitors auf das kleine Symbol (Pfeil 1).

Wenn Sie dort im Menü eines oder alle vier Instrumente starten können, ist Ihre Grafikkarte Direct X11 kompatibel. Können Sie keines der Messgeräte starten, brauchen Sie es nicht weiter zu versuchen. Entweder, Sie verzichten auf die Messgeräte oder Sie investieren in eine modernere und wahrscheinlich dann auch schnellere Grafikkarte. Und so sieht die Geschichte aus, wenn man alle vier Messinstrumente gleichzeitig einschaltet.

Zugegebenermaßen ist der Einsatz und darüber hinaus der Nutzen dieser Messgeräte eher für den ambitionierten Video-Filmer.

Das Vectorskop

Oben Sie ein Bild, in dem das Vectorskop anzeigt, welche Farbe welche Sättigung hat. Das kann man in Echtzeit für jede beliebige Stelle im Film sehen. Sie müssen nur den Abspielmarker bewegen. Obwohl in der Szene biene2.mpg sehr viel gelb ist, kann man an der Signal-Wolke, die sich entlang der Yellow-Linie bewegt sehen, dass es keine Übersättigung gibt. Wäre die Szene übersättigt, würde die Wolke abgeschnitten. Mit dem Farbsättigungsschieber **Effekte/Videoeffekte/Farbe** (Pfeil 1) könnten Sie evtl. das Problem lösen. Sollte es einen Farbstich geben, können Sie diesen u.U. mit einem der Regler für rot, grün und blau (Pfeil 2) regulieren. Evtl. könnte es sich auch lohnen, die Kamera zur Kalibrierung an den Hersteller zu senden. Im folgenden Bild sehen Sie, dass die Wolke nach

außen hin deutlich abgeschnitten wird (Pfeil 3). Yellow wäre hier also stark übersättigt. Weil ich keine passende Szene finden konnte, habe ich für dieses Beispielbild einfach die Sättigung auf Maximum gestellt ☺.

Der Wellenformmonitor

Der Wellenformmonitor zeigt Ihnen die Helligkeitsverteilung in der Szene an. Dabei hat die räumliche Darstellung einen direkten Bezug auf die Position im Bild. Das können Sie leicht testen. Verschieben Sie doch mal die Bildposi-

tion im linken Vorschaumonitor nach rechts. Schon wird auch die Wellenform verschoben. Die Werte auf der Skala lassen auch direkt auf die Helligkeit schließen. Der untere Rand der Skala ist 0 (Null). Das entspricht schwarz. Der obere Rand ist 255. Das entspricht weiß. Mehr dazu können Sie im Kapitel *Kleine Windows Farbenlehre* nachlesen. Im nächsten Beispiel sehen Sie eine Gegenlichtaufnahme und deren Auswirkungen auf die Helligkeitsverteilung. Der abgeschnittene obere Rand der Wellenform lässt auf eine deutliche Übersteuerung schließen. Im oberen Beispiel habe ich die leicht übersteuerte Helligkeit solange angepasst, bis sie über den gesamten Bildbereich zwischen 0 und 100% bzw. zwischen 0 und 255 liegt.

Es lohnt sich immer einmal mit den verschiedenen Helligkeitsreglern herum zu spielen. Aber es hat alles seine Grenzen. Bei der Gegenlichtaufnahme bekommt man zwar die Helligkeitsverteilung wieder in den Griff, dafür wird der überbelichtete Bereich aber sehr grobkörnig um nicht zu sagen klötzchenhaft ☺. Wir würden vielleicht auch sagen, dass das Bild unscharf wirkt. Aber selbst bei der Szene biene2.mpg hat es sich gelohnt, noch ein bisschen an der Helligkeit herum zu schrauben.

Die RGB-Parade

Die RGB-Parade ist im Grunde wie der Wellenformmonitor, nur separat für die Farben rot, grün und blau.

Damit gelten natürlich hier die Regeln auch wie für den Wellenformmonitor. Man kann hier aber erkennen, ob z.B. nur eine Farbe betroffen ist und kann vielleicht mit den Farbreglern etwas ausgleichen.

Das Histogramm

Sie werden das Histogramm vielleicht schon von der Fotobearbeitung kennen. Hier funktioniert das ganz ähnlich.

Am Histogramm der Gegenlichtaufnahme kann man erkennen, dass es sehr große Bereiche auf der linken Seite gibt, also beim Wert 0 (Null). Das bedeutet, große Bereiche des Bildes sind sehr dunkel. Die mittleren Helligkeiten sind eher unterrepräsentiert und bei 255 gibt es wieder eine Spitze. Da ist die Helligkeit auf Maximum. Sehen wir uns mal die Einstellungen der Messgeräte an. Dazu klicken Sie links oben im Quellmonitor auf das kleine Symbol (Pfeil 1) und dann auf **Einstellungen Messinstrumente ...** (Pfeil 2).

Viel kann man hier zwar nicht viel einstellen, aber dafür etwas Wichtiges. Nämlich nach welcher Norm die Messgeräte arbeiten sollen. Wenn die Ergebnisse mit der Automatik nicht optimal sind, stehen die beiden Farbraumnormen ITU-R BT.601 und BT.709 zur Auswahl. Erstere ist dabei für „normale" PAL-Auflösung konzipiert, sprich TV, DVD, Video und die Zweite Norm BT.709 für HDV und HDTV. Jetzt werden Sie vielleicht sagen: Ja, schön, dann ist doch alles klar. Ganz so einfach ist es aber leider nicht. Bei der BT.709 ist nämlich der Gammaverlauf nur für die Aufnahme festgelegt, nicht aber für die Wiedergabe. Das könnte beim Brennen einer Blu-ray durchaus dazu führen, dass dunkle Bereich extrem absaufen. Noch blöder daran ist, dass man das nicht vorhersagen kann (Oder kann das jemand ☺?). Da hilft dann nur: Ausprobieren.

Wo ist das Jog-Shuttle-Rad?

Das Jog-Shuttle-Rad fand ich in älteren Versionen von Magix Video Pro immer ganz nützlich. Als ich die Version Pro X installierte, war ich nicht nur überrascht, sondern zunächst mal enttäuscht. Aber wenn ich mal darüber geschlafen habe, fällt mir meistens wieder ein, was ich meinen Kursteilnehmern immer predige. Klickt mal überall drauf und schaut, was Euch da geboten wird. Und so hat sich auch das Jog-Shuttle-Rad wieder gefunden. Beide Monitore haben links oben in der Ecke ein Symbol. Klickt man darauf (Pfeil 1), erscheint ein Menü und darin gibt es einen Befehl Namens **Sichtbares Jog-Shuttle** (Pfeil 2).

Schon wird das Jog-Shuttle-Rad wieder angezeigt. Damit kann man die Vorschau wunderbar einzelbildweise vorwärts oder rückwärts bewegen. Das Jog-Shuttle-Rad kann man für beide Monitore separat ein- bzw. ausschalten.

Darstellung der Importobjekte vergrößern

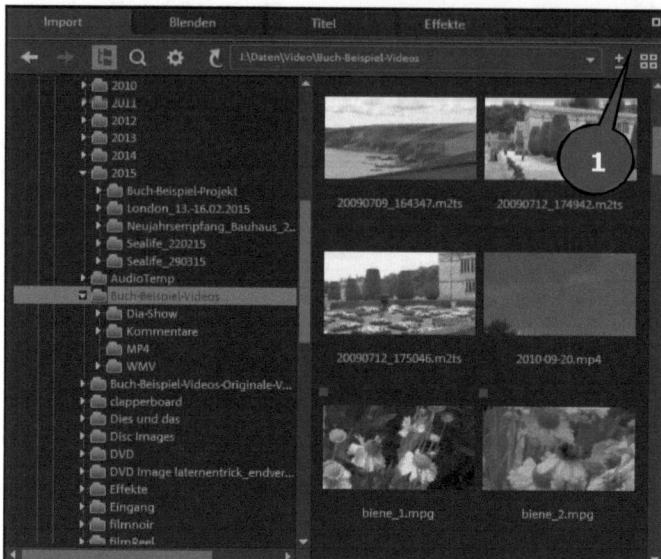

Auch wenn ich das schon an anderer Stelle in diesem Buch angeschnitten habe, schreibe ich es hier noch mal als eigenes Kapitel. Wenn man sich Fotos z.B. im Windows Explorer ansieht, kann man unter Windows 7, 8 und Windows 10 eine vergrößerte Miniaturansicht einstellen. Diese Ansichtsform nennt sich ***Extra große Symbole***. Das ist ziemlich hilfreich dabei, wenn man schnell mal die Schärfe eines Fotos bewerten will. Bei Video-Dateien kommt erschwerend noch hinzu, dass man in der Miniaturansicht nur den ersten Frame der Videodatei sieht. Ich weiß ja nicht, wie Sie das sehen, aber ich hätte dann wenigstens diesen einen Frame deutlich vor mir. In Magix Video Pro X können Sie die Ansichtsform einstellen, in dem Sie rechts oben im Importfenster auf das kleine Symbol (Pfeil 1) klicken und die Ansichtsform **Große Symbole** wählen. Ist Ihnen diese Ansicht noch zu klein, können Sie direkt daneben auf das kleine **+-** Symbol klicken. Daraufhin erscheint direkt darunter ein kleiner Schieberegler, der sich mit gedrückter linker Maustaste verschieben lässt.

Blu-ray brennen

Die Blu-ray gibt es in 25 GByte und 50 GByte Kapazität. Sie ist bestens geeignet, Videos in FullHD-Auflösung aufzunehmen und natürlich auch abzuspielen. Wenn Sie einen Blu-ray-Brenner in Ihrem PC eingebaut haben, spricht nichts dagegen, den auch mal zu verwenden. Es muss ja nicht symptomatisch sein ... aber bei meinem PC gab es da ein paar Schwierigkeiten. Meine gebrannten Blu-rays liefen auf dem PC und auch auf anderen PC völlig problemlos. Nur auf handelsüblichen Blu-ray-Playern nicht. Der Abspielvorgang brach immer an der gleichen Stelle ab. Zunächst war die Vermutung nahe liegend, dass die Rohlinge nicht zum Brenner passen oder die Player keine selbstgebrannten Rohlinge mögen. Aber Tests mit verschiedenen Rohlingen auf verschiedenen Playern zeigten eindeutig, dass das Problem bei meinem Brenner lag. Der war nicht etwa defekt, sondern lediglich

mit einer veralteten Firmware ausgeliefert worden. Ein Besuch auf der Herstellerhomepage brachte mich nicht nur zu der aktuellsten Firmware, sondern löste damit auch alle Probleme mit den Rohlingen und Playern. Sollte Ihnen so etwas auch widerfahren, nicht verzweifeln, nach dem Problem googeln und die Herstellerseiten mal besuchen. Beim Blu-ray brennen haben Sie die Wahl, ob Sie den MPEG-2 oder den H.264-Codec (Pfeil 1) nutzen möchten. Beide sind für alle Materialien geeignet. Allerdings benötigt der H.264 erheblich mehr Rechenleistung beim Rendern. Über die Encoder-Einstellungen (Pfeil 2) können Sie ein paar interessante Einstellungen vornehmen.

Genau wie der DVD sollten Sie mit der bestmöglichen Qualität rendern. Dazu können Sie den Schieberegler bei Pfeil 1 hin und her schieben. Wenn die Kapazität der Blu-ray überschritten wird, kann man versuchen durch Verringerung der Qualität den gesamten Film doch noch auf eine Disk zu bekommen. Das können Sie immer gut an der Füllstandsanzeige (Pfeil 3, vorherige Seite) erkennen. Das Häkchen bei **Smart-Rendering** (Pfeil 2) sollten Sie unbedingt setzen, wenn Ihr Ausgangsmaterial schon AVCHD ist. Sie sparen extrem viel Renderingzeit!

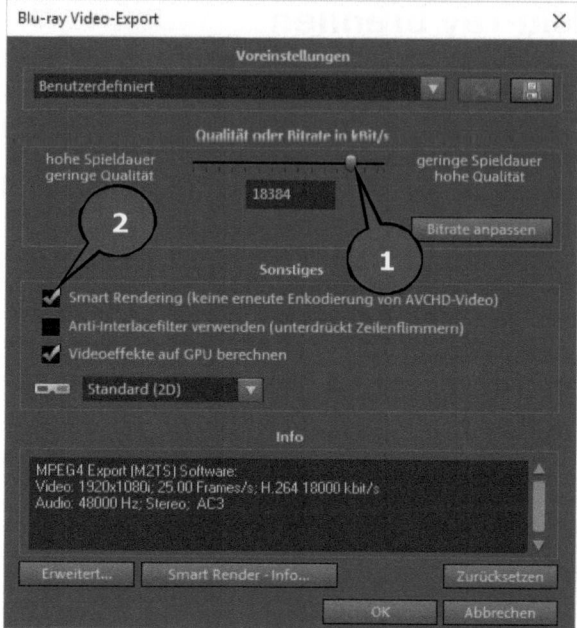

DVD und Blu-ray auf dem PC abspielen

Da gibt es eine schlechte Nachricht. Unter Windows 8 und 10 können Sie serienmäßig weder DVDs noch Blu-rays mit Menüoberfläche abspielen. Die Filmdateien alleine werden schon abgespielt. Microsoft® war wohl nicht gewillt Lizenzgebühren für die Nutzung der dafür nötigen Patente zu bezahlen. Und das müssen wir jetzt ausbaden. Die gute Nachricht ist, dass es genügend kostenlose Programme gibt, die das Problem lösen. Der schlanke VLC-Mediaplayer macht das ganz klaglos. Das Programm können Sie unter *www.videolan.org* kostenlos herunterladen. Für Blu-rays gibt es den Leawo Blu-ray Player. Den Leawo-Player gibt es im Internet kopstenlos unter *www.leawo.org*. Das Schöne an dem Programm ist, dass es komplett in Deutsch daher kommt. Ansonsten können Sie natürlich auf kostenpflichtige Programme zurückgreifen. Da gäbe es z. B. den Media Player von Microsoft® oder PowerDVD von CyberLink.

Was tun wenn's ruckelt?

Ohje. Das Ruckeln der Videos fängt u.U. bei Magix Video Pro X schon im Vorschau-Monitor an. Das ist kein grundsätzliches Problem des Programms, sondern der Rechenleistung, die Ihr PC bietet. Leistungsschwache PC ruckeln vor allem bei FullHD- oder 4K-Videos und bei aufwändigen Effekten und Blenden. Eine ruckelnde Vorschau macht das Schneiden eines Filmes zur Tortur. Man kann nämlich bei Übergängen und Blenden u.U. nicht erkennen ob alles so ist, wie man sich das vorgestellt hat. Es gibt aber eine ganze Menge Maßnahmen, die man ergreifen kann um das Ruckeln zu vermindern oder sogar ganz abzustellen. Hier eine kleine Checkliste:

1. Mein erster und bester Rat an Sie wäre: Kaufen Sie sich einen wirklich schnellen PC mit einer guten Grafikkarte.
2. Ein Desktop-PC ist deutlich schneller als ein Notebook.
3. Lagern Sie keine Dateien auf eine externe USB-Festplatte aus. Die sind dafür viel zu langsam. Das gilt auch für USB-Sticks.
4. Beenden Sie alle Programme, die nicht unbedingt benötigt werden.
5. Erzeugen Sie Proxy-Dateien. Die fressen nicht so viel Speicher.
6. Stellen Sie in den Programmeinstellungen (Strg + y) **Einfache Darstellung von Videoobjekten** (Pfeil 1) und **Bitmap-Auflösung für Vorschau reduzieren** (Pfeil 2) ein. Testen Sie ob das **Rendern von Standardblenden über die GPU** (Pfeil 3) einen Geschwindigkeitsvorteil bringt.

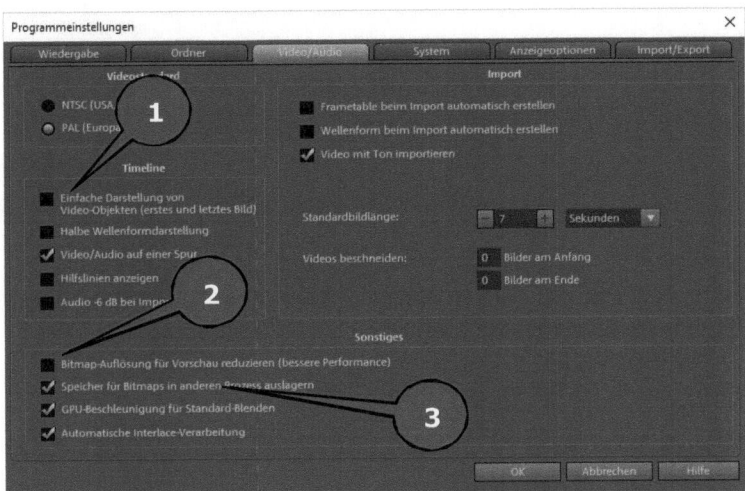

7. Verzichten Sie wenn möglich auf die Darstellung der Wellenform bei Audio-Objekten.

8. Kritische Bereiche können Sie vorrendern. Dazu markieren Sie den gewünschten Bereich in der Timeline und drücken Sie die Tastenkombination **Strg + r** oder machen Sie einen Rechtsklick genau in der Zeitleiste und wählen den Befehl **Vorschau-rendering starten** (Pfeil 1). Gerenderte Bereiche werden Ihnen in der Timeline als roter Strich angezeigt (Pfeil 2).

Sie können Magix Video Pro X auch automatisch nach kritischen Bereichen suchen lassen und diese vorrendern. Die kritischen Bereiche werden dann vorausberechnet und laufen hinterher in der Vorschau sehr viel gleichmäßiger ab. Dazu klicken Sie auf die Schaltfläche **Auto** (Pfeil 3).

9. Sollten die Punkte 2-8 keine entscheidende Verbesserung bringen, sehen Sie sich nochmal Punkt 1 an ☺

Kopien schnell gemacht

Wenn ich eine DVD oder Blu-ray fertig habe möchte ich die evtl. auch mal vervielfältigen. Und zwar schnell! Wenn Sie mit Magix Video Pro X eine DVD oder Blu-ray erstellen, legt das Programm einen Ordner an, in dem sich alle benötigten Dateien befinden. Wo dieser Ordner zu finden ist, können Sie in den Programmeinstellungen sehen (**Strg + y**). Der Eintrag hinter Disc-Images: (Pfeil 1) ist der Speicherort. Wie Sie sehen, habe ich den auf einen von mir gewünschten Speicherort geändert. Den kann ich mir einfacher merken ☺.

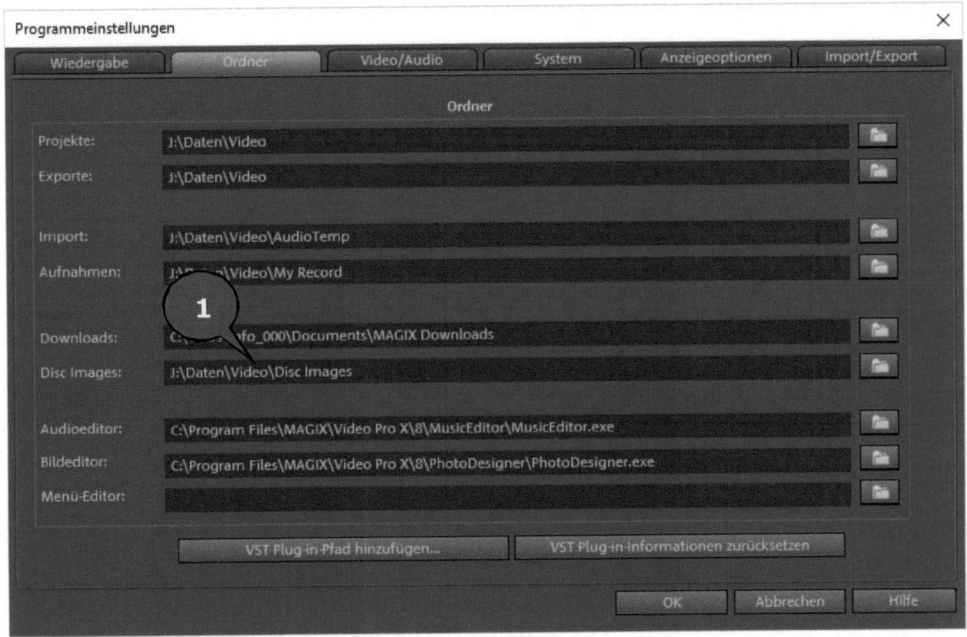

Dazu sollten Sie sich das Kapitel *Wir ändern ein paar Grundeinstellungen* noch einmal durchlesen. In diesem Zielordner legt Magix Video Pro X alle DVD-

und Blu-ray-Images ab. Am Namen erkennen Sie schon, ob es eine Blu-ray oder DVD sein soll. Wie Sie sehen, ist auch unser Buch-Beispiel-Projekt dabei. Diese Imageordner könnten Sie

jetzt wieder auf eine DVD brennen. Ich gehe da lieber einen anderen Weg und benutze ein kostenloses Programm mit Namen *ISO-Recorder*. Den ISO-Recorder können Sie unter **https://isorecorder.alexfeinman.com/** kostenlos herunter laden. Einfacher und schneller kann man wohl kaum noch Kopien von den eigenen Datenträgern ziehen. Das Programm ist winzig und klinkt sich in das Kontextmenü ein. D.h. die Benutzeroberfläche können Sie nur aus einem Menü heraus öffnen, dass Sie über die rechte Maustaste aufgerufen haben. Und so geht`s.

Legen Sie Ihre fertige DVD oder Blu-ray in das entsprechende Laufwerk. Starten Sie den **Windows-Explorer** und klicken Sie dort in der linken Leiste auf **Computer** oder **Dieser PC** (Abhängig von der Windowsversion)(Pfeil 1).

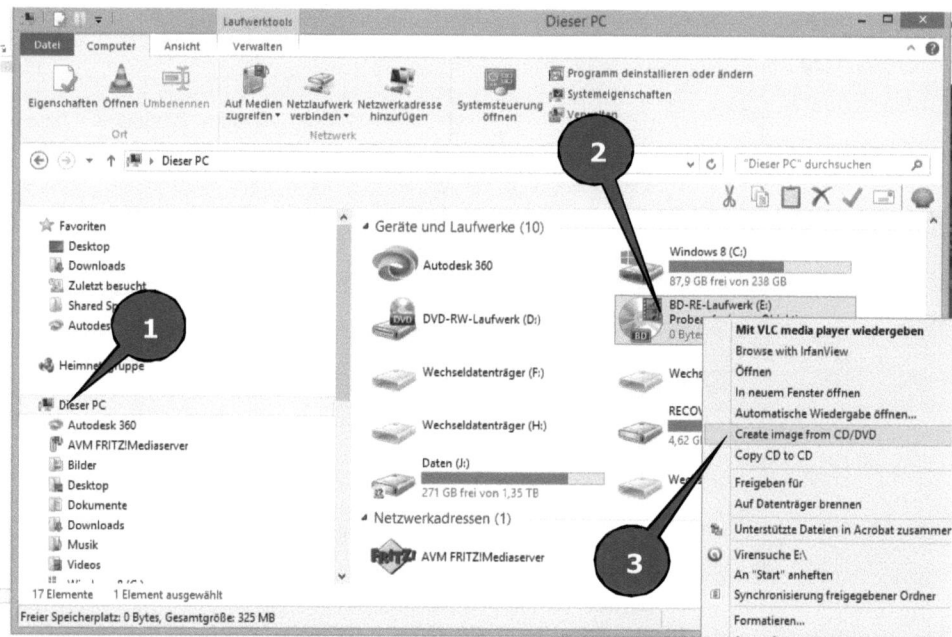

Für dieses Beispiel habe ich eine Blu-ray eingelegt. Auf dem Symbol der Blu-ray (Pfeil 2) mache ich einen kurzen Rechtsklick auf der Maus und wähle aus dem Kontextmenü den Befehl **Create Image from CD/DVD** (Pfeil 3). Keine Sorge, das läuft auch mit Blu-rays und nicht nur mit CDs und DVDs.

Das öffnet das Fenster von ISO-Recorder. Da kann man gar nicht viel machen. Wozu auch? Das Programm ist nur für einen Zweck gut und den erfüllt es hervorragend.

Wählen Sie über die Schaltfläche bei Pfeil 1 den gewünschten Speicherort aus. Ich nehme dafür immer den gleichen Speicherort wie für meine Projektdatei. Dann muss ich nicht lange darüber nachdenken oder suchen. Klicken Sie nun auf

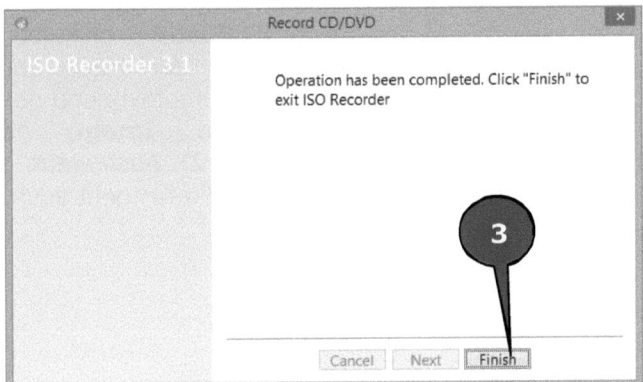

die Schaltfläche **Next** (Pfeil 2). Je nach Datenmenge kann das eine Weile dauern. ISO-Recorder erstellt jetzt eine einzige Datei, in der alle Daten des ursprünglichen Datenträgers enthalten sind.

Ist der Vorgang beendet, klicken Sie auf die Schaltfläche **Finish** (Pfeil 3).

Jetzt finden Sie am gewünschten Speicherort diese ISO-Datei (Pfeil 1) zusammen mit den anderen Projektdateien.

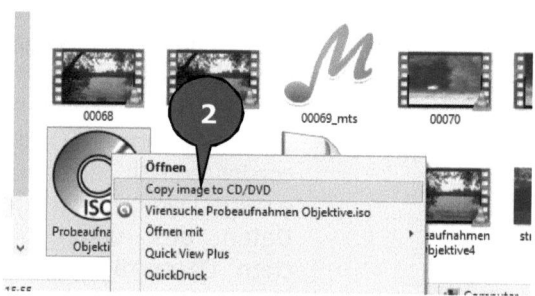

Von dieser ISO-Datei kann ich jetzt Kopien ziehen. Dazu mache ich auf der ISO-Datei einen kurzen Rechtsklick mit der Maus und wähle aus dem Kontextmenü den Befehl **Create Image to CD/DVD** (Pfeil 2). Auch wenn`s nicht da steht: Blu-ray geht auch.

Legen Sie einen geeigneten Rohling ein und klicken Sie auf die Schaltfläche **Next** (Pfeil 1). Der Brennvorgang beginnt. Ist der Brennvorgang abgeschlossen, klicken Sie auf die Schaltfläche **Finish** (Pfeil 2). Das Fenster schließt sich. Wenn Sie eine weitere Kopie anfertigen wollen, machen Sie wieder einen Rechtsklick auf der ISO-Datei usw. usw. Leider kann man bei dem Programm nicht einstellen, wie viele Kopien man anfertigen möchte.

Der Feinschliff - Vermeidbare Schnittfehler

Manchmal bekomme ich Filme zu sehen, in denen vor allem an den Schnitten und Blenden ganz kurz ein oder einige wenige Frames auftauchen, die da nicht hingehören. Fragt man dann nach, wird meistens Stein und Bein geschworen, das alles richtig geschnitten ist, dass das in der Vorschau nicht so war und das Problem bei Magix Video Pro X (oder auch den alten Versionen) liegen muss. Glauben Sie mir, solche Fehler macht man ganz alleine. Solche kleinen Schnittfehler sehen nicht nur unprofessionell aus, sie sind auch mit ein wenig Fleiß leicht vermeidbar. Solche Fehler baut man sich entweder durch Unwissenheit, Faulheit, einen zu

langsamen Rechner, oder was noch schlimmer ist, eine Kombination der Möglichkeiten ein. Egal, wie es nun zustande kommt, letztlich ist es einfach ein unpräziser Schnitt. Und den kann man vermeiden. Wenn Sie sicher sein wollen, dass an einem Schnitt oder einer Blende nicht noch Frames stehen bleiben, die da nicht hingehören, dann sollten Sie sich einfach vor dem Brennen einer DVD oder Blu-ray mal alle Schnitte und Blenden in der Einzelframe-Ansicht ansehen. Die Einstellung dafür können Sie unten rechts im Fenster machen. Klicken Sie auf den kleinen Pfeil (Pfeil 3, vorherige Seite) und stellen Sie die benötigte Auflösung ein. Wenn Sie **Zoom 1 Frame** einstellen (Pfeil 4, vorherige Seite), ist jedes kleine Bildchen in der Timeline ein eigener Frame. Das können Sie in der Zeitachse auch genau ablesen. Dort steht z.B. 00:00:00:00 für den ersten Frame und 00:00:00:24 für den letzten Frame der ersten Filmsekunde. Die Frames werden also immer von 0-24 für jede Sekunde gezählt. Nur in der Einzelframeauflösung stellen Sie sicher, dass es keine Reste gibt, die dort nicht hingehören. Sie können den Zoom-Faktor übrigens auch über Tastaturkürzel (Siehe Menü auf vorheriger Seite) ändern. Richtig schnell geht das Ändern des Zoom-Faktors, wenn Sie auf Ihrer Tastatur die **Strg**-Taste gedrückt halten und an dem Rad Ihrer Maus drehen.

Kleine Windows Farbenlehre

Ich glaube, es lohnt sich, mal etwas genauer auf die Schriftfarbe zu sehen. Die Art und Weise, wie man die Farbe ändert, taucht nämlich immer wieder irgendwo unter Windows auf.

Sie sehen hier ein Auswahlfenster mit 48 vordefinierten Farben. Dieses Fenster öffnet sich, wenn Sie auf das Farbauswahlsymbol klicken. Um eine der vordefinierten Farben auszuwählen, klicken Sie diese einfach an und dann klicken Sie auf die Schaltfläche **OK**. Ihre Wunschfarbe ist nicht dabei? Kein Problem. Klicken Sie doch mal auf die Schaltfläche **Farben definieren >>**.

Hier können Sie jede Farbe, aus einer Palette von 16,7 Millionen Farben, einstellen. Dazu haben Sie zwei Möglichkeiten. Klicken Sie mit der linken Maustaste irgendwo in den regenbogenfarbigen Bereich, um den ungefähren Farbton zu treffen, den Sie suchen (Pfeil 1). Mit dem seitlichen Schieberegler (Pfeil 2) können Sie nun die Farbtemperatur einstellen. Den Schieberegler können Sie mit gedrückter, linker Maustaste rauf oder runter schieben. Haben Sie den gewünschten Farbwert eingestellt, klicken Sie einmal auf die Schaltfläche **Farben hinzufügen**. Jetzt wird die Farbe in eines der Felder im Bereich **Benutzerdefinierte Farben** übernommen. Das hat den Vorteil, dass Sie die Farbe nicht jedes Mal wieder neu einstellen müssen, sondern nur noch das entsprechende Feld im Farbauswahlfenster einmal anklicken müssen um die Farbe auszuwählen.

Es gibt eine zweite Möglichkeit Farben auszuwählen. Dazu muss man deren RGB-Werte kennen. Wenn Sie bestimmte Farben öfter benutzen wollen, lohnt es sich, die Werte für R (Rot), G (Grün) und B (Blau) irgendwo zu notieren. In anderen Programmen, wie etwa Word oder Open Office und vielen Grafik-Programmen sieht die Farbauswahl nämlich identisch aus. Sie sehen in diesem Beispiel rechts unten in der Ecke die RGB-Werte. Rot hat den Wert 168, Grün 121 und Blau 16.

Die drei Farben können Werte zwischen 0 und 255 annehmen. Dabei bedeutet der Wert 0, dass die Farbe nicht vorhanden ist und 255 bedeutet den Maximalwert einer Farbe. Wenn Ihre Wunschfarbe ein reines Grün sein soll, wären die Werte also 0/255/0. Für ein reines Rot 255/0/0 usw. So kommen auch die sagenumwobenen 16,7 Millionen Farben beim PC zustande:

$$256 \times 256 \times 256 = 16\ 777\ 216$$

Aber egal mit welcher Methode Sie die Farbe einstellen, mit einem Klick auf die Schaltfläche **OK** wird sie für den Text übernommen.

Markieren mehrerer Objekte

Mit der Maus und Shift-Taste markieren

Aus den vorhergehenden Beschreibungen wissen Sie ja bereits, dass man durch einfaches Anklicken eine Datei markieren kann. Wenn Sie nun mehrere Dateien gleichzeitig markieren wollen, die z.B. in der Einstellung **Ansicht/Liste** alle hintereinander liegen, dann klicken Sie zunächst einmal mit der linken Maustaste auf die erste Datei, die Sie markieren möchten und dann bei gedrückter **Shift-Taste**, auch als Großschreib-Taste bezeichnet, auf die letzte Datei, die Sie markieren möchten. Danach sind alle Dateien zwischen den beiden Mausklicks blau markiert. Kopieren oder Ausschneiden geht jetzt wie schon vorher beschrieben.

Diese Methode kann ganz nützlich sein, wenn Sie die Fotos in einem Ordner in der Ansichtsform Details nach Datum sortiert haben. Dann können Sie nämlich z.B. die Fotos eines Urlaubstages ganz gezielt markieren und kopieren.

Mit der Maus und Strg-Taste markieren

Nun kann es aber passieren, dass die Dateien, die Sie kopieren möchten, nicht alle hintereinander liegen, sondern verstreut sind. Wenn man dann mehrere Dateien markieren möchte, kommt die **Strg-Taste** (Steuerungs-Taste) ins Spiel. Diese Taste wird auch gerne als Ctrl- oder Control-Taste bezeichnet. Hierzu klickt man wieder mit der linken Maus-Taste auf die erste Datei, die man markieren möchte, hält dann die **Strg-Taste** gedrückt und klickt nacheinander auf jede Datei, die man markieren möchte. Hat man mal auf die falsche Datei geklickt, muss man nicht von vorne anfangen. Ein weiterer Klick auf die „falsche" Datei hebt deren Markierung wieder auf.

Markierte Dateien bei gedrückter **Strg**-Taste angeklickt.

Dabei sollten Sie es nicht zu eilig haben. Sie sollten ganz konzentriert ein Foto anklicken, die Maustaste wieder loslassen, den Mauszeiger auf das nächste Foto bewegen, dann anklicken, usw. Wenn Sie nämlich beim Bewegen der Maus die Maustaste los lassen, erzeugt Windows sofort Kopien von allen bereits markierten Fotos. Das ist nicht schlimm. Nur ärgerlich ☺. Wenn Ihnen das mal passieren sollte, drücken Sie hinterher einfach einmal die Tastenkombination **Strg+z** und das Unglück wird wieder beseitigt.

Mit der Maus umrahmen

Sie können mit gedrückter, linker Maustaste auch einen Rahmen um gewünschte Fotos ziehen. Dabei erscheint ein blaues Rechteck, das Ihnen anzeigt, welche Fotos schon umrahmt und damit markiert sind. Diese Methode ist etwas knifflig. Sie müssen dabei nämlich peinlich darauf achten, den Mauszeiger vor dem Klicken im leeren Bereich zu haben, sonst markieren Sie nämlich das Foto, dem der Mauszeiger zu nahe gekommen ist.

Sonderzeichen im Titel

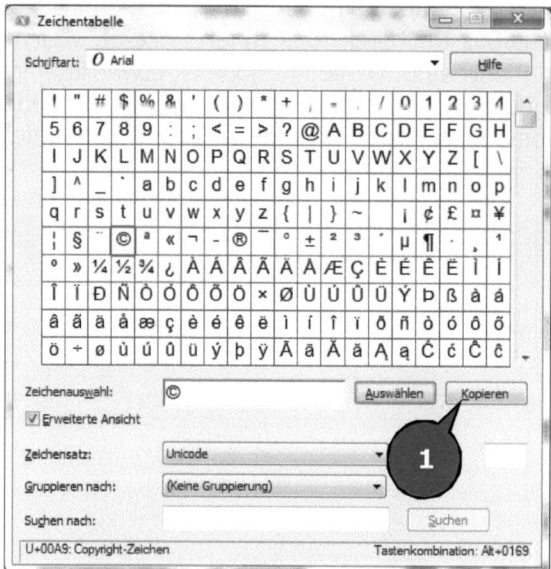

Manchmal benötigt man ein Sonderzeichen und hat keine Ahnung, wie man da ran kommt. Windows bringt bereits ein kleines Programm mit, mit dessen Hilfe Sie jede Art von Sonderzeichen aufspüren können. Sie finden es unter Windows bei **Start/Alle Programme/Zubehör/Systemprogramme/Zeichentabelle**. Dort können Sie in allen Schriftarten nach Ihren Sonderzeichen suchen. Sie können das gewünschte Sonderzeichen kopieren (Pfeil 1) und in Ihrem Titel in Magix Video Pro X wieder einfügen. Dort können Sie es dann auch in Größe und Farbe verändern.

Downloads

Die Startseite für alle Downloads aus diesem Buch lautet:
www.net4web.de/downloads.html
Von dort werden Sie auf eine Seite weiter geleitet, auf der Sie thematisch sortiert, alle Downloads finden. Alle Downloads sind ausdrücklich kostenlos.

Beispielfilme

Alle Beispielfilme liegen im MP4-Format vor auch dann, wenn in diesem Buch häufiger das MPG-Format in den Beispielen erwähnt wurde. Dieses Format bietet höchste Bild- und Tonqualität bei gleichzeitig niedriger Dateigröße.

Beispielmusik

Musik, Geräusche und Kommentare liegen im MP3-Format vor. Der Grund ist auch hier die bestmögliche Qualität bei gleichzeitig niedriger Dateigröße. Sie finden dort auch Links zu Internetseiten, bei denen Sie lizenzfreie Musik bekommen.

Beispielbilder

Alle Fotos für die Dia-Show sind in einer Größe von 1280 Pixel Breite bei 40% Qualität gespeichert. Für die DVD-Videobearbeitung ist diese Auflösung völlig ausreichend. Für FullHD-Filme würde ich Ihnen zur doppelten Auflösung raten.

Beispielcover

Ich habe mehrere Beispielcover als Corel-Draw-Datei gespeichert. Sie sind für die Benutzung eines Amaray-Standard-DVD-Cover geeignet. Für Coral-Draw habe ich mich deshalb entschieden, weil man damit nicht nur im RGB-Farbraum, sondern auch mit CMYK-Farben arbeiten kann. Wenn Sie mal Cover in einer Druckerei erstellen lassen wollen, geht das oft nur in CMYK. RGB führt meist zu deutlichen Farbverfälschungen.

Tipps & Tricks-Datenbank

In meiner Tipps & Tricks Datenbank finden Sie Tipps & Tricks nicht nur zu Magix Video Pro X, sondern auch zu vielen anderen Anwendungen. Die dort gespeicherten Informationen stehen sowohl meinen Lesern, wie auch Kursteilnehmern kostenlos zur Verfügung. In die Tipps & Tricks Datenbank gelangen Sie über meine Homepage **www.net4web.de**. Dort gibt es einen Bereich **Anmeldung**. Sie können sich selbst registrieren und die Datenbank uneingeschränkt benutzen.

Das Mini-Lexikon der Video-Begriffe

Das kleine Internet-Lexikon ist ein Auszug aus dem Buch "**Das Computer-Lexikon**" **ISBN: 978-3-8370-9923-2** (Siehe Werbung am Buchende). Das Computer-Lexikon umfasst zurzeit mehr als 1300 Computer-Fachbegriffe.

AAC
Advanced **A**udio **C**oding. Unter MPEG-4 definiertes Audio-Kodierverfahren. AAC erreicht eine höhere Audioqualität und komprimiert effektiver als MP3. Es könnte damit zum Nachfolgestandard von MP3 werden.

Abmischen
Zusammenführen mehrerer Tonsignale bzw. Tonspuren bei der Aufzeichnung, Beschallung, Tonmischung oder Tonbearbeitung.

AddOn
Englisch für "Erweiterung". Zusätzliche Hard- oder Software, um die ursprüngliche Funktionalität bzw. Leistungsfähigkeit zu erweitern.

Alignment
Englische Bezeichnung für "Ausrichtung". In Textverarbeitungsprogrammen, Grafikprogrammen oder HTML-Editoren können Textzeilen, Textabsätze, Linien, Bilder, Tabellen oder andere Objekte ausgerichtet werden. Mögliche Ausrichtungen sind z.B. "rechtsbündig", "linksbündig", "zentriert", "oben", "unten" oder "mitte".

Alphakanal
Ein künstlicher, nicht sichtbarer Farbkanal, der in Video- und Grafikprogrammen für Transparenz- und Überlagerungsfunktionen verwendet wird.

Animated GIF
Eine Variante des GIF-Grafikformats. Mehrere GIF-Einzelbilder werden in einer Datei gespeichert. Die Reihenfolge, Anzeigedauer und Anzahl der Wiederholungen kann vorgeben werden. Dadurch entsteht eine "filmähnliche" Sequenz.

Antialiasing
Rechnerisches Verfahren zur "Kantenglättung" bei Rastergrafiken und Fonts, um treppenartige Kanten zu entschärfen. Dies erfolgt durch das Errechnen von Farbverläufen zwischen der Objekt- und der Hintergrundfarbe. Eine ursprünglich schwarze Linie auf weißem Grund erhält, z.B. nach einer Drehung oder Vergrößerung, Graustufen im Randbereich. Damit werden harte Kontraste vermieden. Vergleiche auch Moire-Effekt.

AoD
siehe unter Audio-on-Demand.

Artefakt
Unerwünschter Effekt, wie bzw. Bildstörungen bei Videobildern, oft verursacht durch Wandlungsprobleme digitaler Videosignale.

ASCII
American **S**tandard **C**ode for **I**nformation **I**nterchange ist ein grundlegendes Textformat, das die meisten Computer lesen können. Dieser 7-Bit Code enthält 128 Zeichen (numeriert von 0 bis 127). So fehlen z.B. die deutschen Umlaute "ÄäÖöÜü".
Die erweiterte ASCII-Tabelle enthält 256 Zeichen. Per Tastenkombination [Alt]+[Ziffer] (Eingabe über Ziffernblock) können Zeichen erzeugt werden. Testen Sie mal mit [Alt]+[6] und dann [4] und Sie erhalten das Zeichen "@".

ASF
Das **A**dvanced **S**treaming **F**ormat ist ein Microsoft-Standard für Streaming-Multimedia-Daten. Interaktive Audio- und Video-Daten können damit übertragen werden.
So könnte der Betrachter z.B. zwischen einzelnen Szenen wählen. Die Daten werden nach dem MPEG-4-Standard hochkomprimiert gespeichert. Mit dem Windows-Media-Player lassen sich solche Dateien abspielen. Siehe auch "Streaming Audio und Video"

AU
Von der Firma Sun definiertes **Au**dioformat.

Audio-on-Demand
heißt so viel wie "Audio-Daten (Musik, Sounds) auf Abruf". Bei solchen Diensten kann man Audiodaten anfordern, die dann via Internet auf den eigenen PC übertragen werden (downloaden).
Beispiel: http://www.musicload.de/. Siehe auch Music-on-Demand, vergleiche Books-on-Demand und Video-on-Demand.

Audio-Stream
siehe Streaming-Audio

Ausblenden
Langsames und weiches Verschwinden eines Luminanz- oder Chroma Key-Tricks vor einem Hintergrundbild.

AVCHD
Advanced **V**ideo **C**odec **H**igh **D**efinition. Videocodec auf der Basis von MPEG-4. AVCHD wurde 2006 von Panasonic und Sony für die Aufzeichnung von HDTV-Material im Consumer-Bereich eingeführt, wird aber auch von anderen Herstellern verwendet. AVCHD steht in Konkurrenz zu HDV, das aber auf der Basis des älteren MPEG-2-Verfahrens arbeitet. Die Variante AVCHD Lite kann nur Fernsehnormen mit 720p aufzeichnen, im professionellen Bereich wird AVC-Intra verwendet.

AVI
Steht für **A**udio **V**ideo **I**nterleaved. Ein Microsoft-Standard für Audio- und Videodaten.
Siehe "Plug-In-Test" mit Beispielen.

Bauchbinde
Einblendung einer Schrift im unteren Drittel des Bildschirms.

Bildstabilisator
In Objektiven eingebautes optisch-mechanisches System, bestehend aus beweglichen
Prismen, das instabile Kamerabewegungen ausgleicht und das Bild verwacklungsfrei auf
die CCD-Chips projiziert. Diese Technik wird vor allem bei Objektiven mit sehr langer
Brennweite für Studiokameras eingesetzt, ist aber im Einzelfall auch bei Objektiven für
CamCorder verfügbar.

Bitmap
Zerlegt man eine Bilddatei in Zeilen und Spalten, erhält man eine Rastergrafik. Jeder
Punkt wird mit seiner Farbinformation als Bitfolge gespeichert. Das gleichnamige Dateiformat (Dateien vom Typ *.BMP) ist im Internet nicht verbreitet, da es keine Kompression erlaubt. Grafiken, im GIF- oder JPEG-Format gespeichert, reduzieren die Datenmenge gewaltig.

Blu-ray Disc
Optisches, beschreibbares Speichermedium. Gegenüber den DVD-Formaten ermöglicht
ein ultravioletter Laserstrahl der Wellenlänge von 405 nm, eine noch feinere Datenstruktur
zu schreiben, bei der die Spuren enger aneinander liegen und die Pits kürzer sein können.
Damit ist eine Blu-ray Disc nicht mehr kompatibel zu herkömmlichen DVD-Playern. Auf
einer Seite lassen sich 25 GBytes Daten speichern. Die ebenfalls höhere Videonettoda-
tenrate von bis zu 36 MBits pro Sekunde lässt auch HDTV-Anwendungen zu. Mögliche
Videocodecs sind MPEG-2, VC-1 oder MPEG-4. Neben einem PCM-Ton lassen sich viele
Surround-Formate, wie z.B. Dolby Digital und DTS speichern. Für die Anwendung in professionellen Kamerarecordern wird eine nicht kompatible Variante, die Professional Disc
eingesetzt. Der Name Blu-ray rührt von der blau-violetten Farbe des verwendeten Lasers
her. Der Buchstabe „e" wurde in der Namensgebung deshalb weggelassen, damit der Namen patentfähig ist.

BMP
Abkürzung von Bitmap.

Button
Englisch für "Knopf", "Schalter" oder auch Schaltflächen von Programmen, bei denen
bestimmte Funktionen ausgeführt werden. Auf Web-Seiten sind Buttons meist mit einem
Link verknüpft.

Cam-Rip (Cam)

Ein Cam-Rip bezeichnet eine illegale Kinofilm-Kopie mit einem handelsüblichen Camcorder. Da die unrechtmäßige Aufnahme direkt in der Kinovorstellung erfolgt weist sie meist nur eine sehr geringe Bild- und Tonqualität auf: Verwackeltes Bild, dumpfer Ton mit Störgeräuschen und sogar der eine oder andere Kopf von Kinobesuchern, die durch das Bild huschen. Somit ist der Cam-Rip, wie er in der Warez-Szene genannt wird, die miserabelste gesetzeswidrige Aufnahmeart von Kinofilmen.

Casting

Auch als Internet-Casting bzw. Online-Casting bezeichnet. Casting heißt im Englischen so viel wie Besetzung. Für Fotomodelle oder (Möchtegern)-Schauspieler bieten mehrere Internet-Agenturen Casting-Dienste an. Mit relativ wenig Aufwand kann die "Setcard" eines Schauspielers mit Angaben zur Person, Hobbys, Referenzen und Bildmaterial digital in Casting-Datenbanken gespeichert werden und damit weltweit via Internet abgerufen werden. Auch für Besetzungsabteilungen von Film- und TV-Produktionen oder die Werbebranche, immer auf der Suche nach neuem "Material", sind solche Dienste interessant.

CCD-Chip

Charge Coupled Device. Ladungsgekoppeltes, analoges Bauelement, das aus einer Reihe von Speicherelementen besteht. Bildaufnahmeteil elektronischer CCD-Kameras. Das auf die Chips projizierte Bild wird in eine elektrische Ladung umgesetzt. Der CCD-Chip besteht aus einer definierten Anzahl lichtempfindlicher Elemente, die bei konventioneller Auflösung bis etwa 1.000 Pixel pro Zeile betragen kann, bei HDTV-Chips bis über 2.000 Pixel. Dieser Vorgang wird für jedes Bild, also 25 oder 50 Mal pro Sekunde, wiederholt. Dabei entsteht immer die vollständige Bildinformation aller Pixel eines Bildes. Dies steht jedoch im Gegensatz zur notwendigen, seriellen Bearbeitung der Pixel in der Videotechnik. Für die Umwandlung müssen die Pixel zwischengespeichert werden. Die CCD-Technik erlaubt die Verwendung unterschiedlicher Belichtungszeiten. Weit verbreitet ist eine Chip-Größe von ⅔ Zoll für SD- und HDTV-Kameras, in Einzelfällen sind ½ Zoll-Chips zu finden. Noch kleinere Chip-Größen werden im Consumer-Bereich eingesetzt.

CD-ROM

steht für 'Compact Disc - Read Only Memory'. Optisches Speichermedium, auf dem einmal gespeicherte Daten nicht überschrieben werden können. Eine CD-ROM wird optisch abgetastet und ist somit gegenüber anderen Speichermedien (Schallplatten, Tonband) fast vollkommen verschleißfrei. Die speicherbare Datenmenge beträgt maximal 800 Megabyte (entspricht 90 Minuten Audio). Weitaus höhere Speicherdichte haben DVD, die langsam der alten VHS-Cassette den Rang streitig macht.

Chroma Key

Farbstanze. Bearbeitungseffekt, der zwei Videobilder mit Hilfe eines Stanzsignals kombiniert, das aus einem der beiden Videobilder gewonnen wird. Das klassische Chroma Key-

Verfahren ändert diejenigen Bildanteile des Vordergrundbildes zu Weiß, die einen bestimmten Farbton – meist Blau oder Grün – aufweisen, alle anderen werden schwarz. Dann werden die weißen Bildteile des Stanzsignals mit dem Bildinhalt des zweiten Videobildes, dem Hintergrundbild, und die schwarzen Bildteile wiederum mit den Bildinhalten des Vordergrundbildes ausgefüllt. Bewegt sich z.B. eine Person vor einem blauen Hintergrund, so wird die Größe, Form und Position des Stanzsignals automatisch verändert. Grundsätzlich kann auch auf andere Farben gestanzt werden.

CMYK
Subtraktives Farbmodell mit den Farben **C**yan, **M**agenta, **Y**ellow, blac**K**. Mit diesen Grundfarben arbeiten auch Farbdrucker. Siehe auch RGB.

Codec
Kürzel für **Co**der/**Dec**oder. Eine Einrichtung zur Wandlung von analogen Signalen in digitale Signale und umgekehrt.

Community
Im Internet versteht man darunter eine (virtuelle) Gemeinde, eine Gemeinschaft oder auch eine bestimmte Gruppe von Internetnutzern. Diese Communities haben ein gemeinsames Thema (Ideen- und Erfahrungsaustausch) bzw. Ziel ("gemeinsam stärker"). Im Videobereich gibt es z.B. die www.videocommunity.de

Compact Flash
Mit Compact Flash wird ein Speichermedium beschrieben. Es ist meistens eine kleine Speicherkarte die z.B. in einer Kamera verwendet wird.

Copy&Paste
Effektives Nutzen der Zwischenablage (nicht nur unter Windows) für Texte und andere Objekte:
Sie markieren etwas, kopieren es in die Zwischenablage ("copy") und fügen es an der gewünschten Position wieder ein ("paste").
Markieren Sie zur Übung diese Textzeilen. Mit der Tastenkombination [Strg]+[C] wird sie in die Zwischenablage kopiert. Starten Sie dann MS-Word oder einen anderen Texteditor und fügen den Text mit [Strg]+[V] wieder ein. Alternativ, aber mit mehr Arbeit verbunden, ist dies auch mit den Menü "Bearbeiten" bzw. "Edit" möglich. Vergleiche Cut&Paste, Drag&Drop.

Copyright
Einige denken, im Internet gilt kein Urheberecht. Dem ist nicht so!
Populärstes Beispiel ist die Diskussion um das Kopieren von MP3-Musik-Dateien.

DirectX
Eine Software-Schnittstelle "API" zur schnellen Ansteuerung von Grafikkarten für Spiele

oder Multimedia-Anwendungen unter dem Betriebssystem Windows. Außerdem verein-
facht DirectX den Zugriff auf Soundkarte, Netzwerk und Speicher.
Das 'X' im Namen von DirectX fasst mehrere Teilfunktionen zusammen:
Direct3D (Darstellung dreidimensionaler Objekte),
DirectDraw (direktes Schreiben in das Video-RAM),
DirectInput (Unterstützung von Eingabegeräten mit Rückkopplung),
DirectPlay,
DirectSound (Ansteuerung von Soundkarten) und
DirectSound3D (für 3D Audio-Hardware mit Raumeffekten). Siehe auch OpenGL.

Dithering
Reicht die Anzahl der zur Verfügung stehenden Farben nicht aus (z.B. 256 oder nur
Schwarz/Weiß), um sanfte Farbverläufe, Graustufen oder bunte Texturen wiederzuge-
ben, werden Pixel mit ähnlicher Farbe nebeneinander angeordnet, um eine Zwischen-
farbe vorzutäuschen. Mit diesem Trick kann z.B. ein Schwarz/Weiß-Drucker Graustufen
"simulieren".

DivX
DIrect-**V**ideo-e**X**press (gesprochen "Divix") ist ein Format zur Speicherung komprimierter
Audio- und Videodaten. Es basiert auf MPEG-4, speichert aber wesentlich kompakter bei
zufrieden stellender Qualität. So kann der Inhalt einer DVD (ca. 8GB) auf eine herkömm-
liche CD-ROM (650MB) im DivX-Format gespeichert werden. Es könnte sich zu einem
"Piraten-Format" für Videos entwickeln, ähnlich dem MP3-Format für Audio-Daten.

Dolby Digital
Dolby Digital wurde entwickelt, um Sound von Filmen in einzelnen Spuren wiedergeben
zu können. Es entsteht ein Raumklang den kein anderes Aufzeichnungsverfahren bisher
erreicht hat. Dolby Digital hat eine höhere Qualität wie Dolby Surround.

Download
Sprich "daunlot". Bei einem Download werden Dateien beliebigen Inhalts von einem Ser-
ver abgerufen und auf den eigenen Computer übertragen. Im Internet wird hierzu häufig
FTP eingesetzt. Diesen Vorgang in der umgekehrten Richtung nennt man Upload.
Testen Sie doch mal http://www.download.com/, suchen Sie sich dort ein schönes Pro-
gramm aus, und laden Sie es anschließend von einem FTP-Server auf die eigene Fest-
platte!
Wenn Sie beim Surfen mit der rechten Maustaste z.B. auf ein Bild klicken, bekommen
Sie eine Funktion 'speichern unter' angeboten, um dieses Bild auf Ihre Festplatte "down-
zuloaden" (um nicht zu sagen zu klauen).

dpi
... steht für **d**ots **p**er **i**nch, also (Bild)Punkte pro Zoll (2,54 cm). Je höher der Wert desto
höher die Auflösung bzw. Druckqualität von Scannern oder Druckern. Mit 400 dpi lassen
sich schon brauchbare Bilder scannen bzw. drucken. Gute Drucker schaffen 1200 dpi für

Bilder in Fotoqualität.
Wenn Sie brauchbare Bilder für eine Webseite einscannen wollen, reichen sogar schon 75 dpi, denn die Darstellung wird letztlich vom Monitor bestimmt. Außerdem sollte eine Bilddatei möglichst wenig Speicherplatz beanspruchen. Typische Anfängerfehler sind hochauflösende Bilddateien, die auf der Webseite verkleinert eingebunden werden und dennoch lange Übertragungszeiten benötigen, um z.B. eine 600 KB Datei zu übertragen, die nur in Passbildgröße auf der Seite erscheint.

Drag&Drop

Englisch für "Ziehen und Ablegen (fallen lassen)". Es handelt sich um eine Methode, die von modernen Softwareprodukten unterstützt wird. Probieren Sie es selber mal:

1. Öffnen Sie als Windows-User den Explorer,
2. suchen Sie nach Dateien mit den Endungen *.htm, *.html, *.gif, *.jpg oder *.txt,
3. klicken mit der rechten Maustaste auf eine solche Datei,
4. halten die Datei weiterhin mit rechten Maustaste fest,
   um sie in ein ebenfalls geöffnetes Browser-Fenster zu "ziehen" und sie dann dort "fallen" lassen.
5. Siehe da: Der Browser zeigt den Inhalt dieser Datei an!

Vergleiche auch Copy&Paste bzw. Cut&Paste.

DRM

Steht für **D**igital-**R**ights-**M**anagement. Es handelt sich um Techniken und Methoden zum Schutz von Urheberrechten für digitale Dokumente, wie Bücher (E-Book), Musik oder Software, vor allem dann, wenn über das Internet publiziert und vertrieben wird. Siehe auch Kurs-Seite "Urheberrecht / Copyright".

DVD

Digital **V**ersatile **D**isc (vielseitig einsetzbare digitale Disk), ursprünglich "Digital Video Disc" getauft. Optische Speichertechnologie, die die bisherige CD-ROM als Speichermedium ablösen soll. Die Speicherkapazität beträgt 4.7 Gigabyte, bzw. bis zu 17 Gigabyte (zweiseitig). Zum Vergleich: Die maximale Kapazität einer CD-ROM beträgt 800 Megabyte, was einer Laufzeit von 90 Minuten bei einer Audio-CD entspricht.
DVD-Videos haben eine höhere Bildqualität als VHS-Cassetten, besitzen zudem eine Menüführung und bieten mehrere Audiospuren (mehrere Sprachen) bzw. bis zu 32 wählbare Untertitel.
Oft wird auch Zusatzmaterial wie "The Making of ..", Trailer, Kommentare, Interviews, Bildmaterial oder PC-Spiele auf DVDs geboten.

DVD-R
Nachdem die DVD einen sehr großen Erfolg hatte, wurden die ersten Brenner für den privaten Gebrauch entwickelt. Die ersten Rohlinge waren die DVD-R. Diese konnten einmal beschrieben werden. Danach folgten die DVD-RAM, DVD-RW und DVD+RW Formate. Diese konnten mehrfach beschrieben werden.

DVD-Rip
Bei einem DVD-Rip werden die Audio- und Videodateien einer DVD mittels Encoder-Software, welche den Kopierschutz aushebelt, auf die Festplatte übertragen. Oftmals werden die Daten zur leichteren Verbreitung in Warez-Kreisen daraufhin komprimiert. Dabei kommen Containerformate wie AVI und MPEG mit den bevorzugten Codecs DivX, Xvid oder H.264 zum Einsatz.

Farbsystem
Man unterscheidet additive (siehe z.B. RGB) und subtraktive Farbsysteme (siehe z.B. CMYK).

FireWire
FireWire wurde verwendet um Videokameras an einen Fernseher oder Computer anzuschließen. Es wird ein FireWire Anschluss und die dazugehörige Anschlusskarte benötigt um Daten (Videos) übertragen zu können. Aktuelle Kameras übertragen die Daten via USB bzw. Wlan.

Flash
Ein Programm der Firma Adobe zum Erstellen von vektorbasierten Animationen auf Webseiten. Zum Abspielen ist der Flash-Player als Plug-In nötig. Beispiele finden Sie auf der deutschen Adobe-Seite: http://www.adobe.de/.Hier gibt es auch das Plug-In als Download. Vergleiche auch "Shockwave" von Macromedia.

Frame
Als Frame bezeichnet man ein einzelnes Vollbild in einer Videoszene.

G2-Player
Von der Firma Real Networks entwickelte Technik (Protokoll), mit der sich Audio und Videodaten in Echtzeit (z.B. Radioprogramm in Stereo oder auch ein Fernsehprogramm) über das Internet übertragen lassen. Kostenloses Download unter http://www.real.com/. Siehe "Streaming Audio und Video".

GIF
Steht für **G**raphics **I**nterchange **F**ormat. Von CompuServe entwickeltes Standard-Format des WWW. Das GIF-Format komprimiert Bilddateien mit einer Farbtiefe von 256 Farben (8 Bit pro Pixel). Komprimierte Dateien entlasten die Netze und erlauben schnellere Übertragungszeiten. Im Gegensatz zum JPEG-Format werden Farbübergänge scharf dargestellt. Interlaced-GIF-Dateien, eine Variante des GIF-Formats, erlauben während

des Ladevorgangs schon eine grobe Vorschau. Bei Bilddateien ab dem Format GIF89a (noch eine GIF-Variante) kann eine Farbe als Alphakanal definiert werden, d.h. diese Farbe erscheint transparent. Siehe auch Animated GIF, JPEG, PNG, Rastergrafik.

GIMP
GNU Image Manipulation Program. Leistungstähiges Open-Source Bildbearbeitungsprogramm. Internetadresse: http://www.gimp.org/

GUI
Graphical User Interface, Bezeichnung für grafische Benutzeroberflächen, wie z.B. MS-Windows, im Gegensatz zu kryptischen Benutzeroberflächen wie DOS. Auch Magix Video deluxe hat eine GUI.

H264
MPEG-4 Codec

H323
Ist ein Standard für Audio- und Videokonferenzen. Der H323-Standard wird von vielen gängigen Telefonie- bzw. Konferenz-Anwendungen unterstützt, wie beispielsweise Net-Meeting (Microsoft) und Conference (Netscape). Siehe auch "Konferenzen über das Internet".

HDTV
High-Definition TeleVision. Hochauflösendes Fernsehen. Um solch hohe Bildqualitäten als Video-on-Demand-Dienste über das Internet zu übertragen, werden noch höhere Übertagungsgeschwindigkeiten nötig sein. Übliche Videos können komprimiert im MPEG-Format mit 2,048 Mbit/s inklusive Stereo-Sound übertragen werden.

Headset
Ein Headset ist eine Kombination von Kopfhörer und Mikrofon. Es kann z.B. sinnvoll zur Internet-Telefonie verwendet werden. Die Vorteile: Es ist leicht, die Hände sind frei und der Mund ist immer im gleichen Abstand zum Mikrophon, was die Sprachqualität fördert.

herunterladen
(engl. download, sprich "daunlot"). Mit 'herunterladen' meint man das Übertragen einer Datei eines anderen Rechners auf den eigenen PC.

HiColor
steht für eine Farbtiefe von 16 Bit. Pro Bildpunkt (Pixel) können 65.536 unterschiedliche Farben dargestellt werden. Damit werden fotorealistische Darstellungen möglich. Siehe auch TrueColor und Video-RAM.

Highlight
Englisch für "Glanzlicht", "Glanzpunkt", "Höhepunkt". Textbeispiel:
"Als Kursteilnehmer bekommen Sie kostenlosen Zugang zu unserer Internet-Datenbank mit zahlreichen Tipps & Tricks rund um den Computer."

hochladen
Mit dem Begriff 'hochladen' meint man das Übertragen einer Datei vom eigenen PC auf einen anderen Rechner. Siehe auch Upload als Gegenteil von Download.

interaktiv
Schaltet man einen Fernseher an, so hat man als Zuschauer eine eher passive Rolle. Lediglich auf die Wahl der Sender hat man Einfluss. Das Internet ist ein interaktives Medium. Man muss "sagen", was man sehen will, welche Information man benötigt, nach was man sucht oder was man "online" einkaufen will.

Interaktives Fernsehen
Erweiterung des klassischen Fernsehens um einen Rückkanal zum Sender, beispielsweise per Kabel, Telefonleitung und einer Set-Top-Box. Der Zuschauer kann sich ein individuelles Programm zu jeder Zeit interaktiv zusammenzustellen, bzw. individuell in den Programmverlauf, der darauf flexibel reagieren kann, eingreifen oder mitwirken.

Interface
Englisch für "Schnittstelle". Z.B. USB-Schnittstelle eines Computers zum Anschluss einer Maus oder eines Druckers, USB-Schnittstelle (früher parallele Schnittstelle) für Drucker oder Scanner. Neben diesen Hardware-Schnittstellen gibt es auch Software-Schnittstellen, die z.B. Daten zwischen nicht-kompatiblen Systemen austauschen.

Interlaced-GIF
Interlaced-GIF-Dateien können schon während des Ladevorgangs eine grobe Vorschau der Bilddatei geben, bis das Bild komplett übertragen ist. Siehe auch Progressive-JPEG.

JPEG / JPG
Steht für **J**oint **P**hotographic **E**xperts **G**roup Format und wird "tschai-päck" gesprochen. Standard-Format für fotorealistische Bilder. Das JPEG-Format komprimiert Bilddateien bis zu einer Farbtiefe von 16 777 216 Farben (24 Bit pro Pixel). Komprimierte Dateien entlasten die Netze und erlauben schnellere Übertragungszeiten. Das JPEG-Format eignet sich besonders zum Speichern von fotorealistischen Bildern mit vielen Farbnuancen. Dabei werden visuell nicht wahrnehmbare Datenverluste bewusst in Kauf genommen, um hohe Kompressionsraten zu erzielen. Gescannte Fotos oder Bilder von digitalen Kameras werden häufig im JPEG-Format gespeichert. Siehe auch Progressive JPEG, GIF, PNG und TIFF.

Kompression

Mit verschiedenen Kompressionsverfahren lässt sich das Datenvolumen bei gleichem Informationsgehalt reduzieren:

> ➢ Bekannt ist das ZIP-Format, mit dem häufig im Internet Shareware-Programme angeboten werden,
> ➢ Modems arbeiten mit Protokollen, die Daten komprimiert übertragen,
> ➢ für Grafiken werden oft die Formate GIF oder JPEG verwendet,
> ➢ für Videodaten z.B. das MPEG-Format.

Die Datenreduzierung ist von der Art der Datei abhängig. Eine BMP-Bilddatei lässt sich als GIF-Datei speichern, wobei mit einer Reduzierung um mindestens Faktor drei gerechnet werden kann. Für Textdateien liegt dieser Faktor noch höher. Mit Hilfe von Kompressionsverfahren spart man Übertragungszeit, Speicherplatz und letztlich auch Geld. Bei einer verlustfreien Kompression geht keinerlei Information verloren. Bei einer verlustbehafteten Kompression wird ein gewisser "Schwund" in Kauf genommen. Dies kann toleriert werden, wenn z.B. für Ton- oder Bilddaten der Verlust nicht wahrnehmbar ist.

MIDI

Steht für **M**usical **I**nstrumental **D**igital **I**nterface. Standard zur Speicherung elektronischer Musik. Solche Dateien haben den Dateityp .MID oder .MIDI. Dabei werden verschiedene elektronische Instrumente z.B. von einer Sound-Karte generiert. Die MIDI-Daten geben dann vor, welcher Ton von welchem Instrument wie lange in welcher Frequenz (Höhe) und Lautstärke gespielt werden soll. MIDI-Dateien sind im Gegensatz zu sonstigen Sound-Dateien sehr klein. Die Wiedergabequalität ist von der Sound-Karte abhängig.

MNG

Das **M**ultiple-Image **N**etwork **G**raphics Format basiert auf dem PNG-Format und erlaubt Animationen (bewegte Bilder), ähnlich dem Animated GIF-Format. Es wird vom W3C empfohlen, kann aber derzeit noch nicht von allen Browsern verarbeitet werden. Die Zukunft wird zeigen, ob sich dieses Format durchsetzen wird.

MoD

Siehe unter Music-on-Demand.

Moiré-Effekt

Gerade beim Scannen von bereits gerasterten Vorlagen kann es durch Überlagerungseffekte zu typischen Störmustern, den Moirémustern, kommen.
Abhilfe: Vorlage mit Filterfunktionen von Bildbearbeitungssoftware "weichzeichnen" oder "entrastern", bzw. mit höherer Auflösung scannen. Vergleiche auch Antialiasing.

Morphing
Animierte Überblendung zwischen zwei oder mehreren Bildern. Wird auch oft in Video-clips oder für Werbezwecke eingesetzt.

MP3
MP3 steht für **MP**EG 1 layer **3** (MPEG = Motion Picture Experts Group). Wenn Sie Da-teien mit dieser Endung sehen (*.mp3) wird es eine Audio-Datei sein. MP3 ist ein verlust-behaftetes Kompressions-Verfahren. Auf einer Audio-CD werden circa 11 MB für eine Minute Musik benötigt. MP3 kommt mit etwa 1 MB aus, ohne dass ein Qualitätsverlust wahrnehmbar ist. Auf einer CD-ROM mit 650 MB Speicherkapazität könnten über 13 Stunden Audio in quasi CD-Qualität untergebracht werden. Damit eignet sich dieses For-mat auch für die Übertragung von Audio-Dateien im Internet. Die Musikkonzerne fürch-ten jetzt um ihre Umsätze. Da das MP3-Format völlige Kopierfreiheit bietet, arbeiten sie an neuen Software-Standards, die nur eine begrenzte Anzahl von Kopien ermöglicht. Auch mit "digitalen Wasserzeichen" will man gegen die Musikpiraterie vorgehen. Da fragt sich die Internet-Gemeinde: Warum wieder was neues, wenn man mit MP3 doch schon zufrieden ist?

MP3-Player
Audio-Dateien im MP3-Format können auf einem PC mit Soundkarte und einer **MP3-Player-Software** abgespielt werden.
Winzig sind tragbare **MP3-Hardware-Player** die "nebenbei" auch als Wechseldatenträ-ger genutzt werden können, um z.B. Daten von einem PC auf einen anderen zu kopie-ren.

MPEG
Steht für **M**otion **P**icture **E**xperts **G**roup. Standard zur Speicherung komprimierter Audio- und Videodaten. Solche Dateien haben den Dateityp .MPG oder .MPEG. Mit einem ent-sprechenden Plug-In ist ein Browser in der Lage, solche Dateien "abzuspielen". Siehe auch AVI und QuickTime.

MPEG-4
ist ein Format für Multimedia-Anwendungen (interaktive Audio- und Video-Daten) mit sehr hohen Kompressionsraten. So kann z.B. auf einzelne Objekte (Szenen) zugegriffen werden, d.h. interaktive Anwendungen sind möglich. Viele digitale Video-Kameras arbei-ten mit diesem Standard. Siehe auch ASF und DivX.

MS Audio 4.0
Ursprüngliche Bezeichnung eines neuen Audio-Formats von Microsoft. Wurde aber mitt-lerweile unter dem Namen **W**indows **M**edia **A**udio (siehe unter WMA) eingeführt.

Multimedia

Die Kombination und die Benutzung von verschiedenen Medien wie Text, Grafik, Klang (Sounds), 3-D Objekte oder Video in einem Dokument. Ein interaktiver Dialog ist möglich.

Music-on-Demand

heißt so viel wie "Musik auf Abruf". Bei solchen Diensten kann man Musiktitel bei einer "digitalen Audiothek" anfordern. Die gewünschten Titel werden dann via Internet auf den eigenen PC übertragen. Beispiel: http://musicload.de/. Siehe auch Audio-on-Demand, vergleiche auch Books-on-Demand und Video-on-Demand.

OGG

Dateiendung von Ogg Vorbis Audio-Dateien.

Ogg Vorbis

ist ähnlich dem MP3-Standard ein offenes, nicht-proprietäres und patentfreies Kompressionsformat für Audio-Daten. Solche Dateien erkennt man an der Endung .ogg

on-demand

Englisch für "auf Befehl", "auf Abruf". Wird gerne bei der Namesgebung von Produkten und Dienstleistungen verwendet. Siehe Audio-on-Demand, Books-on-Demand, Internet-on-Demand, Music-on-Demand oder Video-on-Demand.

OpenGL

Open Graphic **L**anguage wird häufig zur Programmierung von interaktiver 3D-Grafik und Animationen eingesetzt und ist für viele Plattformen (Betriebssysteme) verfügbar. Siehe auch DirectX.

PAL

Phase **A**lternate **L**ine. Fernsehnorm in Deutschland und Westeuropa, außer Frankreich. Siehe auch NTSC, SECAM.

Palette

Farbpalette einer Rastergrafik. Siehe auch CLUT.

Performance

Könnte man mit "Leistungsfähigkeit" übersetzen. Die "Performance" eines PC hängt zunächst von der Taktgeschwindigkeit des Prozessors ab. Je mehr Operationen innerhalb einer bestimmten Zeit durchgeführt werden können, desto zügiger läuft auch die Anwendung. Natürlich sind andere Komponenten wie Bussystem, Festplatte oder Grafikkarte auch mitentscheidend. Zwischen der objektiv messbaren Performance und der empfundenen Leistung eines Rechners muss kein direkter Zusammenhang bestehen.

PICT
Grafikformat für Macintosh-Rechner. Neben Rastergrafiken können auch Kommandos für Vektorgrafiken enthalten sein. Siehe auch CGM, EMF, EPS und WMF.

Pixel
Ein Pixel ist ein Bildpunkt bzw. Bildelement. Ein Computerbild setzt sich aus einer Vielzahl von farbigen bzw. schwarzen und weißen Pixeln zusammen. Siehe auch Rastergrafik.

PNG
Das **P**ortable **N**etwork **G**raphics-Format soll der Nachfolger des GIF-Formats werden. PNG unterstützt 16 Mio. Farben, Transparenz, verlustfreie Kompression, inkrementelle Anzeige der Grafik (erst Grobstruktur, bis Datei ganz übertragen ist) und das Erkennen beschädigter Dateien. Außerdem kann das PNG-Format, im Gegensatz zum GIF-Format, lizenzfrei verwendet werden. Der Netscape Navigator ab Version 4.04 bzw. der Microsoft Internet Explorer ab Version 4.0b1 unterstützen das PNG-Format. Siehe auch GIF, JPEG, und TIFF.

Preview
Eine Funktion zur Vorausschau, um sich z.B. das Ergebnis vor der Fertigstellung anzuschauen.

Progressive-JPEG
Ähnlich wie beim Interlaced-GIF-Format werden Progressive JPEGs in aufeinanderfolgenden Schritten aufgebaut, wodurch sich die Qualität des Bildes während des Ladevorgangs fortlaufend erhöht.

RA
Dateityp einer **R**eal-**A**udio-Datei.
Zum Abspielen ist als Plug-In der RealPlayer erforderlich.

Rastergrafik
Eine Rastergrafik setzt sich im Gegensatz zu Vektorgrafiken aus vielen Bildpunkten (Pixeln) zusammen, die in einem festen Raster angeordnet sind. Je nachdem, wie viele verschiedene Farbwerte ein einzelner Pixel annehmen kann, unterscheiden sich die folgenden Varianten:

Bits/Pixel	Farben	Bezeichnung
1	2	Schwarz/Weiß
4	16	Windows Standard
8	256	z.B. Palettengrafik (GIF-Dateien mit CLUT)
16	65536	HiColor

24	16 Mio.	TrueColor
32	16 Mio.	TrueColor mit zusätzlichem Alphakanal
32	16 Mio.	CMYK (PC-Drucker, Offset-Druck)

Ray-Tracing

Aufwendige Schattierung mit sehr realistischen Ergebnissen, wobei der Weg von Licht-strahlen durch eine dreidimensionale Szene verfolgt wird. Siehe auch Rendering.

RealAudio

Von der Firma Progressive Networks entwickeltes Protokoll, mit dem sich Audio- oder Videodaten in Echtzeit über das Internet übertragen lassen.

RealVideo

Von der Firma Progressive Networks entwickeltes Protokoll bzw. Server-Software, mit dem sich Videodaten in Echtzeit (z.B. ein Fernsehprogramm) über das Internet übertra-gen lassen. Auf der Anwenderseite (Client) können die Inhalte vom RealPlayer darge-stellt werden. Konkurrenzprodukt ist Microsoft´s NetShow.

Rendering

Rendering ist die Wiedergabe einer dreidimensionalen Darstellung unter Berücksichti-gung aller Lichtquellen unter Verwendung von verschiedenen Schattierungsverfahren. Siehe auch Ray-Tracing.

RGB

Additives Farbmodell aus den Farben **R**ot, **G**rün und **B**lau. Wird z.B. für Fernseh- und Computer-Bildschirme verwendet. Wie bei drei sich kreuzenden Scheinwerfern in den Grundfarben Rot, Grün und Blau, "addiert" sich Weiß aus allen drei Farben. Siehe auch CMYK und Rastergrafik.

Screenshot

Bild oder Teilausschnitt eines Computer-Bildschirms als Momentaufnahme. In Handbüchern von PC-Programmen werden solche Schnappschüsse oft verwendet, da sie anschaulicher sind, als nur erklärender Text.

Set

Drehort der oft auch schon mit Dekoration und Beleuchtung ausgestattet ist.

Split Screen

Meist vertikal oder horizontal geteiltes Bild.

Storyboard

Präzises Drehbuch, das einzelne Szenen bis hin zu einzelnen Bildern zum Teil sehr de-tailliert und oft mit Skizzen oder Fotos beschreibt. Erforderlich ist ein Storyboard stets dann, wenn z.B. bereits vor oder während der Aufnahme Festlegungen im Hinblick auf spätere Effekte in der Bearbeitung getroffen werden müssen.

Streaming-Audio
Ein Audio-Format, das es ermöglicht, schon während der Übertragung abgespielt zu werden. Dadurch werden z.B. Übertragung von Radio-Sendungen möglich. Bei "normalen Audios" wird erst die Datei komplett übertragen und dann gestartet.

Streaming-Video
Ein Video-Format, das es ermöglicht, schon während der Übertragung abgespielt zu werden. Dadurch werden Liveübertragungen von Videos möglich. Bei "normalen Videos" wird erst die Datei komplett übertragen und dann gestartet.

SVG
... steht für **S**calable **V**ector **G**raphics. Es ist eine Sprache zur Erzeugung von zweidimensionalen skalierbaren Vektorgrafiken, die drei unterschiedliche Grafikobjekte enthalten können: Vektorgrafiken (z.B. Kurven, Kreise, Linien, Rechtecke), Raster-Grafiken und Textbausteine. Eine SVG-Datei besitzt die Endung *.svg bzw. in gepackter Form *.svgz.

SWF
Shock**W**ave **F**lash (auch "**S**mall **W**eb **F**ormat"). Platzsparendes Vektor-Grafik-Format für animierte Web-Seiten.

Szene
Zusammen gehörender Teil einer Handlung, der in der Regel aus mehreren Takes besteht.

Take
Nicht unterbrochene Sequenz einer Aufnahme, auch Einstellung genannt.

TIFF
Das **T**agged **I**mage **F**ile **F**ormat ist ein Dateiformat für Rastergrafiken. Verschiedene Formatierungen (Tags) erlauben es Anwendungen, Teile der Grafik zu verarbeiten oder zu ignorieren. Siehe auch GIF, JPEG und PNG.

Timeline
Horizontale Darstellung einer Zeitachse, auf der aufeinander folgende Takes für Bild und Ton angezeigt werden. Dabei sind die Takes in Form von Blöcken in einer entsprechenden Spur zu sehen. Je nach Programm gibt es eine oder mehrere Video- oder Audiospuren, die übereinander dargestellt sind. Die Takes können mit dem Mauszeiger angefasst und entsprechend der Schnittreihenfolge verschoben, verkürzt (geschnitten), verlängert oder in andere Spuren verschoben werden.

Transparenz
Mit einigen Grafik-Formaten (GIF, PNG) lassen sich Grafiken oder Bilder transparent darstellen.

TrueColor
Grafikdateien oder Bildschirmanzeigen mit einer Farbtiefe von 256x256x256 Farben (für die Grundfarben Rot, Grün und Blau, d.h. RGB) pro Bildpunkt. Vergleiche auch HiColor und Video-RAM.

TrueTypeFont
Von Adobe entwickelte Technik, um Schriften (Fonts) als Vektor-Format zu definieren bzw. zu speichern. Solche Fonts sind skalierbar, d.h. Sie können auf eine beliebige Größe eingestellt werden. Unter Windows erkennt man solche Font-Dateien am Dateityp ".TTF". Vergleiche auch Type1. Auch auf Internetseiten werden TrueTypeFonts unterstützt, sofern das Betriebssystem des Web-Seiten-Autors und das des Lesers diese Fonts installiert hat. Ansonsten werden ähnliche oder die eingestellten Standardfonts verwendet:
TrueTypeFont: Arial
TrueTypeFont: Windsor
TrueTypeFont: Brush Script MT
TrueTypeFont: Britannic Bold
Unter http://www.font-world.de/ oder http://www.fontmagic.com/ können Sie jede Menge TrueTypeFonts downloaden.

TTF
Siehe unter TrueTypeFont.

UltraHD
Siehe unter 4K

Upgrade
Bedeutet soviel wie "Aufrüsten". Bei einem Upgrade handelt es sich, im Gegensatz zum Update, nicht um eine komplette Aktualisierung einer Programmversion. Auf diese Art und Weise werden häufig Programmfehler bereinigt, indem z.B. einzelne Dateien ausgetauscht werden. 'Upgrade' hört sich halt besser an als 'Fehlerkorrektur'. Auch bei der Hardware spricht man von einem Upgrade, wenn man z.B. den Prozessor gegen einen leistungsfähigeren austauscht.

Upload
Bei einem Upload werden Dateien beliebigen Inhalts vom eigenen Computer auf einen Server übertragen ("Hinaufladen"). Im Internet wird hierzu häufig FTP eingesetzt. Diesen Vorgang in der umgekehrten Richtung nennt man Download.

USB

Der **U**niversal **S**erial **B**us ist ein Standard der Firma Intel. Zusatzgeräte wie Tastatur, Maus oder Modem können preiswert und mit geringem Leitungsaufwand am PC angeschlossen werden. Die "alte" Spezifikation USB-1.0 steuert bis zu 127 Geräte mit einer Übertragungsgeschwindigkeit von 12 Mbps an. Bei der neuen "Hi-Speed" Spezifikation USB-2.0 erhöht sich die maximale Übertragungsgeschwindigkeit auf 480 MBits/s, also um den Faktor 40 gegenüber USB-1. USB 3.0 ist nocheinmal um den Faktor 10 schneller.

Das bedeutet in der Praxis, dass die Übertragung der Bilder einer Digitalkamera oder die Verbindung zu einer externen USB-Festplatte spürbar schneller gegenüber USB-1 ist, wenn alle beteiligten Geräte USB-2 unterstützen.

USB 3.0

USB 3.0 ist gegenüber den Vorgänger-Normen USB 1.0 und 2.0 noch einmal deutlich schneller. USB 3.0 Schnittstellen sind meist abwärtskompatibel. Allerdings gibt es auch zahlreiche Beispiele dafür, dass USB 2.0 Komponenten an einer USB 3.0 Schnittstelle nicht arbeiten.

VDO

Videoformat zur Live-Übertragung von Videos. Bei diesem Streaming-Video-Format werden Bild und Ton schon während der Übertragung abgespielt. Hierzu wird das spezielle VDOLive-Protokoll genutzt. Abspielbar sind solche Dateien mit dem VDOLive-Player.

VDOLive

Bekanntes Plug-In zur Live-Übertragung von Videos. Hierzu wird das spezielle VDOlive-Protokoll genutzt.

Vektorgrafik

Eine Vektorgrafik beschreibt ein Bild als Folge geometrischer Objekte. Diese Objekte (z.B. Linie, Kreis, Spline, Overlay) haben Eigenschaften (Position, Farbe, Anordnung). Vektorgrafiken lassen sich besser auf verschiedene Ausgabemedien anpassen als Rastergrafiken. Sie eignen sich aber nicht für Fotografien. Siehe auch CGM, EPS, EMF und WMF.

VfW

Video **f**or **W**indows ist eine frei verfügbare Software, mit der AVI-Dateien auf Windows-PC abgespielt werden können.

Video-on-Demand (VOD)

heißt so viel wie "Video auf Abruf". Wenn ausreichende Leitungskapazitäten mit hohen Übertragungsgeschwindigkeiten zur Verfügung stehen, wäre folgendes Szenario möglich: Sie bestellen über das Internet Ihren Wunschfilm bei einer "digitalen Videothek". Dann erfolgt die Übertragung des Videos über das Internet oder auch über Satellit auf einen dafür tauglichen PC oder einem Fernseher. Während der Übertragung kann der

Film beliebig angehalten, vor- und zurückgespult, einzelne Passagen übersprungen oder wiederholt werden. Siehe auch interaktives Fernsehen und Audio-on-Demand und Books-on-Demand

Video-RAM
Speicher auf Grafikkarton, dor dio am Bildoohirm dargcotclltcn Daten enthält. Von der Größe des installierten Video-RAMs hängt die Auflösung (in Tabelle als Pixel-horizon-tal*Pixel-vertikal angegeben) und die Anzahl der darstellbaren Farben ab: Natürlich muss der angeschlossene Monitor die Fähigkeiten der Grafikkarte unterstützen. Siehe auch Rastergrafik.

Video-Stream
siehe Streaming-Video

Videobearbeitung
Genau wie bei der Bildbearbeitung werden bei der Videobearbeitung Videofilme ge-schnitten, verändert und bearbeitet. Ziel ist es einen idealen Film mit Übergängen und Sequenzen darzustellen. Videos zu bearbeiten kann deutlich schwieriger werden die die Bearbeitung von Fotos.

Video Capturing
Der Begriff Video Capturing ist im Grunde nichts anderes wie das Übertragen von Video-daten auf einen Computer. Das Video Capturing ist einfach erklärt die Übertragung auf ein digitales Medium.

Video Grabbing
Beim Video Grabbing werden Filme digitalisiert. Um diese Filme digitalisiert darstellen zu können, wird eine Videokarte benötigt.

Videokonferenz
Über Kamera(s) und Bildschirm(e) werden die Konferenzteilnehmer für alle jederzeit sicht- und hörbar zusammengeschaltet. Für professionelle Videokonferenzen ist eine ISDN Verbindung mit geeigneter Hard- und Software Grundvoraussetzung. Mit Hilfe von Videokonferenzen können Reisezeit und Reisekosten eingespart werden, was gerade für weltweit operierende Konzerne von Vorteil ist.
Einige Plug-Ins, wie "CU-SeeMe", bringen selbst bei einer Modemverbindung über die Telefonleitung brauchbare Bilder auf den Monitor. Größere Auflösungen und flüssige Bildfolgen benötigen allerdings eine DSL-Verbindung. Geeignete Programme wären z.B. Skype (www.skype.de) oder MSN (www.msn.de).

Viewer
Ein Programm, das es Ihnen ermöglicht, eine bestimmte Art von Daten von Text-, Video-oder Grafik-Formaten darzustellen. Solche Viewer erweitern oft als Plug-Ins die Fähig-keiten des Browsers.

VOD
Siehe unter Video-on-Demand.

WMA
Windows **M**edia **A**udio ist ein Microsoft-eigener Standard für digitale Musik, erkennbar an der Dateiendung 'wma'. Es bietet eine gute Tonqualität bei einer hohen Datenkompression und beinhaltet (im Gegensatz zu MP3) gleichzeitig einen Kopierschutz gemäß SDMI, der durch die Windows-Media-Digital-Rights-Management-Technologie (DRM) gewährleistet ist. Doch kurz nach der Vorstellung im August 1999 dieses Formats konnte es indirekt schon geknackt werden! Eigentlich ganz einfach: Da der Sound der kopiergeschützen Datei ja irgendwann einmal über eine Soundkarte gehen muß, kann man den Datenstrom abfangen und dabei in einem anderen Format (z.B. MP3 oder WAV) ohne Kopierschutz speichern. WMA ist "streaming"-fähig und wird vom Windows Media-Player unterstützt.

WMF
Windows **M**etafile ist ein Dateiformat für Vektorgrafiken. Es besteht aus Zeichenkommandos, die vom Grafiksystem der 16-Bit Windows-Versionen umgesetzt werden. WMF-Dateien können auch Kommandos zum Anzeigen von Rastergrafiken enthalten. Siehe auch CGM, EPS, EMF und PICT.

WMV
Windows **M**edia **V**ideo ist ein Microsoft-eigener Standard für digitale Videos, erkennbar an der Dateiendung 'wmv'. Es bietet eine gute Ton- und Bildqualität bei einer hohen Datenkompression und beinhaltet gleichzeitig einen Kopierschutz gemäß SDMI, der durch die Windows-Media-Digital-Rights-Management-Technologie (DRM) gewährleistet ist. WMV ist "streaming"-fähig und wird vom Windows Media-Player unterstützt.

100-Hz-Technik
Bei LC-Displays werden mit der 100-Hz-Technik Zwischenphasen der Bewegung berechnet, die im ausgesendeten Signal nicht enthalten waren. Damit erhöht sich die Bewegtbildauflösung, was aber nicht immer erwünscht ist. So egalisiert sich der im Kino typische Shutter-Effekt, für viele ein wichtiger Bestandteil des Filmlooks. Gleichzeitig kann es zu unerwünschter Kantenbildung kontrastreicher Bildteile kommen. Bei Fernsehgeräten mit Bildröhren dient die 100-Hz-Technik zur Vermeidung des Großflächenflimmerns. Da helle Bilder auch bei einer Übertragung von 50 Halbbildern pro Sekunde, wie beim Zeilensprungverfahren üblich, noch flimmern, wird jedes Halbbild gespeichert und innerhalb einer 1/50 Sekunde zweimal wiedergegeben. Dadurch steigt die Bildwechselfrequenz auf 100 Hz, die Bewegtbildauflösung bleibt jedoch unverändert. Gleichzeitig kann es jedoch zu bewegungsabhängigem Bildrauschen und zu ruckelnden Bewegungen, z.B. bei Kriechtiteln kommen.

1080p

Beschreibung verschiedener HDTV-Normen nach dem HD-CIF-Standard. Darin ist nur eine Aussage über die Auflösung von 1080 Zeilen und über das progressive Abtastformat, nicht jedoch über die Bildwechselfrequenz enthalten.

4K

Bisher sind zwei verschiedene Auflösungen für das 4K Format mit einem 16:9-Seitenverhältnis gebräuchlich:

- *4096 × 2304 Pixel* – auch unter der Bezeichnung *4K* bekannt
- *3840 × 2160 Pixel* – auch unter den Bezeichnungen *2160p/i, QFHD (Quad Full High Definition)* und *UHD (Ultra High Definition)* bekannt. Hier werden die Seitenlängen der <u>1080p</u>-Auflösung (1920 Pixel in der Breite und 1080 in der Höhe) jeweils verdoppelt, wodurch sich die Pixelzahl vervierfacht.

Beide Formate entsprechen etwa der Auflösung von 4000 × 2000 Pixel und werden daher gerne als 4K bezeichnet.

16:9

Bildseitenverhältnis von Breite zu Höhe des Breitbildfernsehens und von HDTV. Identisch mit der Angabe von 1,78:1. Als alleinige Angabe nicht eindeutiger Begriff für das 16:9-Vollformat.

3-CCD-Kamera

Prinzip professioneller, elektronischer Kameras, bei dem das über das Objektiv einfallende Licht mit einem Prisma in die drei Farbauszüge zerlegt wird. Die dahinter angeordneten drei analogen CCD-Chips haben eine Auflösung von bis zu 600.000 Aufnahmeelementen in SDTV- bzw. von bis zu 2.300.000 Aufnahmeelementen in HDTV-Kameras für jeden der Farbkanäle Rot, Blau und Grün. Die Menge der Aufnahmeelemente ist in der Regel größer als die Auflösung der jeweiligen Fernsehnorm. Je mehr Aufnahmeelemente existieren, desto weniger Detail muss dem Videosignal zugegeben werden und desto natürlicher wirkt es.

4:2:2

Beschreibt das Verhältnis zwischen der Abtastfrequenz bzw. der Auflösung des Luminanzsignals und der der beiden Farbdifferenzsignale. Bei HDTV mit 1080 Zeilen handelt es sich dann konkret um 1920 Pixel x 1080 Zeilen für das Luminanzsignal, 960 Pixel x 1080 Zeilen für die Farbdifferenzsignale, z.B. beim HDCAM SR-Format. Für die HDTV-Normen mit 720 Zeilen sind die Verhältnisse wieder anders: Die Ziffer 4 beschreibt dort 1280 Pixel x 720 Zeilen für das Luminanzsignal, die ebenfalls mit 640 Pixel x 720 Zeilen für die Farbdifferenzsignale.

Glossar

Haftungsausschluss

Inhalt des Angebotes

Der Autor übernimmt keinerlei Gewähr für die Aktualität, Korrektheit, Vollständigkeit oder Qualität der bereitgestellten Informationen. Haftungsansprüche gegen den Autor, welche sich auf Schäden materieller oder ideeller Art beziehen, die durch die Nutzung oder Nichtnutzung der dargebotenen Informationen bzw. durch die Nutzung fehlerhafter und unvollständiger Informationen verursacht wurden sind grundsätzlich ausgeschlossen, sofern seitens des Autors kein nachweislich vorsätzliches oder grob fahrlässiges Verschulden vorliegt. Alle Angebote sind freibleibend und unverbindlich. Der Autor behält es sich ausdrücklich vor, Teile der Seiten oder das gesamte Angebot ohne gesonderte Ankündigung zu verändern, zu ergänzen, zu löschen oder die Veröffentlichung zeitweise oder endgültig einzustellen.

Verweise und Links

Bei direkten oder indirekten Verweisen auf fremde Internetseiten ("Links"), die außerhalb des Verantwortungsbereiches des Autors liegen, würde eine Haftungsverpflichtung ausschließlich in dem Fall in Kraft treten, in dem der Autor von den Inhalten Kenntnis hat und es ihm technisch möglich und zumutbar wäre, die Nutzung im Falle rechtswidriger Inhalte zu verhindern. Der Autor erklärt hiermit ausdrücklich, dass zum Zeitpunkt der Linksetzung die entsprechenden verlinkten Seiten frei von illegalen Inhalten waren. Auf die aktuelle und zukünftige Gestaltung, die Inhalte oder die Urheberschaft der gelinkten/verknüpften Seiten hat der Autor keinerlei Einfluss. Deshalb distanziert er sich hiermit ausdrücklich von allen Inhalten aller gelinkten/verknüpften Seiten, die nach der Linksetzung verändert wurden. Diese Feststellung gilt für alle innerhalb des eigenen Angebotes gesetzten Links und Verweise sowie für Fremdeinträge in vom Autor eingerichteten Büchern, Gästebüchern, Diskussionsforen und Mailinglisten. Für illegale, fehlerhafte oder unvollständige Inhalte und insbesondere für Schäden, die aus der Nutzung oder Nichtnutzung solcherart dargebotener Informationen entstehen, haftet allein der Anbieter der Seite, auf welche verwiesen wurde, nicht derjenige, der über Links auf die jeweilige Veröffentlichung lediglich verweist.

Urheber- und Kennzeichenrecht

Der Autor ist bestrebt, in allen Publikationen die Urheberrechte der verwendeten Grafiken, Tondokumente, Videosequenzen und Texte zu beachten, von ihm selbst erstellte Grafiken, Tondokumente, Videosequenzen und Texte zu nutzen oder auf lizenzfreie Grafiken, Tondokumente, Videosequenzen und Texte zurückzugreifen. Alle innerhalb des Angebotes genannten und ggf. durch Dritte geschützten Marken- und Warenzeichen unterliegen uneingeschränkt den Bestimmungen des jeweils gültigen Kennzeichenrechts und den Besitzrechten der jeweiligen eingetragenen Eigentümer. Allein aufgrund der bloßen Nennung ist nicht der Schluss zu ziehen, dass Markenzeichen nicht durch Rechte Dritter geschützt sind! Die Erwähnung von Marken erfolgt gemäß §23 Markengesetz. Das Copyright für veröffentlichte, vom Autor selbst erstellte Objekte bleibt allein beim Autor der Seiten. Eine Vervielfältigung oder Verwendung solcher Grafiken, Tondokumente, Videosequenzen und Texte in anderen elektronischen oder gedruckten Publikationen ist ohne ausdrückliche, schriftliche Zustimmung des Autors nicht gestattet.

Datenschutz

Sofern innerhalb des Internetangebotes die Möglichkeit zur Eingabe persönlicher oder geschäftlicher Daten (Emailadressen, Namen, Anschriften) besteht, so erfolgt die Preisgabe dieser Daten seitens des Nutzers auf ausdrücklich freiwilliger Basis. Die Inanspruchnahme und Bezahlung aller angebotenen Dienste ist - soweit technisch möglich und zumutbar - auch ohne Angabe solcher Daten bzw. unter Angabe anonymisierter Daten oder eines Pseudonyms gestattet.

Rechtswirksamkeit dieses Haftungsausschlusses

Sofern Teile oder einzelne Formulierungen dieses Textes der geltenden Rechtslage nicht, nicht mehr oder nicht vollständig entsprechen sollten, bleiben die übrigen Teile des Dokumentes in ihrem Inhalt und ihrer Gültigkeit davon unberührt.

Der net4web Teleprompter easy

Das Tablet ist dreh- und höhenverstellbar.

Symbolfoto:
Lieferung ohne Kamera
Stativ und Tablet

Der net4web-Teleprompter easy ist eine innovative Idee aus unserem Hause. Wir wollten einen Teleprompter haben, der möglichst flexibel einsetzbar ist, mit wenigen einfachen Handgriffen umgebaut werden kann und dabei auch noch extrem robust sein sollte. Da wir so etwas auf dem Markt nicht finden konnten, haben wir selbst einen konstruiert. Alle Metallplatten des net4web-Teleprompter easy bestehen aus 6mm starkem, schwarz eloxiertem Aluminium. Alle Schrauben sind aus rostfreiem Stahl und mit M6-Gewinden ausgestattet. Der Tablethalter ist geeignet für alle Tablets mit einer Diagonale von 7" bis 10,4".

Der neue net4web
Teleprompter easy

Unglaublich
        vielseitig!

Lieferung ohne Kamera, Stativ und Tablet
Zweite Tablethalterung optional

Zöllige Schrauben

Bei uns finden Sie eine große Auswahl an zölligen Schrauben, sowie weiteres Zubehör für den Video-Bereich. Schauen Sie einfach mal unter ***www.net4web.de*** vorbei.

Lavalier-Mikrofone für „fast" jeden Zweck.

Wir bieten eine ganze Reihe von Lavalier- oder im Volksmund Kragen-Mikrofone an. Vom klassischen 3,5mm Klinkenanschluss für die Kamera, über 4-polige TRRS-Stecker für Smartphones und Tablets, sowie 3- und 4-polige Mini-XLR-Anschlüsse für Funksender diverser Hersteller, ist alles dabei. Und alle unsere Lavalier-Mikrofone sind bereits inkl. Ploppschutz **UND** Windfell.

Bestellbar in unserem Online-Shop: **www.net4web.de**